『詳説日本史』（日探705）準拠

日本史

総合 テスト

日本史総合テスト編集委員会 編

山川出版社

本書の特長と使い方

　本書は、日本史探究『詳説日本史』（日探705、山川出版社）に準拠し、日々の日本史学習の整理・復習だけでなく、大学の入試問題にも対応できるように編集した、テスト形式の問題集です。

　問題は、すべての解答、またはその判断材料が、『詳説日本史』の本文・注・図版解説に出ていることを原則に作成しています。学習の基礎・土台である教科書を丁寧に読んで、問題に取り組みましょう。

問　題　文

教科書の対応ページ
『詳説日本史』（日探705）の対応ページです。該当するページを探す際に便利です。

チェック欄
学習した日付の記入や、解けた問題数の記録など、様々な使い方が可能です。

得点欄
テーマごとに、100点になるよう構成しました。得点を計算することで、得意なテーマ・苦手なテーマが分かります。

問題
用語の穴埋めや正誤判定など、入試を意識した様々な種類の問題を収録しました。

解答欄
答えを書きこむための解答欄です。実際に手をうごかして書いてみましょう。

2　農耕社会の成立

(教, p.13〜23)

1 次の文を読み（ ① ）に適語を入れ、あとの設問に答えよ。

　縄文文化が終末を迎えた紀元前8世紀頃、(a)朝鮮半島に近い九州北部で水田による米づくりが開始され、紀元前5〜前4世紀頃に東日本にも広まった。(b)北海道と南西諸島を除く日本列島で、水稲耕作を基礎とする農耕文化が形成されてから、古墳がつくられるようになる3世紀半ばまでを弥生時代と呼び、その文化を(c)弥生文化と呼んでいる。弥生時代は(d)土器の変化にもとづいて、早期・前期・中期・後期の4期に区分されている。

　弥生時代には水稲耕作をはじめとして、多くの文化や技術が中国や朝鮮半島から伝わった。稲の穂摘み用具である（ ① ）、木製農具をつくるための石斧類などは、朝鮮半島と共通する大陸系の磨製石器である。機織り技術も大陸から伝わった。銅と錫の合金である青銅器は前期に、鉄器は前期末〜中期初頭に出現するが、これらの金属器は中国や朝鮮半島からもたらされた代表的な道具である。

(1) 下線部(a)について、水稲耕作開始期の水田が発見された遺跡を、次のア〜エから一つ選べ。
　ア　永岡遺跡　イ　板付遺跡　ウ　垂柳遺跡　エ　紫雲出山遺跡

(2) 下線部(b)について、
　i）弥生文化は北海道や南西諸島にはおよばず、それぞれ独自の食料採集文化が続いた。この時期の北海道と南西諸島の食料採集文化を、それぞれ答えよ。
　ii）北海道では7世紀以降になると、土器様式の異なる2つの食料採集文化が成立する。それぞれ答えよ。

(3) 下線部(c)に関して述べた次の文Ⅰ・Ⅱについて、その正誤の組合せとして正しいものを、下のア〜エから一つ選べ。
　Ⅰ　水稲農耕や金属器の生産など、新しい技術の伝来により、土器や打製石器・竪穴住居などの製作技術も新しくなり、縄文文化の伝統を受け継ぐものはみられなくなった。
　Ⅱ　西日本で発見されている弥生人骨の中には、縄文人骨に比べて背が高く、顔は面長で起伏が少ないものがみられる。
　ア　Ⅰ＝正　Ⅱ＝正　イ　Ⅰ＝正　Ⅱ＝誤　ウ　Ⅰ＝誤　Ⅱ＝正　エ　Ⅰ＝誤　Ⅱ＝誤

(4) 下線部(d)について、次の写真Ⅰ〜Ⅳの説明として正しいものを、下のア〜エから一つ選べ。
　ア　写真Ⅰは、貯蔵用の壺である。
　イ　写真Ⅱは、盛り付け用の鉢である。
　ウ　写真Ⅲは、盛り付け用の高杯（坏）である。
　エ　写真Ⅳは、煮炊き用の甕である。

①		(1)	(2) i）北海道		南西諸島	
ii）				(3)	(4)	

各3点、計24点

4

また、『詳説日本史』に記載されていない用語でも、用語集に立項されている用語や大学入試などで出題された用語は、問題文中に記すようにしました。そのため、問題を解いて満足するのではなく、問題文の内容もよく読んで、学習しましょう。

解説が充実していることも、本書の特長です。別冊「解答・解説」には、『詳説日本史』に記載されていないことも含め、入試で問われる知識について詳述しているので、熟読して理解を深めてください。

別冊「解答・解説」

本文の対応ページ
本文の対応ページです。
該当するページを探す際に便利です。

解答
色で塗られた部分が、各テーマの解答です。

解説
大問ごとに、詳しく解説をしています。よく読んで理解を深めてください。重要な事項は、赤ゴチックで示しました。

目次

1 次の文を読み（ ① ）～（ ⑤ ）に適語を入れ、あとの設問に答えよ。

地球上に人類が誕生したのは、今からおよそ700万年前にさかのぼる。人類は化石人骨の研究によって、（ A ）の順に出現したことが知られている。

人類は地質学でいう新第三紀の中新世の終わり近くから第四紀を通じて発展したが、第四紀はおよそ1万年前を境に（ ① ）世と（ ② ）世に区分される。（ ① ）世は氷河時代とも呼ばれ、（ B ）、氷期には海面が現在に比べると著しく下降した。

人類がアフリカ大陸で石器を使用しはじめたのは、およそ260万年前とされる。（ ① ）世の人類が用いた石器はいずれも原石を打ち欠いて刃をつけた（ ③ ）石器であり、全体を磨いた（ ④ ）石器の使用は（ ② ）世以降に盛んになった。（ ③ ）石器だけが使われた時代を旧石器時代、（ ④ ）石器が加わった時代を⒜新石器時代と呼んでいる。

現在までに日本列島で発見された旧石器時代の遺跡は1万カ所をこえるが、（ ① ）世の化石人骨の発見は、静岡県の浜北人や沖縄県の（ ⑤ ）人・山下町第一洞人・白保竿根田原洞人などにすぎない。

化石人骨のうち（ ⑤ ）人は南方系とされ、日本列島の後期旧石器人や、のちの縄文人を南アジア系とする説がある。一方、日本列島の後期旧石器文化や初期の縄文文化には北方系の文化要素も強く認められ、日本の旧石器人や縄文人の系統については、今後の研究を待たなければならない。また、⒝現在の日本人でも北海道に住むアイヌの人々や沖縄など南西諸島の人々は、縄文人の遺伝子をより強く受け継いでいることがDNAの分析から判明している。

設問 (1) （ A ）に入る文として正しいものを、次のア～エから一つ選べ。

ア 猿人・原人・旧人・新人　　イ 旧人・猿人・原人・新人
ウ 原人・猿人・旧人・新人　　エ 新人・猿人・旧人・原人

(2) （ B ）に入る文として正しいものを、次のア～エから一つ選べ。

ア 寒冷な間氷期が長い間続き
イ 寒冷な間氷期と比較的温暖な氷期が交互に繰り返して訪れ
ウ 寒冷な氷期が長い間続き
エ 寒冷な氷期と比較的温暖な間氷期が交互に繰り返して訪れ

(3) 下線部⒜について、日本の縄文時代には、世界史的な新石器時代の定義が当てはまらないといわれる。その理由として正しいものを、次のア～エから一つ選べ。

ア 世界史的には農耕・牧畜による食料生産が開始されたが、日本ではまだ狩猟・採集による食料獲得段階にとどまっていたから。
イ 世界史的にはまだ狩猟・採集による食料獲得段階にとどまっていたが、日本では世界に先駆けて農耕・牧畜による食糧生産が開始されたから。
ウ 世界史的には（ ③ ）石器と（ ④ ）石器が混在して使用されていたが、日本では（ ③ ）石器が姿を消したから。
エ 世界史的には（ ③ ）石器と（ ④ ）石器が混在して使用されていたが、日本ではさらに青銅器や鉄器も使用されるようになったから。

(4) 下線部⒝について、現在の日本人の祖先がどのようにして形成されたのか、簡潔に説明せよ。

①	②	③	④	⑤	(1)	(2)	(3)

(4)

①～⑤は各3点、⑴～⑷は各4点、計31点

2 》次の文を読み、あとの設問に答えよ。

　かつて、日本列島に(a)旧石器時代の遺跡は存在しないと考えられていたが、1949(昭和24)年、群馬県の（　①　）の発掘調査により、更新世に堆積した火山灰の関東ローム層から(b)打製石器が確認された。

設問(1)　（　①　）に当てはまる遺跡の名称と、この遺跡を発見した人物の名を答えよ。

(2)　下線部(a)の時代の人々の生活に関して述べた次の文Ⅰ・Ⅱについて、その正誤の組合せとして正しいものを、下の**ア～エ**から一つ選べ。

　Ⅰ　狩猟と採集の生活を送り、食料を求めて小河川の流域などを移動していた。

　Ⅱ　生活をともにする小集団がいくつか集まり、共同して活動することもあった。

　ア　Ⅰ＝正　Ⅱ＝正　　**イ**　Ⅰ＝正　Ⅱ＝誤　　**ウ**　Ⅰ＝誤　Ⅱ＝正　　**エ**　Ⅰ＝誤　Ⅱ＝誤

(3)　下線部(b)について、図の**A～C**に当てはまる石器の名称として正しいものを、次の**ア～カ**から一つ選べ。

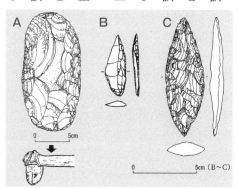

　ア　A：打製石斧　B：ナイフ形石器　C：尖頭器
　イ　A：打製石斧　B：尖頭器　C：ナイフ形石器
　ウ　A：ナイフ形石器　B：打製石斧　C：尖頭器
　エ　A：ナイフ形石器　B：尖頭器　C：打製石斧
　オ　A：尖頭器　B：打製石斧　C：ナイフ形石器
　カ　A：尖頭器　B：ナイフ形石器　C：打製石斧

(1)遺跡	人物	(2)	(3)

各4点、計16点

3 》次の文を読み、あとの設問に答えよ。

　今から約1万年前、気候が温暖になり、海面が上昇してほぼ(a)現在に近い日本列島が成立した。

　こうした自然環境の変化に対応して、人々の生活も大きくかわり、日本列島に(b)縄文文化が成立した。この文化は、約1万6000年前から、水稲農耕をともなう弥生文化が始まる約2800～2500年前頃までの期間にわたるが、とくに温暖化が顕著になる約1万1700年前以降に発展した。

　(c)縄文時代に用いられた土器は、世界でもっとも古い土器の仲間であり、自然環境の変化に応じて、日本列島に住む人々がいち早く新しい文化を生み出していった結果である。

設問(1)　下線部(a)に関して述べた次の文Ⅰ・Ⅱについて、その正誤の組合せとして正しいものを、下の**ア～エ**から一つ選べ。

　Ⅰ　植物は、東日本にはブナやナラなどの照葉樹林が、西日本にはシイなどの落葉広葉樹林が広がった。

　Ⅱ　動物は、大型動物は絶滅し、動きの速いニホンジカやイノシシなどが多くなった。

　ア　Ⅰ＝正　Ⅱ＝正　　**イ**　Ⅰ＝正　Ⅱ＝誤　　**ウ**　Ⅰ＝誤　Ⅱ＝正　　**エ**　Ⅰ＝誤　Ⅱ＝誤

(2)　下線部(b)について、この時期に出現した縄文文化を特徴づける道具を、三つあげよ。

(3)　下線部(c)について述べた文として正しいものを、次の**ア～ウ**から一つ選べ。

　ア　すべて表面に細い縄を転がしてつけた文様をもつので、縄文土器という。

　イ　縄文時代は土器の変化から、草創期・早期・前期・中期・後期・晩期の6期に区分される。

　ウ　多くは浅鉢であるが、台付鉢や注口土器などもある。

(1)	(2)			(3)

(2)は完全解答4点、他は各4点、計12点

4 次の文を読み（ ① ）（ ② ）に適語を入れ、あとの設問に答えよ。

　縄文時代の人々は、大きく変化した新しい環境に適応していった。とくに気候の温暖化にともなって植物性食料の重要性が高まり、前期以降は(a)木の実が採集された。ヤマノイモなどの根茎類も食料にされたであろう。また、(b)クリ林の管理・増殖、さらにダイズなどマメ類・エゴマ・ヒョウタンなどの栽培も行われた。

　気候が温暖化して海面が上昇したことによる海進の結果、日本列島は入江の多い島国になり、漁労の発達がうながされた。このことは、今も各地に数多く残る(c)貝塚からわかる。(d)釣針・銛・ヤスなどとともに石錘・土錘がみられ、網を使用した漁労もさかんに行われていた。

　縄文人は地面を掘りくぼめ、柱を立てて屋根を葺いた(e)竪穴住居に住んだ。(f)5人ほどの家族が住み、いくつかの竪穴住居が集まって20〜30人ほどの集落をつくった。こうした集落は近隣の集落と通婚し、様々な情報を交換しあった。また、(g)遠方の集団との交易も行われていたことが知られている。

　縄文人は、(h)あらゆる自然現象や自然物に霊魂が宿ると信じていたと考えられている。呪術によってその災いを避けようとし、また豊かな収穫を祈った。女性をかたどった（ ① ）や男性の生殖器を石で表現した石棒は、そうした呪術と儀礼の発達を物語る。健康な歯を抜く（ ② ）の風習は、縄文時代の中頃からみられ晩期に盛んになった。（ ② ）は成人になると行われた一種の通過儀礼であり、集団の統制のきびしさをうかがわせる。(i)屈葬という手足を折り曲げた埋葬方法も行われた。

設問 (1) 下線部(a)に関して述べた次の文 I・II について、その正誤の組合せとして正しいものを、下のア〜エから一つ選べ。
　　 I　木の実をすりつぶし、粉状などにするために、石皿と磨石が用いられた。
　　 II　トチノミやドングリは、灰汁抜きを必要とするが、縄文人はその方法を知っていたらしい。
　　 ア　I＝正　II＝正　　**イ**　I＝正　II＝誤　　**ウ**　I＝誤　II＝正　　**エ**　I＝誤　II＝誤

　 (2) 下線部(b)について、青森県の縄文中期の大集落遺跡から出土したクリの実のDNA鑑定で、クリが栽培されていた可能性が高まった。この遺跡名を答えよ。

　 (3) 下線部(c)について、日本列島は入江の多い島国となり、漁労が発達した。そのため、貝塚も多く残っている。1877年に大森貝塚を発掘調査したアメリカ人は誰か。

　 (4) 下線部(d)について、このような道具を、その原材料から総称して何というか。

　 (5) 下線部(e)に関して述べた次の文 I・II について、その正誤の組合せとして正しいものを、下のア〜エから一つ選べ。
　　 I　水はけのよい台地上に営まれた。
　　 II　中央に炉を設け、炊事をともにし、同じ屋根の下に住む小家族の住まいであった。
　　 ア　I＝正　II＝正　　**イ**　I＝正　II＝誤　　**ウ**　I＝誤　II＝正　　**エ**　I＝誤　II＝誤

　 (6) 下線部(f)について、集団には身分の上下関係、貧富の差はなかったと考えられているが、その根拠を、当時の墓制に着目して簡潔に説明せよ。

　 (7) 下線部(g)について、このようなことが知られるのは、石器の原材料産地の分布と出土品の原材料の分析からである。遠方との交易を知ることができる石器の原材料を一つ答えよ。

　 (8) 下線部(h)について、このことを何というか。

　 (9) 下線部(i)について、この理由として考えられることを答えよ。

①	②	(1)	(2)		(3)
(4)		(5)	(6)		
(7)		(8)		(9)	

1 次の文を読み（　①　）に適語を入れ、あとの設問に答えよ。

　縄文文化が終末を迎えた紀元前8世紀頃、(a)朝鮮半島に近い九州北部で水田による米づくりが開始され、紀元前5～前4世紀頃に東日本にも広まった。(b)北海道と南西諸島を除く日本列島で、水稲耕作を基礎とする農耕文化が形成されてから、古墳がつくられるようになる3世紀半ばまでを弥生時代と呼び、その文化を(c)弥生文化と呼んでいる。弥生時代は(d)土器の変化にもとづいて、早期・前期・中期・後期の4期に区分されている。

　弥生時代には水稲耕作をはじめとして、多くの文化や技術が中国や朝鮮半島から伝わった。稲の穂摘み用具である（　①　）、木製農具をつくるための石斧類などは、朝鮮半島と共通する大陸系の磨製石器である。機織り技術も大陸から伝わった。銅と錫の合金である青銅器は前期に、鉄器は前期末～中期初頭に出現するが、これらの金属器は中国や朝鮮半島からもたらされた代表的な道具である。

設問（1）　下線部(a)について、水稲耕作開始期の水田が発見された遺跡を、次の**ア～エ**から一つ選べ。

　　ア　永岡遺跡　　**イ**　板付遺跡　　**ウ**　垂柳遺跡　　**エ**　紫雲出山遺跡

（2）　下線部(b)について、

　　ⅰ）弥生文化は北海道や南西諸島にはおよばず、それぞれ独自の食料採集文化が続いた。この時期の北海道と南西諸島の食料採集文化を、それぞれ答えよ。

　　ⅱ）北海道では7世紀以降になると、土器様式の異なる2つの食料採集文化が成立する。それぞれ答えよ。

（3）　下線部(c)に関して述べた次の文Ⅰ・Ⅱについて、その正誤の組合せとして正しいものを、下の**ア～エ**から一つ選べ。

　　Ⅰ　水稲農耕や金属器の生産など、新しい技術の伝来により、土器や打製石器・竪穴住居などの製作技術も新しくなり、縄文文化の伝統を受け継ぐものはみられなくなった。

　　Ⅱ　西日本で発見されている弥生人骨の中には、縄文人骨に比べて背が高く、顔は面長で起伏が少ないものがみられる。

　　ア　Ⅰ＝正　Ⅱ＝正　　**イ**　Ⅰ＝正　Ⅱ＝誤　　**ウ**　Ⅰ＝誤　Ⅱ＝正　　**エ**　Ⅰ＝誤　Ⅱ＝誤

（4）　下線部(d)について、次の写真Ⅰ～Ⅳの説明として正しいものを、下の**ア～エ**から一つ選べ。

　　ア　写真Ⅰは、貯蔵用の壺である。

　　イ　写真Ⅱは、盛り付け用の鉢である。

　　ウ　写真Ⅲは、盛り付け用の高杯（坏）である。

　　エ　写真Ⅳは、煮炊き用の甕である。

①		(1)	(2)ⅰ）北海道		南西諸島	
ⅱ）				(3)	(4)	

各3点、計24点

2 ▶次の文を読み（ ① ）～（ ⑤ ）に適語を入れ、あとの設問に答えよ。

　弥生時代になって食料生産が始まるとともに、人々の生活も大きく変化した。この時代の水田は、三角州などに立地する湿田や、自然堤防や段丘上に立地する半乾田など、土地の条件に応じて多様だった。水田の区画は1辺数m程度の小区画のものが多いが、灌漑・排水用の水路を備えた本格的なものであり、直播だけではなく田植えもすでに行われていたとする説もある。

　耕作用の農具は木製の鋤や鍬が用いられ、(a)収穫は石包丁による穂首刈りが行われた。収穫物は（ ① ）や貯蔵穴におさめられた。

　人々の住居は縄文時代と同じく竪穴住居が一般的であったが、集落には掘立柱の（ ① ）や平地式建物もしだいに多くなった。集落を構成する住居の数も多くなり、西日本を中心として(b)大規模な集落が各地に現れた。

　死者は、集落の近くの共同墓地に葬られた。埋葬方法では、土坑墓・木棺墓・箱式石棺墓などに（ ② ）したものが多い。九州北部などでは、地上に大石を配した（ ③ ）や、特製の大型の土器に死者を葬った甕棺墓がみられる。盛り土をした墓が広範囲に出現するのも、弥生時代の特色である。方形の低い墳丘のまわりに溝をめぐらした（ ④ ）は、近畿地方や東海・北陸地方などに多くみられ、また東日本では、（ ④ ）が伝わる中期の中頃まで死者の骨を土器につめた再葬墓がみられるように、弥生時代の墓は地域によって違いが著しい。

　(c)九州北部の弥生時代中期の甕棺墓の中には、三十数面もの中国鏡や青銅製の武器などを副葬したものがみられる。後期になると西日本の各地にかなり大規模な墳丘をもつ墓が出現した。直径40m余りの円形の墳丘の両端に突出部をもつ岡山県の楯築墳丘墓、山陰地方の（ ⑤ ）はその代表例である。

　弥生時代の祭りには、銅鐸・銅剣・銅矛・銅戈などの(d)青銅製祭器が用いられた。

設問(1)　下線部(a)について、収穫された稲は右の写真にみえる絵の農作業を経て食される。右の絵は、どのような道具を用い、どのような作業をしているのか、簡潔に説明せよ。

(2)　下線部(b)について、日本列島最大級の内外二重の環濠や望楼と思われる堀立柱の建物跡をもつ、佐賀県の遺跡名を答えよ。

(3)　下線部(c)について、副葬品に差が出たり、大型化した墓がみられたりすることは、どのようなことを意味すると考えられるか。簡潔に説明せよ。

(4)　下線部(d)について述べた文として正しいものを、次のア～エから一つ選べ。

　ア　共通の青銅製祭器を用いる地域圏が出現し、銅矛・銅鐸は九州北部を中心に分布する。

　イ　青銅製祭器は、共同の祭器ではなく、集落の中心人物である個人の墓に埋められることが多かった。

　ウ　青銅製祭器は、日常は土の中に埋納し、祭りの時に掘り出して使用したという説がある。

　エ　青銅製祭器は、いずれも中国に起源をもつもので、中国から伝来したものである。

①	②	③
④	⑤	
(1)		(2)
(3)		(4)

各3点、計27点

3 ▶次の史料を読み、あとの設問に答えよ。

Ⅰ　夫れ(a)楽浪海中に倭人有り、分れて百余国と為る。歳時を以て来り献見すと云ふ。

Ⅱ　建武中元二年、倭の奴国、貢を奉じて朝賀す。使人自ら大夫と称す。倭国の極南界なり。（　①　）、賜ふに(b)印綬を以てす。安帝の永初元年、倭の国王（　②　）等、(c)生口百六十人を献じ、請見を願ふ。桓霊の間、(d)倭国大いに乱れ、更相攻伐して歴年主なし。

Ⅲ　景初二年六月、(e)倭の女王、大夫（　③　）等を遣し郡に詣り、天子に詣りて朝献せんことを求む。……（　④　）以て死す。大いに冢を作る。径百余歩、徇葬する者、奴婢百余人。更に男王を立てしも、国中服せず、更々相誅殺し、当時千余人を殺す。復た（　④　）の宗女（　⑤　）の年十三なるを立てて王と為す。国中遂に定まる。

設問(1)　（　①　）～（　⑤　）に当てはまる人名を、次のア～オからそれぞれ選べ。

　　ア　壹与　　イ　光武　　ウ　帥升　　エ　難升米　　オ　卑弥呼

(2)　史料Ⅰ～Ⅲの出典史料名を、それぞれ答えよ。

(3)　下線部(a)に関して述べた次の文A・Bについて、その正誤の組合せとして正しいものを、下のア～エから一つ選べ。

　　A　紀元前108年、前漢の武帝が朝鮮半島においた4郡の一つである。

　　B　現在の韓国のソウル付近を中心とした地域と想定される。

　　ア　A＝正　B＝正　　イ　A＝正　B＝誤　　ウ　A＝誤　B＝正　　エ　A＝誤　B＝誤

(4)　下線部(b)と考えられている「金印」が1784（天明4）年に発見された福岡県の地名と、その印文を、それぞれ答えよ。

(5)　下線部(c)とは、何を指すと考えられるか。史料Ⅲ中の語からもっとも近いものを抜き出して答えよ。

(6)　下線部(d)のような状況になったことにより、瀬戸内海沿岸を中心に出現したと考えられる、山丘上を利用した集落を何というか答えよ。

(7)　下線部(e)に関して述べた次の文A・Bについて、その正誤の組合せとして正しいものを、下のア～エから一つ選べ。

　　A　魏に遣使し、対等の外交関係を求めた。

　　B　呪術的権威を背景に政治を行い、大きな墓が造られた。

　　ア　A＝正　B＝正　　イ　A＝正　B＝誤　　ウ　A＝誤　B＝正　　エ　A＝誤　B＝誤

(8)　2世紀末から3世紀にかけての倭国（邪馬台国連合）の社会情勢として誤っているものを、次のア～エから一つ選べ。

　　ア　大人と小人という身分差があった。

　　イ　ある程度の統治組織や租税・刑罰の制度も整っていた。

　　ウ　国々に市があり、交易が行われていた。

　　エ　狗奴国と争った。

(9)　史料Ⅰ～Ⅲにみえる国々が、中国の皇帝に使者を派遣したのはなぜだと考えられるか。簡潔に答えよ。

(1)①	②	③	④	⑤	(2)Ⅰ	
Ⅱ			Ⅲ			(3)
(4)地名		印文		(5)		(6)
(7)	(8)	(9)				

(9)は4点、他は各3点、計49点

1▶ 次の文を読み（　①　）〜（　④　）に適語を入れ、あとの設問に答えよ。

　弥生時代の後期には、大きな墳丘をもつ墓が各地で営まれていたが、3世紀中頃から後半になると、より大規模な(a)前方後円墳をはじめとする古墳が西日本を中心に出現した。これら(b)出現期の古墳は、多くは前方後円墳もしくは前方後方墳で、長い木棺を(c)竪穴式石室におさめた埋葬施設や、多数の銅鏡をはじめとする呪術的な副葬品をもつなど、画一的な特徴をもっており、遅くとも4世紀の中頃までに東北地方南部にまで波及した。

　埋葬施設には、前期・中期は木棺や石棺を竪穴式石室におさめたものや棺を粘土でおおった（　①　）など竪穴系のものが営まれ、後期になると(d)横穴式石室が多くなる。副葬品も、(e)前期には鉄製の武器や農工具などとともに、三角縁神獣鏡をはじめとする多量の銅鏡や腕輪形石製品など呪術的・宗教的色彩の強いものが多く、(f)中期になると、副葬品の中に鉄製の武器・武具が多くなり、馬具なども加わった。

　最大の規模をもつ古墳は、中期に造営された大阪府の（　②　）で、墳丘の長さが486mあり、2〜3重の周濠をめぐらしている。さらにそのまわりの従属的な小型の古墳である（　③　）が営まれた区域をも含めると、その墓域は80haにもおよぶ。第2位の規模をもつ大阪府の誉田御廟山古墳（応神天皇陵古墳）などとともに、5世紀のヤマト政権の（　④　）の墓と考えられる。

設問 (1)　下線部(a)について、

　　　ⅰ）画一的な特徴をもつ古墳の出現は、何を意味すると考えられるだろうか。簡潔に説明せよ。

　　　ⅱ）最大規模の前方後円墳が近畿地方に集中し、北海道・沖縄を除く日本列島各地に同形の前方後円墳が広がった背景として、どのようなことがあげられるだろうか。簡潔に説明せよ。

　　(2)　下線部(b)について、墳丘長280mと最大の規模をもつ、奈良県にある古墳を答えよ。

　　(3)　下線部(c)・(d)について、両者の違いを葬法の観点から簡潔に説明せよ。

　　(4)　下線部(e)・(f)について、前期古墳と中期古墳の被葬者の性格の違いを簡潔に説明せよ。

①	②	③	④

(1)ⅰ）

ⅱ）

(2)

(3)

(4)

①〜④は各3点、他は各4点、計32点

2 ▶次の文を読み（　①　）～（　④　）に適語を入れ、あとの設問に答えよ。

中国では三国時代のあと（　①　）が国内を統一したが、4世紀初めには北方の匈奴をはじめとする諸民族（五胡）の侵入を受けて南に移り、南北分裂の南北朝時代を迎えた。このため、周辺諸民族に対する中国の支配力は弱まり、東アジアの諸地域は国家形成へと進んだ。

中国東北部からおこった（　②　）は、朝鮮半島北部に領土を広げ、313年には楽浪郡を滅ぼした。一方、(a)朝鮮半島南部では馬韓・弁韓・辰韓というそれぞれ小国の連合が形成されていた。

早くから(b)朝鮮半島南部の加耶（加羅）諸国と密接な関係をもっていた倭（ヤマト政権）は、4世紀後半に（　②　）が南下策を進めると、百済や加耶とともに高句麗と争うことになった。

このような朝鮮半島や中国との盛んな交渉の中で、より進んだ鉄器・(c)須恵器の生産、機織り・金属工芸・土木などの諸技術が、主として朝鮮半島からやってきた(d)渡来人によって伝えられた。

6世紀には百済から渡来した（　③　）により儒教が伝えられたほか、医・易・暦などの学術も支配者層に受け入れられ、(e)仏教も朝鮮半島から伝えられた。また、8世紀初めにできた歴史書である『古事記』『日本書紀』のもとになった「（　④　）」（大王の系譜を中心とする伝承）や「旧辞」（朝廷の伝承・説話）も、この頃にまとめられはじめたと考えられている。

設問 (1) 下線部(a)について述べた文として正しいものを、次の**ア～エ**から一つ選べ。

ア 朝鮮半島南東部に馬韓、南西部に辰韓が形成されていた。

イ 5世紀に馬韓が統一されて新羅が、弁韓が統一されて百済が建国された。

ウ 辰韓では、統一国家が建国されず、小国の分立状態が6世紀まで継続した。

エ 統一国家が建国されなかった地域を、『日本書紀』では任那と呼んでいる。

(2) 下線部(b)について、倭がこの地域に関心を示した理由を簡潔に答えよ。

(3) 下線部(c)に携わる渡来人をヤマト政権が組織化した技術者集団について、正しい組合せを次の**ア～カ**から一つ選べ。

ア 須恵器の生産：韓鍛冶部　　機織り：陶作部　　金属工芸：錦織部

イ 須恵器の生産：韓鍛冶部　　機織り：錦織部　　金属工芸：陶作部

ウ 須恵器の生産：陶作部　　機織り：韓鍛冶部　　金属工芸：錦織部

エ 須恵器の生産：陶作部　　機織り：錦織部　　金属工芸：韓鍛冶部

オ 須恵器の生産：錦織部　　機織り：韓鍛冶部　　金属工芸：陶作部

カ 須恵器の生産：錦織部　　機織り：陶作部　　金属工芸：韓鍛冶部

(4) 下線部(d)について、『古事記』『日本書紀』に様々な渡来説話が伝わるが、渡来人とその子孫の正しい組合せを、次の**ア～カ**から一つ選べ。

ア 阿知使主：西文氏　　弓月君：秦氏　　王仁：東漢氏

イ 阿知使主：西文氏　　弓月君：東漢氏　　王仁：秦氏

ウ 阿知使主：秦氏　　弓月君：西文氏　　王仁：東漢氏

エ 阿知使主：秦氏　　弓月君：東漢氏　　王仁：西文氏

オ 阿知使主：東漢氏　　弓月君：西文氏　　王仁：秦氏

カ 阿知使主：東漢氏　　弓月君：秦氏　　王仁：西文氏

(5) 下線部(e)について、538年説と552年説があり、前者が有力視されているが、それを記載している書物を次の**ア～エ**から一つ選べ。

ア 『古事記』　　**イ** 『上宮聖徳法王帝説』　　**ウ** 『日本書紀』　　**エ** 『扶桑略記』

①	②	③	④	(1)

(2)			(3)	(4)	(5)

①～④は各3点、他は各4点、計32点

8

3 ≫次の史料を読み、あとの設問に答えよ。

Ⅰ (a)百残・新羅は旧是属民なり。由来朝貢す。而るに倭、辛卯の年よりこのかた、海を渡りて百残を破り新羅を□□し、以て臣民と為す。六年丙申を以て、(b)王躬ら水軍を率ゐて残国を討科す。

Ⅱ 興死して弟(c)武立つ。自ら使持節都督倭・百済・新羅・任那・加羅・秦韓・慕韓七国諸軍事安東大将軍倭国王と称す。

　　順帝の昇明二年、使を遣して上表して曰く、(d)「封国は偏遠にして、藩を外に作す。昔より祖禰躬ら甲冑を擐き、山川を跋渉して寧処に遑あらず。東は毛人を征すること五十五国、西は衆夷を服すること六十六国、渡りて海北を平ぐること九十五国……」と。詔して武を使持節都督倭・新羅・任那・加羅・秦韓・慕韓六国諸軍事安東大将軍倭王に除す。

設問 **(1)** 下線部(a)は、4世紀に朝鮮半島に形成された国を指すが、その国とはどこのことか。史料Ⅱ中から抜き出して答えよ。

(2) 下線部(b)とは誰のことか答えよ。また、どこの国の王か答えよ。

(3) 史料Ⅰに関連する文として誤っているものを、次の**ア~エ**から一つ選べ。

　ア 倭は、朝鮮半島に進出して戦闘行為を行っていた。

　イ 朝鮮半島に成立した諸国家は、もともと倭の属国であった。

　ウ 朝鮮半島での戦闘を通じ、乗馬の風習をはじめ様々な技術や文化が倭に伝わった。

　エ 朝鮮半島北部に成立した国家が南下政策を進めたことによって、倭と交戦することとなった。

(4) 下線部(c)について、

　ⅰ）武は、『古事記』『日本書紀』に現れる何天皇のことか答えよ。

　ⅱ）興・武以外の倭の五王を、すべて漢字で答えよ。

(5) 下線部(d)について述べた文として誤っているものを、次の**ア~エ**から一つ選べ。

　ア 倭国は中国から遠く離れた中国の領域外にある。

　イ 倭王の先祖代々、休みなく戦い、勢力拡張につとめた。

　ウ 東国・西国の合わせて121カ国を征服した。

　エ 海を渡って蝦夷地・樺太95カ国を平定した。

(6) 史料Ⅱから、倭王がみずから名乗った称号と、中国皇帝から認められた称号に違いがあることがわかる。倭が中国皇帝から統治を認められなかった地域はどこか、答えよ。

(7) 史料Ⅱの出典を、次の**ア~エ**から一つ選べ。

　ア 『晋書』四夷伝　　**イ** 『隋書』倭国伝

　ウ 『宋書』倭国伝　　**エ** 『梁書』諸夷伝

(1)	(2)人物		国		(3)	
(4)ⅰ)		ⅱ)			(5)	(6)	(7)

(4)ⅱ)は完全解答4点、他は各4点、計36点

点

1 次の文を読み（ ① ）〜（ ③ ）に適語を入れ、あとの設問に答えよ。

　6世紀の古墳時代後期になると、古墳自体にも大きな変化が現れた。朝鮮半島から伝わった横穴式石室が一般化し、多量の土器の副葬が始まった。(a)埴輪も人物埴輪・動物埴輪などの形象埴輪がさかんに用いられるようになる。九州北部の古墳には、石人・石馬も立てられた。さらに九州各地や茨城県・福島県などでは、古墳や横穴の墓室に彩色あるいは線刻による壁画をもつ（ ① ）がつくられるなど、古墳の地域的特色が強くなった。

　一方、5世紀後半から6世紀には古墳のあり方にも変化がみられる。(b)近畿中央部では大規模な前方後円墳が依然として営まれたのに対し、それまで近畿についで巨大な前方後円墳を営んだ吉備地方などで、大きな古墳がみられなくなった。また、小型古墳の爆発的な増加もみられ、山間や小島にまで広く（ ② ）と呼ばれる(c)小型古墳が数多く集まった古墳群が営まれるようになった。

　6世紀末から7世紀初めになると、各地の有力な豪族たちが営んでいた前方後円墳の造営が終わる。前方後円墳の造営が停止されても、古墳の造営は100年間ほど続いた。考古学ではこの時期を古墳時代終末期、この時期の古墳を(d)終末期古墳と呼んでいる。さらに7世紀中頃になると、近畿の大王の墓が（ ③ ）になった。こうした前方後円墳の造営停止、大王墓の（ ③ ）化、さらに有力豪族層の古墳造営の停止などは、まさに統一国家の形成から律令国家への動きに対応するものといえる。

設問 (1)　下線部(a)の理由を述べた次の文A・Bについて、その正誤の組合せとして正しいものを、下のア〜エから一つ選べ。

　　A　人物埴輪の大半が女性をかたどっており、生殖・子孫繁栄を祈願していると考えられる。

　　B　葬送儀礼もしくは、生前の首長が儀礼をとりおこなう様子を再現したものと考えられる。

　　ア　A＝正　B＝正　　**イ**　A＝正　B＝誤　　**ウ**　A＝誤　B＝正　　**エ**　A＝誤　B＝誤

　(2)　下線部(b)の理由として正しいものを、次のア〜エから一つ選べ。

　　ア　各地の豪族が連合して政権をつくるかたちから、大王を中心とした近畿地方の勢力に各地の豪族が服属するかたちへと、ヤマト政権の性格が大きく変化したから。

　　イ　吉備地方では、前方後円墳にかわって、豪族の権威を示すものとして寺院が建立されたから。

　　ウ　吉備地方では豪族間の権力闘争が著しく、その結果、大勢力をもつ豪族がいなくなったから。

　　エ　吉備地方では、前方後円墳ではなく、四隅突出型古墳を造営することが流行したから。

　(3)　下線部(c)の意味することを、「ヤマト政権」「有力農民層」の語を用いて、簡潔に説明せよ。

　(4)　下線部(d)に該当するものを、次のア〜エから一つ選べ。

　　ア　誉田御廟山古墳　　**イ**　竹原古墳　　**ウ**　造山古墳　　**エ**　龍角寺岩屋古墳

①	②	③	(1)	(2)

(3)

(4)

(3)は4点、他は各3点、計22点

2 次の文を読み（　①　）〜（　⑤　）に適語を入れ、あとの設問に答えよ。

古墳時代は、支配者である豪族と被支配者である民衆の生活が、はっきり分離した時代でもあった。(a)豪族は民衆の住む集落から離れた場所に、周囲に濠や柵列をめぐらした居館を営んだ。さらに余剰生産物を蓄える倉庫群もおかれた。

民衆の住む集落には濠などはみられず、複数の（　①　）住居と（　②　）建物、さらに（　③　）倉庫などからなる基本単位（屋敷地）がいくつか集まって構成された。5世紀になると朝鮮半島の影響を受け、（　①　）住居の壁にカマドが設けられるようになった。

(b)土器は、古墳時代前期から中期の初めまでは土師器が用いられたが、5世紀には須恵器の製作技術が伝えられ、土師器とともに用いられるようになった。衣服は、男性が衣と乗馬ズボン風の（　④　）、女性が衣とスカート風の（　⑤　）という上下にわかれたものが多かったようで、古墳の人物埴輪に表現されている。

農耕に関する祭祀は、古墳時代の人々にとってもっとも大切なものであり、なかでも豊作を祈る春の(i)祈年の祭りや収穫を感謝する秋の(ii)新嘗の祭りは重要なものであった。

(c)人々は、円錐形の整った形の山や高い樹木、巨大な岩、絶海の孤島、川の淵などを神のやどる所と考え、祭祀の対象とした。それらの中には、現在も残る神社につながるものもある。

穢れをはらい、災いを免れるための(iii)禊や祓、鹿の骨を焼いてその割れ目から吉凶を占う(iv)盟神探湯などの呪術的な風習も行われた。

設問 (1) 下線部(a)に関して述べた次の文A・Bについて、その正誤の組合せとして正しいものを、下のア〜エから一つ選べ。
　　A　居館は、豪族がまつりごとをとりおこなう所で、生活の場ではなかった。
　　B　居館の遺跡として、群馬県高崎市の三ツ寺I遺跡が知られる。
　　ア　A＝正　B＝正　　イ　A＝正　B＝誤　　ウ　A＝誤　B＝正　　エ　A＝誤　B＝誤

(2) 下線部(b)について述べた文として正しいものを、右の写真I・IIを参考にして、次のア〜エから一つ選べ。
　　ア　写真Iは、弥生土器の系譜を引く赤焼きの土師器である。
　　イ　写真Iは、弥生土器の系譜を引く硬質で灰色の須恵器である。
　　ウ　写真IIは、朝鮮半島から技術が伝えられた、硬質で灰色の土師器である。
　　エ　写真IIは、朝鮮半島から技術が伝えられた、赤焼きの須恵器である。

I

II

(3) 下線部(c)について、三輪山を神体とし、拝殿のみで本殿のない奈良県の神社を答えよ。

(4) 下線部(i)〜(iv)の中には、誤っているものが1つある。誤りの記号と正しい語句を答えよ。

①	②	③	④	⑤	(1)	(2)

(3)		(4)記号	語句	

(1)(2)は3点、(4)は完全解答4点、他は各4点、計34点

3 ▷次の史料を読み、あとの設問に答えよ。

辛亥年七月中記す。ヲワケの臣、上祖の名はオホヒコ、其の児タカリノスクネ、其の児名はテヨカリワケ、其の児名はタカハシワケ、其の児名はタサキワケ、其の児名はハテヒ、其の児名はカサハヨ、其の児名はヲワケの臣。世々杖刀人の首として奉事し来り今に至る。(a)ワカタケル大王の寺、斯鬼宮に在る時、吾、天下を左治し、此の百練の利刀を作らしめ、吾が奉事せる根原を記す也。

設問 (1) この史料は、埼玉県の古墳から出土した鉄剣に記された115字の銘文を読み下したもの(人名のみカタカナ表記)である。何という古墳から出土したものか、答えよ。

(2) 下線部(a)について、
ⅰ) この人物は、『古事記』『日本書紀』に現れる何天皇のことか答えよ。
ⅱ) この人物が記された鉄刀が、熊本県からも発見されている。このことから考えられる5世紀の倭国の政治情勢について、「ヤマト政権」の語を用いて簡潔に答えよ。

(3) この史料は、日本列島における漢字使用の早い例としても知られる。ヤマト政権内部において、漢字を用いて記録・出納・文書作成に当たった渡来人集団を何と呼ぶか、答えよ。

(1)	(2)ⅰ)	
ⅱ)		(3)

4 ▷次の文を読み(①)~(⑤)に適語を入れ、あとの設問に答えよ。

ヤマト政権は、5世紀から6世紀にかけて(a)氏姓制度と呼ばれる支配の仕組みをつくり上げていった。(①)が、職務に奉仕する伴や、それを支える部と呼ばれる集団を率いて、軍事・財政・祭祀・外交や文書行政などの職掌を分担した。また新しい知識・技術を伝えた渡来人たちも、(①)や伴に編成され、品部の集団がそれを支えた。有力な豪族は、それぞれ私有地である(②)や私有民である(③)を領有して、それらを経済的な基盤とした。

大王権力の拡大に対しては、地方豪族の抵抗もあった。とくに6世紀初めには、新羅と結んで筑紫(b)国造(④)が大規模な戦乱をおこした。大王軍はこの乱を2年がかりで制圧し、九州北部に(⑤)を設けた。ヤマト政権はこうした地方豪族の抵抗を排しながら彼らを従属させ、列島各地に直轄領としての(⑤)や、直轄民としての名代・子代の部を設けていった。

設問 (1) 下線部(a)に関して述べた次の文A・Bについて、その正誤の組合せとして正しいものを、下のア~エから一つ選べ。

A 臣姓・連姓の豪族の中から大臣・大連が任じられて、ヤマト政権の中枢を担った。
B 地名を氏の名とした大伴・蘇我などに臣、職掌を氏の名とした平群・物部などに連、有力地方豪族に直、地方豪族に君の姓が与えられた。

ア A=正 B=正　イ A=正 B=誤　ウ A=誤 B=正　エ A=誤 B=誤

(2) 下線部(b)について述べた文として誤っているものを、次のア~エから一つ選べ。
ア 有力な地方豪族が任じられ、地方の支配権をヤマト政権から保障された。
イ 大王のもとに、その子女を舎人・采女として出仕させた。
ウ ヤマト政権の直轄領や直轄民を管理した。
エ 次の大王候補を出せる立場にあり、時に大王位をめぐってヤマト政権に抵抗した。

①	②	③	④	⑤	(1)	(2)

各4点、計28点

1 次の文を読み（ ① ）〜（ ⑦ ）に適する人名を入れ、あとの設問に答えよ。

　6世紀の朝鮮半島では、高句麗の圧迫を受けた百済や新羅が勢力を南に広げ、加耶諸国は562年までにつぎつぎに百済や新羅の支配下に入った。そして、加耶と結びつきのあったヤマト政権の朝鮮半島での影響力は後退した。(a)6世紀初めの政治を主導した大伴氏は、朝鮮半島への政策をめぐり勢力を失い、6世紀中頃には、物部氏と新興の蘇我氏とが対立するようになった。(b)蘇我氏は渡来人と結んで朝廷（ヤマト政権の王権組織）の財政権を握り、政治機構の整備や仏教の受容を積極的に進めた。

　589年に中国で隋が南北朝を統一し、高句麗などの周辺地域に進出しはじめると、東アジアは激動の時代を迎えた。倭では、大臣（ ① ）が587年に大連（ ② ）を滅ぼし、592年には（ ③ ）を暗殺して政治権力を握った。そして、敏達天皇の后であった（ ④ ）が新たに即位し、国際的な緊張のもとで（ ① ）や（ ④ ）の甥の（ ⑤ ）らが協力して国家組織の形成を進めた。603年には(c)冠位十二階、翌604年には(d)憲法十七条が定められた。こうして王権のもとに中央行政機構・地方組織の編成が進められた。(e)中国との外交も遣隋使の派遣により再開された。

　618年に隋が滅んで唐がおこり、強大な帝国を築くと、倭は630年の（ ⑥ ）をはじめとして引き続き遣唐使を派遣し、東アジアの新しい動向に応じて中央集権体制の確立を目指した。遣隋使に同行した（ ⑦ ）・南淵請安・旻らの留学生・学問僧は、長期の滞在ののち中国の制度・思想・文化についての新知識を伝えて7世紀半ば以降の政治に大きな影響を与えた。

設問 (1) 下線部(a)について、加耶西部の地域に対する百済の支配権が確立したことが失政とされ、失脚した大連はだれか答えよ。

(2) 下線部(b)に関して述べた次の文A・Bについて、その正誤の組合せとして正しいものを、下のア〜エから一つ選べ。

　A　蘇我氏は王権の財物をおさめた斎蔵・内蔵・大蔵の三蔵を管理した。

　B　蘇我氏は王権の直轄領である屯倉の経営に関与した。

　ア　A＝正　B＝正　　イ　A＝正　B＝誤　　ウ　A＝誤　B＝正　　エ　A＝誤　B＝誤

(3) 下線部(c)に関して述べた次の文A・Bについて、その正誤の組合せとして正しいものを、下のア〜エから一つ選べ。

　A　冠位十二階は、氏族ではなく個人の才能・功績に対して冠位を与えるものである。

　B　冠位十二階は、姓にかわり氏族の職掌・権威・序列を示すために与えるものである。

　ア　A＝正　B＝正　　イ　A＝正　B＝誤　　ウ　A＝誤　B＝正　　エ　A＝誤　B＝誤

(4) 下線部(d)はだれに向けて出されたものか、答えよ。

(5) 下線部(e)について、中国との外交の再開はいつの時代以来のことか。正しいものを次のア〜エから一つ選べ。

　ア　倭の五王が中国の南朝に朝貢して、倭王と認められた時代以来。

　イ　卑弥呼が魏から「親魏倭王」の称号と、多数の銅鏡などを贈られた時代以来。

　ウ　倭の奴国の王が、後漢の光武帝から「漢委奴国王」の金印を受けた時代以来。

　エ　前漢の武帝が朝鮮半島に置いた楽浪郡に、倭人が定期的に朝貢していた時代以来。

①	②	③
④	⑤	⑥

⑦	(1)	(2)	(3)	(4)	(5)

(2)〜(5)は4点、他は各3点、計40点

2》次の史料を読み、（　①　）～（　③　）に適する漢字一字を入れ、あとの設問に答えよ。

Ⅰ　一に曰く、（　①　）を以て貴しとなし、忤ふること無きを宗とせよ。

　　二に曰く、篤く三宝❶を敬へ。

　　三に曰く、（　②　）❷を承りては必ず謹め。君をば則ち天とす、臣をば則ち地とす。

　　十二に曰く、国司・国造、百姓に斂めとる❸ことなかれ。国に二の君なく、民に両の主なし。率土の兆民❹、王を以て主とす。

　　十七に曰く、それ事は独り断むべからず。必ず衆と論ふべし。　　　　　　　　　　（原漢文）

　　　❶仏教。　❷天皇の命令。　❸税を不当にとる。　❹すべての人民。

Ⅱ　開皇二十年❶、倭王あり、姓は阿毎、字は多利思比孤❷、阿輩雞弥と号す。使を遣して闕に詣る。上❸、所司をしてその風俗を訪わしむ。　　　　　　　　　　　（『隋書』倭国伝、原漢文）

　　　❶隋の文帝の年号、600年。　❷「たらしひこ（足彦）」は男性の天皇につけられる呼び名であるが、どの天皇を指すか不明。
　　　❸文帝。

Ⅲ　（(a)推古天皇十五年）秋七月戊申の朔庚戌、大礼（　Ａ　）を大唐に遣す。鞍作福利を以て通事❶とす。　　　　　　　　　　　　　　　　　　　　　（『日本書紀』、原漢文）

　　　❶通訳。

Ⅳ　(b)大業三年、其の王多利思比孤、(c)使を遣して朝貢す。(d)使者曰く、「聞くならく、(e)海西の菩薩天子、重ねて仏法を興すと。故、遣して朝拝せしめ、兼ねて沙門❶数十人、来りて仏法を学ぶ」と。其の国書に曰く、「（　③　）出づる処の天子、書を（　③　）没する処の天子に致す。恙無きや、云云」と。(f)帝、(g)之を覧て悦ばず、鴻臚卿❷に謂ひて曰く、「蛮夷の書、無礼なる有らば、復た以て聞する勿れ」と。　　　　　　　　　　　　　　　　　　　　（『隋書』倭国伝、原漢文）

　　　❶僧侶。　❷外国に関する事務、朝貢のことなどを取り扱う官。

設問（1）　史料Ⅰが記載されている書物名を答えよ。

　　（2）　下線部(a)・(b)は同じ年である。西暦何年のことか、答えよ。

　　（3）　史料中の（　Ａ　）と下線部(c)・(d)は同一人物を指すが、だれのことか。

　　（4）　下線部(e)・(f)は同一人物を指すが、だれのことか。

　　（5）　下線部(g)の理由を、史料文を参考にして簡潔に答えよ。

　　（6）　史料Ⅰ～Ⅳを読んで、当時、内政・対中国外交の基本となっていたものは何だと考えられるか、漢字二字で答えよ。

①	②	③		
(1)		(2)	(3)	(4)
(5)				(6)

（2)～(6)は4点、他は各3点、計32点

3 ▷次の文を読み（　①　）〜（　③　）に適語を入れ、あとの設問に答えよ。

　6世紀末から、奈良盆地南部の（　①　）の地に大王の王宮（大王宮）が次々に営まれた。有力な王族や中央豪族は大王宮とは別に邸宅を構えていたが、大王宮が集中し、その近辺に王権の諸施設が整えられると、（　①　）の地はしだいに都としての姿を示すようになり、本格的な宮都が営まれる段階へと進んだ。

　7世紀前半に、蘇我氏や王族により広められた仏教中心の文化を（　①　）文化という。この文化は、渡来人の活躍もあって⒜百済や高句麗、そして中国の南北朝時代の文化の影響を多く受け、当時の西アジア・インド・ギリシアともつながる特徴をもった。蘇我氏による（　①　）寺や、舒明天皇創建と伝える百済大寺、厩戸王創建といわれる四天王寺・法隆寺などが建立された。⒝伽藍建築は、礎石・瓦を用いた新技法による大陸風の建物であった。仏像彫刻では、（　②　）の作といわれる金銅像の⒞法隆寺金堂釈迦三尊像のように、整ったきびしい表情の中国南北朝の北魏様式を受容しているもののほか、やわらかい表情の⒟中宮寺半跏思惟像・⒠法隆寺百済観音像などの木像がある。また、工芸品では法隆寺（　③　）や中宮寺天寿国繡帳などが知られる。

設問 (1)　下線部⒜の国からの文化の伝来に関して述べた次の文A・Bについて、その正誤の組合せとして正しいものを、下の**ア〜エ**から一つ選べ。

　　A　百済の僧、曇徴が暦法を伝えたという。
　　B　高句麗の僧、観勒が彩色、紙・墨の技法を伝えたという。
　　ア　A＝正　B＝正　　**イ**　A＝正　B＝誤　　**ウ**　A＝誤　B＝正　　**エ**　A＝誤　B＝誤

(2)　下線部⒝について、
　i）次の文章と法隆寺西院伽藍の写真をみて、（　Ⅰ　）に当てはまる語を答えよ。

　蘇我氏は、はじめて塔・（　Ⅰ　）などの本格的伽藍をもつ寺院を完成させた。百済からの技術者が参加して、従来の掘立柱とは違い、礎石の上に柱を立てて屋根に瓦を葺く建築技法が用いられた。（　①　）寺の発掘では、塔の心礎から古墳の副葬品と同種の品が出土し、在来の信仰と習合しながら仏教を導入したことが知られた。

　ii）寺院の建立は、当時の豪族にとってどのような意味をもったと考えられるか、簡潔に答えよ。
(3)　下線部⒞・⒟・⒠に該当するものを、次の**ア〜エ**からそれぞれ選べ。

ア　　　イ　　　　　　ウ　　　　　　　　　　エ

①	②	③		(1)	(2) i)
ii)			(3)(c)	(d)	(e)

(2) ii) は4点、
他は各3点、計28点

点

1 次の文を読み（ ① ）〜（ ③ ）に適する人名を入れ、あとの設問に答えよ。

　国家体制を整えた唐が7世紀半ばに高句麗への侵攻を始めると、国際的緊張の中で周辺諸国は中央集権の確立と国内統一の必要にせまられた。倭では、大臣蘇我蝦夷の子の（ ① ）が厩戸王の子の（ ② ）を滅ぼして権力集中をはかったが、中大兄皇子は、蘇我倉山田石川麻呂や中臣鎌足の協力を得て、天皇中心の官僚制による中央集権を目指し、(a)645年に蘇我蝦夷・入鹿を滅ぼした。そして皇極天皇の譲位を受けて、王族の軽皇子が即位して（ ③ ）天皇となり、(b)政治改革を進めた。

設問(1)　下線部(a)の事件を何というか答えよ。

　　(2)　下線部(b)について述べた文として誤っているものを、次の**ア〜エ**から一つ選べ。

　　　ア　中大兄皇子は、皇太子として政治改革に携わった。

　　　イ　唐から帰国した旻と南淵請安は、政治顧問として内臣に就任した。

　　　ウ　中央官制も整備されて、大規模な難波長柄豊碕宮が営まれた。

　　　エ　地方行政組織の「評」が各地に設置された。

①	②	③

(1)	(2)	

(1)(2)は各3点、他は各2点、計12点

2 646年の正月に出されたといわれる次の史料を読み、（ ① ）〜（ ⑦ ）に適語を入れ、あとの設問に答えよ。

其の一に日く、昔在の天皇等の立てたまへる（ ① ）の民、処々の（ ② ）、及び、別には臣・連・（ ③ ）・（ ④ ）・村首の所有る（ ⑤ ）の民、処々の（ ⑥ ）を罷めよ。仍りて食封を大夫より以上に賜ふこと、各差あらむ❶。

其の二に日く、初めて京師を修め、畿内・国司❷・郡司・関塞❸・斥候❹・防人・駅馬・伝馬❺を置き、及び鈴契❻を造り、山河を定めよ❼。

其の三に日く、初めて戸籍・計帳・（ ⑦ ）の法を造れ。

其の四に日く、旧の賦役を罷めて、田の調❽を行へ。……別に戸別の調を収れ。

❶おのおのの地位に応じて給付する。　❷畿内国の司と読む説もある。　❸関所。　❹北辺の監視要員。　❺公的な伝達・輸送に用いられる馬。　❻駅鈴と木契。ともに駅馬・伝馬を利用する際の証明とした。　❼地方の境界を定める。　❽一定基準で田地に賦課する税。

設問(1)　この史料が記載されている書物名を答えよ。

　　(2)　この史料を一般に何と呼んでいるか答えよ。

　　(3)　この史料について述べた文として誤っているものを、次の**ア〜エ**から一つ選べ。

　　　ア　「其の一に日く」では、いわゆる公地公民制への移行を目指す政策方針が示された。

　　　イ　「其の二に日く」では、中国の都城制を模した「京」を造成することが目指された。

　　　ウ　「其の三に日く」の規定に従い、同年に日本ではじめての戸籍がつくられた。

　　　エ　「其の四に日く」では、統一的税制を施行することが目指された。

①	②	③	④	⑤	⑥

⑦	(1)	(2)	(3)

各3点、計30点

3 次の文を読み（ ① ）～（ ④ ）に適語を入れ、あとの設問に答えよ。

　唐と新羅が結んで660年に百済を滅ぼすと、百済の遺臣は日本に滞在していた百済王子の送還と援軍を要求した。孝徳天皇の没後、飛鳥で即位した(a)斉明天皇は、百済復興を支援するため大軍を派遣したが、663年に（ ① ）の戦いで唐・新羅連合軍に大敗した。668年には、唐と新羅は高句麗も滅ぼした。倭では（ ① ）の敗戦を受けて(b)防衛政策が進められた。中大兄皇子は667年に都を（ ② ）宮に移し、翌年７年間の称制を経て即位して天智天皇となった。国内政策でも、664年には氏上を定め、豪族領有民を確認するなど諸豪族と融和をはかり、670年には最初の戸籍である（ ③ ）を作成した。

　天智天皇が亡くなると、翌672年に、天智天皇の子で（ ② ）宮の朝廷を率いる大友皇子と、天智天皇の弟大海人皇子とのあいだで皇位継承をめぐる戦いがおきた。大海人皇子は東国の美濃に移り、東国豪族たちの軍事動員に成功して大友皇子を倒し、翌年（ ④ ）宮で即位した。乱の結果、近江朝廷側についた有力中央豪族が没落し、強大な権力を手にした(c)天武天皇を中心に中央集権国家の形成が進んだ。

設問（1）　下線部(a)の天皇は、皇極天皇が再度即位したものである。一度退位した天皇が再度即位することを何というか答えよ。

（2）　下線部(b)に関して述べた次の文A・Bについて、その正誤の組合せとして正しいものを、下のア～エから一つ選べ。

　　A　対馬・壱岐・筑紫に防人と烽がおかれた。
　　B　九州の要地を守る水城や大野城、基肄城が築かれた。
　　ア　A＝正　B＝正　　イ　A＝正　B＝誤　　ウ　A＝誤　B＝正　　エ　A＝誤　B＝誤

（3）　下線部(c)の事業として誤っているものを、次のア～エから一つ選べ。

　　ア　八色の姓を定めて、豪族たちを天皇を中心とした新しい身分秩序に編成した。
　　イ　部曲を廃止し、官人の位階や昇進の制度を定めた。
　　ウ　国史の編纂、都城の建設、貨幣の鋳造に着手した。
　　エ　律令を編纂・施行した。

①		②		③	
④		(1)	(2)	(3)	

(1)～(3)は各３点、他は各２点、計17点

4 次の文を読み（ ① ）～（ ④ ）に適語を入れ、あとの設問に答えよ。

　天武天皇のあとを継いだ皇后の持統天皇は、689年に（ ① ）令を施行した。これにもとづいて翌年つくられた（ ② ）は、人民を統一的に支配する基礎となり、以後６年ごとに戸籍をつくる制度が確立した。また、694年に中国の都城を模した（ ③ ）に遷都した。天皇の住居や官衙、儀式をおこなう空間からなる宮と条坊制をもつ京の部分からなり、官僚制の成立と都城は不可分であった。

　（ ① ）令を基礎に、701年に刑部親王や藤原不比等らによって(a)大宝律令がつくられ、律令国家の仕組みが整った。さらに藤原不比等が（ ④ ）をつくり、藤原仲麻呂によって757年に施行された。

設問（1）　下線部(a)に関して述べた次の文A・Bについて、その正誤の組合せとして正しいものを、下のア～エから一つ選べ。

　　A　はじめて律と令がともに日本で編纂された法典で、唐の律令にならいながら、日本の実情に合わせて改変もされている。
　　B　律は、今日の行政組織、人民の租税などの規定で、令は刑法に当たるものである。
　　ア　A＝正　B＝正　　イ　A＝正　B＝誤　　ウ　A＝誤　B＝正　　エ　A＝誤　B＝誤

①		②		③	
④		(1)			

(1)は３点、他は各２点、計11点

5 次の文を読み(①)～(④)に適語を入れ、あとの設問に答えよ。

中央行政組織には、神々の祭祀をつかさどる(①)と行政全般を管轄する(a)太政官の二官があり、太政官のもとで八省が政務を分担した。

地方組織としては、全国が畿内・七道に行政区分され、国・郡・里(のち郷と改められる)がおかれて、(b)国司・郡司・里長が任じられた。京には左・右京職、難波には(②)、外交・軍事上の要地である九州北部には西海道を統轄する(③)がおかれた。

民衆は戸主のもとで戸に所属するかたちで戸籍・計帳に登録され、50戸で1里となるように里が編成された。この(c)戸を単位として口分田が班給された。民衆には租・調・(d)庸・雑徭などの負担が課せられた。兵役は、正丁3～4人に1人の割で(e)兵士が徴発され、諸国の(④)で訓練を受けた。

設問(1) 下線部(a)に関して述べた次の文A・Bについて、その正誤の組合せとして正しいものを、下のア～エから一つ選べ。

　　A　太政大臣・左大臣・右大臣・大納言など、太政官の公卿による合議によって進められた。

　　B　太政大臣は律令官制の最高責任者で、常置されていた。

　　ア　A=正　B=正　　イ　A=正　B=誤　　ウ　A=誤　B=正　　エ　A=誤　B=誤

(2) 下線部(b)について、それぞれの任用方法には違いがあった。それは、律令制の施行にあたり氏族制的な要素を残さざるを得なかった実例であるが、その違いを具体的に示して説明せよ。

(3) 律令国家の官制の特色・司法制度・貴族の特権について誤っているものを、次のア～エから一つ選べ。

　　ア　中央・地方の諸官庁では、長官・次官・判官・主典の四等官制が採用された。

　　イ　官人は位階を与えられて、位階に対応する官職に任じられた。

　　ウ　刑罰に八虐があり、国家・天皇・尊属に対する罪は五刑として、とくに重罪とされた。

　　エ　五位以上の貴族には、父祖の位階に応じて位階を与えられる蔭位の制があった。

(4) 下線部(c)について述べた文として誤っているものを、次のア～エから一つ選べ。

　　ア　口分田を6歳以上の男女に支給する班田収授法は、人民の生活を保障する側面があった。

　　イ　口分田は、6年ごとに作成される戸籍にもとづいて班給された。

　　ウ　口分田は売買できず、死者の口分田は給与された者の死亡後、直ちに収公された。

　　エ　口分田の収穫の3%程度の稲をおさめる税を租といい、諸国の正倉に貯蔵された。

(5) 下線部(d)に関して述べた次の文A・Bについて、その正誤の組合せとして正しいものを、下のア～エから一つ選べ。

　　A　歳役のかわりに布などをおさめるもので、次丁には正丁の2分の1、中男には正丁の4分の1が課せられた。

　　B　京・畿内は免除された。

　　ア　A=正　B=正　　イ　A=正　B=誤　　ウ　A=誤　B=正　　エ　A=誤　B=誤

(6) 下線部(e)に関して述べた次の文A・Bについて、その正誤の組合せとして正しいものを、下のア～エから一つ選べ。

　　A　宮城の警備に当たる防人や、九州の沿岸を守る衛士となった。

　　B　兵士の武器や食料は、国家から支給された。

　　ア　A=正　B=正　　イ　A=正　B=誤　　ウ　A=誤　B=正　　エ　A=誤　B=誤

①	②	③	④	(1)

(2)

(3)	(4)	(5)	(6)	
				各3点、計30点

7 平城京の時代

(教p.41～49)

1 次の図をみて、あとの設問に答えよ。

図1

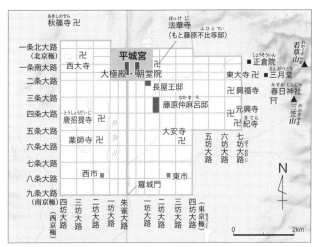

図2

設問 (1) 図1は、8世紀中頃の日本と東アジアの通交を示した地図である。(A)と(B)の国名を答えよ。

(2) 図1の(A)の国は、唐を牽制するため日本に使節を派遣し従属した。のちにその関係から離脱しようとする(A)と日本とのあいだには緊張が生じたが、そのことは遣唐使の派遣方法に変化を生じさせた。どのような変化か、図1から読み取れることを記述せよ。

(3) 日本と図1の国との関係を述べた次の文X・Yについて、その正誤の組合せとして正しいものを、下のア～エから一つ選べ。

X 日本は(A)の国と同様に、唐の冊封を受けて臣従した。

Y (B)の国は唐や(A)の国との対抗関係から、日本に従属し使節を派遣してきた。

ア X＝正 Y＝正　　イ X＝正 Y＝誤　　ウ X＝誤 Y＝正　　エ X＝誤 Y＝誤

(4) 唐で学んだ後、帰朝し聖武天皇に信任されて活躍したが、藤原広嗣が乱をおこし、排除を求められた留学生と学問僧を答えよ。

(5) 図2は、平城京の模式図である。左京四条二坊に所在するものは何か、図中の語で答えよ。

(6) 図2の東辺に、春日神社と三笠山がある。この地名は「天の原ふりさけみれば春日なる三笠の山にいでし月かも」との望郷の歌でも知られるが、遣唐留学生の一人で、玄宗皇帝に重用され高官にのぼったが、帰国かなわず唐で客死したこの歌の作者を答えよ。

(7) 図2について述べた文として誤っているものを、次のア～エから一つ選べ。

ア 平城京は、碁盤の目状に東西南北に直交する道路で区画された条里制の都市であった。

イ 平城京の北部中央には平城宮が位置し、内裏、大極殿や二官八省の官庁がおかれた。

ウ 平城京内には、大安寺や薬師寺といった大寺院など、多くの寺院が配置された。

エ 平城京には、長屋王などの貴族の大邸宅以外にも、下級官人や庶民の住宅もあった。

(1)A		B		(2)		
(3)		(4)留学生		学問僧		(5)
(6)			(7)			

(2)は4点、(3)(7)は3点、他は各2点、計22点

2 ▶次の文を読み（ ① ）～（ ⑥ ）に適語を入れ、あとの設問に答えよ。

　710年、（ ① ）天皇は（ ② ）から平城京へ遷都したが、この２年前の(a)708年に、武蔵国から銅が献上されると、（ ① ）天皇は年号を改め、貨幣を鋳造した。銭貨は、都の造営に雇われた人への給金の支払いに利用され、さらに流通を促すために（ ③ ）を発した。京・畿内では調を銭でおさめさせたが、一般的には稲や布などの物品による交易が広く行われていた。

　中央と地方を結ぶ交通制度としては、畿内から七道の諸国府へ伸びる官道が整備され、(b)官吏が公用に利用するための施設も約16kmごとに設置された。また、(c)諸国内には、国司が統治する拠点としての国府や、各郡の郡司の統治拠点としての（ ④ ）がつくられ、律令による地方支配が目指された。

　(d)支配地の拡大についても律令国家形成期から政策が実行され、東北地方に住む人々を（ ⑤ ）、九州南部の人々を（ ⑥ ）と呼び、異民族とみなして服従させていった。

設問（1）　下線部(a)に関連して、次の問いに答えよ。

　　ⅰ）この時の貨幣を、次の写真ア～エから一つ選べ。

ア　　　　　　イ　　　　　　ウ　　　　　　エ

　　ⅱ）天武朝でつくられた国内でもっとも古い貨幣を、ⅰ）の写真ア～エから一つ選べ。

　　ⅲ）朝廷は、下線部(a)の貨幣のあとも、10世紀半ばまで改鋳を続けながら銅
　　　銭を発行した。これらの貨幣の総称を答えよ。

（2）　下線部(b)について、右の写真は、この施設を利用するために官吏が持参したものであるが、施設名を答えよ。

（3）　下線部(c)に関連して、Aさんは、奈良時代の地方政治について調べ、その特徴として次の４点をあげた。これらの特徴から、国司は、郡司とどのように関わりながら統治を行っていたと説明できるか。記述せよ。

　　・国司は都から派遣され、任期が終わると交代した。
　　・郡司はもとの国造などの在地の豪族が世襲により任命され、多くの田地を保有していた。
　　・郡司の役所には租を蓄える正倉があった。
　　・郡司の役所跡から、木簡や墨書土器などの文字資料が多数発掘された。

（4）　下線部(d)に関連して、次の文A～Cを読み、下の問いに答えよ。

　　A　陸奥国の日本海側に（ ⑦ ）国をおき、陸奥国国府には（ ⑧ ）を築いて政治と軍事の要とした。
　　B　北方への前線基地として淳足柵・磐舟柵を設けた。
　　C　阿倍比羅夫を遣わして北方へ進出した。

　　ⅰ）（ ⑦ ）（ ⑧ ）に適する語を答えよ。

　　ⅱ）Bの文中の淳足柵・磐舟柵が設置された場所は、現在のどこか。次のア～エから一つ選べ。
　　　ア　岩手県　　イ　福島県　　ウ　宮城県　　エ　新潟県

　　ⅲ）A～Cを年代の古いものから順に並べよ。

①	②	③	④	⑤
⑥	(1)ⅰ）　　ⅱ）	ⅲ）	(2)	
(3)				
(4)ⅰ）⑦　　　⑧	ⅱ）　　ⅲ）		(3)は４点、(4)ⅲ）は３点、他は各２点、計33点	

3 ▶次の文を読み（ ① ）～（ ⑪ ）に適語を入れ、あとの設問に答えよ。

Ⅰ （ ① ）は律令の制定に大きな役割を果たし、娘の宮子を文武天皇に嫁がせ、その子（のちの聖武天皇）にも娘の（ ② ）を嫁がせ、天皇家と密接な関係を築いた。

Ⅱ 皇族の（ ③ ）は右大臣となり政権を握ったが、藤原氏の策謀により自殺に追い込まれた。

A 聖武天皇の娘である（ ④ ）天皇の時代には、皇太后と結んだ（ ⑤ ）が政界で勢力をのばし、橘奈良麻呂が兵を挙げるが、逆に（ ⑤ ）に滅ぼされた。

B （ ⑥ ）が太政大臣禅師や法王となって権力を握って、天皇から皇位を譲られそうになったが、（ ⑦ ）が宇佐神宮の神託をもち帰り、それを阻んだ。

C 皇族出身の（ ⑧ ）の政権下、（ ⑨ ）が740年に九州で大反乱をおこしたが、鎮圧された。

Ⅵ 称徳天皇が亡くなると、（ ⑩ ）天皇の孫である（ ⑪ ）天皇が即位した。

設問 (1) A～Cの文は、ⅡとⅥの間の出来事だが、配列が間違っている。古いものから順に並べよ。

(2) 聖武天皇は遷都を繰り返したが、そのうち山背国に置かれた都を、次の**ア**～**エ**から一つ選べ。

　　ア 恭仁京　　**イ** 紫香楽宮　　**ウ** 長岡京　　**エ** 難波宮

①		②		③		④	
⑤			⑥	⑦		⑧	
⑨		⑩		⑪		(1)	(2)

(1)は3点、他は各2点、計27点

4 ▶次の文を読み（ ① ）～（ ③ ）に適語を入れ、あとの設問に答えよ。

　政府は人口増加による口分田の不足の解消や税収増を目指し、722年に（ ① ）計画を立てたが、成果は上がらなかった。翌723年には、民間の開墾を奨励し、期限付きの私有を認める（ ② ）法を施行した。その後(a)743年に（ ③ ）法を発し開墾地を収公しないことを宣言したため、私有地の拡大が進んだ。

設問 (1) 次の史料（『続日本紀』）は（ ③ ）法についての記述である。下の問いに答えよ。

（天平十五年五月）乙丑、(b)詔して曰く、「聞くならく、墾田は(c)養老七年の格に依りて、限満つる後、例に依りて収授す。是に由りて農夫怠倦して、開ける地復た荒る、と。今より以後、任に私財と為し、（ ② ）を論ずること無く、咸悉くに永年取る莫れ。其の親王の一品及び一位は五百町、…初位已下庶人に至るまでは十町。但し郡司は、大領少領に三十町、主政主帳に十町。…」と。

ⅰ）下線部(a)について、開墾には制限があった。制限について史料を参考に簡潔に答えよ。

ⅱ）下線部(a)の私有地について述べた文として正しい組合せを、次の**ア**～**エ**から一つ選べ。

a 租がかかる輸租田であった。　　b 租がかからない輸租田であった。

c 開墾・経営には国司・郡司が協力した。　　d 開墾・経営に国司・郡司は関与しなかった。

　　ア a・c　　**イ** b・c　　**ウ** a・d　　**エ** b・d

ⅲ）下線部(b)について、これを発した人物を答えよ。

ⅳ）下線部(c)について、これは何を示す内容か。次の**ア**～**エ**から一つ選べ。

　　ア （ ① ）計画　　**イ** （ ② ）法　　**ウ** （ ③ ）法　　**エ** 班田収授法

(2) 奈良時代の民衆の様子に関して述べた次の文X・Yについて、その正誤の組合せとして正しいものを、下の**ア**～**エ**から一つ選べ。

X 結婚は、女性が男性の家に通う妻問婚が一般的であった。

Y 農民は口分田以外の公の田である職田を借り、地子をおさめる賃租も行っていた。

　　ア X＝正　Y＝正　　**イ** X＝正　Y＝誤　　**ウ** X＝誤　Y＝正　　**エ** X＝誤　Y＝誤

①		②		③		(1)ⅰ)(2)は3点、他は各2点、計18点
(1)ⅰ)			ⅱ)	ⅲ)	ⅳ)	(2)

点

1 白鳳文化に関する次の文を読み、あとの設問に答えよ。

　右の写真は、(a)白鳳文化の建築様式をよく伝えるとされる（ ① ）寺の三重塔である。各層にある裳階と呼ばれる小さな屋根により、ほかの塔にはみられないリズミカルな建築美が感じられる。白鳳文化は、仏教文化を基調とした生気ある若々しい文化が特徴であり、この特徴はほかにも（ ① ）寺に所在する（ **A** ）や、興福寺に所在する（ **B** ）に見ることができる。この文化は中国王朝の文化の影響だけではなく、西域やインドのグプタ朝の美術の影響も受けている。その一例は（ ② ）寺の金堂に所在するものである。しかし、この文化財は1949(昭和24)年、失火により大半が焼損してしまった。また、(b)1972(昭和47)年に明日香村で発見された壁画は、これまでになく極彩色で鮮明なうえ、高句麗の壁画との類似性が指摘される貴重なものであった。しかし、管理が徹底できず黒カビと退色で壁画は変質し、やむなく解体のうえでの修復となった。この2点の姿は、文化財の未来への伝達が、細心の注意をもって継続していかなければならないことを、われわれに訴えかけている。

設問 (1) （ ① ）（ ② ）に適する語を答えよ。

　(2) 下線部(a)について述べた文として正しいものを、次の**ア～エ**から二つ選べ。

　　ア 7世紀初頭から7世紀中頃にかけての文化である。

　　イ 7世紀後半から8世紀初頭にかけての文化である。

　　ウ 天武天皇と持統天皇の時代を中心とした文化である。

　　エ 盛唐文化の影響を受けている文化である。

　(3) （ **A** ）（ **B** ）、下線部(b)に当てはまるものを、次の写真**ア～エ**からそれぞれ選べ。

ア

イ

ウ

　(4) 白鳳文化の状況を述べた文として誤っているものを、次の**ア～エ**から一つ選べ。

　　ア この頃の貴族は漢詩文をつくっていた。

　　イ この頃、和歌は形式が整えられ、さかんに詠まれていた。

　　ウ 漢字の読み書きは、まだ地方にはおよんでいなかった。

　　エ 儒教思想は地方豪族での受容が始まっていた。

エ

(1)①	②	(2)	(3)A	B	(b)	(4)

(2)は完全解答2点、(4)は3点、他は各2点、計15点

2 奈良時代の文化に関する次の文を読み（ ① ）～（ ⑰ ）に適語を入れ、あとの設問に答えよ。

　律令国家の形成とともに朝廷は国史の編纂を行った。（ ① ）天皇の時に始まった国史編纂事業は、712（和銅5）年に『（ ② ）』として、また720（養老4）年に『（ ③ ）』として完成した。『（ ② ）』は、宮廷に伝わる皇位継承を中心とした伝承である『（ ④ ）』と古代の神話や伝承・歌謡をまとめた『旧辞』について、（ ① ）天皇が（ ⑤ ）によみならわせた内容を（ ⑥ ）が筆録したものである。他方、(a)『（ ③ ）』は（ ⑦ ）親王が代表となって編纂したもので、中国の史書の体裁にならい漢文で記述された正史である。朝廷による国史編纂事業は平安時代まで引き継がれ、『（ ③ ）』に続き、『（ ⑧ ）』『日本後紀』『続日本後紀』『日本文徳天皇実録』『（ ⑨ ）』の順で、六つの漢文正史が編纂された。これらを（ ⑩ ）と総称する。

　このような国史の編纂事業とならんで、朝廷は713（和銅6）年には諸国に対し、郷土の産物、山川原野の名の由来、古老の伝承などを筆録して献上するように命じた。この地誌が『（ ⑪ ）』である。現在に伝わるのは常陸・（ ⑫ ）・（ ⑬ ）・豊後・肥前の5カ国のみだが、（ ⑫ ）はほぼ完全な形で残っている。

　また、唐の制度や文化を導入するために、(b)貴族や官人には漢詩文の教養が必須とされ、751（天平勝宝3）年には7世紀後半以来の作品を集めた最古の漢詩文集として『（ ⑭ ）』が編纂された。8世紀半ばには、最初の私設図書館とされる芸亭を開設した（ ⑮ ）などが文人として活躍している。一方、日本古来の和歌もさかんに詠まれていた。(c)『（ ⑯ ）』は759年までの歌を約4500首収録した歌集で、『貧窮問答歌』の作者として有名な（ ⑰ ）や、この歌集の編者とも考えられる大伴家持などの著名な歌人の作品に加え、心情を率直に表した庶民の歌も多数収録されている。

設問（1）　下線部(a)・(b)に関して述べた次の文X・Yについて、その正誤の組合せとして正しいものを、下の**ア～エ**からそれぞれ選べ。

(a)X　神話や伝承を含めて、神代から聖武天皇までの歴史について天皇を中心に叙述している。
　　Y　年代を追って出来事を記述する、編年体と呼ばれる叙述のスタイルを用いている。

(b)X　官吏養成のため中央に大学がおかれ、貴族や文筆を担当した氏族の子弟などが学んだ。
　　Y　官吏養成のため地方には国学がおかれ、郡司の子弟が学んだ。

ア　X＝正　Y＝正　　**イ**　X＝正　Y＝誤　　**ウ**　X＝誤　Y＝正　　**エ**　X＝誤　Y＝誤

（2）　次の文は、下線部(c)の歌の一首と、関連部分の抜粋である（訓読部分は補記）。これに関して述べたX～Zについて、その正誤の組合せとして正しいものを、下の**ア～カ**から一つ選べ。

```
天平勝寶七歳乙未二月相替遣筑紫諸國防人等歌
比多知散思 由可牟加里母我 阿我古比乎 志留志弖都祁弖 伊母尓志良世牟
　（訓読「常陸指し行かむ雁もが我が恋を記して付けて妹に知らせむ」）
右二首信太郡物部道足
```

X　この歌は常陸国に派遣される防人が、故郷を思い詠んだ歌である。

Y　この歌は日本語文で記すために、漢字の意味をほぼ無視し音を利用して表記している。

Z　防人の歌は庶民が詠んだ歌とされるため、作者名は記されなかった。

ア　X＝正　Y＝正　Z＝誤　　**イ**　X＝正　Y＝誤　Z＝正　　**ウ**　X＝正　Y＝誤　Z＝誤

エ　X＝誤　Y＝正　Z＝正　　**オ**　X＝誤　Y＝誤　Z＝正　　**カ**　X＝誤　Y＝正　Z＝誤

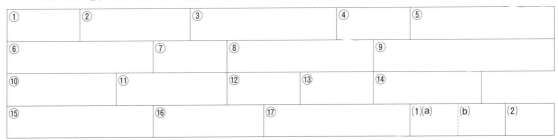

①	②	③	④	⑤
⑥	⑦	⑧		⑨
⑩	⑪	⑫	⑬	⑭
⑮	⑯	⑰	(1)(a)	(b)	(2)

(1)(2)は各3点、他は各2点、計43点

3 次の文を読み（ ① ）〜（ ⑤ ）に適語を入れ、あとの設問に答えよ。

　奈良時代には、仏教は国家の保護を受けてさらに発展した。(a)仏教によって国家の安定をはかるという（ ① ）の思想は、この時代の仏教の性格をよく示している。（ ② ）天皇の発した大仏造立の詔はこの考え方によるものであり、都やその周辺には(b)官立の大寺院が整備され、インドや中国で生まれた様々な仏教理論の研究が進められた。また、（ ③ ）は五回の渡来に失敗にしながらも来日を果たし、日本の仏教の発展に寄与した。このように発展した仏教も、朝廷から僧尼令などできびしい統制を受け、一般民衆への布教活動は禁止されていた。なかには（ ④ ）のように、用水施設や救済施設をつくる(c)社会事業を行い、民衆の支持を集めながら布教したため、朝廷から弾圧された僧もあった。しかしその後（ ④ ）は大僧正に任命され、大仏造立に大きく貢献した。またこの時代には、仏教発展の日本的特徴として、在来の祖先信仰と結びついた先祖供養が進んだり、仏と日本の神は本来同一であるとみなす（ ⑤ ）の思想がおこり、その後の日本人の信仰に大きな影響を与えた。

設問(1)　下線部(a)について、この思想を受けて（ ② ）が行った、ほかの大事業の例をあげよ。

　(2) i ）下線部(b)について、法相・倶舎・華厳など奈良の大寺院で形成された学系を何とよぶか。

　　　ii ）遣唐留学僧として仏典の招来につとめるとともに法相宗を学び、帰国後は聖武天皇のもと政界で活躍した人物は誰か。

　(3)　下線部(c)について、仏教の思想から（ ④ ）の活動以外にも社会事業が行われたが、光明皇后が孤児・病人を収容するため平城京内に設けたものは何か。

　(4)　右の写真Ⅰ・Ⅱに関する文を読み、（ ⑥ ）〜（ ⑩ ）に適する語を答えよ。（ A ）〜（ G ）に適する語は、下の語群**ア**〜**コ**からそれぞれ選べ。

Ⅰの写真は（ ⑥ ）の（ A ）に安置されていた天平文化の仏像で、中央の像が（ B ）、両脇が（ C ）である。これらは技法が違うのも特徴で、（ B ）は原型の上に麻布を幾重にも漆で塗り固め、あとで原型を抜きとる（ ⑦ ）の技法が、（ C ）は木を芯として粘土を塗り固める（ ⑧ ）という技法が用いられている。いずれも微妙な表情などの表現に適した技法で、この時代に発達したものである。（ ⑦ ）の技法では興福寺に所在する（ D ）なども優品として知られている。Ⅱの絵画は（ ⑨ ）に伝わる（ E ）で、唐の影響を受けた豊満で華麗な女性像を描いている。同様の絵画には（ ⑩ ）に伝わる（ F ）の樹下美人図があり、この構図は西域に源流をもっており、国際色豊かな文化の特徴がよく表れている。また、恵美押勝の乱後に称徳天皇の発願でつくられた（ G ）は、その中に世界最古の印刷物がおさめられ、この時代のすぐれた技術を示している。

Ⅰ

Ⅱ

語群 ア　鳥毛立女屏風　　**イ**　日光月光菩薩像　　**ウ**　百万塔
　　　エ　不空羂索観音像　　**オ**　阿修羅像　　**カ**　東塔
　　　キ　執金剛神像　　**ク**　法華堂　　**ケ**　漆胡瓶　　**コ**　吉祥天像

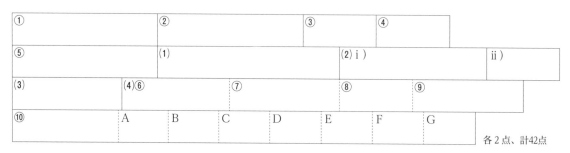

①		②		③		④		
⑤		(1)			(2) i)			ii)
(3)		(4)⑥		⑦		⑧		⑨
⑩		A	B	C	D	E	F	G

各2点、計42点

1 次の文を読み（ ① ）～（ ⑨ ）に適語を入れ、あとの設問に答えよ。

　古代最後の女帝称徳天皇のあとを受けて、天智天皇の孫にあたる（ ① ）天皇が即位し政治の再建を進めたが、その事業はつづく（ ② ）天皇に受け継がれた。（ ② ）天皇は、(a)律令政治の建て直しと財政再建のため、行財政の簡素化や公民の負担軽減などを進めた。784（延暦3）年には平城京から（ ③ ）に遷都したが、(b)造都事業のさなかに不穏なことが頻発したため（ ③ ）は放棄され、794（延暦4）年、新都に再遷都した。平安京と名付けられた(c)この都は、（ ③ ）と同様（ ④ ）国に造られた都であるとともに、旧京からの寺院の移転が禁じられ、京内には東寺・西寺以外の寺院の建築が認められなかった。

　この時代には、(d)東北地方の蝦夷への支配も積極的に進められた。780（宝亀11）年には帰順していた蝦夷の豪族（ ⑤ ）の反乱により、(e)多賀城にあった蝦夷支配のためにおかれた軍事機関である（ ⑥ ）が陥落して、三十年以上戦争があいついだ。789（延暦8）年には征東大使の紀古佐美が阿弖流為に大敗する事件もおきた。その後、（ ⑦ ）が（ ② ）天皇により（ ⑧ ）に任命され大規模な軍事行動を行った結果、阿弖流為を帰順させ、802（延暦21）年には北方に（ ⑨ ）を築いて（ ⑥ ）を多賀城から移した。さらに翌年には(f)志波城を築造し東北経営の前進基地を北上させた。

　しかし(g)この造都と蝦夷征討という二大政策は、国家財政や民衆にとって大きな負担となっていった。

設問 (1)　（ ② ）天皇が班田収授を励行させるために行った政策として正しいものを、次の**ア～エ**から一つ選べ。

　　ア　大宰府に公営田、畿内に官田（元慶官田）を設けるなど、新たな財源の確保につとめた。

　　イ　雑徭の期間を年間60日から10日に改めた。

　　ウ　公出挙の利率を5割から3割に変更した。

　　エ　班田の期間をそれまでの12年1班から6年1班に改めた。

(2)　下線部(a)の、8世紀後半から9世紀にかけての地方社会の状況に関して述べた次の文A・Bについて、その正誤の組合せとして正しいものを、下の**ア～エ**から一つ選べ。

　　A　多くの農民たちは様々な手段で負担から逃れようとし、戸籍に登録する女性を男性に書きかえる偽籍という偽りの記載がふえた。

　　B　農民間に貧富の差はなく、一様に政府のきびしい支配を受けていたため、その支配から逃れようとして、班田収授を妨害するものが多かった。

　　ア　A＝正　B＝正　　**イ**　A＝正　B＝誤　　**ウ**　A＝誤　B＝正　　**エ**　A＝誤　B＝誤

(3)　下線部(b)について、（ ③ ）造営の責任者で、現地で監督中に射殺された藤原式家の人物は誰か。

(4)　下線部(c)について、なぜどちらの都にも寺院の移転や建築はほとんど認められなかったのか、理由を答えよ。

(5)　下線部(d)の、奈良時代以来の東北地方の蝦夷政策に関して述べた次の文A・Bについて、その正誤の組合せとして正しいものを、下の**ア～エ**から一つ選べ。

　　A　行政的な役所の役割をもつ城柵がおかれ、周囲に関東地方から農民が移住させられた。

　　B　帰順した蝦夷の中には、関東以西に俘囚として移住させられるものもあった。

　　ア　A＝正　B＝正　　**イ**　A＝正　B＝誤

ウ　A＝誤　B＝正　　エ　A＝誤　B＝誤
(6)　下線部(e)・(f)の場所を、地図のア～オからそれぞれ選べ。
(7)　下線部(g)について、ある人物はこの二大事業が万民を苦しめていると徳政相論で批判し、
　　（　②　）天皇はその意見を採用し事業を中止した。この人物の名を答えよ。

①	②	③	④	⑤
⑥	⑦		⑧	
⑨	(1)	(2)	(3)	
(4)			(5)	(6)(e)	(f)
(7)					

(6)は各1点、他は各2点、計32点

2　次の文を読み（　①　）～（　⑥　）に適語を入れ、あとの設問に答えよ。

　桓武天皇は積極的な政治改革をすすめ、(a)国家財政悪化の原因となった地方政治の緩みをなくそうとしたり、(b)地方における軍事面での改革を行った。

　積極的な政治改革の方針は、続く（　①　）天皇とその弟の嵯峨天皇にも引き継がれた。しかし、嵯峨天皇の時代、（　①　）太上天皇とのあいだに対立が生じ、「二所朝廷」と呼ばれる政治的混乱がおきた。その結果、810（弘仁元）年、天皇側は兵をあげて太上天皇を出家に追い込み、その寵愛を受けていた（　②　）は自殺、（　②　）の兄（　③　）は殺害されるに至った。この対立の際、天皇は機密事項の漏洩を防ぎ、命令を太政官組織に速やかに伝達するため新たに（　④　）を設置し、天皇の信頼の厚かった（　⑤　）や巨勢野足をその長官である（　⑥　）に任命した。（　②　）と（　③　）は藤原四家のうち（　A　）の人物であったため、これを機に（　A　）は力を落とすこととなったが、（　⑤　）の（　B　）が中央政界で勢力を伸ばすようになっていった。

設問(1)　下線部(a)について、桓武天皇は増加していた定員外の国司や郡司を廃止したが、それ以外の政策を説明せよ。
(2)　下線部(b)に関して述べた次の文Ⅰ～Ⅲについて、その正誤の組合せとして正しいものを、下のア～カから一つ選べ。
　　Ⅰ　すべての諸国の軍団と兵士を廃止し、公民の負担を減じた。
　　Ⅱ　新たに郡司の子弟や有力農民の志願による少数精鋭の健児を採用した。
　　Ⅲ　改革の背景には、唐の衰退や東アジアの緊張が緩和したという国際情勢がある。
　　ア　Ⅰ＝正　Ⅱ＝正　Ⅲ＝誤　　イ　Ⅰ＝正　Ⅱ＝誤　Ⅲ＝正　　ウ　Ⅰ＝誤　Ⅱ＝正　Ⅲ＝正
　　エ　Ⅰ＝誤　Ⅱ＝正　Ⅲ＝誤　　オ　Ⅰ＝誤　Ⅱ＝誤　Ⅲ＝正　　カ　Ⅰ＝正　Ⅱ＝誤　Ⅲ＝誤
(3)　（　A　）（　B　）に当てはまる語句の組合せとして正しいものを、次のア～エから一つ選べ。
　　ア　A：式家　B：南家　　イ　A：式家　B：北家
　　ウ　A：京家　B：南家　　エ　A：京家　B：北家
(4)　次の文は、この時代の律令制の変容をまとめた太郎さんのノートである。（　⑦　）～（　⑮　）に適する語を答えよ。（　C　）～（　E　）に適する語は、ア～カからそれぞれ選べ。

〈平安初期の律令制の変容について〉
・嵯峨天皇は平安京内の警察にあたる（　⑦　）を設置し、（　⑦　）は裁判まで行うようになった。
　※律令の規定では、宮城などの警備にあたる（　C　）、官人の監察にあたる（　D　）、裁判や刑罰を担当する（　E　）が分担してその任にあたることになっていた。
　※（　⑦　）や（　④　）など、令の規定にない新官職＝（　⑧　）

・嵯峨天皇は（ ⑨ ）をつくらせて法制の整備をすすめ、官庁の実務の便をはかった。
　※律令の補足・修正法＝（ ⑩ ）　律令の施行細則＝（ ⑪ ）
　※（ ⑩ ）と（ ⑪ ）の分類・編集は、後の天皇の代にもおこなわれた→総称して（ ⑫ ）＝（ ⑨ ）・
　　（ ⑬ ）・（ ⑭ ）
　※この時代に使われていた律令は（ ⑮ ）

　　　ア　少納言　　イ　刑部省　　ウ　左弁官　　エ　治部省　　オ　弾正台　　カ　五衛府
⑸　太郎さんはこのノートのまとめとして、次の文Ⅰ・Ⅱを記した。各文の正誤の組合せとして正しいものを、下のア～エから一つ選べ。

〈まとめ〉
Ⅰ　律令は実情にあわせ、変更されながら運用されていった。
Ⅱ　律令の修正は嵯峨天皇の時代から始まった。

　　ア　Ⅰ＝正　Ⅱ＝正　　イ　Ⅰ＝正　Ⅱ＝誤　　ウ　Ⅰ＝誤　Ⅱ＝正　　エ　Ⅰ＝誤　Ⅱ＝誤

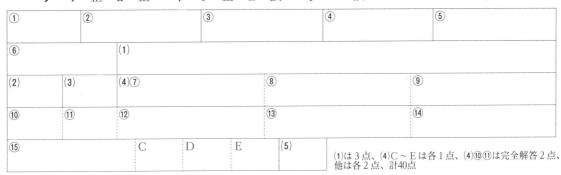

①		②		③		④		⑤	
⑥			⑴						
⑵		⑶		⑷⑦			⑧		⑨
⑩		⑪		⑫			⑬		⑭
⑮			C	D	E		⑸		

⑴は3点、⑷C～Eは各1点、⑷⑩⑪は完全解答2点、他は各2点、計40点

3　次の文を読み（ ① ）～（ ⑪ ）に適語を入れ、あとの設問に答えよ。

　平安初期の文化の特色は、(a)（ ① ）天皇がとくに唐風を重んじ、唐風の宮中儀式を整えるなかで、漢文学・学問に長じた貴族が政治に登用されて漢文学が隆盛したことと、新しい仏教が唐から伝えられ仏教の革新が進められたことにある。平安遷都から9世紀末までのこの文化は、年号をとって（ ② ）文化と呼ばれる。
　漢文学は貴族の教養として重視されたため、貴族は漢文を使いこなすようになり、9世紀前半には(b)勅撰漢詩文集があいついで編纂された。また、個人の漢詩文集としては空海が名高い（ A ）を残している。漢文学の隆盛は大学での学問も重視され、とくに儒教を学ぶ明経道や中国王朝の歴史や文学を学ぶ（ ③ ）が盛んになった。(c)有力な氏族には（ ④ ）と呼ばれる寄宿舎での教育施設を設けて一族の子弟を収容し、大学での教育の便宜をはかるものもあった。なお、漢詩文流行の中で、唐風の書風が好まれるようになったことも特徴の一つである。とくに（ ① ）天皇・空海・橘逸勢は（ ⑤ ）と呼ばれ、この時代を代表する能書家である。なかでも空海が最澄に送った手紙は（ B ）と名付けられ、今にその筆蹟を伝えている。
　一方、新しい仏教の主役は最澄と空海であった。最澄は唐に学んで帰国したのち、大乗（ C ）の設立をめざしながら比叡山に（ ⑥ ）を建て、（ ⑦ ）宗の開祖となった。空海も同じく唐に学び、帰国ののち、高野山に（ ⑧ ）を建て、さらに京都に（ ① ）天皇から（ ⑨ ）を賜わり（ ⑩ ）宗の開祖となった。(d)（ ⑩ ）宗は現世利益のため秘密の呪法をもって加持祈禱を行い、皇族や貴族に重用され、（ ⑦ ）宗は法華経を中心とした仏教教学を説いてのちの思想界に大きな影響を及ぼし、同じく貴族の信仰を集めた。なお、これらの2宗は、ともに山地に寺を建て修行を積む山岳仏教の形をとったため、日本古来の山岳信仰と結びつき、新たに（ ⑪ ）という実践的な宗教を生む要素ともなった。
　空海の実践した(e)密教は最澄の開いた宗派にも大きく取り入れられており、この時代の芸術に大きな

影響をおよぼしている。そのためこの時代には(f)神秘的な仏像が多くつくられ、絵画では、仏の世界を独自の構図で表した（ Ｄ ）が発達した。また、寺院建築は山岳の地形に応じて自由に諸堂を建てるようになり、女人高野と呼ばれる奈良県の（ Ｅ ）が代表的な寺院として今にその姿をとどめている。

設問 (1) （ Ａ ）～（ Ｅ ）に入る語句を、下の語群からそれぞれ選べ。

(2) 下線部(a)について、この背景には、文芸を活発にすることにより国家を繁栄させるというこの時代の思想があった。この思想を何というか。

(3) 下線部(b)について、勅撰漢詩文集を下の語群から二つ選べ。

(4) 下線部(c)について、このような教育施設のうち和気氏と藤原氏の子弟のために設けられたものを下の語群からそれぞれ選べ。

(5) 下線部(d)について、（ ⑩ ）宗の密教を何というか答えよ。

(6) 下線部(e)について、最澄の弟子で、園城寺を拠点として密教を体系化した人物は誰か。

(7) 下線部(f)について、次の問いに答えよ。

ⅰ) 下線部(f)の代表的なものが上の写真の仏像である。作品名を下の語群から一つ選べ。

ⅱ) この時代に多用された技法で、仏の姿を１本の木材で彫りあげる技法を何というか。

語群 ア 懐風藻　　イ 文華秀麗集　　ウ 凌雲集　　エ 文鏡秘府論　　オ 風信帖　　カ 性霊集
キ 日本霊異記　　ク 菅家文草　　ケ 僧形八幡神像　　コ 不動明王像　　サ 曼荼羅
シ 観心寺如意輪観音像　　ス 聖林寺十一面観音像　　セ 元興寺　　ソ 室生寺
タ 大峰山　　チ 弘文院　　ツ 勧学院　　テ 奨学院　　ト 学館院　　ナ 戒壇
ニ 法華堂

①		②		③		④		
⑤		⑥		⑦		⑧		
⑨			⑩		⑪		(1)A	B	C
D	E	(2)			(3)		(4)和気氏	藤原氏
(5)		(6)		(7)ⅰ)	ⅱ)			

(2)(5)(6)は各2点、他は各1点、計28点

／ 点

1 次の文を読み（ ① ）～（ ⑫ ）に適語を入れ、あとの設問に答えよ。

A 嵯峨天皇の厚い信任を得た藤原冬嗣の子の（ ① ）は、（ ② ）の変で藤原氏の中で北家の優位を確立
し、（ ③ ）や橘逸勢らの他氏族の勢力を退けた。

B 幼年の（ ④ ）天皇が即位すると、（ ① ）は臣下ではじめての（ ⑤ ）に任ぜられ政務を代行した。

C （ ① ）の養子である（ ⑥ ）は光孝天皇を即位させ、天皇はこれに報いるために、はじめて（ ⑦ ）に
任じた。

D （ ⑥ ）は（ ⑧ ）天皇が即位に当たって出した(a)勅書に抗議して、これを撤回させるという事件をお
こした。このことにより、（ ⑦ ）の政治的地位は確立し、北家の勢力は強大化した。

E （ ⑥ ）の死後、（ ⑧ ）天皇は（ ⑤ ）や（ ⑦ ）をおかず、(b)学者の菅原道真を(c)蔵人頭に登用した。
次の(d)醍醐天皇も（ ⑨ ）を左大臣、道真を右大臣に任じて、天皇親政を進め律令体制の復興を目指し
た。菅原道真は（ ⑨ ）の策謀により追放されたが、醍醐天皇の子の（ ⑩ ）天皇も親政を行ったため、
この時代の政治は（ ⑪ ）とのちにたたえられるようになった。

F (e)源満仲の密告によって、藤原北家に対抗しうる最後の有力公卿であった左大臣で醍醐天皇の子
（ ⑫ ）が失脚し、北家は他氏族を圧倒する政治的地位を確立した。

X 大納言伴善男が(f)左大臣源信の失脚をねらったといわれる疑獄事件に乗じ、伴・紀両氏を退けた。

設問 (1) A～Fの各文は年代順に配列されているが、Xはこの位置ではない。XはA～Fの文のどの間
の出来事か、「○と○の間」と答えよ。

(2) 下線部(a)について、この事件を何というか。

(3) 下線部(b)について、彼の死後怨霊を鎮めるために京都に設けられた神社を何というか。

(4) 下線部(c)に関連して、（ ⑧ ）天皇は蔵人所を拡充し、その指揮下に宮中の警備を担当させる武
士をおいた。これを何というか。

(5) 下線部(d)について、醍醐天皇の時代には具体的にどのような政策が行われたか。公地公民制と、
歴史書の編纂それぞれについて説明せよ。

(6) 下線部(e)の出来事を何というか。

(7) 下線部(f)の出来事を何というか。

(8) 右の絵は、藤原北家の権勢確立の
中でおきた事件を描いたものである。
その事件を含む文として適切なもの
を、上の各文から一つ選べ。

①		②		③		④		⑤	
⑥		⑦		⑧		⑨		⑩	
⑪		⑫		(1)					
(2)			(3)			(4)			
(5)公地公民				歴史書					
(6)		(7)			(8)				

①～⑫は各2点、他は各3点、計51点

2 ≫次の文を読み、あとの設問に答えよ。

　藤原北家は天皇の権威を利用し大きな権力を握ったが、その背景には当時の貴族社会で(a)母方の縁が重視されていたという点がある。藤原北家出身の女性が天皇の子を産むと、その子は北家で育てられたので、北家は天皇のもっとも身近な存在になり得た。(b)藤原北家の統率者が天皇の後見として政治を主導できるようになったのはこのことが大きな要因である。10世紀後半には、北家の統率者をめぐる(c)身内同士によるはげしい権力争いがつづくが、(d)藤原道長はこれに勝利し権力を掌握した。また、摂関家の権力は、中・下級貴族を強く引きつける求心力となった。摂関家は官吏の任免権に深く関与したため、(e)昇進や経済的に優位な地位を望む中・下級貴族は摂関家に取り入って関係を深めようとしたのである。

設問 (1)　下線部(a)について、母方の親戚を何というか。

(2)　下線部(b)について、氏寺などを管理し、一族の官位推挙にもあたる氏の統率者を何というか。

(3)　下線部(c)について、藤原兼通が死去したことにより兼家は権力を確立しつつあったが、それは確実なものではなかった。その理由を右の兼通死後の藤原氏の系図を見て説明せよ。なお冷泉、円融両天皇は、すでに退位して上皇となっている。

```
              ┌ 義懐
        ┌ 伊尹 ┤
        │      └ 懐子 ─┐
        │              ├ 花山天皇
        │       冷泉 ──┘
        │
伊尹 ─┤
        ├ 兼通 ── 居貞親王
        │
        └ 兼家 ┬ 超子
               │
               └ 詮子 ─┐
                       ├ 懐仁親王
                 円融 ─┘
```

(4)　次の歌は、『蜻蛉日記』の作者藤原道綱母の歌である。この人物は系図中の兼家の妻である（道綱は兼家との子）が、この歌の背景を述べた文としてもっとも適当なものを、次の**ア～エ**から一つ選べ。

> 嘆きつつひとり寝（ぬ）る夜の明くる間は
> 　いかに久しきものとかは知る

　ア　作者は兼家の実家での生活から別居し、困窮化したため悔やんでいる。
　イ　兼家は妻である作者のもとにあまり訪れず、作者は恨みがましく思っている。
　ウ　婚家に嫁いだ作者であるが、兼家があまり帰宅せず心細い日々を送っている。
　エ　子の道綱を兼家の実家に残して別居したため、夜も寝られぬ状態である。

(5)　下線部(d)について、
　ⅰ）道長と争った結果やぶれ、大宰権帥として左遷された人物を答えよ。
　ⅱ）「此の世をば我が世とぞ思ふ望月のかけたることも無しと思へば」という道長の詠んだ歌を記録した、藤原実資の日記名を答えよ。

(6)　下線部(e)について、中・下級貴族は摂関家などの上級貴族に仕え、その家の事務を扱う職員として奉仕した。この職は何と呼ばれるか。

(7)　摂関政治期の政治に関して述べた次の文a～dについて、正しいものの組合せを、下の**ア～エ**から一つ選べ。
　a　天皇が太政官を通じて役人を指揮する律令国家の形が継続した。
　b　太政官の命令機能は形骸化され、摂関家の家人が地方政治にあたった。
　c　陣定という重要会議で、公卿は各自の意見を述べて国政に参与した。
　d　陣定は摂関家の殿舎で開催され、公卿に摂関の意向が伝達された。
　ア　a・c　　**イ**　a・d　　**ウ**　b・c　　**エ**　b・d

(1)		(2)	
(3)			

(4)	(5) ⅰ）		ⅱ）		(6)		(7)

(3)は4点、他は各3点、計25点

3 次の史料を読み、あとの設問に答えよ。

　　諸公卿をして遣唐使の進止❶を議定せしむることを請ふの状

右、臣某、謹みて在唐の僧中瓘、去年三月商客❷王訥等に附して到るところの録記を案ずるに、大唐の凋弊❸、之を載すること具なり。…臣等、伏して旧記を検するに、度々の使等、或は海を渡りて命に堪へざりし者有り、或は賊に遭ひて遂に身を亡ぼせし者有り。唯だ、未だ唐に至りて難阻飢寒の悲しみ有りしことを見ず、中瓘の申報するところの如くむば、未然の事❹、推して知るべし。臣等、伏して願はくは、中瓘が録記の状を以て、遍ねく公卿・博士に下し、詳らかに其の可否を定められむことを。国の大事にして、独り身の為のみにあらず。且く款誠❺を陳べ、伏して処分を請ふ。謹みて言す。

　(a)寛平六年九月十四日　大使参議勘解由次官　従四位下兼守左大弁行式部権大輔春宮亮菅原朝臣某
　　❶進退、ここでは存廃。　❷商人。　❸衰えること。　❹将来のこと。　❺まごころ。

設問 (1)　この史料から読みとれることを述べた次の文X・Yについて、その正誤の組合せとして正しいものを、下のア～エから一つ選べ。

　　X　歴代の遣唐使には、盗賊によって命を落とす者がいた。

　　Y　唐にいる僧が、商人を通して派遣の中止を要請してきた。

　　ア　X＝正　Y＝正　　イ　X＝正　Y＝誤　　ウ　X＝誤　Y＝正　　エ　X＝誤　Y＝誤

(2)　下線部(a)について、この年は何世紀末か。

(3)　この史料の書状を記した人物の名を答えよ。

(4)　遣唐使が派遣されなくなった背景について述べた次の文a～dについて、正しいものの組合せを、下のア～エから一つ選べ。

　　a　新羅からは、9世紀後半まで使節の来日が続いていた。

　　b　新羅からは、9世紀前半頃から商人が来航するようになった。

　　c　9世紀後半から唐の商人が頻繁に来航するようになるが、朝廷は私的なものとしてこれを無視した。

　　d　9世紀後半から唐の商人が頻繁に来航し、朝廷は貿易の仕組みを整え、舶来品の輸入につとめた。

　　ア　a・c　　イ　a・d　　ウ　b・c　　エ　b・d

(5)　右の地図は10～11世紀の東アジアである。（A）～（C）に適する王朝名を答えよ。

(6)　10～11世紀の日中関係に関して述べた次の文X・Yについて、その正誤の組合せとして正しいものを、下のア～エから一つ選べ。

　　X　九州の博多に来航した中国の商人が、金や水銀・真珠、硫黄などをもたらした。

　　Y　日本人の渡航は律によって禁止されていたが、巡礼を目的とする僧には許されることがあった。

　　ア　X＝正　Y＝正　　イ　X＝正　Y＝誤

　　ウ　X＝誤　Y＝正　　エ　X＝誤　Y＝誤

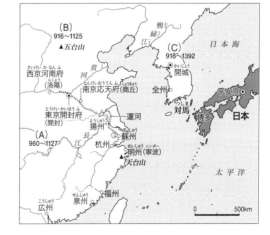

(1)	(2)		(3)		(4)
(5)A		B		C	(6)

各3点、計24点

1 国風文化に関する次の文を読み、あとの設問に答えよ。

A 「いろはにほへと」は、「以呂波仁保部止」の草書体を優美に簡略化して生まれた文字である。

B 次は平安中期の文学作品の一節である。

「雪のいと高う降りたるを、例ならず御格子まゐりて、炭櫃に火おこして、物語などして集りさぶらふに、『少納言よ、(a)香炉峰の雪いかならん』と仰せらるれば、御格子あげさせて、御簾を高くあげたれば、わらはせ給ふ。人々も、『さることは知り、歌などにさへ歌へど、思ひこそよらざりつれ。なほ、此の宮の人には、さべきなめり。』といふ。」

下線部(a)は、(b)皇后が出した問いと、それに対する作者の対応を示している。これは、唐の白居易の漢詩の一節、「遺愛寺鐘欹枕聴　香炉峰雪撥簾看」(遺愛寺の鐘は枕を欹てて聴く、香炉峰の雪は簾を撥げて看る)をふまえた両者の行動であり、周りの女官たちにもその知識があったことがわかる。

X「蘭亭序」

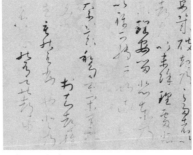

Y「秋萩帖」

C 弘仁・貞観期には隋・唐と同じく、Xの「蘭亭序」のような大陸の王羲之風の書体が好まれた。平安中期になると、(c)小野道風は、Yの「秋萩帖」に和歌を記したが、王羲之の書状も臨書した。道風は王羲之の書風を基礎としながら、和様の書をつくったといわれる。

設問 (1) Bの作品名と下線部(b)の皇后名の組合せとして正しいものを、次のア～エから一つ選べ。

　　ア　枕草子－彰子　　イ　枕草子－定子　　ウ　西宮記－彰子　　エ　西宮記－定子

(2) 下線部(c)は三跡と呼ばれる能書家の一人である。ほかの二人を、次のア～オから選べ。

　　ア　藤原行成　　イ　橘逸勢　　ウ　嵯峨天皇　　エ　藤原公任　　オ　藤原佐理

(3) 905(延喜5)年、最初の勅撰和歌集が天皇に撰上されたが、この和歌集は何か。

(4) 設問(3)の和歌集の代表的編者は、次の文から始まる日記を残した。

「男もすなる日記といふものを、女もしてみむとてするなり。それの年(承平四年)のしはすの二十日あまり一日の、戌の時に門出す。そのよしいささかものにかきつく。」

　ⅰ) この日記名を答えよ。

　ⅱ) この時代の日記について述べた文として誤っているものを、次のア～エから一つ選べ。

　　ア　日記は本来、貴族男性が記述するものであった。

　　イ　この日記は、かな文字で書かれた最初の日記である。

　　ウ　藤原道長の『御堂関白記』は同様にかな文字で書かれた日記である。

　　エ　かな文字で書くことにより感情や感覚を生き生きと表現しやすくなった。

(5) 在原業平を主人公にしたといわれ、歌物語として名高い作品を、次のア～エから一つ選べ。

　　ア　伊勢物語　　イ　竹取物語　　ウ　更級日記　　エ　蜻蛉日記

(6) A～Cの文をふまえて、国風文化はどのような特徴をもつ文化であるか説明せよ。

(1)	(2)	(3)	(4) ⅰ)	ⅱ)	(5)

(6)

(2)は完全解答3点、(6)は5点、他は各3点、計23点

2 次の文を読み（ ① ）〜（ ⑩ ）に適語を入れ、あとの設問に答えよ。

　日本の仏教の特徴の一つで、仏と日本の固有の神々は同一のものとする（ ① ）の考えは、奈良時代に発生した。平安期にはその考えが進み、(a)神は仏が仮に形をかえてこの世に現れたものと考える（ ② ）も登場した。また(b)強い力をもつ怨霊や神霊を丁寧にまつり、疫病や災厄の鎮圧を祈る信仰も広がり、（ ③ ）という祭礼がさかんに行われた。

　平安期には現世の不安から逃れるため阿弥陀仏を信仰する（ ④ ）も広まった。（ ④ ）は、来世において阿弥陀仏のいる極楽浄土に往生し、そこで悟りを得て苦がなくなることを願うものである。この思想が貴族や庶民のあいだに広まった背景には、10世紀半ばに(c)市聖と呼ばれた（ ⑤ ）が京の市でこれを説いたり、（ ⑥ ）が(d)下の史料の書を著したことなどがあげられる。また、釈迦の死後一定の年月が過ぎると（ ⑦ ）の世に入ると考えられ、(e)11世紀半ばがその年となるという（ ⑦ ）思想も流布していた。このころには（ ⑧ ）の『日本往生極楽記』も書かれたが、これは（ ⑨ ）の一つで、めでたく往生をとげたと信じられた人々の伝記を集めたものである。なお、経筒にいれた経文を地中に埋め、往生などを願う（ ⑩ ）も各地に設置されるようになった。

設問（1）　下線部(a)に関して述べた次の文Ⅰ・Ⅱについて、その正誤の組合せとして正しいものを、下のア〜エから一つ選べ。

Ⅰ　仏が神に姿をかえて現れたものを権現という。

Ⅱ　皇祖神である天照大神はこの考えから除外された。

ア　Ⅰ＝正　Ⅱ＝正　　**イ**　Ⅰ＝正　Ⅱ＝誤　　**ウ**　Ⅰ＝誤　Ⅱ＝正

エ　Ⅰ＝誤　Ⅱ＝誤

（2）　下線部(b)について、人々に恐れられ北野天満宮にまつられた人物は誰か。

（3）　右の写真にもっとも関係のあるものを、文中の下線部(a)〜(d)から一つ選べ。

（4）　下線部(d)について、

　ⅰ）次の史料の（ A ）に適する語を、下のア〜オから一つ選べ。

　ア　念仏　**イ**　法華　**ウ**　台密　**エ**　東密　**オ**　禅

　ⅱ）次の史料の著書名を答えよ。

> 　夫れ往生極楽の教行は、濁世末代の目足なり。道俗貴賤、誰か帰せざる者あらんや。但し顕密の教法は、其文一に非ず。事理の業因は、其の行惟れ多し。利智精進の人は、未だ難しとなさざるも、予の如き頑魯の者、豈敢てせんや。是の故に（ A ）の一門によりて、聊か経論の要文を集む。之を披き之を修せば、覚り易く行ひ易からん。

（5）　下線部(e)について、（ ⑧ ）に入る年に藤原頼通は宇治の別荘を寺とし、翌年壮麗な阿弥陀堂を落成した。この阿弥陀堂の名を答えよ。

①		②		③		④	
⑤		⑥		⑦		⑧		⑨	
⑩		(1)		(2)		(3)		(4)ⅰ）		ⅱ）	
(5)											

①〜⑩は各3点、他は各2点、計42点

3 次の文を読み（ ① ）〜（ ③ ）に適語を入れ、あとの設問に答えよ。

　平安中期は、(a)建築や美術工芸の面でも国風化の傾向は著しかった。貴族の住宅は開放的な（ ① ）と呼ばれる日本風のものになった。建物内部は襖（障子）や屏風で仕切られ、これらには、中国の故事や風景を描いた唐絵とともに、日本の風景を題材とし、なだらかな線と上品な彩色とをもつ（ ② ）も描かれた。屋内の調度品にも、日本独自に発達を遂げた手法が漆器に多く用いられた。これは華やかな中にも落ち着いた趣をそえたもので、輸出品としても珍重されるようになった。(b)貴族の服装は、唐風の服装を大幅に日本人向きにつくりかえた優美なものとなり、衣料はおもに絹を用い、文様や配色などにも日本風の意匠をこらした。貴族は、(c)運命や吉凶を気にかけ、祈禱によって災厄を避けて福をまねくことにつとめ、日常の行動にも吉凶にもとづく多くの制約が設けられていた。宮廷生活での中では賀茂祭や七夕などの（ ③ ）が洗練されて発展し、(d)叙位などの政務も含まれる重要な儀式となっていた。また、(e)阿弥陀仏による救済を願う信仰が広まったため、これに関係した建築・美術作品が数多くつくられた。多くの(f)阿弥陀如来像が造立され、これを安置するための阿弥陀堂も建立された。

設問(1)　下線部(a)について述べた文として誤っているものを、次の**ア〜エ**から一つ選べ。

　　ア　貴族の住宅は、彩色のされていない白木でつくられるようになった。

　　イ　貴族の住宅の屋根は、板葺から華麗で堂々たる瓦で葺くようになった。

　　ウ　工芸技法として、漆器に金銀などの金属粉で模様をつける蒔絵が発達した。

　　エ　工芸技法として、南島の貝を薄く剥いで磨き、漆器に埋め込む螺鈿が発達した。

(2)　下線部(b)に関連して、平安期の服装や生活に関して述べた次の文Ⅰ・Ⅱについて、その正誤の組合せとして正しいものを、下の**ア〜エ**から一つ選べ。

　　Ⅰ　貴族男性の正装は直衣やそれを簡略化した束帯で、女性の正装は女房装束であった。

　　Ⅱ　貴族男性は成人の式として元服をあげ朝廷に出仕するが、女性の式はとくになかった。

　　ア　Ⅰ＝正　Ⅱ＝正　　**イ**　Ⅰ＝正　Ⅱ＝誤　　**ウ**　Ⅰ＝誤　Ⅱ＝正　　**エ**　Ⅰ＝誤　Ⅱ＝誤

(3)　下線部(c)を説明する次の文を読み、（ Ａ ）に適する語を答えよ。

　　この行動は、中国から伝来した（ Ａ ）五行説に由来し、天体や暦法もすべて吉凶に関連すると解釈する（ Ａ ）道の影響が大きかった。

(4)　下線部(d)について、このような重要な儀式のうち、通例春と秋に行われた官吏の任命儀式は何か。

(5)　下線部(e)に関連して、往生しようとする人を迎えるために仏が来臨する場面を描いた絵画を一般に何というか。

(6)　下線部(f)に関する右の写真について、

　　ⅰ）この仏像は、従来の製法に変わり新しい製法でつくられた。製法名を答えよ。

　　ⅱ）この新製法はどのような理由から生み出されたか。当時の信仰のあり方をもとに答えよ。

　　ⅲ）上記の製法を完成し、この仏像をつくった仏師を答えよ。

①		②		③	
(1)	(2)	(3)	(4)	(5)	(6)ⅰ）

ⅱ）	ⅲ）

(6)ⅱ）は5点、他は各3点、計35点

1 次の文を読み（ ① ）〜（ ⑧ ）に適語を入れ、あとの設問に答えよ。

　律令の規定では、戸籍・計帳にもとづいて班田収授を実施し、租庸調などの税を確保することになっていたが、(a)10世紀の初めにはその制度はすでに行き詰まっていた。このため朝廷は9世紀末から10世紀前半にかけて(b)国司制度の転換をはかった。それは任国に赴く国司の最上席者でのちに（ ① ）と呼ばれる者に大きな権限と責任を負わせ、税を確保させることであった。（ ① ）は徴税方式については、戸籍に登録された成人男性を中心に人頭税を徴収する方式から、有力農民である（ ② ）に田地の耕作と徴税を請け負わせる方式とした。その方法は、公領を課税対象とする田地を（ ③ ）という単位に編成し、その田地の耕作を請け負わせた有力農民を（ ④ ）として把握した。これにより（ ① ）は律令に拘束されることなく、（ ④ ）が経営する田地の面積に応じて租庸調と公出挙の利稲とをあわせた（ ⑤ ）や、力役である（ ⑥ ）を課すことができるようになった。

　(c)（ ① ）は現地での税率を状況に応じて変更できたので、巨利を得ることもできた。このためこの職は利権視され、私財を提供して朝廷の儀式や寺社の造営などを請け負い、その代償として官職に任じてもらう（ ⑦ ）が行われるようになった。やがて(d)11世紀後半には、（ ① ）も交代の時以外は赴任せず、みずからのかわりに（ ⑧ ）を派遣し、現地の政治を行わせるようになった。

設問 (1)　下線部(a)に関して、

　　ⅰ）902年に朝廷は律令体制再建のため、違法な土地所有を禁ずる法令を出した。それは何か。

　　ⅱ）下線部(a)の状況を裏づける内容を述べた次の文Ⅰ・Ⅱについて、その正誤の組合せとして正しいものを、下の**ア〜エ**から一つ選べ。

　　Ⅰ　戸籍では、男性の数を女性に比べて圧倒的に少なく記載する偽籍が行われた。

　　Ⅱ　地方支配の実務を担っていた郡司の力が衰え、戸籍や計帳が作成できなくなっていた。

　　ア　Ⅰ＝正　Ⅱ＝正　　**イ**　Ⅰ＝正　Ⅱ＝誤　　**ウ**　Ⅰ＝誤　Ⅱ＝正　　**エ**　Ⅰ＝誤　Ⅱ＝誤

(2)　下線部(b)に関して、国司制度の転換が与えた影響について述べた次の文Ⅰ・Ⅱについて、その正誤の組合せとして正しいものを、下の**ア〜エ**から一つ選べ。

　　Ⅰ　（ ① ）以外の国司は実務から排除され、任国に赴任せず収入のみを受け取る重任もみられた。

　　Ⅱ　（ ① ）が勤務する国衙が衰退する一方、郡家が以前よりも重要な役割をもつようになった。

　　ア　Ⅰ＝正　Ⅱ＝正　　**イ**　Ⅰ＝正　Ⅱ＝誤　　**ウ**　Ⅰ＝誤　Ⅱ＝正　　**エ**　Ⅰ＝誤　Ⅱ＝誤

(3)　下線部(c)により、（ ① ）は現地の郡司や有力農民とトラブルとなり、朝廷に暴政を訴えられることがあった。これに関する次の史料を読み、以下の問いに答えよ。

　　裁断せられむことを請ふ、当国の守藤原朝臣（ **A** ）、…幷せて濫行横法三十一箇条の□□

　　ⅰ）この史料の名前を答えよ。

　　ⅱ）（ **A** ）に適する名を答えよ。

(4)　下線部(d)に関連して、国衙の役人で、地方豪族などから選ばれた者を何というか。

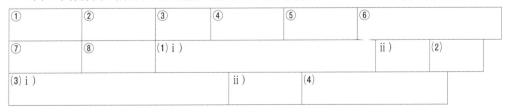

①〜⑧は各2点、(1)ⅰ)(2)は各4点、他は各3点、計36点

2 次の文を読み（ ① ）～（ ⑦ ）に適語を入れ、あとの設問に答えよ。

　10世紀から11世紀にかけて気候の変動により耕地が荒廃した。そこで国衙は地方豪族や有力農民に荒田の再開発をさせ、その見返りとして一部の税を免除した。この再開発政策により大規模な私領を得た者は、11世紀になると（ ① ）と呼ばれるようになった。

　（ ① ）の中には、国衙からの干渉を免れるために、(a)所領を含む広大な土地を貴族や大寺社に寄進し、その権威を背景に(b)税の免除の特権を政府から承認してもらう荘園にして、みずからは預所や下司などの（ ② ）となる者も現われた。(c)寄進を受けた荘園の領主は（ ③ ）と呼ばれ、その取り次ぎによって摂関家や天皇家などに重ねて寄進された時、上級の領主は（ ④ ）と呼ばれた。こうして成立した荘園を（ ⑤ ）と呼ぶ。

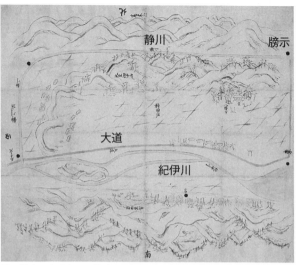

図に黒点で表示された牓示は、領域の境目を示すためにつくられた目印のこと。

　荘園内の開発が進展すると、免税の範囲や対象をめぐり荘園側と国衙との対立が激しくなった。荘園は領主の権威を利用して、（ ⑥ ）など国衙の使者の立ち入りを認めない（ ⑦ ）の特権を得ることも多くなっていった。国司は荘園を整理しようとしたが効果はあがらなかった。

設問　(1)　下線部(a)に関連して、上の紀伊国桛田荘の荘園絵図に関して述べた次の文a～dについて、絵図から読み取れる情報の組合せとして正しいものを、下の**ア～エ**から一つ選べ。

　　a　この荘園の北の境界は、静川が基準になっている。
　　b　この荘園の南の境界は、大道が基準になっている。
　　c　この荘園は、1つの村によって成り立っている。
　　d　この荘園の領域内には、耕地だけでなく山林や川も含んでいる。
　　ア　a・c　　**イ**　a・d　　**ウ**　b・c　　**エ**　b・d

　(2)　下線部(b)について、
　　ⅰ）租税免除の特権を何というか。
　　ⅱ）太政官符や民部省符によって、租税免除の特権が認められた荘園を何というか。
　　ⅲ）国司の許可によって、租税免除が認められた荘園を何というか。
　(3)　下線部(c)について、荘園の実質的な支配権をもつ者を何というか。

①		②	③	④	⑤	
⑥		⑦				
(1)	(2)ⅰ）		ⅱ）		ⅲ）	(3)

①～⑦は各2点、(1)は4点、他は各3点、計30点

3 次の文を読み（ ① ）～（ ⑥ ）に適語を入れ、あとの設問に答えよ。

　9世紀末から10世紀にかけての地方政治の変質の中で、武装した地方豪族や国司の子孫による紛争が各地で続発するようになった。その鎮圧のため朝廷が（ ① ）や（ ② ）に任命して派遣した中・下級貴族の中には、乱鎮圧後もその地にとどまって土着し、有力な武士となる者が現れた。

　939年には、日本列島の東西でほぼ同時に（ ③ ）の乱と（ ④ ）の乱がおきた（天慶の乱という）。（ ③ ）は常陸国での紛争に介入したことをきっかけに乱をおこし、(a)常陸・下野・上野国の国府を攻め落とし、（ ⑤ ）と自称した。（ ④ ）はもと(b)伊予の国司であったが、瀬戸内海の海賊を平定した際の恩賞に対する不満から乱をおこした。(c)（ ③ ）も（ ④ ）も朝廷の命を受けた（ ① ）や（ ② ）によって鎮圧されたが、貴族政権はこの乱に大きな衝撃を受けた。(d)武士の実力を知った貴族たちは、彼らを中央や地方で、紛争解決や治安維持のために積極的に利用するようになった。11世紀になると地方の武士たちは私領の保護と拡大を求めて土着した貴族に従属したり在庁官人になったりして勢力をのばし、(e)地方の武士団として成長していった。彼らはやがて中央貴族の血筋を引く(f)清和源氏や桓武平氏を（ ⑥ ）と仰ぐようになり、その結果、源平両氏は地方武士団を広く組織して、大きな勢力をもつようになった。

設問 (1)　下線部(a)と(b)の位置として正しいものを、次の地図中の**ア～カ**からそれぞれ選べ。

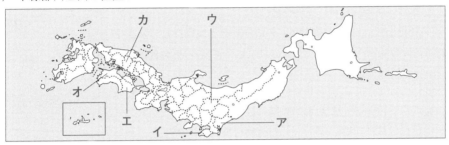

(2)　下線部(c)について、
　ⅰ）（ ③ ）の反乱を鎮圧した桓武平氏の人物を答えよ。
　ⅱ）（ ④ ）の反乱を鎮圧した清和源氏の人物を答えよ。

(3)　下線部(d)について述べた文として、誤っているものを、次の文**ア～エ**のうちから一つ選べ。
　ア　貴族は武士たちを侍として奉仕させ、身辺警護に当たらせた。
　イ　摂津に土着した藤原秀郷やその子は、摂関家との関係を深め勢力を拡大した。
　ウ　地方の武士の中には、館侍や国侍として国司のもとに組織される者もあった。
　エ　天慶の乱の鎮圧者の子孫は、武名と武芸を継承し兵の家（軍事貴族）を成立させた。

(4)　下線部(e)に関連して、1019年に九州の武士たちが大宰府の指揮のもと撃退した異民族は何と呼ばれていたか。

(5)　下線部(f)に関連して、源頼信が平忠常の乱を鎮圧したことはどのような意味があったか簡潔に説明せよ。

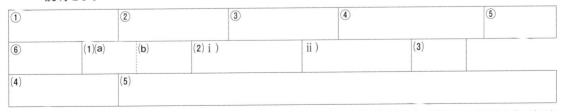

①		②		③		④		⑤	
⑥		(1)(a)	(b)	(2)ⅰ）		ⅱ）		(3)	
(4)		(5)							

①～⑥は各2点、(3)は4点、他は各3点、計34点

1 次の文を読み（ ① ）（ ② ）に適語を入れ、あとの設問に答えよ。

　関白の藤原頼通に皇位継承を抑えられてきた（ ① ）天皇は、1069年、荘園の増加により公領が圧迫されているとして、(a)荘園整理令を発し、(b)荘園の整理を中央政府主導で徹底的に行った。(c)この結果、大寺社や摂関家の荘園整理は大幅に進んだ。しかし、この時整理の対象とならなかった荘園は、その存在を公的に承認されたかたちとなり、荘園領主による整備が進んでいった。こうして、一国の編成は(d)荘園と公領が並立する体制である荘園公領制に変化し、荘園も公領も同様な土地台帳で把握されるようになった。（ ① ）天皇の次には、子の（ ② ）天皇が即位したが、1086年、（ ② ）天皇は突如(e)みずからの子に譲位し上皇となった。新天皇は幼少であり、(f)（ ② ）上皇は天皇を後見しながら政治の実権を握り続けた。

設問 (1) 下線部(a)について、この時の年号(元号)は何か。

(2) 下線部(b)について、太政官内に設けられ、荘園の証拠書類の審査などを行った機関は何か。

(3) 下線部(c)に関して、（ ① ）天皇が今までの天皇とは異なり、摂関家の荘園整理に積極的に介入できた背景は何か。右の系図を参考にして説明せよ。

(4) 下線部(d)について、この頃の荘園や公領に関して述べた文として誤っているものを、次の**ア〜エ**から一つ選べ。

ア 国司は田所・税所などの国衙の行政機構を整え、その実務は在庁官人が行った。

イ 国司は支配下にある豪族や開発領主に、年貢・公事・夫役などの税を徴収させた。

ウ 公領での租税確保のため、大宰府管内に官田、畿内に公営田を設け、有力農民を利用した農地経営を行うようになった。

エ 耕地の請負人であったそれまでの田堵は、土地支配に対する権利を強め、名主と呼ばれた。

(5) 下線部(d)について、荘園公領制を表現した図として適切なものを、右の**ア・イ**から一つ選べ。

(6) 下線部(e)の名を天皇名で答えよ。

(7) 下線部(f)について、

　i) 上皇の政務機関からくだされる文書を何というか。

　ii) この政治形態について述べた文として誤っているものを、次の**ア〜エ**から一つ選べ。

ア この政治形態の全盛時代は、100年あまりも続いた。

イ この政治形態の出現により、摂政・関白は設置されなくなった。

ウ この政治形態では、律令格式などの法にはこだわらない政治が行われた。

エ この政治形態は、自分の子孫の系統に皇位を継承させようとするところから始まった。

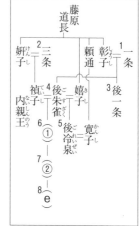

数字は皇位継承の順。

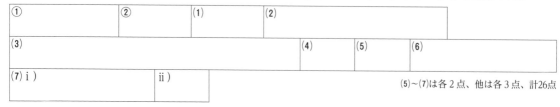

(5)〜(7)は各 2 点、他は各 3 点、計26点

2》次の文を読み（ ① ）～（ ⑦ ）に適語を入れ、あとの設問に答えよ。

　上皇は仏教を厚く信仰し、大規模な寺院や仏像を建立して、盛大な法会をたびたび開催した。代表的な寺院に白河天皇が建てた（ ① ）寺がある。上皇は、高野詣や（ ② ）を繰り返した。また、都の郊外には広大な離宮を造営するなど、⒜院は莫大な富を蓄えた存在であった。それを可能にしたのはこの時期の院が多くの経済基盤を確保していたからである。院政の人的基盤としては、院庁の職員である（ ③ ）などの中級貴族層が院を支え、彼らは荘園や豊かな国を与えられて⒝院の近臣と呼ばれる一団を形成した。白河上皇は院の御所の護衛として（ ④ ）を組織し、源平の武士は院の側近として用いられた。また、大寺院は多くの荘園を所有し、荘園整理を実施しようとする国司と争い朝廷に⒞強訴を繰り返したため、朝廷は武士を用いて警護に当たらせた。これらを通し、⒟武士は中央へ進出するようになった。地方では⒠11世紀の奥州での二度の合戦の後、（ ⑤ ）が勢力を築き、これに続く基衡・秀衡の3代は陸奥の（ ⑥ ）を中心にして奥州を支配し繁栄を誇った。⒡1156年に鳥羽上皇が死去すると、天皇家内部と摂関家内部の対立が表面化し、武士を用いた武力闘争がおこった。この戦いで勝利したのは（ ⑦ ）天皇側の勢力で、乱後は（ ⑦ ）を中心とする朝廷の秩序が成立した。（ ⑦ ）が院政を始めると、院の近臣のあいだでの対立が生じ、武士の（ Ａ ）と連携した（ Ｂ ）に反感をいだいた⒢藤原信頼が、1159年にほかの武士とともに兵をあげ、（ Ｂ ）を自殺に追い込んだ。しかし、結局は武力の勝る（ Ａ ）が藤原信頼らを滅ぼして乱は終結した。このことにより（ Ａ ）の権勢は急速に高まった。

設問(1)　下線部⒜について、鳥羽上皇の時代以降の院政の経済基盤を、「八条院領」という言葉を使い説明せよ。

(2)　下線部⒝について、構成員として適切でないものを、次の**ア**～**エ**から一つ選べ。
　　ア　僧兵　**イ**　受領　**ウ**　乳母の一族　**エ**　后の一族

(3)　下線部⒞について、春日神社の神木の榊をささげ強訴を繰り返した有力寺院の名を答えよ。

(4)　下線部⒟について、瀬戸内海の海賊平定などで鳥羽上皇の信任を得て貴族に叙せられた武士として正しいものを、次の**ア**～**エ**から一つ選べ。
　　ア　源義家　**イ**　源義親　**ウ**　平正盛　**エ**　平忠盛

(5)　下線部⒠について、この戦いの名をそれぞれ答えよ。

(6)　下線部⒡について、
　　ⅰ）この乱の名を答えよ。
　　ⅱ）敗北した側の人物の組合せとして正しいものを、次の**ア**～**エ**から一つ選べ。
　　ア　崇徳上皇・藤原忠通・源義朝　　**イ**　崇徳上皇・藤原頼長・源為義
　　ウ　近衛天皇・藤原頼長・源義朝　　**エ**　近衛天皇・藤原忠通・源為義

(7)　（ Ａ ）・（ Ｂ ）に適する人名の組合せとして正しいものを、次の**ア**～**エ**から一つ選べ。
　　ア　Ａ：平忠正　Ｂ：藤原通憲（信西）　　**イ**　Ａ：平清盛　Ｂ：藤原成親
　　ウ　Ａ：平忠正　Ｂ：藤原成親　　　　　　**エ**　Ａ：平清盛　Ｂ：藤原通憲（信西）

(8)　下線部⒢について、この乱の名を答えよ。

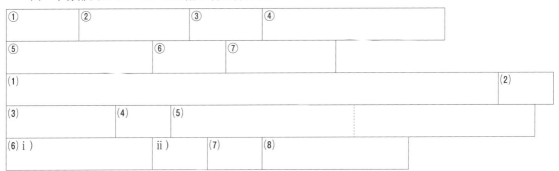

①～⑦⑵⑷は各2点、⑸は完全解答3点、他は各3点、計39点

3 次の文を読み、あとの設問に答えよ。

平氏政権の特徴は、(a)西国一帯の武士を家人とし、源氏が没落した結果、武家の棟梁としての権勢を確立したことと、武士でありながらも著しく(b)摂関政治に似た貴族的性格を有したことにある。平氏は急速に栄華を誇るようになったが、排除された貴族や武士から強い反発を受けた。

設問 (1) 下線部(a)について、平氏政権は彼らを荘園や公領の現地支配者としての職に任命し、土地の支配権を保障した。この職を何というか。

(2) 下線部(b)について、この性格はどのような点から説明できるか。「徳子」「安徳天皇」の二語を用いて説明せよ。

(3) 次の史料中の（ ① ）（ ② ）は、平氏政権の経済基盤に関する語が入る。漢字二字で答えよ。

> (c)六波羅殿の御一家の君達といひてしかば、花族も栄耀も面をむかへ肩をならぶる人なし。されば入道相国のこじうと平大納言時忠卿ののたまひけるは、「此一門にあらざらむ人は皆人非人なるべし」とぞのたまひける。かゝりしかば、いかなる人も相構て其ゆかりにむすぼゝれむとぞしける。……日本秋津嶋は、纔に六十六箇国、平家(①)の国卅余箇国、既に半国にこえたり。其外(②)田畠いくらといふ数を知ず。綺羅充満して、堂上花の如し。軒騎群集して、門前市をなす。(d)楊州の金、荊州の珠、呉郡の綾、蜀江の錦、七珍万宝一として闕たる事なし。

(4) 下線部(c)はある人物を指すが、誰のことか。

(5) 下線部(d)は、おもにどこの国の商人がもたらしたものか答えよ。また、平氏がその国の商人を畿内にまねくために修築した、摂津の貿易港の名を答えよ。

(6) この史料の出典を答えよ。

(1)	(2)			
(3)①	②	(4)	(5)国	港
(6)				(2)は4点、他は各3点、計25点

4 次の文の下線部には、誤りが5カ所ある。誤りの記号と正しい語を答えよ。

院政期の文化は、それまでの貴族文化に武士・庶民や地方文化が取り入れられたところに新鮮味がある。その例としては、(a)後白河上皇が民間の流行歌謡である(b)今様を愛し、(c)『梁塵秘抄』を編纂したことや、(d)田楽や(e)猿楽などの芸能が庶民や貴族にも流行したことがあげられる。また、この時代には、前九年合戦を描いた(f)『将門記』やインド・中国・日本の説話を集めた(g)『大鏡』が著された。絵巻物も多く作成され、応天門の変を扱った(h)『信貴山縁起絵巻』や貴族の求めに応じて描かれた(i)『源氏物語絵巻』などの傑作が残されている。その他、壮麗な(j)『扇面古写経』が厳島神社に奉納されたり、建築物として(k)阿弥陀堂が各地につくられ、写真Ⅰの(l)富貴寺大堂が現存している。

写真Ⅰ

記号		記号	
記号		記号	
記号			各2点、計10点

14 鎌倉幕府の成立

（教p.90〜93）

／　　　　　点

1》Kさんは源頼朝がどのように権力を拡大していったのかを調べ、おもな出来事を年代順に表にまとめた。次の表をみて、あとの設問に答えよ。

源頼朝の挙兵と戦い
（ ① ）は武力を背景に、後白河法皇を鳥羽殿に幽閉。国家機関のほとんどを手中におさめた。
高倉天皇の中宮で、（ ① ）の娘徳子（建礼門院）の生んだ子を（ ② ）として即位させた。
後白河法皇の皇子以仁王と、畿内に基盤をもつ源氏の（ ③ ）が挙兵するが敗死。
(a)以仁王の命令に応じて諸国の武士が挙兵し、内乱が全国化。
平氏政権が、都を（ ④ ）に遷都。
伊豆で源頼朝が挙兵。　→　鎌倉に地方政権をつくりはじめた。
信濃の木曽谷にいた（ ⑤ ）が挙兵。
(b)平重衡が、南都を焼打ち。
（ ① ）死去、(c)養和の飢饉発生。　→　平氏の基盤が弱体化。
（ ⑤ ）が入京し、平氏が西国に都落ちした。
（ ⑥ ）・（ ⑦ ）が（ ⑤ ）を討ち、さらに平氏と戦う。
摂津（ **A** ）の戦い
讃岐（ **B** ）の戦い
長門（ **C** ）の戦い　→　平氏滅亡
結論　(d)源頼朝は平氏を滅亡させたことで唯一の地方政権となり権力を高めた。

設問(1)　（ ① ）〜（ ⑦ ）に適切な地名・人名を記入せよ。

(2)　（ **A** ）〜（ **C** ）に入る戦いの名称を、次の**ア**〜**オ**からそれぞれ選べ。

　　ア 石橋山　**イ** 屋島　**ウ** 壇の浦　**エ** 富士川　**オ** 一の谷

(3)　下線部(a)について、この命令を何というか答えよ。

(4)　下線部(b)について、なぜ南都が焼打ちされたのか、その理由を説明せよ。

(5)　下線部(c)について、養和の飢饉は平氏政権の基盤を弱体化させたが、源頼朝の勢力には影響がなかったと考えられている。それはなぜか簡潔に説明せよ。

(6)　下線部(d)について、Kさんの結論には誤りがある。何が間違っているのか説明せよ。

(1)①	②	③	④	⑤
⑥	⑦	(2)A	B	C	(3)

(4)

(5)

(6)

(4)は3点、(5)(6)は各4点、他は各2点、計33点

2 Sさんは源頼朝と朝廷の関係というテーマで発表するために、調べたことをメモした。次のメモを読み、あとの設問に答えよ。

源頼朝と朝廷の関係

　1180年に挙兵した源頼朝のもとには、武家の棟梁源氏の嫡流であることに期待した東国の武士団が結集した。頼朝は鎌倉に入ると、(a)侍所を設置した。別当(長官)には東国御家人の(①)を任命している。1183年に平氏が都から追われると、源頼朝は後白河法皇と交渉し、(Ａ)・(Ｂ)の支配権の承認を獲得した。これまで頼朝が実力によって行っていた東国支配を、朝廷が正式に認めたことから、鎌倉幕府成立の画期であるといえる。1184年には(②)(のちの政所)と(③)を開設し、(②)の別当には(b)京都からまねいた下級貴族の(④)を、(③)の執事には(⑤)を任じた。(②)の役割は一般政務や(⑥)に関する事務を担当し、(③)の役割は(⑦)に関する事務を担当するものであった。1185年に平氏が滅亡すると、頼朝は後白河法皇に軍事的な圧力をかけ、各国に(c)守護を、(d)公領には(e)地頭を任命する権利などを獲得した。このようにして頼朝の支配権は朝廷から獲得した権利により、東国から西国におよびはじめ、武家政権としての鎌倉幕府が確立した。

　1190年、頼朝は上洛して(⑧)となり、1192年に征夷大将軍に任じられた。これは頼朝が朝廷に(⑧)を改め、大将軍に任官したいと要請したことによる。朝廷では、征夷大将軍にはかつての蝦夷征伐で活躍した(⑨)の吉例があることから、頼朝にふさわしいとしたようだ。

設問 (1)　(①)～(⑨)に適切な語を入れよ。
　(2)　下線部(a)について、その職務を簡潔に答えよ。
　(3)　下線部(b)について、なぜ頼朝は朝廷の実務を担っていた下級貴族を京都からまねき登用したのか。説明せよ。
　(4)　(Ａ)・(Ｂ)には、七道のうち二つが入る。それは何か。
　(5)　下線部(c)について、Sさんは守護の職務から幕府は軍事面で朝廷を補うものであったと考えた。次の文の(ⅰ)・(ⅱ)に適語を入れよ。

　　　守護の職務でもっとも重要なものであったのは、諸国の御家人に天皇や院の御所を警護させる(ⅰ)の催促と、謀叛人と殺害人の逮捕の三つであった。これら三つを(ⅱ)という。このことから鎌倉幕府は朝廷にかわって治安維持を担当したといえる。

　(6)　下線部(d)の記述は不充分である。正しく訂正せよ。
　(7)　下線部(e)について述べた文として誤っているものを、次のア～エから一つ選べ。
　　　ア　地頭の任免権を国司や荘園領主から奪い、鎌倉幕府の権利とした。
　　　イ　徴収した年貢はすべて鎌倉幕府に納入された。
　　　ウ　おもに平家没官領を中心とする謀叛人の所領に設置された。
　　　エ　土地の管理と治安の維持を任務とした。

(1)①		②		③		④	
⑤		⑥		⑦		⑧	
⑨		(2)					
(3)							
(4)				(5)ⅰ			
ⅱ）			(6)			(7)	

(3)は4点、(4)は完全解答2点、(7)は3点、他は各2点、計35点

3 次のRさんとT先生の会話を読み、（ ① ）～（ ⑧ ）に適語を入れ、あとの設問に答えよ。

R：幕府支配の根本となったのは、将軍と御家人との主従関係だったのですね。

T：源頼朝は、御家人に対し(a)先祖伝来の所領の支配を保障したり、(b)武功などにより新たな所領を与えたりしました。これらを（ ① ）といいます。この（ ① ）に対して、御家人は、戦時には軍役を、平時には京都で朝廷や院を警護する役目や、幕府御所を警護する（ ② ）などをつとめ、従者としての義務を果たします。これを（ ③ ）といいます。このように土地の給与を通じて主人と従者が結ばれることを（ ④ ）制度といいます。史料を見てみましょう。この文書は幕府のある組織から出されていますが、どこから出され、誰にあてた文書ですか。

R：（ ⑤ ）が、左衛門尉藤原朝政に対して出した文書で、朝政を（ ⑥ ）に補任しています。

T：よく読み取りましたね。御家人は将軍から（ ⑥ ）に任命されることによって、所領の支配を保障されました。これが、御家人が受けた将軍からの（ ① ）です。御家人は、幕府という組織ではなく源頼朝(鎌倉殿)個人との主従関係を重視しました。そのため、多くの御家人は右の補任状では不足として、公的なものではないにも関わらず頼朝本人が発行した補任状を要求したそうですよ。

R：個人の関係が重視されたのですね。頼朝と主従関係を結んだことで御家人の行動は規制されたでしょうから、朝廷は安心したのでしょうね。

T：面白い視点ですね。ただ、幕府は国衙の在庁官人に命じて、諸国の田地の面積や荘園領主などの土地の権利者を記した土地台帳である（ ⑦ ）をつくらせてもいます。この点では幕府が朝廷のもつ支配権を奪ったことになりますから、両者には緊張関係もありました。しかし、朝廷は従来と同じく（ ⑧ ）を諸国に任命して全国の行政を統括し、貴族・大寺社は受領や荘園領主として、土地からの収益を得ていました。頼朝自身も多くの(c)知行国や大量の(d)荘園を所有し、これを幕府の経済基盤としていましたから、幕府も朝廷などと同様に荘園・公領制の上に成り立っていたのです。ですから、年貢を納入しない地頭を罰するなどして、荘園・公領制の維持につとめています。

史料

将軍家政所下す 下野国日向野郷住人
補任す、地頭職の事
左衛門尉藤原朝政
右、寿永二年八月 日の御下文に云く、件の人を以て、彼の職に補任す者、今仰せに依て、政所下文を成し賜ふの状、件の如し。以て下す。
建久三年九月十二日

設問
(1) 下線部(a)のことを何というか、漢字四字で答えよ。
(2) 下線部(b)のことを何というか、漢字四字で答えよ。
(3) 下線部(c)について、将軍家に与えられた知行国を何というか。
(4) 下線部(d)について、将軍家が直接支配した荘園を何というか。

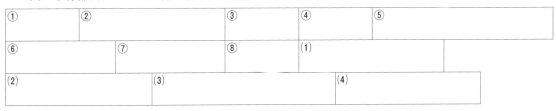

①	②	③	④	⑤
⑥	⑦	⑧	(1)	
(2)	(3)	(4)		

①～⑧は各3点、他は各2点、計32点

15 武士の社会

/ 　点

1 ▷ Kさんは承久の乱が幕府にとってどのような出来事だったのかを考え、自分の考えをまとめた。その過程で作成した次の年表をみて、（ ① ）〜（ ⑩ ）に適語を入れ、あとの設問に答えよ。

1199年	源頼朝死去。源頼家が家督を相続。
	（有力御家人13人の（ ① ）制により将軍の親裁を制限）
1203年	（ ② ）が源頼家の後見であった（ ③ ）を滅ぼし、頼家を伊豆の修善寺に幽閉。
	（ ② ）は、頼家の弟（ ④ ）を3代将軍に立てて幕府の実権を握る。
1213年	（ ② ）の子である（ ⑤ ）が、侍所の長官（ ⑥ ）を滅ぼす。
1219年	（ ⑦ ）上皇との連携をはかっていた（ ④ ）が、頼家の子公暁に暗殺される。
	（源氏の正統断絶）
	（ ⑤ ）が(a)皇族を将軍にまねく交渉をしたが、上皇が拒否。
	（これを機に朝廷と幕府の関係が不安定となる）
1220年	慈円が『愚管抄』で(b)上皇の討幕計画をいさめる。
1221年	上皇は（ ⑤ ）追討の兵をあげる。（承久の乱がおこる）
	源頼朝の妻（ ⑧ ）の呼びかけに応じて、東国武士の大多数が結集し、（ ⑤ ）の子北条泰時、
	弟の（ ⑨ ）らに率いられて京都を攻め、上皇方に勝利。
	幕府は京都守護にかわり、朝廷を監視し西国の統轄に当たる（ ⑩ ）を設置。

まとめ

頼朝の死後、幕府内部では御家人間の主導権争いが続いていたが、乱に勝利したことで北条氏の指導のもと幕府は発展の時期を迎えた。乱後、(c)上皇方の所領に新たに地頭を設置したことで、幕府の支配が畿内・西国にも拡大するようになった。幕府は、上皇を配流するとともに（ X ）ように、皇位の継承にも干渉するようになるなど、朝廷に対して優位に立つようになった。ただし、（ Y ）など、公武二元的な支配は続いたことにも注意しなければいけない。

設問 (1) 下線部(a)に関連して、このとき摂関家から迎えられた将軍の名前を答えよ。
　　 (2) 下線部(b)について、院の軍事力を増強するために設置したのは何か。
　　 (3) 下線部(c)について、上皇方の所領に新たに設置された地頭は、どのように呼ばれていたか。
　　 (4) 次の文a〜dについて、（ X ）（ Y ）に入る文の組合せとして正しいものを、下の**ア〜エ**から一つ選べ。
　　　 a　仲恭天皇を廃し、後堀河天皇を即位させた
　　　 b　後堀河天皇を廃し、仲恭天皇を即位させた
　　　 c　幕府が院政を廃止する
　　　 d　引き続き院政が行われる
　　 ア X−a　Y−c　　**イ** X−a　Y−d　　**ウ** X−b　Y−c　　**エ** X−b　Y−d

①	②	③	④
⑤	⑥	⑦	⑧
⑨	⑩	(1)	
(2)	(3)	(4)	

各3点、計42点

2 Kさんが先生から与えられた次の史料A・Bを読み、あとの設問に答えよ。

A　さて(a)この式目をつくられ候事は、なにを本説❶として注し載せらるゝの由、人❷さだめて謗難を加ふる事候か。(b)ま事にさせる本文❸にすがりたる事候はねども、たゞどうりのおすところを記され候者也。…かねて御成敗の躰をさだめて、人の高下を不論、偏頗❹なく裁定せられ候はんために、子細記録しをかれ候者也。…この式目は只かなをしれる物の世間におほく候ごとく、…武家の人へのはからひのためばかりに候。これによりて、京都の御沙汰、律令のおきて、聊もあらたまるべきにあらず候也。

　　　　❶根拠。　❷朝廷の人々。　❸漢籍など典拠となった文章。　❹偏り。

B　一、女人養子の事
　　右、法意の如くば❶これを許さずと雖も、大将家御時以来当世に至るまで、其の子無きの女人等、所領を養子に譲り与ふる事、不易の法❷勝計すべからず❸。

　　　　❶律令に従って。　❷後世にかわらぬ法。　❸数え切れない。

設問　(1)　下線部(a)の「この式目」が史料Bである。この式目とは何か。

(2)　史料Aは、史料Bを制定した執権が在京中の弟に式目制定の趣旨を書き送った手紙である。
　　 ⅰ）その執権とは誰か。
　　 ⅱ）彼が設置した、合議にもとづいて幕府の政治や裁判を行う職の名前を答えよ。

(3)　下線部(b)から「この式目」のもとになった「どうり」とは何か簡単に説明せよ。

(4)　史料B制定の基準となったものは、(3)以外にもう一つ考えられる。史料B中の語句を使って説明せよ。

(5)　史料Aに関して述べた次の文a～dについて、正しいものの組合せを、下の**ア～エ**のうちから一つ選べ。
　　 a　この法は、当事者の地位に応じて、高位の者に有利な判決になるよう制定した。
　　 b　この法は、当事者の地位の上下なく、公平に裁くために制定した。
　　 c　この法は武家のために制定したもので、律令の規定が変更されることはない。
　　 d　この法は全国に適用するべきもので、公家法も変更されるべきである。
　　 ア　a・c　**イ**　a・d　**ウ**　b・c　**エ**　b・d

(6)　史料Bについて述べた文として正しいものを、次の**ア・イ**から一つ選べ。
　　 ア　律令の規定でも認められているように、この式目でも子どものいない女性が養子に所領を譲ることが認められていた。
　　 イ　律令の規定では認められていないが、この式目では子どものいない女性が養子に所領を譲ることが認められていた。

(7)　この式目を制定した執権の政策を受け継いだ、北条時頼の時代の政策について述べた文として誤っているものを、次の**ア～エ**から一つ選べ。
　　 ア　1247年に、三浦泰村一族を宝治合戦で滅ぼした。
　　 イ　執権の補佐役として連署の地位を新設し、叔父の北条時房を就任させた。
　　 ウ　御家人たちの所領に関する訴訟を専門に担当させる、引付を設置した。
　　 エ　建長寺を造営し、鎌倉を武家の都として整えた。

(1)	(2) ⅰ）	ⅱ）
(3)		
(4)		

(5)	(6)	(7)	
			(1)は2点、(3)(4)は4点、他は各3点、計25点

3 鎌倉時代の社会の様子を図から読み取るというテーマで、TさんがつくったメモとSさんがつくったまとめを読み、（ ① ）〜（ ⑧ ）に適語を入れ、あとの設問に答えよ。

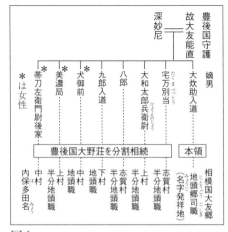

図1

Tさんのメモ

・図1は、豊後国守護の大友能直から妻（深妙尼）に譲られた所領が、1240年、深妙尼から子どもたちに相続されたことを表した図である。

・「大友」の名字の発祥地である本領は嫡男が相続しているので、一門の代表である（ ① ）の地位は大炊助入道である。

・嫡男とそのほかの子にも所領が分け与えられているので、（ ② ）相続が行われたことがわかる。

・深妙尼や犬御前、美濃局、帯刀左衛門尉後家など、（ ③ ）も財産を相続できた。

・本領のある相模国は現在の（ ④ ）県、豊後国は（ ⑤ ）県と、武士の所領は全国に散在していたので、「いざ鎌倉」が合言葉になったのか。

・(a)これら所領は（ ① ）の統率のもと庶子が分担して経営をしていたと考えられる。

Sさんのまとめ

図2

右の図2は、13世紀半ばに荘園領主と地頭の間で行われた紛争解決の契約を図面の中で確認したものの一部分である。（ ⑥ ）の乱後、東国出身の武士が畿内や西国などに新たな所領をもつようになり、現地の支配権を巡って紛争が増加した。おもなものは年貢の未納で、荘園領主は幕府に訴えて解決をはかった。しかし、現地に根をおろした地頭の行動をおさえるのは難しく、図2のように現地を地頭と折半し、相互の支配権を認めあう（ ⑦ ）の取決めをおこなうものもあった。ほかにも、地頭に荘園の管理いっさいをまかせて、一定の年貢納入だけを請け負わせる（ ⑧ ）の契約を結ぶこともあった。

設問 (1) 下線部(a)に関連して、荘園の経営で重要なのは農民から徴収した年貢を荘園領主に納入することだった。しかし、地頭の住む館の周辺には年貢がかからない直営地もあった。その名前を一つ答えよ。

(2) この絵図では、土地が地頭分と領家分に折半されたことがわかる。図中の地ではどのような産業が営まれていたか、答えよ。

(3) 図2の○で囲んだ部分には花押がみられることから、領家と地頭による土地の折半を第三者が認定したことがわかる。これを認めた第三者とは何か答えよ。

①	②	③	④	⑤	⑥

⑦	⑧	

(1)	(2)	(3)

各3点、計33点

16 モンゴル襲来と幕府の衰退

		/		点

1 次の文は、Ｋさんがモンゴル襲来を題材とした授業で発表するために作成した原稿である。原稿を読み（ ① ）〜（ ⑦ ）に適語を入れ、あとの設問に答えよ。

　私は「モンゴル襲来をきっかけに、鎌倉幕府の政治体制がどのようにかわっていったのだろうか」という問いについて考えました。モンゴル襲来は、チンギス＝ハンの孫（ ① ）が日本に朝貢するよう強く要求し、これを幕府の執権（ ② ）が拒否したことから始まりました。1274年に行われた（ ③ ）の役がその最初で、この戦いで(a)元軍のすぐれた兵器に対し、一騎打ち戦を主とする幕府軍は苦戦しました。この時に幕府が豊後国守護に宛てた史料を見てください。

> 蒙古人、対馬・壱岐に襲来し、合戦を致すの間、軍兵を差し遣はさるる所なり。且、九国住人等、其の身は縦ひ御家人にあらずと雖も、軍功を致すの輩有らば、抽賞せらるべきの由、普く告げ知らしむべきの状、仰せに依て執達件の如し。（以下省略）

　この史料からは、幕府が（ **A** ）に対しても軍功があれば恩賞を与える方針であることがわかります。また、幕府は再度の襲来に備えて九州北部の要地に御家人に警備させる（ ④ ）を強化し、博多湾沿いに石造りの（ ⑤ ）を構築させました。この構築にも御家人だけではなく、九州地方の所領所有者が割り当てられました。さらに幕府は、「異国征伐」のため北条氏一門の金沢実政を九州に派遣します。実政はのちに九州地方の政務や裁判、御家人の指揮に当たったことから、（ ⑥ ）の役職についた最初の人物だったとする解釈があります。結局、2度目の襲来も元軍が敗退しましたが、幕府はその後も警戒をゆるめることはできず、引き続き九州地方の御家人を警備のため動員しました。

　モンゴル襲来をきっかけに、幕府の支配は九州にも拡大し、北条氏の権力はさらに拡大しました。これにともない、北条宗家の家督を継ぐ（ ⑦ ）の勢力が強大となり、(b)御内人と御家人の対立が激化しました。こうして、幕府の政治は（ ⑦ ）専制政治と呼ばれる状態になったのです。

設問 (1) 下線部(a)について、
　　ⅰ）この状況がわかる絵巻物の名前を答えよ。
　　ⅱ）その絵巻を描かせた肥後の御家人の名前を答えよ。
　(2) 史料を参考にして、（ **A** ）に適切な言葉を入れて文を完成させよ。
　(3) 下線部(b)について、
　　ⅰ）1285年に御内人の中心人物の平頼綱が、有力御家人を滅ぼした出来事を何というか。
　　ⅱ）この出来事ののち、平頼綱を滅ぼし幕府の全権を握った執権は誰か。
　(4) Ｋさんは、モンゴル襲来という用語がこの出来事を表す言葉としてふさわしくないのではないかと考えた。その理由を説明した文としてもっとも適当なものを、次の**ア**〜**ウ**から一つ選べ。
　　ア　2度の襲来には、モンゴルの人々だけでなく高麗の人々も動員されていたため。
　　イ　弘安の役では、東路軍には南宋の軍勢が、江南軍には高麗の軍勢が中心となっていたため。
　　ウ　江戸時代に使われるようになった「元寇」の方が現代に近いため、出来事を表わす語句として適当だから。

①	②	③	④
⑤	⑥	⑦	
(1)ⅰ）	ⅱ）	(2)	
(3)ⅰ）	ⅱ）	(4)	

(2)は4点、他は各3点、計40点

2 次の史料とその説明文を読み、あとの設問に答えよ。

> 1264年11月、（モンゴルが）骨嵬を征した。以前より（モンゴルに）従属していた吉里迷が言うには、東に骨嵬などがいて、毎年、境界を侵すという。よって、これを征したのである。 　　　（『元史』）

　史料に出てくる吉里迷はサハリンやアムール川下流域に住んでいた人々である。彼らの住むサハリン（樺太）に骨嵬と呼ばれる人々がオオワシを求めて北上してきた。骨嵬は本州の人々がオオワシの尾羽を高級な矢羽として珍重していたことから、これを手に入れるためにサハリンへ進出したようだ。

設問(1)　上の文章中の「骨嵬」は、交易品のオオワシを獲得するため蝦夷ヶ島からサハリンへ北上してきた人々に、吉里迷がつけた呼称だと考えられる。「骨嵬」とは何か。

　(2)　同じ頃、琉球の社会も交易の拡大によって変化がみられた。交易の拠点となった良港をもち、そこにグスクを構えた豪族の成長のことであるが、このような首長を何というか答えよ。

(1)	(2)	

各3点、計6点

3 為替に興味をもったMさんのメモを読み（ ① ）～（ ⑧ ）に適語を入れ、あとの設問に答えよ。

> 鎌倉時代に為替が成立するのに必要な条件は何か。
>
> 　為替は遠隔地間の取引で金銭の輸送を手形で代用するしくみのことをいう。
> ○遠隔地間で商品が売買されるほど、商業取引が盛んになった背景は何か。
> 　→農業の発展により農作物が商品として取引されるようになったのではないか。
> 　・生産力拡大の背景には、(a)肥料が用いられ牛馬を利用した農耕が広がり、農業先進地である畿内や西国では麦を裏作とした（ ① ）が普及したことがある。
> 　・灯油の原料である（ ② ）など商品作物も栽培されるようになった。
> ○商品はどこで売買されたのか。
> 　・荘園・公領の中心地や交通の要地などに(b)定期市が開かれ、そこで商品が売買された。（ ③ ）絵伝の中の(c)備前国福岡市の絵からは様々な商品が売買されていたことがわかる。
> ○取引は物々交換だったのか。
> 　・売買の手段としては、(d)米などの現物にかわって貨幣が用いられるようになった。貨幣は中国から輸入された（ ④ ）が利用された。荘園の一部では、荘官が年貢を貨幣でおさめる（ ⑤ ）が行われていたため、現地の定期市などで年貢を売却して換金することもあっただろう。
> ○京都の荘園領主は貨幣があれば生活することができたのか。
> 　・京都には定期市のほかに常設の小売店である（ ⑥ ）があった。地方で売却された農産物や特産品が京都に運ばれて販売されていたのだろう。各地の湊（港）には、商品の委託販売や中継・運送を行う（ ⑦ ）が活躍していた。
> 　・貨幣を用いた取引が盛んになったことで、（ ⑧ ）と呼ばれる金融業者も現れた。

設問(1)　下線部(a)について、この時期に肥料として用いられたものを二つ答えよ。

　(2)　下線部(b)について、月に三回開催される市を何というか。

　(3)　下線部(c)について、備前国福岡市は現在の何県にあるか。

　(4)　下線部(d)に関連して、鎌倉時代に中国からもたらされた多収穫米は何か。

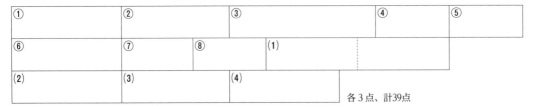

①	②	③	④	⑤

⑥	⑦	⑧	(1)	

(2)	(3)	(4)	

各3点、計39点

4 次の文を読み（ ① ）（ ② ）に適語を入れ、あとの設問に答えよ。

　生産や流通経済のめざましい発達と社会の大きな変動の中で、百姓の著しい成長がみられた。例えば(a)「ヲンサイモクノコト、アルイワチトウノキヤウシヤウ、アルイワチカフトマウシ…」に始まる史料では、地頭の圧迫・非法を読み取ることもできるのと同時に、荘園に住む人々が訴訟という手段で地頭の非法を告発し、自分たちの生活を守ろうとする姿も読み取ることができる。一方、経済の発展と社会の変動により、(b)幕府は多くの困難に直面していた。モンゴル襲来は御家人に多大な犠牲を払わせたが、幕府は十分な恩賞を与えることができず、御家人たちの信頼を失う結果になった。幕府は、1297年に次の史料Aにみられる（ ① ）を発布して御家人の窮乏化を防ぎ、幕府政治の信頼回復をはかったが、御家人が所領を手放す動きをとめることはできなかった。

　中小の御家人が没落していく一方で、経済情勢の転換をうまくつかんで勢力を拡大する武士も生まれた。とくに畿内やその周辺では、荘園領主に対抗する地頭や非御家人の新興武士たちが、武力に訴えて年貢の納入を拒否し、荘園領主に抵抗するようになった。これらの武士は当時（ ② ）と呼ばれ、その動きはやがて各地に広がっていった。

　このような動揺をしずめるために、北条氏は権力を強化して対応しようとしたが、それはかえって御家人の不満を高める結果となった。

史料A
一　質券売買地❶の事
　右、所領を以て或いは質券に入れ流し、或いは売買せしむるの条、御家人等侘傺❷の基なり。向後❸に於いては、停止に従ふべし。以前沽却❹の分に至りては、本主領掌❺せしむべし。但し、或いは御下文・下知状❻を成し給ひ、或いは知行廿箇年を過ぎば、公私の領を論ぜず、今更相違有るべからず。若し制符に背き、濫妨を致すの輩有らば、罪科に処せらるべし。
　次に非御家人・凡下❼の輩の質券買得地の事。年紀❽を過ぐと雖も、売主知行せしむべし。

(東寺百合文書)

❶質入れや、売買した土地。　❷困窮する。　❸今後。　❹売却。　❺領有して支配すること。　❻幕府が土地の譲渡・売買を認めた公文書。　❼一般庶民。　❽取得時効20年。

設問 (1)　下線部(a)の史料は何か、次の**ア～エ**から一つ選べ。
　　ア　尾張国郡司百姓等解　　**イ**　鹿子木の事　　**ウ**　阿氐河荘百姓等訴状　　**エ**　今堀地下掟

(2)　下線部(b)の幕府の困難に関して述べた次の文Ｘ・Ｙについて、その正誤の組合せとして正しいものを、下の**ア～エ**から一つ選べ。
　　Ｘ　御家人たちの多くは、単独相続の繰り返しによって所領が細分化され窮乏化していた。
　　Ｙ　女性の地位は低下の傾向を見せ始め、惣領の財産を相続することはできなくなった。
　　ア　Ｘ＝正　Ｙ＝正　　**イ**　Ｘ＝正　Ｙ＝誤　　**ウ**　Ｘ＝誤　Ｙ＝正　　**エ**　Ｘ＝誤　Ｙ＝誤

(3)　史料Aについて述べた文として誤っているものを、次の**ア～エ**から一つ選べ。
　　ア　御家人が所領を質入れしたり売買したりすることは、御家人困窮の原因となるため禁止した。
　　イ　質入れ、売却した御家人領は、売主が無償で取り戻すことができた。
　　ウ　御家人以外の武士や一般庶民が質流れを買い取り手に入れた土地は、支配して20年が経過したものは、現状のままとした。
　　エ　翌年、この法令の一部の規定は撤回された。

①		②	(1)	(2)	(3)	
						各3点、計15点

1 次の文を読み（ ① ）〜（ ⑪ ）に適語を入れ、あとの設問に答えよ。

　鎌倉時代は、公家が文化の担い手となって伝統文化を受け継ぐ一方で、新しい文化が生み出され、武士や庶民に支持されてしだいに成長していく時代であった。このような中、平安末から鎌倉中期にかけて、仏教はそれまでの祈禱や学問中心のものから内面的な深まりをもちつつ、庶民など広い階層を対象とする新しいものへとしだいに変化していった。（ ① ）は、(a)もっぱら念仏をとなえれば死後平等に極楽往生できると説き、その教えは武士や庶民の心をとらえ、のちに浄土宗の開祖と仰がれた。（ ① ）の弟子（ ② ）は、師の教えを一歩進め、(b)煩悩の深い人間こそが阿弥陀仏の救済対象であるという独自の教えを説いて信者を増やし、のちの(c)浄土真宗の祖となった。こうした新興仏教の台頭に刺激され、旧仏教側も新たな動きをみせた。法相宗の貞慶や華厳宗の（ ③ ）らは僧尼の守るべき規範である（ ④ ）の尊重を説き南都仏教の復興に力を注いだ。また、(d)律宗の忍性のように社会事業に力をつくした僧侶も現れた。

　鎌倉時代の後半には、浄土教の流れの中から（ ⑤ ）が現れた。（ ⑤ ）は念仏札を配り、踊念仏によって民衆に布教し、その教えは（ ⑥ ）と呼ばれ武士や農民に広がっていった。同じ頃、日蓮は法華経を釈迦の正しい教えとして選び、これにひたすらすがることで救われると説いた。そして他宗を激しく攻撃し、幕府の迫害に耐えながら布教を続けていた。

　しかし、鎌倉時代の政治的支配者である武士たちの多くが信仰したのは、宋から帰国した（ ⑦ ）によってもたらされた禅宗（臨済宗）であった。鎌倉幕府は、（ ⑧ ）を開山した蘭溪道隆や円覚寺を開山した（ ⑨ ）など南宋から多くの禅僧をまねくなどして臨済宗を厚く保護した。それに対して、（ ⑦ ）の弟子に学んだ（ ⑩ ）は、(e)世俗との交わりを絶ち、(f)ひたすら坐禅することで悟りにいたることを主張して（ ⑪ ）の開祖となったのである。

設問(1)　下線部(a)について、この教えを何というか。漢字四字で答えよ。
　(2)　下線部(b)について、この考え方を何というか。
　(3)　下線部(c)について、浄土真宗の祖である（ ② ）の主著として正しいものを、次の**ア〜エ**から一つ選べ。
　　ア『教行信証』　　**イ**『歎異抄』　　**ウ**『選択本願念仏集』　　**エ**『正法眼蔵』
　(4)　下線部(d)について、忍性が奈良に建てた病人の救済施設は何か。
　(5)　下線部(e)について、権力者との結びつきをきらった（ ⑩ ）が越前国に建てたもので、（ ⑪ ）の中心寺院となっている寺院は何か。
　(6)　下線部(f)について、このことを何というか。漢字四字で答えよ。
　(7)　鎌倉時代に広まった新仏教は、真の民衆救済を目指した新たな動きとして評価される事がある。新仏教が民衆にも開かれていたという点で共通する特色を、簡潔に説明せよ。

①	②	③	④	⑤	⑥	⑦
⑧		⑨		⑩	⑪	
(1)		(2)		(3)		
(4)		(5)		(6)		
(7)						

(7)は3点、他は各2点、計37点

2 次の文を読み（ ① ）〜（ ⑤ ）に適語を入れ、あとの設問に答えよ。

　保元・平治の乱、源平の争乱と打ち続く戦乱や頻発する災害は、人々にこの世の無常を痛感させた。武士の家に生まれ、北面の武士をつとめていた（ ① ）は、出家して平安時代末期の動乱の諸国を遍歴しながら、自然と旅を題材にした清新な秀歌を数多くよんで、歌集『（ Ａ ）』を残した。またほぼ同時代に活躍した（ ② ）は、随筆『方丈記』を著し、源平の戦乱前後の世相をみつめ、人も社会も転変してすべてはむなしいと説いた。そのほかに歴史の分野では、道理による歴史の解釈を試みた(a)慈円が『（ Ｂ ）』を著した。この書を書いた背景には、承久の乱を前にして後鳥羽上皇を中心とした討幕計画をいさめるねらいもあった。これらの作品には当時の仏教思想にもとづく無常観が強く表れているが、中でも平氏一門の興亡を描いた(b)『平家物語』はその代表であり、中世文学の傑作である。一方、説話文学では、承久の乱後に『古今著聞集』など多くの作品が生み出され、その系譜を引く兼好法師の『（ Ｃ ）』はこの時代の随筆を代表するものである。

　また、この時代の文学の特徴の一つに、旅を題材としたものが多いということがあげられる。前述の『（ Ａ ）』はいうにおよばず、鎌倉前期に成立した『海道記』、中期の『東関紀行』など、陸上交通の発達にともない数多くの紀行文が残されている。

　一方この頃、貴族文学は和歌の分野でめざましい成果となって現れた。（ ③ ）の命を受けて藤原定家・家隆らによって編集された『（ Ｄ ）』がその頂点を示している。この歌集は10世紀に編集された最初の勅撰和歌集を模範とし、技巧的な表現をこらして、観念的な美の境地を生み出そうとするなど新しい歌風を開いた。こうした歌風は貴族たちのあいだで広く受け入れられ、すぐれた歌人が多く現れた。その一方で武士のあいだにも作歌に励む人々が少なくなかった。藤原定家に学んだ三代将軍（ ④ ）は、当時としては珍しい万葉調の歌もよみ、それを『（ Ｅ ）』として残した。さらに貴族のあいだでは、いにしえの貴族文化への関心が高まり、(c)古典文学や朝廷の儀式・先例を研究する学問が盛んになった。こうした流れの中、武士のあいだでも学問を尊重する意識が高まり、金沢（北条）実時とその子孫は、多くの書籍を集めて鎌倉の外港として栄えた六浦に（ ⑤ ）を建てた。また、幕府の関係者は、幕府の歴史を編年体で記した『（ Ｆ ）』を編纂した。

設問 (1)　（ Ａ ）〜（ Ｆ ）に適する語を、次の**ア**〜**カ**からそれぞれ選べ。

　　ア　新古今和歌集　　**イ**　愚管抄　　**ウ**　吾妻鏡　　**エ**　金槐和歌集

　　オ　山家集　　**カ**　徒然草

(2)　下線部(a)について、慈円の兄で、鎌倉幕府草創期にあって親幕派の公卿として源頼朝との親交も深かった人物は誰か。

(3)　下線部(b)について、この作品の説明として誤っているものを、次の**ア**〜**ウ**から一つ選べ。

　　ア　琵琶法師によって平曲として語られ、文字を読めない人々にも広く親しまれた。

　　イ　戦いを題材に実在の武士の活躍を描いた軍記物語の代表作である。

　　ウ　大和絵の手法を生かした壮麗な絵画とともに、流麗な和漢混交文でかかれている。

(4)　下線部(c)について、こういった学問を何というか。

①	②	③	④

⑤		(1)A	B	C	D	E	F

(2)		(3)	(4)	(3)は 1 点、他は各 2 点、計27点

3 鎌倉時代の芸術について述べた次の文の下線部について、語句に誤りがある場合には正しく書き改め、誤りがない場合には「〇」と記せ。

Ⅰ

Ⅱ

〔A〕　鎌倉時代の建築

　写真Ⅰは(a)東大寺南大門である。これは鎌倉時代に新たな建築様式として日本にもたらされた(b)唐様と呼ばれる建築様式の代表的建築物である。源平の争乱で焼失した東大寺であったが、その再建の際、勧進職となった(c)源信は、宋の工人(d)陳和卿の協力を得ながらこれを進め、大陸的な雄大さと豪放な力強さを特徴とするこの建築様式を用いた。一方、円覚寺舎利殿には、やはり渡来系の建築様式である(e)折衷様が用いられている。これは、細かい部材を組み合わせて整然とした美しさを表すのが特徴で、その後多くの禅宗寺院建築に用いられた。

〔B〕　鎌倉時代の絵画

　絵画では、日本固有の美術様式の一つであり、物語の挿絵から発達した絵巻物が全盛期に入った。鎌倉期には、物語文学、伝奇説話、和歌文学、戦記などを題材とする絵巻物に加えて、寺社の縁起やその本尊である神仏の霊験などを描いたもの、高僧の伝記や逸話を主題とするものも制作され、宗教的絵巻は民衆への説教にも使用された。写真Ⅱは武士の活躍を描いた合戦絵巻の(f)『春日権現験記絵』である。また、個人の肖像を写実的・記録的に描く(g)蒔絵では、鎌倉時代初期に藤原(h)信西・信実父子のような名手が活躍した。鎌倉時代中期頃より、禅宗の僧侶の肖像画である(i)頂相も描かれるようになった。

〔C〕　鎌倉時代の彫刻

　南都の再建は、鎌倉美術とりわけ彫刻分野における新たな潮流の起点となった。ここで活躍した奈良仏師たちは、武家の時代にふさわしい豪快な作風を数多く世に生み出した。彼らは、11世紀前半に活躍した定朝の流れをくむ仏師であったが、早くに京都を離れ奈良で造仏に従事していた。慶派と呼ばれた彼らを代表する運慶・湛慶父子や快慶らは、奈良時代の彫刻の伝統を継承しつつ、他方で宋の彫刻にも学び、力感あふれる写実的で豊かな表現力をもつ新しい様式を完成させた。写真Ⅰにおかれた(j)不動明王像はその代表的な作品とされる。

〔D〕　その他の芸術・工芸

　鎌倉時代には多くの僧侶が中国に渡ったが、彼らによって中国の書風がもたらされた。鎌倉時代後期に登場した尊円入道親王は伝統的な和様に宋の書風を加味して(k)世尊寺流を創始した。また、武士の時代の始まりとともに武具に優秀な作品がつくられ、鎌倉の正宗や備前の長光らを代表的な担い手とする刀剣は対中国貿易の重要な輸出品の一つとなった。中国からの輸入品で人気を博したのは陶磁器であったが、道元とともに中国に渡ったといわれる伝説の陶工加藤景正が、尾張の(l)有田焼のもとを開いたといわれるなど、国内各地でも陶器の生産が発展した。

(a)	(b)	(c)	(d)	(e)
(f)		(g)	(h)	(i)
(j)		(k)	(l)	

各3点、計36点

（教 p.110～114）

点

1 次の文を読み（ ① ）～（ ⑫ ）に適語を入れ、あとの設問に答えよ。

　1272年、(X)<u>後嵯峨法皇</u>が亡くなると、天皇家は(a)<u>後深草上皇</u>系と亀山天皇系の二つの皇統に分裂した。それぞれを（ ① ）統・（ ② ）統といい、皇位の継承や院政を行う権利、(b)<u>天皇家領荘園の相続</u>などをめぐって争い、ともに鎌倉幕府に働きかけ、有利な地位を得ようとした。幕府は、この争いに干渉することで朝廷の弱体化をはかろうとしてたびたび調停を行い、一方が皇位につくとき、他方から皇太子を立てて将来の皇位を約束する（ ③ ）の方式がとられるようになった。1308年、後二条天皇の急死により（ ① ）統の花園天皇が即位すると、（ ③ ）の立場から（ ② ）統の尊治親王が皇太子となった。1318年、尊治親王は即位し、醍醐天皇を理想化して「後醍醐」というおくりなをみずから定めた。1321年、後醍醐天皇は父後宇多上皇の院政を廃止し、後三条天皇の(Y)<u>延喜の荘園整理令</u>で設置された（ ④ ）を再興した。

　幕府では、1316年、（ ⑤ ）が14代執権に就任し、そのもとで内管領（ ⑥ ）が権勢をふるうと、得宗専制政治に対する御家人の反発が高まってきた。このような情勢のもと、後醍醐天皇は(c)<u>1324年、討幕の計画を進めたが事前に計画がもれて失敗した</u>。1331年、後醍醐天皇は再び日野俊基らと密謀をこらしたが、近臣吉田定房の幕府への密告によりまたも失敗した。後醍醐天皇は捕われ、（ ① ）統の（ ⑦ ）天皇が幕府に推され即位し、後醍醐天皇は翌年（ ⑧ ）へ流刑とされた。

　討幕運動は鎮圧されたかにみえたが、河内の武士（ ⑨ ）が幕府軍を悩ませたのをはじめ、畿内近国に、(d)<u>新興の武士の勢力が反幕府で挙兵する</u>動きが現われた。後醍醐天皇の皇子（ ⑩ ）も吉野山で兵をあげた。このような中、後醍醐天皇は（ ⑧ ）を脱出し、朝敵追討の宣旨を諸国に発した。後醍醐天皇を討つために幕府から派遣された（ **A** ）の足利高氏は、後醍醐天皇の誘いにのって討幕に転じ、京都の（ ⑪ ）を攻め落とした。九州では、少弐・大友・島津氏が元寇後におかれた(Z)<u>鎮西奉行</u>を滅ぼし、関東では、（ ⑫ ）が鎌倉を攻めて（ ⑤ ）を滅ぼし、1333年、約140年続いた鎌倉幕府は滅亡した。

設問（1）　下線部(a)の後深草上皇と亀山天皇の兄弟には、最初の皇族将軍についた人物がいる、誰か。

　（2）　下線部(b)について、（ ① ）統が継承した荘園群として正しいものを、次の**ア～エ**から一つ選べ。

　　　ア　長講堂領　　**イ**　鹿子木荘　　**ウ**　八条院領　　**エ**　阿氏河荘

　（3）　下線部(c)の出来事を何というか。

　（4）　下線部(d)について、「異類異形なるありさま」で武力に訴えて年貢の納入を拒否、荘園領主に対抗する地頭や非御家人の新興武士を何というか。

　（5）　（ **A** ）に適する語を、次の**ア～エ**から一つ選べ。

　　　ア　源氏　　**イ**　平氏　　**ウ**　藤原氏　　**エ**　橘氏

　（6）　下線部(X)・(Y)・(Z)について、その正誤の組合せとして正しいものを、次の**ア～カ**から一つ選べ。

　　　ア　X＝正　Y＝正　Z＝正　　　**イ**　X＝正　Y＝正　Z＝誤

　　　ウ　X＝正　Y＝誤　Z＝誤　　　**エ**　X＝誤　Y＝正　Z＝正

　　　オ　X＝誤　Y＝誤　Z＝正　　　**カ**　X＝誤　Y＝誤　Z＝誤

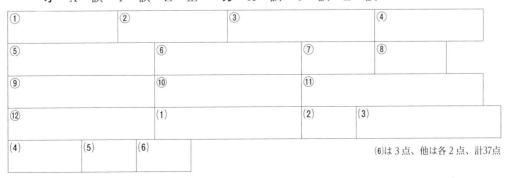

①		②		③		④	
⑤		⑥		⑦		⑧	
⑨		⑩		⑪			
⑫		(1)		(2)		(3)	
(4)		(5)		(6)			

(6)は3点、他は各2点、計37点

2 次の文を読み、あとの設問に答えよ。

　鎌倉幕府滅亡後、足利高氏（のちの尊氏）の軍事的制圧下にある京都に戻った(a)後醍醐天皇は、復位を宣言した。しかし、復位に際し、重祚の儀礼が践まれなかった。帰京した後醍醐天皇は新しい政治をはじめ、(b)中央・地方の官司機構の再編に着手し、元弘4年は正月に建武と改められた。この年号は中国で新を滅ぼして(c)漢王朝を復興（後漢）した光武帝の年号を採用したものである。

　後醍醐天皇の新政策は、天皇への権力集中をはかり、すべての土地所有権の確認は天皇の（　A　）を必要とする趣旨の法令が出されるなど、(d)それまでの武士の社会につくられた慣習が無視されたため、多くの武士の不満と抵抗を引きおこした。『建武年間記』に記載のあるいわゆる「（　B　）」には、「此比都ニハヤル物。夜討、強盗、謀（　A　）。……器用ノ堪否沙汰モナク。モルヽ人ナキ(e)決断所。」などと、建武元年の都の物情騒然とした様子や建武政権の混乱ぶりなどが風刺されている。そうした頃の1335年、(f)北条高時の遺児が信濃で挙兵し、鎌倉将軍府の軍を破り鎌倉を占領した。尊氏は勅許が得られないままその討伐のために関東にくだり鎌倉を奪回すると、建武政権に反旗をひるがえした。

設問 (1)　下線部(a)について、このことによって皇位を廃されたのは何天皇か。

(2)　下線部(b)に関して述べた次の文A・Bについて、その正誤の組合せとして正しいものを、下のア～エから一つ選べ。

　　A　中央には、所領関係の裁判を行う雑訴決断所や、京都の治安維持のための軍事・警察機関である侍所がおかれた。

　　B　地方には、関東10カ国の統治のために鎌倉将軍府、奥羽2州の統治に当たる奥州総奉行がそれぞれおかれ、諸国には国司と地頭が併置された。

　　ア　A＝正　B＝正　　**イ**　A＝正　B＝誤　　**ウ**　A＝誤　B＝正　　**エ**　A＝誤　B＝誤

(3)　下線部(c)のことが記述されている歴史書の内容として正しいものを、次のア～エから一つ選べ。

　　ア　興死して弟武立つ。自ら使持節都督倭・百済・新羅…七国諸軍事安東大将軍倭国王と称す。

　　イ　夫れ楽浪海中に倭人有り、分れて百余国と為る。歳時を以て来り献見すと云ふ。

　　ウ　倭の奴国、貢を奉じて朝賀す。使人自ら大夫と称す。倭国の極南界なり。……、賜ふに印綬を以てす。

　　エ　倭人は帯方の東南大海の中に在り、山島に依りて国邑を為す。……邪馬台国に至る。

(4)　設問(3)の史料が載っている歴史書は何というか。

(5)　文中の（　A　）に適する語を答えよ。

(6)　文中の（　B　）は、鴨川近くに掲げられた当時の政情を批判・風刺したものである。当てはまる史料名を答えよ。

(7)　下線部(d)について、御成敗式目第8条には土地の所有権について武士社会の慣習が規定されている。その内容を説明せよ。

(8)　下線部(e)について、これは鎌倉幕府の引付を引き継いだ組織を指している。どのような任務を行ったかを簡単に説明せよ。

(9)　下線部(f)について、北条高時の遺児の名を答えよ。

(10)　下線部(f)の出来事を何というか。

(1)		(2)	(3)	(4)		(5)	
(6)				(7)			
(8)				(9)		(10)	

3 次の文を読み（ ① ）〜（ ⑦ ）に適語を入れ、あとの設問に答えよ。

1336年、足利尊氏は、幕府を開く目的のもと当面の政治方針を明らかにした17カ条からなる（ ① ）を発表した。尊氏と後醍醐天皇は対立し、後醍醐天皇に味方した側は、楠木正成・新田義貞亡き後（ ② ）が、常陸で東北・関東の武士たちに集結をうながし、抗戦を続けた。一方、尊氏側では、（ ③ ）年、尊氏が征夷大将軍に任じられた。しかし、のちに尊氏の弟足利（ ④ ）を支持する勢力と、足利氏譜代の被官の筆頭格で執事の（ ⑤ ）を中心とする勢力との対立が激しくなり、ここに相続問題もからんで、(a)1350年に両派は武力対立に突入した。

このような動乱の中で地方武士の力が増大してくると、これらの武士を各国ごとに統轄する守護が軍事上大きな役割を担うようになった。幕府は地方の安定と武士動員のために、(b)守護の権限を大幅に拡大した。とくに、1352年、軍費調達のために守護に一国内の荘園や公領の年貢の半分を徴発することを認めた（ ⑥ ）は、守護が国内の武士を被官化するのにおおいに役立った。さらには、(c)国人の荘園押領や百姓の年貢未進に悩まされた本所が、年貢の徴収を守護に請け負わせる（ ⑦ ）もさかんに行われ、(d)守護の領国形成の契機となった。

設問（1）　下線部(a)について、この武力対立を何というか。

（2）　下線部(b)について、守護の権限として一番新しいものを、次の**ア**〜**ウ**から一つ選べ。

　　ア　刈田狼藉を取り締まる権限　　**イ**　謀叛人・殺害人の逮捕　　**ウ**　京都大番役の催促

（3）　下線部(b)のうち、幕府の裁判の判決を強制執行する権限を何というか。

（4）　（ ⑥ ）の命令は、もともと三国に限定して出されたものだが、対象となった国を一つ答えよ。

（5）　下線部(c)は、力をつけてきた農民を支配するために契約を結び、地域的な国人一揆を結成した。一揆に関して述べた次の文A・Bについて、その正誤の組合せとして正しいものを、下の**ア**〜**エ**から一つ選べ。

　　A　国人一揆には、参加者が守るべき規約である一揆契状をつくり、みなの平等性を示すために傘連判が用いられたものもある。

　　B　中世の人々は、協力して一つの目的を実現しようとする際に、神仏に誓約して一味同心をつくり出した。

　　ア　A＝正　B＝正　　**イ**　A＝正　B＝誤　　**ウ**　A＝誤　B＝正　　**エ**　A＝誤　B＝誤

（6）　下線部(d)について、権限を拡大した守護は、鎌倉幕府体制下の守護と区別して何というか。

（7）　鎌倉幕府崩壊以降、動乱は長期化することになったが、その要因について述べた文として誤っているものを、次の**ア**〜**エ**から一つ選べ。

　　ア　京都を制圧した足利尊氏が光明天皇を立てた一方、京都から逃れた後醍醐天皇は皇位にあることを主張し、天皇が二人並び立つ状態になってしまった。

　　イ　足利尊氏は弟と政務を分担し「両将軍」と並称されていたが、鎌倉幕府以来の法秩序を重んじる弟と、武力による所領拡大を願う尊氏の執事が対立し幕府を二分した。

　　ウ　鎌倉時代後期頃から、武家社会で単独相続が一般的になった。

　　エ　動乱が激化したことにより一族が結束する機運が高まり、武士同士の地縁的な結合よりも血縁的な結合が重視されるようになった。

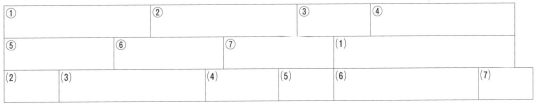

(2)(4)(5)(7)は各3点、他は各2点、計32点

(教 p.114〜119)

点

1 ▶次の文を読み（ ① ）〜（ ⑤ ）に適語を入れ、あとの設問に答えよ。

　1367年、足利氏を継いだ足利義満は、(a)管領細川頼之の補佐のもと、1368年、征夷大将軍に任じられた。九州では、後醍醐天皇の皇子（ ① ）親王を擁する菊池氏を中心とした南朝側の勢力が強く、南北朝の動乱が続いていたが、1371年、義満が派遣した九州探題の（ ② ）によりしだいに平定され、幕府は安定期を迎えた。幕府の機構が整ったのもこの時代で、管領が将軍の補佐をするとともに(b)侍所などを統括し、諸国の守護に対し将軍の命令を伝達した。1378年、義満は京都の室町に（ ③ ）と呼ばれる壮麗な邸宅を営み、ここで政治を行った。義満は、(c)京都の市政権や、諸国に課する段銭の徴収権など、それまで朝廷が保持していた権限を幕府の管轄下におき、全国的な統一政権としての性格を強めた。同時に南北朝の動乱期に強大化してきた守護の勢力の削減にもつとめた。1390年、(d)美濃・尾張・伊勢の守護を兼ねる土岐氏を一族の内紛に乗じて討伐した。1391年には、(e)西国11カ国の守護を兼ね六分の一殿と呼ばれた山名氏一族の内紛に介入して（ ④ ）らを滅ぼし、山名氏の領国を3カ国に削減した。

　土岐氏や山名氏の勢力削減に成功した義満は、1392年、大内義弘を交渉の窓口として(f)南北朝の合体を実現した。1394年、将軍職を子の足利（ ⑤ ）に譲り、太政大臣に任じられたが、翌年これを辞し、出家し、京都の北山につくった山荘に移り、幕府や朝廷に対して実権をふるい続けた。(g)大内義弘は、周防・長門など6カ国の守護を兼ねる有力守護であったが、1399年、義満の挑発により討伐された。

設問(1)　下線部(a)の地位についた足利一門の三氏を三管領というが、細川氏以外の二氏を答えよ。

　(2)　下線部(b)の長官である所司になった四氏を四職というが、四職をすべて答えよ。

　(3)　下線部(c)について、京都の市政権の内容を、商業課税権以外で二つ答えよ。

　(4)　下線部(d)・(e)・(g)の反乱(事件)を、それぞれ何というか。

　(5)　下線部(f)について、義満の説得に応じて入京し、三種の神器を「御譲国の儀」により北朝の天皇に渡した南朝の天皇は誰か。

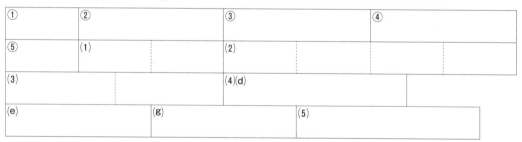

①		②		③		④	
⑤		(1)		(2)			
(3)				(4)(d)			
(e)			(g)		(5)		

(1)(2)は完全解答各2点、(3)は完全解答3点、他は各2点、計25点

2 ▶室町時代に関する次の文を読み、正しいものには○を、誤っているものには×を記せ。

A　有力守護は在京して幕政の運営に当たったが、一般の守護は領国に在国し領国経営に当たった。

B　幕府は、将軍権力を支える軍事力の育成につとめ、奉公衆と呼ばれる直轄軍を編成した。

C　幕府の直轄軍は、諸国に散在する将軍の直轄領である関東知行国の管理をゆだねられ、地頭の動向を牽制する役割を果たした。

D　幕府の財源は、土倉役・酒屋役、関銭・津料、日明貿易の利益である分一銭などであった。

E　内裏の造営など国家的行事の際には、地頭を通じて畿内の田畑に課す棟別銭、家屋税である段銭を賦課することもあった。

F　足利尊氏は、子の足利持氏を鎌倉公方として鎌倉府を開かせ、関東管領は上杉氏が世襲した。

G　鎌倉府の組織は幕府とほぼ同じで、権限も大きかったため、京都の幕府と衝突することもあった。

A	B	C	D	E	F	G

各1点、計7点

3 次の年表の（ ① ）〜（ ⑨ ）に適語を入れ、あとの設問に答えよ。

1325年	（ ① ）船派遣　寺院修復費用調達を目的に、鎌倉幕府公認で派遣	
1342年	（ ② ）船派遣　ⓐ寺院建立費用調達を目的に、足利尊氏が派遣	
1368年	（ ③ ）が元の支配を排し明を建国	
1392年	倭寇を撃退した武将（ ④ ）が高麗を倒し朝鮮建国	前
	3代将軍足利義満によって南北朝合一が実現	期
1401年	ⓑ足利義満が、（ ⑤ ）と肥富を明に派遣。明との国交を開く	倭
	→明から交付された（ ⑥ ）の持参を義務づけた貿易開始	寇
1411年	ⓒ4代将軍足利義持、明との貿易中断	
1432年	6代将軍足利（ ⑦ ）、明との貿易再開	
1467年	応仁・文明の乱	
1495年	北条早雲、小田原城を奪う	後
1523年	（ ⑧ ）の乱　ⓓ大内氏と細川氏が、日明貿易の主導権をめぐって中国で戦闘	期
1551年	大内氏が家臣の陶氏に滅ぼされる	倭
1588年	（ ⑨ ）が海賊取締令を出す	寇

設問 (1)　下線部ⓐについて、寺院の建立を尊氏・直義兄弟に勧めた僧侶は誰か。

(2)　下線部ⓑについて述べた文として正しいものを、次の**ア〜エ**から一つ選べ。

　ア　明の皇帝は、天皇に「日本国王」宛の返書と明の暦を与えた。

　イ　明から銅銭が輸入されたが、日本国内の貨幣流通には影響を与えなかった。

　ウ　日明貿易は、滞在費などすべて明側が負担したので、日本側の利益は大きかった。

　エ　日明貿易は日本と明が対等の立場であるという前提で行われた。

(3)　下線部ⓒについて、義持が貿易を中断した理由はどのようなものであったか、簡単に説明せよ。

(4)　下線部ⓓについて、大内氏は細川氏との争いに勝利して日明貿易の実権を握っていくことになるが、大内氏と結んだのはどこの商人か、地名で答えよ。

(5)　倭寇について、上の年表から読み取れることとして誤っているものを、次の**ア〜エ**から一つ選べ。

　ア　日明貿易開始以前から、元とのあいだでは商船の往来があった。

　イ　前期倭寇が活発化し始めた頃の東アジアの政情は、おおむね安定していたといえる。

　ウ　南北朝の合一は、倭寇の沈静化に影響を与えたといえる。

　エ　後期倭寇の活発化と日明貿易の混乱・断絶は、時期的に重なるといえる。

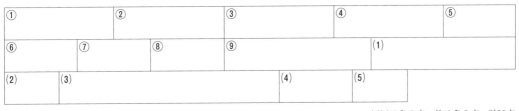

①	②	③	④	⑤
⑥	⑦	⑧	⑨	(1)
(2)	(3)		(4)	(5)

(3)(5)は各3点、他は各2点、計30点

4 》次の文を読み、あとの設問に答えよ。

　朝鮮半島では1392年、朝鮮が建国された。朝鮮は通交と倭寇の禁圧を日本に求め、足利義満がこれに応じたので、両国のあいだに国交が開かれた。(a)1419年、朝鮮軍が倭寇の根拠地とみなした対馬を攻撃したことにより、日朝貿易は一時中断したが、16世紀まで活発に行われた。(b)当初日朝貿易は盛んに行われたが、1443年、朝鮮は(c)対馬の島主とのあいだに癸亥約条を締結し、貿易の統制をはかった。(d)日本船の入港地(三浦)も制限されたが、入港地には(e)貿易に従事する多数の日本人が定住した。しかし(f)1510年、定住日本人に与えられた特権縮小をめぐる暴動がおこり、以後日朝貿易はしだいに衰退していった。

設問 (1)　下線部(a)について、この出来事を何というか。
　　(2)　下線部(b)について、
　　　ⅰ）この貿易による日本の輸入品には木綿以外に何があるか、一つ答えよ。
　　　ⅱ）日朝貿易の日本からの輸出品に、東南アジアの蘇木・香木があるが、日本はこれらの品をどのように入手したと考えられるか簡単に述べよ。
　　　ⅲ）日明貿易と日朝貿易開始当初の担い手の違いについて、40字程度で述べよ。
　　(3)　下線部(c)について、これは何氏か答えよ。
　　(4)　下線部(d)について、入港した港を一つ答えよ。
　　(5)　下線部(e)について、日本人の居住、日本の使節接待のための施設を何というか答えよ。
　　(6)　下線部(f)の事件を何というか答えよ。

(1)	(2)ⅰ）	ⅱ）
ⅲ）		
(3)	(4)	(5)	(6)

(2)ⅱ）ⅲ）は各3点、他は各2点、計18点

5 》次の文を読み（　①　）～（　⑦　）に適語を入れ、あとの設問に答えよ。

　琉球では、1429年、中山王の（　①　）が三山を統一し、琉球王国をつくりあげ、（　②　）を都とした。（　②　）の外港である(a)那覇は国際港となり、琉球王国は貿易で繁栄した。

　14世紀に畿内と津軽の港（　③　）とを結ぶ日本海交易で、サケ・コンブなどの北海の産物が京都にもたらされた。やがて、本州から蝦夷ヶ島と呼ばれた北海道の南部に進出した（　④　）と呼ばれる本州系の人々は、(b)各地の海岸に港や館を中心に居住地をつくった。（　④　）は、津軽の豪族（　⑤　）氏の支配下で勢力を拡大した。（　④　）の進出はしだいにアイヌを圧迫し、1457年アイヌは首長の（　⑥　）を中心に蜂起し、（　④　）の館を攻略したが、(c)上之国の領主（　⑦　）(武田)氏により制圧された。

設問 (1)　下線部(a)について、琉球王国が貿易で繁栄した理由を、「海禁政策」「東アジア諸国」という語を使用して説明せよ。
　　(2)　下線部(b)の一つに函館市にある志苔館があるが、これらの館を総称して何というか。
　　(3)　下線部(c)の祖武田信広が、（　⑥　）の蜂起後に築城した館を答えよ。

①	②	③	④	⑤
⑥		⑦		
(1)				
(2)		(3)		

各2点、計20点

20 幕府の衰退と庶民の台頭

点

1 次の文を読み（ ① ）（ ② ）に適語を入れ、あとの設問に答えよ。

　鎌倉時代後期、近畿地方やその周辺部では、農民たちによる自立的・自治的な惣とか惣村という新しい村落が生まれた。惣村では、広い階層の農民が(a)村の神社の祭礼や農業の共同作業、戦乱に対する自衛などを通して、しだいに村民の結合を強くしていった。惣村は寄合の決定に従って、(b)村の指導者によって運営された。延暦寺の荘園の中の一つの郷である近江国今堀では、村民みずからが守るべき規約である（ ① ）を定めたり、村内の秩序を維持するために(c)村民自身が警察権を行使することもあり、農業生産に必要な共同利用地である（ ② ）を確保していた。

設問 (1)　下線部(a)について、これを行った農民たちの祭祀集団を何というか。

　　(2)　下線部(b)は何と呼ばれたか、一つ答えよ。

　　(3)　下線部(c)を何というか。

　　(4)　惣村では、領主へおさめる年貢などを請け負うこともした。これを何というか。

　　(5)　惣村が発達した背景を述べた文として誤っているものを、次の**ア〜エ**から一つ選べ。

　　ア　南北朝の動乱に対する自衛の必要から、村民が結束を強めるようになった。

　　イ　生産力の向上によって小農民も成長し、神社の祭礼や農業の共同作業に関わるようになった。

　　ウ　守護の力が強化する中、惣村の有力者が守護と主従関係を結んで武士化する例が増えた。

　　エ　分割相続が一般化したために、荘園内に自然発生的に生まれた村の自立性が高まった。

①	②	(1)	(2)	(3)

(4)	(5)	
		各2点、計14点

2 次の文を読み（ ① ）〜（ ⑤ ）に適語を入れ、あとの設問に答えよ。

　(a)4代将軍（ ① ）の時代は、政治的には比較的安定していた。しかし、籤により6代将軍となった足利義教は、将軍権力の強化をねらって、「万人恐怖」の専制政治を行った。義教が将軍に決定したことで将軍になる夢を断たれた鎌倉公方（ ② ）は、幕府に敵対する行動をとり、そのつどいさめる関東管領（ ③ ）との対立が生まれ、(b)1439年、義教は（ ③ ）を支援して（ ② ）を討伐した。乱後の1440年、関東で(c)下総の豪族結城氏朝が（ ② ）の遺子を擁して挙兵したが、1441年、義教は大軍を投じて鎮圧した。この結城合戦勝利の祝宴のさなか、(d)有力守護の一人（ ④ ）が義教を殺害した。その後、鎌倉公方に（ ② ）の子（ ⑤ ）がなったが、(e)（ ⑤ ）は関東管領上杉憲忠と対立し、1454年に憲忠を謀殺、このため幕府軍の追討を受け、翌年に鎌倉を逃れ下総国古河に拠った。

設問 (1)　下線部(a)に関東管領を辞した後、1416年鎌倉府の内紛に乗じて反乱をおこしたのは誰か。

　　(2)　下線部(b)について、この出来事を何というか。

　　(3)　下線部(c)は現在の何県に該当するか、次の**ア〜エ**から一つ選べ。

　　ア　山梨県・群馬県　　**イ**　群馬県・栃木県　　**ウ**　栃木県・茨城県　　**エ**　茨城県・千葉県

　　(4)　下線部(d)について、この出来事を何というか。

　　(5)　下線部(e)について、この出来事を発端としておこった争いを何というか。

①	②	③

④	⑤	(1)

(2)	(3)	(4)	(5)

各2点、計20点

3 次の史料と文を読み、あとの設問に答えよ。

（（ ① ）元年）九月　日、一天下の土民蜂起す。（ ② ）と号し、(a)酒屋、土倉、寺院等を破却せしめ、雑物等 恣 にこれを取り、借銭等 悉 これを破る。(b)管領これを成敗す。凡そ亡国の 基 、これに過ぐべからず。日本開白以来、土民蜂起是れ初めなり。
（『大乗院日記目録』）

　(c)上の史料は、1428年6代将軍足利義教の代始めに、近江の馬借が京都の高利貸しを襲ったのを機におきた一揆のものである。また、(d)1441年には義教が暗殺され、その子義勝の将軍就任に当たって代始めの（ ② ）を要求して一揆がおこった。

設問 (1)　（ ① ）に適する年号と、（ ② ）に適する語を入れよ。
　(2)　下線部(a)について、その理由を答えよ。
　(3)　下線部(b)は「管領」であるが、この時の管領を答えよ。
　(4)　下線部(c)・(d)の一揆に関して述べた次の文A・Bについて、その正誤の組合せとして正しいものを、下のア～エから一つ選べ。
　　　A　下線部(c)の一揆の翌年、守護山名氏の家臣の国外追放を求める播磨の国一揆がおこった。
　　　B　下線部(d)の一揆では、幕府は徳政令を出さなかったので私徳政が行われた。
　　　ア　A＝正　B＝正　　イ　A＝正　B＝誤　　ウ　A＝誤　B＝正　　エ　A＝誤　B＝誤
　(5)　室町幕府の財源には、分一銭がある。分一銭とは何か、簡単に説明せよ。

(1)①		②	(2)		
(3)			(4)	(5)	

(2)(5)は各4点、他は各2点、計16点

4 1468年頃の応仁の乱の対立関係を示した、次の表の（ ① ）～（ ⑥ ）に適語を入れ、設問に答えよ。

設問 (1)　応仁の乱の主戦場となった京都が荒廃した要因の一つに、軽装で機動力に富む者たちによる略奪があった。この者たちを何というか。

(2)　応仁の乱後の支配体制に関して述べた次の文Ⅰ～Ⅲについて、その正誤の組合せとして正しいものを、下のア～クから一つ選べ。

Ⅰ　領国に在国して戦っていた守護代や有力国人が力を伸ばし、領国支配の実権を握った。

Ⅱ　国人たちの中には、争乱から地域の秩序を守るため、地域住民も組み込みながら国一揆を結成する者もあった。

	西軍	東軍
将軍家	（ ① ）	足利義政＝（ ② ） （ ③ ）
（ ④ ）家	義就	政長
（ ⑤ ）家	義廉	義敏
幕府実力者	（ ⑥ ）	細川勝元

Ⅲ　守護大名が領国に戻ったことで、守護が京都に居住し幕政に参加する体制が崩壊した。

ア　Ⅰ－正　Ⅱ－正　Ⅲ－正　　イ　Ⅰ－正　Ⅱ－正　Ⅲ－誤　　ウ　Ⅰ－正　Ⅱ－誤　Ⅲ－誤
エ　Ⅰ－正　Ⅱ－誤　Ⅲ－正　　オ　Ⅰ－誤　Ⅱ－誤　Ⅲ－誤　　カ　Ⅰ－誤　Ⅱ－誤　Ⅲ－正
キ　Ⅰ－誤　Ⅱ－正　Ⅲ－正　　ク　Ⅰ－誤　Ⅱ－正　Ⅲ－誤

(3)　表の（ ④ ）家と（ ⑤ ）家の家督相続争いがおこる背景について、当時の相続方法に着目して簡単に説明せよ。

①		②		③		④	
⑤		⑥		(1)		(2)	
(3)							

(3)は4点、他は各2点、計20点

5 次の史料を読み、あとの設問に答えよ。

史料A　今日山城国人集会す。同じく一国中の土民等群衆す。今度(a)両陣の時宜を申し定めんがための故と云々。しかるべきか。但し又（　①　）のいたりなり。

史料B　…安高ヲ守護トシテヨリ、百姓トリ立テ富樫ニテ候アヒダ、百姓等ノウチツヨク成テ、近年ハ(b)百姓ノ持タル国ノヤウニナリ行キ候。

設問 (1)　下線部(a)の両陣とは何を指すか、次の**ア～エ**から一つ選べ。

　　　ア　斯波氏　　**イ**　細川氏　　**ウ**　畠山氏　　**エ**　大内氏

(2)　（　①　）に適する語を、次の**ア～エ**から一つ選べ。

　　　ア　悪党　　**イ**　言語道断　　**ウ**　下極上　　**エ**　末法

(3)　史料Bの一揆は本願寺門徒によるものだが、近畿・東海・北陸での布教活動で浄土真宗を広めた本願寺8世は誰か。

(4)　下線部(b)のような状況は、どのくらいのあいだ続いたか。

(5)　史料Bの出来事はどこでおきたことか。現在の都道府県名で答えよ。

(6)　史料Bについて、この一揆が実質的に支配する本願寺領国を1580年に制圧したのは誰か。

(1)	(2)	(3)	(4)	(5)

(6)	
	(4)(5)は各3点、他は各2点、計14点

6 室町時代の農業・商工業について述べた次の文を読み、（　①　）（　②　）に適語を入れ、あとの設問に答えよ。

Ⅰ　農業は、灌漑・排水施設の整備や水稲の品種改良、(a)肥料の普及、生産技術の進歩により、先進地である畿内では（　A　）も始まり、また手工業の原料である桑・苧・(b)楮・漆・藍などの栽培もさらに盛んになった。

Ⅱ　製塩のための塩田は、砂浜に潮の干満を利用して海水を導入する（　①　）もつくられるようになった。特産品の売却や、年貢の銭納に必要な(c)貨幣獲得のために、地方の市場も市日の回数が増え、応仁の乱後は月6回開く（　②　）が一般化した。また、(d)行商人の数も増加した。手工業者や商人の(e)座もその種類や数が増加した。

設問 (1)　下線部(a)について、この時代に広まった肥料のうち草木灰と刈敷以外のものを一つ答えよ。

(2)　（　A　）に適する語を、次の**ア～エ**から一つ選べ。

　　　ア　二期作　　**イ**　二毛作　　**ウ**　三期作　　**エ**　三毛作

(3)　下線部(b)を原料として生産される品物を答えよ。

(4)　下線部(c)の需要の増大とともに私鋳銭も流通するようになったことから、幕府・戦国大名が良銭の基準や種類、貨幣間の交換比率などを定めた法令を何というか。

(5)　下線部(d)について、鵜飼い集団の女性で鮎売りの商人として活躍した者を何というか。

(6)　下線部(e)について、大山崎の油神人（油座）の本所を、次の**ア～エ**から一つ選べ。

　　　ア　宇佐八幡宮　　**イ**　鶴岡八幡宮　　**ウ**　北野天満宮　　**エ**　石清水八幡宮

①	②		

(1)	(2)	(3)	(4)	(5)	(6)

各2点、計16点

点

1 次の文を読み（ ① ）〜（ ⑧ ）に適語を入れ、あとの設問に答えよ。

　室町時代には武家文化と公家文化の融合が進み、また、東アジアとの活発な交流にともなって(a)大陸文化と伝統文化の融合も進んだ。室町時代の文化は、その時期と特徴により、南北朝の動乱期を背景として生まれた南北朝文化、ついで(b)将軍足利義満の頃の（ ① ）文化、そして将軍（ ② ）の時代の東山文化に区分されることがある。しかし実際は、４代将軍足利義持や６代将軍（ ③ ）の頃にもすぐれた著作物や美術品が出ていることから、北山文化と東山文化には連続性もみうけられ、室町時代の文化を一貫した「室町文化」ととらえる考え方もある。

　南北朝期には、時代の転換期に高まった緊張感を背景に、(c)歴史書や軍記物語などがつくられた。また、建武の新政を風刺した（ ④ ）にもみられるように、公家・武士を問わず広く連歌が流行した。

　茶寄合も各地で行われるようになり、茶の異同を飲み分けて、かけ物を争う（ ⑤ ）が流行した。さらには能楽も多くの人々を集めて上演された。能は、もともと社寺の祭礼に奉仕する猿楽に、民間に発展した田楽などがとけあいながら成立したものである。大和の（ ⑥ ）を本所とする大和猿楽四座のうち、結城座から観阿弥が出て、のちに（ ⑦ ）座と称するようになった。彼は京都に進出して(d)将軍に見出され、その子世阿弥も将軍家の保護を受け、能を優雅なものへと洗練させた。観阿弥・世阿弥父子は(e)能の脚本を数多く残した。また、世阿弥が残した『（ ⑧ ）』は、父の芸談を基礎に彼自身の体験や意見を書き加えた能の理論書で、能のみならずほかの芸能・芸道領域にも大きな影響を与えた。

設問 (1)　下線部(a)について、この時期に大陸文化が広がった理由を、「五山の禅僧」という言葉を使って説明せよ。

(2)　下線部(b)について、この時代に建設された金閣の説明として正しいものを、次の**ア〜エ**から一つ選べ。

　ア　書院造風と禅宗様が折衷した建物である。

　イ　書院造風と大仏様が折衷した建物である。

　ウ　寝殿造と書院造風が折衷した建物である。

　エ　寝殿造風と禅宗様が折衷した建物である。

(3)　下線部(c)に関して述べた次の文a〜dについて、正しいものの組合せを、下の**ア〜エ**から一つ選べ。

　a　『増鏡』は鎌倉時代の歴史を公家の立場で記した歴史書であり、四鏡の最後にあたる。

　b　『太平記』は北畠親房が常陸国において著述した北朝の正統論である。

　c　『神皇正統記』は伊勢神道の理論を背景に南朝の立場から皇位継承の道理を記した。

　d　『梅松論』は足利氏の政権獲得までの過程を公家の立場から記している。

　ア　a・c　　**イ**　a・d　　**ウ**　b・c　　**エ**　b・d

(4)　下線部(d)について、観阿弥を保護した将軍の名を答えよ。

(5)　下線部(e)について、これを何というか答えよ。

①	②		③		④
⑤	⑥		⑦	⑧	
(1)					
(2)	(3)	(4)		(5)	

(1)〜(3)は各4点、他は各3点、計42点

2 次の２枚の写真について述べた文を読み、（ ① ）〜（ ④ ）に適語を入れ、あとの設問に答えよ。

A

B

　写真Aは、大徳寺大仙院の庭園である。これは水を使わず岩石と砂利を組み合わせて象徴的な自然をつくり出す（ ① ）の代表的な庭園である。峡谷を発した水が、大河になって流れていく全景を象徴的に表しているといわれている。一方、写真Bは、将軍（ ② ）が(a)京都東山に建てた山荘に起源をもつ慈照寺にある（ ③ ）である。部屋全体に畳を敷きつめ、天井をはり、明り障子や違い棚などを用いるこの建築様式は（ ④ ）と呼ばれ、（ ③ ）はその代表的な建物といえる。こういった新しい住宅様式の成立は、座敷の装飾をさかんにし、(b)掛軸や襖絵などの絵画、(c)床の間を飾る生花・工芸品をいっそう発展させた。今日の日本の伝統文化を代表する(d)茶の湯もこの時代に基礎がすえられた。

設問（1）　下線部(a)について、この山荘の庭をつくったとされる人物を、次の**ア〜エ**から一つ選べ。

　　　ア　観阿弥　　**イ**　善阿弥　　**ウ**　能阿弥　　**エ**　相阿弥

（2）　下線部(b)について、水墨画を描いた数多くの禅僧のほか、土佐派や狩野派など多くの画家が登場したが、このうち狩野派の始祖として適当な組合せを、次の**ア〜エ**から一つ選べ。

　　　ア　狩野正信・永徳親子　　　**イ**　狩野元信・永徳親子

　　　ウ　狩野正信・元信親子　　　**エ**　狩野元信・山楽親子

（3）　下線部(c)について、16世紀に池坊専応、池坊専好らによって立花が大成されたが、室町中期に生花の芸術性を高め、池坊花道の祖といわれる人物の名を答えよ。

（4）　下線部(d)について述べた次の文を読み、（ ⅰ ）〜（ ⅲ ）に適語を入れよ。

> 　茶の湯の宗匠の一人（ ⅰ ）は、はじめ奈良称名寺の修行僧であったが、のちに京都に移り住んで大徳寺の一休宗純について禅の修行をし、禅味を加えた点茶法をはじめ、それまでの書院で行う殿中茶の湯ではなく、四畳半から六畳ほどの茶室を創案し、茶室で心の静けさを求めた。この点茶法は、（ ⅱ ）といわれ、（ ⅰ ）がその祖とされている。そののち、堺の富商の家に生まれた（ ⅲ ）は（ ⅰ ）の門人である村田宗珠や十四屋宗伍に茶の湯を学び、唐様趣味を和様に転化する工夫をし、四畳半の茶室を完成させ、竹の茶入・茶杓などを創案し、侘茶をさらに簡素化した。この（ ⅲ ）の門人には、今井宗久・千利休らがあり、彼らによって茶の湯は一段と洗練された。

（5）　設問（4）で述べられているのは、15世紀後半の文化状況についてだが、この時代には禅の精神にもとづく簡素さを基調とする文化が芽生えた。問題文中の庭園、茶の湯のどちらか一つを選んで、どのような点が禅の精神にもとづく簡素さを基調としていると考えられるか述べよ。

①		②		③		④	
(1)		(2)	(3)		(4)ⅰ）		ⅱ）
ⅲ）		(5)					

（5）は４点、他は各３点、計34点

3 次の文を読み（ A ）に適語を入れ、あとの設問に答えよ。

　備中に生まれた雪舟は、幼くして上京し相国寺に入った。相国寺は、現在の京都市上京区にある臨済宗相国寺派の大本山で、足利義満の発願によって建立された。1386年には京都(a)五山第二位におかれるまでになったが、そこでは(b)中国文化に通じた学僧たちが多く集まり、彼らのつくった漢詩文は（ A ）として出版された。これらの禅僧は室町幕府に請われ、政治・外交の顧問としても活躍した。また、(c)如拙、周文らの画僧は禅の境地を表わした水墨画に巧みであった。

　雪舟はこの相国寺で、禅僧としての修行をつむ一方で、(d)五山文化を吸収していった。幼い頃から画才にたけていた雪舟は、周文らの影響を受けながら山水画を学びとっていた。やがて京をはなれて周防国に向かい守護大名の保護のもとで雲谷庵に住んだ雪舟であったが、50歳に手の届くようになった1467年、(e)遣明船に乗り、寧波を経て北京に到着した。明での2年間に、大陸の自然や風俗をスケッチしたり、中国の古典を模写したりしている。帰国後、各地を旅行し、多くの水墨画を描いたが、なかでも67歳のときに描いたとされる『四季山水図（山水長巻）』は全幅15m以上にもおよぶ大作で、(f)『秋冬山水図』と並んで彼の代表作となっている。

設問　(1)　下線部(a)について、五山の別格上位となった寺院を、次のア～エから一つ選べ。

　　　ア　天龍寺　　イ　南禅寺　　ウ　東福寺　　エ　万寿寺

　(2)　下線部(b)について、この時代の禅僧として不適切な人物を、次のア～エから一つ選べ。

　　　ア　蘭渓道隆　　イ　絶海中津　　ウ　義堂周信　　エ　春屋妙葩

　(3)　下線部(c)に関して述べた次の文①～③について、作品Ⅰ～Ⅳとの組合せとして正しいものを、下のア～ケから一つ選べ。

　　　①　彼はひょうたんでなまずをおさえるという禅問答を題材とした『瓢鮎図』を描いた。

　　　②　彼は水墨画を基調としながら前景の花鳥にのみ着色した『大徳寺大仙院花鳥図』を描いた。

　　　③　彼が描いた『鳥獣人物戯画』は、うさぎや猿などを擬人化したものである。

　　　ア　①・Ⅱ　　イ　①・Ⅲ　　ウ　①・Ⅳ　　エ　②・Ⅰ　　オ　②・Ⅲ

　　　カ　②・Ⅳ　　キ　③・Ⅰ　　ク　③・Ⅱ　　ケ　③・Ⅳ

Ⅰ　　　　　　　　Ⅱ　　　　　　　　Ⅲ　　　　　　　　Ⅳ

　(4)　下線部(d)について、禅宗の高僧の肖像画を何と呼んだか。次のア～エから一つ選べ。

　　　ア　似絵　　イ　大和絵　　ウ　頂相　　エ　蒔絵

　(5)　下線部(e)について、雪舟は博多商人と結んで日明貿易をしていたこの守護大名の庇護のもと、明に派遣された。この守護大名としてもっとも適当なものを、次のア～エから一つ選べ。

　　　ア　毛利氏　　イ　大内氏　　ウ　細川氏　　エ　織田氏

　(6)　下線部(f)について、この作品を設問(3)のⅠ～Ⅳから一つ選べ。

　(7)　雪舟と同時代に活躍した大和絵の画家で、土佐派を創始した人物は誰か。

A	(1)	(2)	(3)	(4)	(5)	(6)	(7)

各3点、計24点

1 ▶ 次の文を読み、（ ① ）〜（ ⑮ ）に適する語を語群から選び、あとの設問に答えよ。

Ⅰ 室町時代になると、民衆の社会的経済的な地位が上昇したことにより、武家や公家だけでなく民衆も芸能や文芸に参加するようになった。この時代の初期に成立し、能のあいだに演じられた（ A ）は、庶民の日常生活に題材をとったユーモラスな対話劇で、即興的な動作やせりふを交えながら演じられた。また、謡いながら鼓の伴奏で一人で舞う曲舞の一流派である（ ① ）、語り物の古浄瑠璃、小歌などの歌謡も民衆にもてはやされた。1518年に成立した『（ ② ）』は、庶民的な内容の小歌を多く集めた歌謡集として著名である。この頃、神社の祭礼や祇園会のときに、華やかな装いで踊りながらねり歩く（ ③ ）が行われていたが、これはやがて念仏踊りと結びついて、しだいに盆踊りとして定着していった。また、絵の余白に当時の話し言葉で物語が書かれた（ B ）が広まり、『一寸法師』『さるかに合戦』など、現在に伝えられる童話の原型ができあがった。

Ⅱ （ C ）の乱により京都が荒廃すると、京都の公家たちが地方の戦国大名を頼り、続々と地方へ下った。とくに日明貿易で繁栄していた（ D ）氏の城下町（ E ）には、多くの文化人が集まり、儒学や和歌などの古典の講義が行われ、書籍の出版もなされた。(a)肥後の菊池氏や薩摩の（ ④ ）氏も（ ⑤ ）をまねいて儒学の講義を開き、また相国寺に住んだ（ ⑥ ）のように応仁の乱を避けて中部・関東地方などの各地をめぐり、地方の人びとと交流してすぐれた漢詩文を残した禅僧もいた。

Ⅲ 関東では、15世紀中頃、関東管領上杉憲実が（ F ）を再興した。のちに来日したキリスト教宣教師は、これを坂東の大学と称した。ここでは、全国から集まった禅僧・武士に対して高度な教育がほどこされ、多くの書籍の収集も行われた。この頃になると、すでに地方の武士の子弟を寺院に預けて教育を受けさせる習慣ができており、そこでは往復書簡の形式をとりながら生活用語を網羅した『（ ⑦ ）』や、武家社会の基本法である『御成敗式目』などが教科書として用いられていた。都市の有力な商工業者たちも、読み・書き・計算を必要とし、奈良の商人の中には『（ ⑧ ）』という辞書を刊行する者もあった。また、村落の指導者層のあいだにも村の運営のため、読み・書き・計算の必要性が増して、農村にも文字の世界が浸透していった。

Ⅳ 武士や民衆が文化の担い手として急速に台頭する中、政治・経済面で力を失った公家は、有職故実の学問や(b)古典の研究など伝統的な文化の継承に力を入れた。この時代の著名な学者である（ G ）は、有職故実の書である『公事根源』や、源氏物語の注釈書である『花鳥余情』を記し、古典の研究にも力をつくした。さらには、室町幕府第9代将軍（ ⑨ ）にあてた政道書である『樵談治要』も有名である。また神道思想による『日本書紀』などの研究も進み、京都の神官（ ⑩ ）は(c)反本地垂迹説にもとづき、神道を中心に儒学・仏教を統合しようとする新たな神道を完成した。

Ⅴ 室町時代には連歌の発展も著しかった。南北朝時代に出た（ ⑪ ）は『菟玖波集』を撰し、連歌の規則書として（ ⑫ ）を制定した。また、応仁の頃、（ ⑬ ）が出て正風連歌を確立し、『新撰菟玖波集』を編集し、弟子たちと『（ ⑭ ）』をよんだ。これに対し、（ ⑮ ）はより自由な気風をもつ俳諧連歌をつくり出し、1530年前後に『犬筑波集』を編集した。(d)連歌は、これを職業とする連歌師が各地を遍歴し普及につとめたので、民衆のあいだにも広く流行した。

語群 ア 足利義尚　イ 足利義視　ウ 桂庵玄樹　エ 絶海中津　オ 宗祇　カ 宗鑑
キ 吉田兼倶　ク 吉田兼好　ケ 田楽　コ 節用集　サ 梁塵秘抄　シ 閑吟集
ス 二条良基　セ 山家集　ソ 庭訓往来　タ 島津　チ 細川　ツ 風流
テ 幸若舞　ト 応安新式　ナ 万里集九　ニ 度会家行　ヌ 水無瀬三吟百韻

設問 (1) （ A ）〜（ G ）に適語を入れよ。
(2) 下線部(a)について、これに端を発する朱子学の学派を何というか。
(3) 下線部(b)について、『古今和歌集』の秘伝を宗祇に講義し古今伝授の始祖とされたのは誰か。

(4) 下線部ⓒについて、この神道を何というか。

(5) 下線部ⓓについて、連歌が民衆に普及した理由を、問題文Ⅰ〜Ⅲの文をもとにして、それぞれ述べよ。

①	②	③	④	⑤	⑥	⑦	⑧	⑨	⑩
⑪	⑫	⑬	⑭	⑮	(1)A		B		
C	D	E	F		G				

(2)		(3)		(4)					

(5)Ⅰ

Ⅱ

Ⅲ

(2)〜(4)、(5)Ⅰ〜Ⅲは各3点、他は各2点、計62点

2 ▶次の文を読み（ ① ）〜（ ⑤ ）に適語を入れ、あとの設問に答えよ。

応仁の乱頃の本願寺8世である（ ① ）は、各地に巡訪して門徒を拡大し、ⓐみずからの教えを平易な文章を用いて説き、（ A ）を組織して惣村に広めていった。しかし、こういった教団の拡大は既存の仏教宗派に危機感を与え、1465年、延暦寺は京都東山の大谷本願寺を襲撃してこれを破壊した。そのため（ ① ）は、北陸に赴き、越前国吉崎に新たな坊舎を設けてここを活動拠点とした。

その後も本願寺の勢力はさらに拡大し、北陸だけでなく東海や近畿地方にまで広がり、地域ごとに結束を強めていった。そのため、大名権力と門徒集団が衝突し、各地で（ ② ）がおこった。1488年に（ ③ ）国でおこった（ ② ）はその典型である。これは、本願寺派の門徒が国人と結び、ⓑこの国の守護を倒したもので、以後1世紀にわたりこの勢力が領国を実質的に支配した。一方、こうした対立に巻き込まれることを嫌った（ ① ）は、北陸を退去して京都山科に本拠を定めて本願寺を再建し、この地で没した。同じ頃、京都では（ ④ ）が登場し、日蓮宗が教勢を拡大していた。（ ④ ）の布教は戦闘的であり、他宗と激しい論戦を行ったため、しばしば迫害を受けた。京都で財力を蓄えた（ B ）にはこの日蓮宗の信者が多く、洛中には二十一本山と呼ばれた日蓮宗の大寺が栄えた。16世紀に入ると、山科にあった本願寺は畿内の門徒に指令して（ ② ）を拡大させ、堺や奈良に放火し、ついで京都乱入の勢いを示した。これに対して1532年、京都の日蓮宗信徒は武装して（ ⑤ ）を結んでこれを撃退し、逆に山科本願寺を焼打ちした。実力で都市の自衛に成功した（ ⑤ ）は、有力（ B ）を中心に団結し、自治的年貢や地子銭の免除を勝ち取り、また町の検断権の一部も掌握して自治運動を高めた。しかし、ⓒ1536年、延暦寺を中心とする荘園領主や守護勢力と衝突し、京都日蓮宗二十一本山すべてが焼打ちされた。一方、本願寺勢力は山科を離れ、摂津石山へと活動の拠点を移した。

設問(1) （ A ）に当てはまる語句を、次のア〜エから一つ選べ。

ア 講　イ 宮座　ウ 問丸　エ 軍団

(2) （ B ）に当てはまる語句を、次のア〜エから一つ選べ。

ア 名主　イ 町衆　ウ 大名田堵　エ 借上

(3) 下線部ⓐについて、次の問いに答えよ。

ⅰ）この平易な文章を何というか。

ⅱ）この平易な文章の内容について説明した次の文の（ C ）に当てはまる語を答えよ。

> どのような人であっても、（　C　）の救いを信じていれば、誰でも極楽浄土に往生することができる。

(4)　下線部(b)について、この守護とは誰か。次の**ア～エ**から一つ選べ。

　ア　細川勝元　　**イ**　畠山政長　　**ウ**　富樫政親　　**エ**　山名持豊

(5)　下線部(c)について、この出来事を何というか。

(6)　室町期の仏教に関して述べた次の文Ⅰ・Ⅱについて、その正誤の組合せとして正しいものを、下の**ア～エ**から一つ選べ。

　Ⅰ　天台・真言などの旧仏教は、荘園制の崩壊によって、しだいに勢力が衰えた。

　Ⅱ　禅宗の五山派は、庇護者であった幕府の衰退とともに衰えていったが、幕府と距離をおき自由な布教を求めた禅宗諸派（林下）は、地方武士や民衆の支持を受け各地に広がった。

　ア　Ⅰ＝正　Ⅱ＝正　　**イ**　Ⅰ＝正　Ⅱ＝誤　　**ウ**　Ⅰ＝誤　Ⅱ＝正　　**エ**　Ⅰ＝誤　Ⅱ＝誤

①	②	③	④	⑤

(1)	(2)	(3) ⅰ）	ⅱ）	(4)

(5)	(6)	
		(5)(6)は各4点、他は各3点、計38点

1 次の文を読み(①)〜(⑥)に適語を入れ、あとの設問に答えよ。

　関東では、1454年におこった享徳の乱を機に、鎌倉公方が足利持氏の子成氏の(①)公方と、8代将軍足利義政の兄弟政知の(②)公方とに分裂し、関東では二つ鎌倉公方が並立することなった。さらに有力者であった関東管領の上杉氏も一族内部で分裂するなど、いち早く戦国時代の様相をみせはじめた。この混乱に乗じて15世紀末、京都から下ってきた(③)は(②)公方を滅ぼして伊豆を奪い、ついで相模に進出して(④)を本拠地とした。そして、子の氏綱、孫の氏康の時には、関東の大半を支配する大名となった。

　中部地方では、16世紀半ばになると、(Ａ)の守護上杉氏の(a)家臣であった長尾氏に景虎が出て、主家である上杉氏をついで(b)上杉謙信と名乗り、甲斐から信濃に領国を拡大した武田信玄としばしば争った。中国地方では、守護大名として権勢を誇った大内氏が、16世紀の半ばに(c)重臣に国を奪われ、さらに安芸の国人出身の(⑤)がこれにかわり、尼子氏と激しい戦闘を繰り返した。東海地方では、駿河の今川義元が遠江も支配し、三河の松平氏を従え、尾張の織田氏を圧迫した。九州では、薩摩を中心に九州南部を広く支配していた島津貴久と、豊後を中心に九州北部に勢力を伸ばした大友義鎮がとくに優勢であり、四国では土佐を統一した(⑥)氏が四国北半へも進出し、東北地方は伊達氏が有力大名に成長していった。

　(d)戦国大名の中には、家臣などから身をおこした者が少なくない。戦国時代には守護職のような古い権威だけでは通用しなくなり、戦国大名として権力を維持していくためには、(e)激しい戦乱で領主支配が危機にさらされた家臣や、生活をおびやかされた領国民の支持が必要だった。

設問(1)　(Ａ)に適する国名を入れよ。

　(2)　下線部(a)について、具体的な立場として適当なものを、次のア〜エから一つ選べ。

　　　ア　内管領　　イ　御内人　　ウ　奉公衆　　エ　守護代

　(3)　下線部(b)について、この両氏の度重なる激戦で有名な北信濃の地名を答えよ。

　(4)　下線部(c)について、この重臣とは誰か。適する人物を次のア〜エから一つ選べ。

　　　ア　陶晴賢　　イ　松永久秀　　ウ　三好長慶　　エ　足利持氏

　(5)　下線部(d)について、戦国大名の多くは守護代や国人から身をおこした者が多いが、守護出身の戦国大名の名を、文中から二名答えよ。

　(6)　下線部(e)について、このような家臣や領国民から支持されるために、戦国大名にはどのような力が必要だったか。室町時代の守護大名と比較し、「幕府の権威」という語を使って述べよ。

①		②		③			④		⑤	
⑥			(1)		(2)		(3)		(4)	
(5)										
(6)										

(5)は各1点、他は各3点、計35点

2 戦国大名に関する次の文を読み、あとの設問に答えよ。

　戦国大名は、新たに征服した土地などで(a)検地を行った。また、(b)富国強兵をはかるために、軍事力に必要な物資を調達し、(c)鉱山の開発を行った。(d)大河川の治水や灌漑により農業生産の増大をはかったばかりでなく、宿駅や伝馬の制度による領国内の交通の整備、関所の廃止や市場の開設などによる商業取引の円滑化にも努力し、領国経済圏の形成につとめた。

設問(1)　下線部(a)について、次の問題に答えよ。

　　　ⅰ)　戦国大名が家臣に、その支配地の面積・収入額などを自己申告させる検地を何というか。

　　　ⅱ)　戦国大名が検地を行った意義について述べた次の文A・Bについて、その正誤の組合せとして正しいものを、下の**ア〜エ**から一つ選べ。

　　　　A　戦国大名は、村の枠をこえ、自分の領地の農民の耕作地面積や生産高を把握できるようになり、農民に対する直接支配が強化された。

　　　　B　戦国大名は検地によって家臣が支配している領地の年貢量を把握し、それに応じて軍役を課すようになった。

　　　　ア　A＝正　B＝正　　**イ**　A＝正　B＝誤　　**ウ**　A＝誤　B＝正　　**エ**　A＝誤　B＝誤

　　(2)　下線部(b)について、戦国大名は家臣団に組み入れた多数の地侍を有力家臣に預けるかたちで組織化し、強力な軍事組織を編成した。この制度を何というか。

　　(3)　下線部(c)について、金・銀山として適当でないものを、次の**ア〜エ**から一つ選べ。

　　　　ア　甲斐　　**イ**　石見　　**ウ**　但馬　　**エ**　足尾

　　(4)　下線部(d)に関連して、甲斐の釜無川と御勅使川の合流点付近に堤防を築くなど、治水事業に力を注いだ戦国大名を答えよ。

(1)ⅰ)	ⅱ)	(2)	(3)	(4)

各3点、計15点

3 次の史料は戦国大名が制定した分国法である。あとの設問に答えよ。

A　百姓、地頭の年貢所当相つとめず、他領へ罷り去る事、盗人の罪科たるべし。　　　　　　　（（　①　））

B　朝倉が館之外、国内□城郭を構へさせまじく候。惣別分限あらん者、（　②　）へ引越、郷村には代官計り置かるべき事。　　　　　　　（朝倉孝景条々）

C　（　③　）の事、是非に及ばず成敗を加ふべし。但し、取り懸ると雖も、堪忍せしむるの輩に於ては、罪科に処すべからず。　　　　　　　（甲州法度之次第）

D　駿・遠両国の輩、或はわたくしとして他国より嫁をとり、或は婿にとり、娘をつかはす事、自今以後停止し畢ぬ。　　　　　　　（今川仮名目録）

設問(1)　史料Aは伊達氏の分国法である。（　①　）に適する名称を答えよ。

　　(2)　史料Bは、朝倉氏が家臣に対し領国内に城を築くことを禁じ、朝倉氏の居城がある（　②　）への集住を命じるという内容である。（　②　）に適する地名を答えよ。

　　(3)　朝倉氏だけではなく、多くの戦国大名が家臣に築城を禁じ、みずからの居城のもとに集住するように命じたが、そのようにしてできた町を何というか。

　　(4)　史料Cは、武田氏が領国内での私闘を禁じ、すべての争いは大名の裁定にゆだねるよう命じたものである。（　③　）には「私闘」を意味する語が入る。適する語を答えよ。

　　(5)　史料Dの内容を解読し、なぜこのような命令をしたと考えられるか述べよ。

(1)	(2)	(3)	(4)	

(5)

各3点、計15点

4 ▷次の文を読み（ ① ）～（ ⑦ ）に適語を入れ、あとの設問に答えよ。

　戦国時代には、領国経済の振興を目指す戦国大名の政策もあって、農村の市場や町が飛躍的に増加した。また大寺社だけでなく、地方の中小寺院の(a)門前町や(b)寺内町も繁栄した。

　これらの市場や町は、自由な商業取引を原則とし、市座と呼ばれた販売座席や市場税などを設けない（ ① ）として存在するものが多かった。戦国大名は（ ① ）令を出してこれらの市を保護したり、商品流通を盛んにするために、みずから（ ① ）を新設したりした。

　戦乱の中でも遠隔地商業はあいかわらず活発であり、港町や宿場町が繁栄した。これらの都市の中には、富裕な商工業者たちが自治組織をつくって市政を運営し、平和で自由な都市をつくりあげる者もあった。日明貿易の根拠地として栄えた堺や博多、さらに摂津の平野、（ ② ）の桑名や大湊などが代表的であり、とくに堺は36人の（ ③ ）、博多は12人の（ ④ ）と呼ばれる豪商の合議によって市政が運営され、自治都市の性格を備えていた。

　一方、京都のような古くからの政治都市にも、富裕な商工業者である（ ⑤ ）を中心とした都市民の自治的団体である町が生まれた。惣村と同じように、町はそれぞれ独自の町法を定め、住民の生活や営業活動を守った。さらに、町が集まって町組という組織がつくられ、町や町組は（ ⑤ ）の中から選ばれた（ ⑥ ）と呼ばれた指導者の手によって自治的に運営された。応仁の乱で焼かれた京都は、これらの（ ⑤ ）によって復興され、八坂神社の祭礼である（ ⑦ ）も町を母体とした（ ⑤ ）たちの祭として再興された。

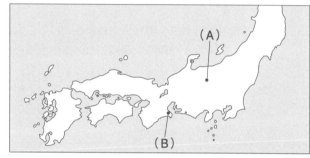

設問(1)　下線部(a)について、上の白地図中の（A）・（B）で示した都市は、典型的な門前町である。それぞれの都市名と、どの寺社の門前町かを答えよ。

(2)　下線部(b)について、寺内町とはある仏教宗派の強い地域で、その門徒の商工業者が集住することで発展した都市である。その宗派を答えよ。

(3)　次の史料は宣教師ガスパル＝ヴィレラの書簡（「耶蘇会士日本通信」）である。その内容を説明した次の文A・Bについて、問題文の記述内容にも留意しながら、その正誤の組合せとして正しいものを、下のア～エから一つ選べ。

> 堺の町は甚（はなは）だ広大にして、大なる商人多数あり。此（こ）の町はベニス市の如く執政官（しっせいかん）に依（よ）りて治めらる。
>
> （1561年書簡）
>
> 日本全国、当堺の町より安全なる所なく、他の諸国において動乱あるも、此の町にはかつてなく、敗者も勝者も、此の町に来住すれば皆平和に生活し、諸人相和し、他人に害を加ふる者なし。……町は甚だ堅固にして、西方は海を以（もっ）て、又他の側は深き堀を以て囲まれ、常に水充満せり。　（1562年書簡）

A　ベニスは執政官によって統治されているが、堺も同様に幕府の役人によって統治されている。

B　堺の町がほかの国のように戦乱がないのは、戦国大名による分割統治がなされ、深い堀などによる防御が堅固であったからである。

ア A＝正　B＝正　　**イ** A＝正　B＝誤　　**ウ** A＝誤　B＝正　　**エ** A＝誤　B＝誤

①	②	③	④	⑤	⑥
⑦		(1)A：都市	寺社	B：都市	寺社
(2)		(3)			

(1)は各2点、他は各3点、計35点

／　　　点

1 次の文を読み（　①　）〜（　⑩　）に適語を入れ、あとの設問に答えよ。

　日本では1530年代以降、(a)各地の銀山で朝鮮から伝わった（　①　）という新しい精錬技術が導入され、銀が大幅に増産された。(b)この時期に中国を支配した（　②　）では、16世紀になると日本産の銀が大量に流入した。その対価として、日本には中国産の（　③　）などがもたらされ、日中間の貿易が活発になった。この当時（　②　）は（　X　）海禁政策をとっていたため、その取締りに対抗して武装した中国人などの密貿易商人を中心とする（　④　）が活躍していた。

　一方、15世紀以降、ヨーロッパ諸国の中には海外への進出を積極的に進める国が現れた。(c)ポルトガルはアフリカへの探検を進め、さらには香辛料を求めて、15世紀末にはインドへの航路を開拓した。スペインもアメリカ大陸から太平洋を横断してフィリピンへ進出した。こうしてヨーロッパを中心に世界の諸地域が広く交流する（　⑤　）が始まった。1543年には、中国人密貿易商人の船に乗ったポルトガル人が（　⑥　）に漂着し、鉄砲をもたらした。また、ヨーロッパにおける伝統的なキリスト教権威を批判する（　⑦　）の発生を背景に、カトリック教会の改革派グループの一つである（　⑧　）は、海外布教によって勢力の挽回をはかろうとしていた。1549年、（　⑧　）の宣教師（　⑨　）が鹿児島に来航し、キリスト教を伝えた。以後、つぎつぎに宣教師が来日して、多くの信者を獲得した。とくに九州の大名の中にはキリスト教に帰依する(d)キリシタン大名も現れた。

　（　②　）は1560年代末に海禁政策を緩和したが、日本への渡航は認めなかったため、ポルトガル人は中国・日本間の貿易に乗り出し、長崎などへ入港するようになった。のちにスペインも加わったこの貿易を（　⑩　）といい、（　③　）・絹織物などの中国物産と日本の銀とが交易された。

設問(1)　下線部(a)として適当なものを、次の**ア〜オ**からすべて選べ。

　　ア　但馬　**イ**　甲斐　**ウ**　足尾　**エ**　駿河　**オ**　石見

(2)　下線部(b)の背景について、貿易以外の視点から簡潔に説明せよ。

(3)　（　X　）に当てはまる説明文として適当ではないものを、次の**ア〜エ**から一つ選べ。

　　ア　民間の貿易を推奨する　　　　**イ**　倭寇対策として行われた

　　ウ　国王以外には貿易を認めない　**エ**　海外との交易を国家が統制する

(4)　下線部(c)について、アジアにおけるスペイン・ポルトガルの拠点として、地名と地図中の位置の組合せが正しいものを、次の**ア〜エ**から一つ選べ。

　　ア　スペイン：マニラ・い　　　ポルトガル：マカオ・う

　　イ　スペイン：マカオ・あ　　　ポルトガル：ゴア・え

　　ウ　スペイン：マニラ・い　　　ポルトガル：ゴア・え

　　エ　スペイン：マカオ・あ　　　ポルトガル：マニラ・い

(5)　下線部(d)について、キリシタン大名に当てはまる人物を、次の**ア〜オ**からすべて選べ。

　　ア　大内義弘　**イ**　大友義鎮　**ウ**　大村純忠　**エ**　毛利元就　**オ**　有馬晴信

①	②	③	④	⑤
⑥	⑦		⑧	
⑨	⑩		(1)	
(2)		(3)	(4)	(5)

(1)(5)は完全解答各3点、(3)(4)は各3点、(2)は4点、他は各2点、計36点

2 次の文を読み（ ① ）～（ ⑩ ）に適語を入れ、あとの設問に答えよ。

有力戦国大名たちは、伝統的な政治の中心地である京都を支配下におくことを目指したが、最初にそれを達成したのは織田信長であった。信長は1560年に駿河などの大名（ ① ）の侵攻を受けたが、これを尾張の（ ② ）の戦いで破った。1567年には美濃の（ ③ ）氏を追い払って岐阜に本拠を移し、(a)信長は武力によって天下を治める志を明確にした。翌年信長は、室町幕府の再興の働きかけを受けた（ ④ ）とともに京都に上った。

しかし、畿内周辺にはなお、信長に敵対する勢力が多かった。こうした勢力に対し、信長は、1570年に姉川の戦いで近江の浅井氏と越前の朝倉氏を破り、1571年には日本仏教の中心として大きな権勢を誇っていた比叡山（ ⑤ ）を焼討ちした。1573年には信長の敵対勢力と結びつくようになった（ ④ ）を追放し、室町幕府は実質的に滅亡した。さらに1575年には、強敵であった甲斐の（ ⑥ ）の軍勢を三河の（ ⑦ ）で破った。この戦いは(b)鉄砲の威力が発揮された合戦として知られている。また、浄土真宗門徒を中心とした勢力も、信長に敵対する大きな勢力であった。（ ⑧ ）と呼ばれたこうした抵抗に対しても、信長は徹底した戦闘を続け、1575年に越前の（ ⑧ ）などを平定し、(c)1580年には長らく対立してきたこの勢力の本拠地を屈服させた。こうして信長は、近畿・北陸・東海地方を支配下におさめ、天下人としての名声を高めていたが、独裁的な政治手法は不満もまねき、1582年に京都の（ ⑨ ）で重臣の（ ⑩ ）に背かれ滅んだ。

設問 (1) 下線部(a)について、

ⅰ）このような意志を表わすとされる信長の印判を、次のア～エから選べ。

ア　　　　　イ　　　　　ウ　　　　　エ

ⅱ）「天下」には全国という意味もあるが、この時代における「天下」の意味を簡潔に説明せよ。

(2) 下線部(b)について、

ⅰ）戦国時代の和泉、近江の鉄砲生産地として正しいものを、次のア～カからそれぞれ選べ。

ア　国友　　イ　山崎　　ウ　根来　　エ　堺　　オ　山田　　カ　富田林

ⅱ）鉄砲隊を構成する主体となった歩兵を何というか答えよ。

(3) 下線部(c)について述べた文として正しいものを、次のア～エから一つ選べ。

ア　信長に抵抗した各地の浄土真宗門徒は、寺院や門前町を拠点としていた。

イ　本願寺の蓮如は1570年、諸国の門徒に信長との戦いを呼びかけて挙兵した。

ウ　信長と10年におよぶ戦争は、石山戦争と呼ばれた。

エ　信長によって1580年に屈服させられたのち、本拠地であった京都の石山本願寺を退去した。

①		②		③		④	
⑤		⑥		⑦		⑧	
⑨		⑩					

(1)ⅰ）		ⅱ）			
(2)ⅰ）和泉	近江	ⅱ）		(3)	

(1)ⅱ）と(3)は各4点、(1)ⅰ）と(2)は各3点、他は各2点、計40点

3 次の史料を読み、あとの設問に答えよ。

> 定　（ ① ）山下町中
> 一　当所中 楽市として仰せ付けらるるの上は、諸（ ② ）・諸役・諸公事等、ことごとく免許の事。
> 一　普請免除の事。
> 一　(a)分国中（ ③ ）これを行うと 雖 も、当所中免除の事。
>
> （近江八幡市共有文書）

設問 (1)　この史料は、織田信長が商工業者の営業活動について発布した法令の一部である。このような法令を何というか。史料中の語句を用いて答えよ。

(2)　（ ① ）は、織田信長が1576年に築城を開始した城の城下町である。

ⅰ）（ ① ）に適する地名を答えよ。

ⅱ）（ ① ）の位置を、地図中の記号**あ〜か**から答えよ。

ⅲ）この城下町が建設された国を、次の**ア〜エ**から一つ選べ。

　ア　近江　　**イ**　山城　　**ウ**　尾張　　**エ**　伊勢

(3)　（ ② ）に当てはまる、中世にみられた商工業者の特権的団体を意味する言葉を、漢字一字で答えよ。

(4)　（ ③ ）に当てはまる、中世において債権・債務関係の破棄を意味する言葉を、漢字二字で答えよ。

(5)　下線部(a)の項目に関してまとめた次の文について、（ **X** ）・（ **Y** ）に当てはまる説明文の組合せとして正しいものを、下の**ア〜エ**から一つ選べ。

> 　下線部(a)の項目は、織田信長の分国内では（ ③ ）が出されたとしてもこの城下町の町人の（ **X** ）ため、この項目は債権者である商工業者にとってみると（ **Y** ）な内容である。

　ア　X—債権は破棄される　　　Y—有利

　イ　X—債権は破棄される　　　Y—不利

　ウ　X—債権は破棄されない　　Y—有利

　エ　X—債権は破棄されない　　Y—不利

(6)　織田信長の政策に関して述べた次の文A〜Dについて、下線部が正しい場合は○を、誤っている場合は正しい語句を答えよ。

　A　宗教勢力にきびしい態度をとった信長は、キリスト教には寛容であり、ポルトガル人宣教師<u>ルイス＝フロイス</u>に布教を認めた。

　B　流通の促進をはかるため、<u>関所の撤廃</u>を行った。

　C　商業・自治都市として繁栄していた<u>博多</u>を、武力で屈伏させて直轄領とした。

　D　信長の勢力強化の背景には、織田氏が経済力の高い<u>三河</u>を領国とした戦国大名だったことがその背景の一つとしてあげられる。

(1)		(2)ⅰ）	ⅱ）	ⅲ）	(3)	(4)	(5)
(6)A	B	C	D				

(5)は 4 点、他は各 2 点、計24点

1▷次の文を読み（ ① ）〜（ ⑭ ）に適語を入れ、あとの設問に答えよ。

　1582年、羽柴秀吉は山崎の戦いで（ ① ）を破り、翌年には信長の最有力家臣だった（ ② ）を賤ヶ岳の戦いで破った。1583年には石山の本願寺の跡地に（ ③ ）を築き始めた。1584年の（ ④ ）の戦いでは、織田信雄・（ ⑤ ）と尾張などで戦ったが、信雄と講和して臣従させた。1585年には（ ⑥ ）に就任し、翌年には新たに即位した（ ⑦ ）天皇から豊臣の姓を与えられ太政大臣にもなった。1587年には、秀吉の停戦命令に従わなかった（ Ａ ）氏を降伏させ、九州を支配下においた。その後、秀吉は本拠を（ ③ ）から京都の（ ⑧ ）に移し、（ ⑦ ）天皇をまねいて諸大名に政権への忠誠を誓わせた。関東では小田原の（ Ｂ ）氏が秀吉の裁定に違反したとして、1590年に諸大名を動員して攻め滅ぼした。続けて（ Ｃ ）氏ら奥羽の大名を服属させた。まもなく奥羽でおきた一揆・反乱を鎮圧し、(a)全国の大名を１つの政権のもとに統合した。豊臣政権は（ ⑨ ）と呼ばれる多くの直轄地や、(b)佐渡の金山、但馬（ ⑩ ）銀山などの鉱山も経済基盤とし、さらに重要都市も直轄して豪商の経済力を統制下においた。

　(c)秀吉は新たに獲得した領地に、（ ⑪ ）と呼ばれる一連の土地制度改革を実施した。この政策では、統一基準により田畑・屋敷地の面積・等級を調査し、土地ごとの生産力に応じて（ ⑫ ）を定め、作人を記載した検地帳を作成させて村に交付した。大名にも（ ⑫ ）で知行を与え、豊臣政権も近畿地方を中心に直轄地を確保した。また、豊臣政権は1585年に支配下で広く大名の拠点を入れ替える（ ⑬ ）を断行し、翌年には武士とその従者である奉公人、そして百姓のあり方を定めた。(d)1588年には刀狩令が出され、さらに1591年には大陸侵攻に向けて全国の（ ⑫ ）を調査し、大名らを戦争に動員する軍役の基準として掌握した。翌年にも朝鮮へ従軍した奉公人らの逃亡を摘発する（ ⑭ ）が出され、(e)こうした政策によって兵農分離が定まっていった。

設問(1)　（ Ａ ）〜（ Ｃ ）に当てはまる大名家として正しいものを、次の**ア〜オ**からそれぞれ選べ。

　　ア　上杉　　**イ**　北条　　**ウ**　島津　　**エ**　大友　　**オ**　伊達

(2)　下線部(a)について、豊臣政権の特色を、「天皇」「朝廷の官位」という言葉を用いて説明せよ。

(3)　下線部(b)に関連して、1588年に鋳造された大型の貨幣の名称を答えよ。

(4)　下線部(c)について述べた文として誤っているものを、次の**ア〜エ**から一つ選べ。

　　ア　地主などが小作料をとる権利を認めた。

　　イ　土地の所有は年貢を負担する百姓１人とされた。

　　ウ　枡は京枡を基準として採用した。

　　エ　年貢などを一括納入する村請制が導入された。

(5)　下線部(d)についてまとめた次の文（ Ｘ ）には適当な語句を、（ Ｙ ）には説明文を、それぞれ答えよ。

> 　刀狩令は、百姓から刀・脇差などの武具を取り上げるように命じたもので、（ Ｘ ）を防止し、百姓を正業である（ Ｙ ）意図を示した。

(6)　下線部(e)に関して述べた次の文Ⅰ・Ⅱについて、その正誤の組合せとして正しいものを、下の**ア〜エ**から一つ選べ。

　Ⅰ　武家奉公人が町人・百姓となること、百姓が商人・職人になることは禁じられた。

　Ⅱ　武家奉公人・町人・百姓の身分別の人口が把握されることで、諸身分が確定していった。

　ア　Ⅰ＝正・Ⅱ＝正　　**イ**　Ⅰ＝正・Ⅱ＝誤　　**ウ**　Ⅰ＝誤・Ⅱ＝正　　**エ**　Ⅰ＝誤・Ⅱ＝誤

①		②		③		
④		⑤		⑥		⑦
⑧	⑨		⑩		⑪	⑫
⑬	⑭		(1)A	B	C	
(2)						
(3)		④	(5)X	Y		(6)

(1)は各1点、(2)は3点、他は各2点、計44点

2 次の史料と地図をみて、あとの設問に答えよ。

定
一　日本ハ神国たる処、きりしたん国より邪法を授け候儀、太以て然るべからず候事。
一　其国郡の者を近付け門徒になし、神社仏閣を打破るの由、前代未聞に候。
一　伴天連、其知恵の法を以て、心ざし次第に檀那を持ち候と思召され候へハ、右の如く日域の仏法を相破る事曲事に候条、伴天連の儀、日本の地ニハおかせられ間敷候間、今日より廿日の間ニ用意仕り帰国すべく候。
一　黒船の儀ハ商売の事に候間、各別に候の条、年月を経、諸事売買いたすべき事。
　　　　　天正十五年六月十九日
　　　　　　　　　　　　　　　　　　　　（松浦文書）

設問 (1) 史料に関する次の問いに答えよ。
　　ⅰ）この史料は豊臣秀吉によって1587年に出されたものである。この命令の名称を答えよ。
　　ⅱ）この命令が発令されることとなった契機として正しいものを、次の**ア**〜**エ**から一つ選べ。
　　　ア　スペイン船サン＝フェリペ号の船員が、スペインは布教活動を利用して領土拡大をしていると証言したこと。
　　　イ　日本周辺において、倭寇などの海賊行為が激しくなったこと。
　　　ウ　キリシタン大名の大村純忠が、長崎をイエズス会に寄付していたこと。
　　　エ　ポルトガルがマラッカを占領し、九州各地へ頻繁に来航するようになったこと。
　　ⅲ）この命令が出されたにもかかわらず、宣教師の追放が徹底されなかった理由を、史料の内容にも触れながら説明せよ。
　(2)　地図中の(**A**)・(**B**)に当てはまる戦いの名称を、それぞれ答えよ。
　(3)　次の文X・Yに適する地名を答え、その場所を地図中の**a**〜**d**からそれぞれ選べ。
　　X　秀吉が、朝鮮への出兵の根拠地として城を築いた場所。
　　Y　朝鮮への一回目の侵攻で、日本勢が陥落させた朝鮮の首都。
　(4)　朝鮮水軍を率いて、日本勢に大きな打撃を与えた人物を答えよ。
　(5)　秀吉の死去により、朝鮮からの軍勢は撤退することとなったが、この時の五大老・五奉行として適当な人物を、次の**ア**〜**カ**からすべて選べ。
　　ア　浅野長政　　**イ**　石田三成　　**ウ**　織田信雄　　**エ**　徳川家康　　**オ**　小西行長
　　カ　毛利輝元

(6) 秀吉の大陸侵攻について述べた次の文Ⅰ～Ⅲを、時代の古い順に並び替えよ。

Ⅰ　現地の司令官が、明とのあいだで休戦して独自に講和交渉を進めた。

Ⅱ　対馬の宗氏を通して、朝鮮国王に服属と来日を求めた。

Ⅲ　後陽成天皇を北京に移し、秀次を中国の関白にすえ、自身は寧波を居所とする構想を示した。

(1) i)		ii)	
iii)			
(2) A		B	
(3) X：地名	場所	Y：地名	場所
(4)	(5)	(6)	

3 次の文を読み（　①　）～（　⑩　）に適語を入れ、あとの設問に答えよ。

　信長・秀吉政権の時代の文化を桃山文化というが、桃山は秀吉が晩年に住んだ（　①　）城が築かれた地である。その特色は、（　X　）にある。桃山文化を象徴するものの一つとして、城郭建築があげられる。この時代の城は城主の居館・政庁として（　②　）や平山城に変化し、城の中心には（　③　）と呼ばれる高楼建築のほか、大広間をもつ書院造の御殿がつくられた。

　城や寺院の壁や襖には、金箔などの上に青や緑の濃い絵の具で着色した金碧の障壁画が描かれた。とくに信長と秀吉に仕えた(a)狩野永徳は雄大な作風で、安土城・大坂城・聚楽第の障壁画を描き、その門人の（　④　）も秀吉や子の秀頼に仕え、大坂・京都で活躍した。また、海北友松や（　⑤　）はそれぞれ近江・能登から京都に出て、水墨画に秀でたが、金碧画でも狩野派に並ぶ絵師として知られた。

　京都や堺などの富裕な町衆や武将たちのあいだでは、茶の湯が流行した。なかでも堺の商人である（　⑥　）は、簡素な侘茶を追求し、茶道を確立させた。また、庶民の娯楽として人気を集めたものに、17世紀初めに出雲お国が京都で始めた（　⑦　）がある。その後、女芸人や遊女が演じる女歌舞伎が流行した。このほか、琉球から渡来した三味線の伴奏によって操り人形を動かす（　⑧　）や、小歌に節づけした隆達節も民衆の人気を博した。

　桃山文化には、ヨーロッパ人の渡来やキリスト教の布教による外来文化の影響もみることができる。宣教師たちは実用的な学問や科学の知識をもたらしたほか、油絵や銅版画などの絵画技法も伝えた。イエズス会の（　⑨　）は司祭や修道士の養成をはかり、初等教育学校の（　Y　）を安土と肥前有馬に、高等教育学校の（　Z　）を豊後府内に設けた。(b)1582年にはキリシタン大名らにゆかりのある少年たちをヨーロッパへ送り、ローマ教皇に謁見させた。さらに、金属製の活字による活版印刷術を導入し、以後キリスト教の教義書や文学が翻訳され、日本の古典や日本語辞書も出版された（＝（　⑩　）版）。

設問 (1)　（　X　）に当てはまる文として誤っているものを、次のア～エから一つ選べ。

　　ア　武家の権力を結集した天下人や大名の威勢を反映した、豪華さや壮大さ

　　イ　武家文化と公家文化の融合が進んだところ

　　ウ　戦争や貿易で大きな富を得た豪商の気風を反映した、豪華さや壮大さ

　　エ　仏教色が薄れ、世俗的・人間中心的な色彩が強まったというところ

(2)　下線部(a)について、この人物の作品として正しいものを、次のア～エから一つ選べ。

　　ア　南蛮屏風　　イ　住吉祭礼図屏風　　ウ　唐獅子図屏風　　エ　智積院襖絵

(3)　（　Y　）・（　Z　）に当てはまる言葉として正しいものを、次のア～エからそれぞれ選べ。

　　ア　セミナリオ　　イ　プロテスタント　　ウ　コレジオ　　エ　南蛮寺

(4)　下線部(b)について、次の問いに答えよ。

ⅰ）この使節を何というか。

ⅱ）少年使節を派遣したキリシタン大名を、次の**ア～オ**からすべて選べ。

ア 大村純忠　　**イ** 藤原惺窩　　**ウ** 種子島時尭　　**エ** 有馬晴信　　**オ** 今井宗久

①	②	③	④		⑤	
⑥		⑦		⑧		
⑨		⑩		(1)	(2)	
(3)Y	Z	(4)ⅰ）		ⅱ）		

各 2 点、計32点

1 ▶次の文を読み(①)〜(⑫)に適語を入れ、あとの設問に答えよ。

　東海地方に勢力をふるった徳川家康は、1590年の北条氏滅亡後の関東に移され、約250万石を有する大名となった。五大老の筆頭の地位にあった家康は、秀吉の死後に権力を強めた。これに対し、五奉行の一人で豊臣政権を存続させようとする(①)と家康の対立が表面化し、1600年、(①)は五大老の一人であった(Ａ)を盟主にして挙兵した。この(②)に勝利した家康は(①)や(Ｂ)を処刑し、越後を中心に大きな勢力を誇った(Ｃ)を大幅に減封して出羽の米沢に移すなど、敵対した勢力を処分した。1603年、(a)家康は全国の大名に対する指揮権の正当性を得るため(③)の宣下を受け、江戸に幕府を開いた。しかし、父秀吉以来の地位を継承した(④)が、依然(⑤)城にいたため、家康は1605年に将軍の地位を(⑥)に継承させて、みずからは(⑦)として実権を握り、徳川氏がこの地位を世襲する姿勢を諸大名に示した。そして、豊臣氏が京都に建立した(⑧)の鐘銘の字句を口実に、1614年から翌年に(⑤)城を攻め、豊臣氏を滅亡させた。

　幕府は、(b)大名統制のために様々な政策を展開するとともに、1619年、城の修築を理由に広島城主の(Ｄ)を領地没収の処分である(⑨)としたように、違反者をきびしく処分した。諸大名は将軍から知行する領地と石高を確認され、石高に応じて戦時には軍役、平時には土木負担などの(⑩)を負担した。また大名は、将軍との親疎によって区別され、(c)徳川一門は親藩、古くからの徳川氏の家臣であったものは(⑪)、(②)前後に徳川氏に従ったものは(⑫)と呼ばれる。

設問(1) (Ａ)〜(Ｄ)に当てはまる人名を、次のア〜カからそれぞれ選べ。

　　ア　上杉景勝　　イ　小西行長　　ウ　黒田長政　　エ　毛利輝元　　オ　前田利家

　　カ　福島正則

(2)　下線部(a)に関連して、家康が全国の統治者として実施した政策について述べた文として誤っているものを、次のア〜エから一つ選べ。

　　ア　佐渡をはじめ、全国の主要な鉱山を直轄とした。

　　イ　アンナン・ルソン・カンボジアに、修好を求める外交文書を国の代表として送った。

　　ウ　全国の諸大名に対して、国単位に戸籍と計帳の作成を命じた。

　　エ　全国の諸大名に、江戸城と市街地造成の普請を命じた。

(3)　下線部(b)について、次の史料Ⅰ・Ⅱを読み、以下の設問に答えよ。

> Ⅰ　一　文武弓馬ノ道、専ラ相嗜ムベキ事。
> 　　一　諸国ノ居城修補ヲ為スト雖モ、必ズ言上スベシ。況ンヤ新儀ノ構営堅ク停止令ムル事。
> Ⅱ　一　大名小名、在(あ)交替、相定ル所也。毎歳夏四月中(い)致スベシ。従者ノ員数近来甚ダ多シ、且ハ国郡ノ費、且ハ人民ノ労也。向後其ノ相応ヲ以テ、之ヲ減少スベシ。…

　ⅰ）Ⅰ・Ⅱのように大名に対し将軍の代がわりに繰り返し発布されたものを何というか。

　ⅱ）Ⅰと同年に出された、大名の居城を一つに限った法令を何というか。

　ⅲ）(あ)・(い)に適する語句を、それぞれ漢字二字で答えよ。

　ⅳ）Ⅱは1635年に発布された法令である。この時の将軍は誰か、答えよ。

(4)　下線部(c)の大名のうち、最高位とされ、将軍後継を出しうる三藩を答えよ。

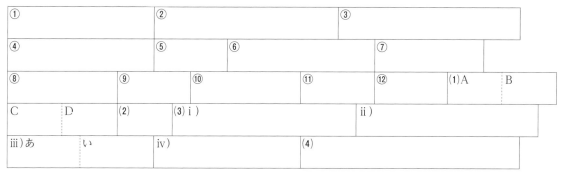

2 次の文を読み（　①　）～（　④　）に適語を入れ、あとの設問に答えよ。

　将軍と主従関係を結んだ武士のうち、（　①　）石以上を領有するものが大名であるのに対し、（　①　）石未満のものは直参と呼ばれ、将軍への謁見が許された（　②　）と、これが許されない御家人とに区別された。（　②　）・御家人は将軍直属の家臣団であり、（　②　）は大名とともに幕府の要職につく者もあった。役職者は原則として数名の譜代大名・（　②　）らが任じられ、（　③　）交代の勤務制度で政務を扱った。

　幕府の職制は、(a)初期の将軍側近が担うものから、徐々に整備された体制となった。初め年寄と呼ばれて幕政の中枢にあった重臣は、（　A　）と呼ばれ政務を統括するようになり、これを補佐し（　②　）を監督する（　B　）、大名を監察する（　C　）、（　②　）・御家人を監察する目付に加え、三奉行が幕府機構の中核を形成した。三奉行のうち、（　D　）は将軍直属で譜代大名から任じられ、（　E　）は江戸の民政、治安維持、訴訟などを担当し、（　F　）は幕府直轄領の支配や貨幣鋳造など幕府財政を統轄した。さらに幕府は、朝廷の統制や西国大名の監視のために、（　G　）を設置したのをはじめ、全国の(b)重要都市や鉱山も直轄した。

　大名の領地とその支配機構を、総称して藩と呼ぶ。(c)大名の家臣の中には領内に領地を与えられ、その領民支配を認められるものもあったが、しだいに家臣団の集住が進められると、家臣には直轄地からの年貢を蔵米として支給する（　④　）制度がとられるようになった。

設問（1）　下線部(a)について、家康の側近で諸法令の起草や宗教行政などに関与した僧を答えよ。

　　　（2）　（　A　）～（　G　）に適する役職名と、下の図のア～キのどこに当たるかを、それぞれ答えよ。

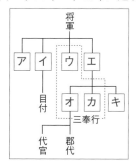

　　　（3）　下線部(b)について、次の問いに答えよ。

　　　　　ⅰ）　大坂で西国大名の監察にも当たった、将軍直属の役職を何というか。

　　　　　ⅱ）　次の文の（　あ　）～（　う　）に適する地名をA～Gより、その位置を地図中のア～ケよりそれぞれ選べ。

> 　江戸幕府は重要都市や鉱山を直轄し、これを支配する役職者をおいた。たとえば、（　あ　）奉行は日本海沿岸航路の要地で、金山が存在する地域を統轄し、（　い　）奉行は幕府が直轄した外交・貿易管理をつかさどった。また、家康をまつる霊廟が建立された都市である（　う　）も幕府が直轄した。

[地名]A　日光　　B　堺　　C　伏見　　D　佐渡　　E　新潟　　F　長崎　　G　山田

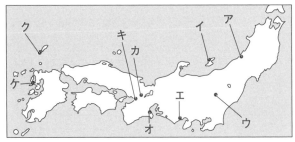

(4)　下線部(c)について、このような制度を何というか。

①	②	③	④	(1)

(2)A	記号	B	記号	C	記号

D	記号	E	記号

F	記号	G	記号

(3)ⅰ)	ⅱ)あ:地名	位置	い:地名	位置	う:地名	位置

(4)

(1)は1点、(2)は完全解答各2点、(3)ⅱ)は完全解答各1点、他は各2点、計30点

3 次の文を読み（ ① ）〜（ ⑥ ）に適語を入れ、あとの設問に答えよ。

　幕府は、1613年に家職や禁裏小番を公家のつとめとする（ ① ）を制定し、さらに1615年には、(a)下にある法令によって朝廷運営の規準を明示した。さらに京都に朝廷の統制や監視を行う（ ② ）を設置したほか、2名の公家を任じて幕府の意向を朝廷に示した。また、天皇や公家の政治力を抑制し、彼らが他大名に利用されないよう、(b)天皇や公家の行動・財源や朝廷の権能に規制を加えた。

　朝廷や公家の統制は、(c)幕府の宗教政策にも関連した。皇子や摂家の子弟が入寺し仏教諸派の本山ともなる門跡寺院を幕府は朝廷の一員として統制した。また仏教宗派ごとに（ ③ ）を発布して本山・本寺の地位を保障し、末寺を組織化する（ ④ ）制度を整えた。さらに1665年には、宗派をこえた仏教寺院の僧侶を統制する法令として（ ⑤ ）を出した。同年には、神社・神職への統制法令として（ ⑥ ）が発布され、公家の（ A ）家を本山として統制させた。修験者も天台系の本山派は（ B ）門跡を、真言系の当山派は醍醐寺三宝院門跡を本山として統率され、陰陽師も公家の（ C ）家を本所として組織化された。

史料	一	天子諸芸能の事、第一御（ あ ）也。
	一	武家の官位は、公家当官の外為るべき事。
	一	関白・伝奏幷びに奉行・職事等申し渡す儀、堂上地下の輩相背くにおいては流罪たるべき事。
	一	紫衣の寺、住持職、先規希有の事也。近年猥りに勅許の事、且は臈次を乱し、且は官寺を汚し、甚だ然るべからず。

（『大日本史料』）

設問 (1)　下線部(a)について、1615年に発布されたこの法令を何というか。

　(2)　上の史料に関して、

　　ⅰ)（ あ ）に当てはまる語句を答えよ。

　　ⅱ)史料によれば、公家はどのような場合に処罰を受けるとされているか。簡潔に説明せよ。

　　ⅲ)史料中の下線部の規則について、1627年に幕府は規制を強化したが、これに抗議して処罰された大徳寺の僧の名前を答えよ。

iv）ⅲの事件後、幕府の同意を求めず、1629年に突然譲位した天皇と、かわって即位した天皇を
それぞれ答えよ。

(3)　下線部(b)について、この例として誤っているものを、次の**ア**～**エ**から一つ選べ。
　ア　天皇の譲位・即位についても、幕府の意向に従わなければならなかった。
　イ　天皇の行幸は原則として幕末まで認められなかった。
　ウ　朝廷による国家祭祀は、幕府によって禁止された。
　エ　禁裏御料・公家領・門跡領は最小限にとどめられた。

(4)　下線部(c)に関連して、
　ⅰ）次のⅠ～Ⅳの出来事を、時代の古い順に並び替えよ。
　Ⅰ　高山右近らがスペイン領マニラに追放された。
　Ⅱ　島原の乱が勃発した。
　Ⅲ　幕府は、寺院が檀家であることを証明する寺請制度を設けた。
　Ⅳ　直轄地に禁教令が発令された。
　ⅱ）島原の乱について、この乱が勃発した背景として考えられるものを、一つあげよ。また、こ
の乱の首領を答えよ。

(5)　（ A ）～（ C ）に当てはまる語句として正しいものを、次の**ア**～**カ**からそれぞれ選べ。
　ア　吉田　　**イ**　西園寺　　**ウ**　青蓮院　　**エ**　土御門　　**オ**　飛鳥井　　**カ**　聖護院

①		②		③	
④	⑤		⑥		
(1)		(2)ⅰ）			
ⅱ）					
ⅲ）	ⅳ）譲位		即位		(3)
(4)ⅰ）		ⅱ）背景			
首領		(5)A	B	C	

(2)ⅰ）(5)は各1点、(2)ⅳ）(4)ⅱ）は完全解答2点、他は各2点、計30点

点

1 次の資料は、ある高校生が江戸幕府の鎖国政策について調べた内容をまとめたものである。資料を読み（ ① ）〜（ ⑦ ）に適語を入れ、あとの設問に答えよ。

なぜ、江戸幕府は鎖国政策を行ったのだろうか？

◇江戸時代初期の外交について

年代	事項
1600	オランダ(a)リーフデ号、豊後に漂着
1604	(b)糸割符制度を創設
1609	オランダ人に通商許可
1610	京都の商人（ ① ）をメキシコに派遣
1612	直轄領に禁教令が出される
1613	伊達政宗、家臣の（ ② ）をスペインへ派遣 イギリス人に通商許可、（ ③ ）に商館設置
1616	中国（＝（ ④ ））船を除く外国船の来航を （ ③ ）・長崎に制限

◇（ ⑤ ）貿易について

　江戸時代初期は、日本人の海外進出も盛んで、東南アジア方面に渡航する商人も多かった。そのため、幕府は右上の写真のような渡航許可書を与えた。

◇（ ⑥ ）の形成について

　東南アジアでは、日本からの移住者によって各地に自治制を敷く（ ⑥ ）がつくられた。その中には、（ ⑦ ）のように、(c)アユタヤ朝の王室に重用された者もいた。

◇鎖国政策

幕府の禁教政策の背景
・幕府はキリスト教の布教が（ X ）をまねく恐れがあると強く感じていたこと ・また、信徒が信仰のため団結することも考えられた 　→(d)幕府は禁教政策を強化

幕府による貿易統制の背景
（ ⑤ ）貿易の担い手は、そのほとんどが西国大名であったこと 　→幕府は西国の大名が（ Y ）になることを恐れ、貿易を統制

設問 (1)　下線部(a)について、リーフデ号の航海士で、のちに江戸幕府の外交・貿易顧問となった人物は誰か。

(2)　下線部(b)について、幕府がこの制度を設けた理由を、「ポルトガル」という言葉を用いて説明せよ。

(3)　下線部(c)の位置を、地図中のア〜オから一つ選べ。

(4)　（ X ）・（ Y ）に当てはまる説明文を、それぞれ答えよ。なお、（ X ）については「スペイン」「ポルトガル」という言葉を用いること。

(5) 下線部(d)について、次のア～オの出来事を、時代の古い順に並び替えよ。

  ア　ポルトガル船の来航禁止　　　　　イ　スペイン船の来航禁止

  ウ　オランダ商館を長崎の出島に移す　エ　日本人の海外渡航、帰国を全面禁止

  オ　奉書船以外の日本船の海外渡航を禁止

(6) 次の史料Ⅰ・Ⅱの内容は、設問(5)のア～オのどれに当たるか。それぞれ記号で答えよ。

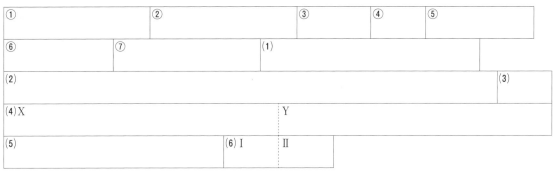

```
Ⅰ　一　異国え日本の船遣（つかわ）すの儀、堅く停止（ちょうじ）の事。
　　一　日本人異国え遣し申す間敷候。若忍候て乗渡る者之有るに於ては、其者は死罪、其
　　　　舟幷（ならびにふなぬし）船主共ニとめ置、言上仕（ごんじょうつかまつ）るべき事。
　　　　　　　　　　　　　　　　　　　　　　　　　　　　　　　　　　　　　『教令類纂』
Ⅱ　一　…自今以後、かれうた渡海の儀、之を停止せられ訖（おわんぬ）。此上若し差渡るニおゐてハ、
　　　　其船を破却し、幷乗来る者速（すみやか）に斬罪に処せらるべきの旨、仰せ出さるる者也。
　　　　　　　　　　　　　　　　　　　　　　　　　　　　　　　　　　　　　『御当家令条』
```

①		②		③	④	⑤	
⑥		⑦		(1)			
(2)							(3)
(4)X				Y			
(5)			(6)Ⅰ		Ⅱ		

(2)(4)(5)は各3点、(6)は完全解答2点、他は各2点、計32点

2 次の文を読み（ ① ）～（ ⑬ ）に適語を入れ、あとの設問に答えよ。

　日本に来航する貿易船はオランダ船と中国船だけになり、貿易港は長崎1港に限られた。幕府はオランダ船の来航のたびに商館長が提出する（ ① ）によって、ヨーロッパの文物だけではなく、海外の情報も独占的に入手した。一方、秀吉の朝鮮侵略後、中国の（ ② ）王朝とは国交回復が実現せず、(a)幕府は中国船と私貿易を行っていた。17世紀半ばに（ ② ）王朝が滅び、満洲民族の（ ③ ）王朝成立後もこの関係は継続され、17世紀後半には中国人の居住地を長崎の（ ④ ）と呼ばれる区画に限定した。朝鮮とは講和が実現し、(b)1609年、日朝外交を仲介した（ ⑤ ）藩主の宗氏とのあいだで（ ⑥ ）が結ばれ、釜山に（ ⑦ ）が設置された。朝鮮からは計12回の使節が来日し、4回目からは（ ⑧ ）と呼ばれた。これに対し琉球王国は、1609年に薩摩藩（ ⑨ ）の軍により征服され、その支配下に入った。薩摩藩は（ ⑩ ）氏を王位につかせ、(c)独立国として中国との朝貢貿易を継続させた。また蝦夷ヶ島南部の和人地に勢力をもった蠣崎氏は、近世になると（ ⑪ ）氏と改称し、家康から（ ⑫ ）との交易独占権を認められ、藩制を敷いた。しかし、交易をめぐる対立などから、1669年には（ ⑬ ）の戦いがおこり、さらに18世紀前半ごろまでに（ X ）場所請負制度が広がると、（ ⑫ ）は自立した交易相手の立場を奪われていった。このように江戸時代の対外関係は、(d)幕府が統轄する長崎での交易と、3つの地域の大名が関与する特定の異国・異民族との交渉があった。

設問 (1) 下線部(a)について、日本から中国への輸出品として正しいものを、次のア～カからすべて答えよ。

  ア　毛織物　イ　香木　ウ　銀　エ　海産物　オ　生糸　カ　銅

(2) 下線部(b)について述べた次の文Ⅰ・Ⅱについて、その正誤の組合せとして正しいものを、下のア～エから一つ選べ。

  Ⅰ　対馬藩は耕地にめぐまれない土地ではあったものの、対朝鮮貿易の利益を独占することは、幕府によって禁じられていた。

Ⅱ　初期の朝鮮使節は回答使兼刷還使と呼ばれ、日本から出した国書への回答と日本に連行された捕虜の返還を目的としていた。

　　ア　Ⅰ—正　Ⅱ—正　　イ　Ⅰ—正　Ⅱ—誤　　ウ　Ⅰ—誤　Ⅱ—正　　エ　Ⅰ—誤　Ⅱ—誤

⑶　下線部(c)について、この理由を簡潔に述べよ。

⑷　（　X　）に当てはまる説明文として正しいものを、次のア～エから一つ選べ。

　　ア　和人商人に商場経営をゆだねる　　　　イ　貿易利潤を家臣に分与する

　　ウ　家臣に商場・場所を知行として分与する　エ　互いに接触せずに交易品を取引する

⑸　下線部(d)について述べた文として正しいものを、次のア～エから一つ選べ。

　　ア　長崎の貿易額は中国王朝の交替によって年々減少を続けたため、幕府は1680年代に貿易額の制限を撤廃し、輸入の促進につとめた。

　　イ　3つの地域の大名が関与した異国や異民族との交渉は、いずれも伝統的な中国を中心とした冊封体制による交易ルートとつながりをもっていた。

　　ウ　朝鮮使節や琉球使節は新将軍就任の慶賀などにより江戸へ参府したが、オランダ人と幕府との接触は長崎に限られ、江戸への参府は許されなかった。

　　エ　幕府は石高制に組み入れた琉球使節に日光参詣をさせたが、朝鮮使節の参詣はなかった。

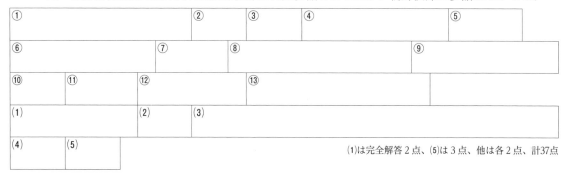

(1)は完全解答2点、(5)は3点、他は各2点、計37点

3 ▶次の文を読み（　①　）～（　⑨　）に適語を入れ、あとの設問に答えよ。

　江戸時代初期の文化は、桃山文化を受け継ぎながら、幕政が安定する(a)寛永期には新たな傾向がみられるようになる。学問においては君臣・父子の別、上下の秩序を重んじる（　①　）が幕府や藩に受け入れられ、京都相国寺の禅僧であった（　②　）が還俗してその啓蒙につとめた。門人であった（　③　）が家康に用いられて以来、その子孫は代々儒者として幕府に仕え、幕府の文教政策にも関与した。

　江戸時代初期には霊廟建築が流行し、なかでも家康をまつる日光の（　A　）は（　X　）。一方、17世紀半ばに、明僧隠元隆琦が中国から伝えた禅宗の宗派である（　④　）の寺院には、宇治の（　B　）などがあり、中国風の建築様式がみられる。また、八条宮智仁親王の別邸（　C　）の書院は、（　Y　）。

　絵画では、この時期に（　D　）が幕府の御用絵師として用いられた。京都では、（　E　）は、朝廷の御用絵師の一派である（　⑤　）派の画法をもとに、Ⅳのような作風で元禄期の（　⑥　）派の先駆となった。また上層町衆であった（　F　）は書や蒔絵、さらに陶芸では（　あ　）焼の茶碗などにすぐれた才能を発揮した。文禄・慶長の役の際、諸大名が連れ帰った朝鮮人の陶工たちによって、九州や中国地方の各地で陶磁器生産が始められた。なかでも磁器の生産が行われ、（　G　）が様々な色彩を染め付けた（　⑦　）の技法を完成させた肥前の（　い　）焼は、海外にも輸出された。

　文芸では、教訓・道徳をおもな内容とし御伽草子の流れをくむ（　⑧　）が現れた。また、連歌から俳諧が独立し、京都の（　⑨　）の貞門俳諧が流行した。

Ⅰ

Ⅱ

Ⅲ

Ⅳ

設問 (1) 下線部(a)について、この時期に就任した将軍は誰か、答えよ。

(2) （ A ）～（ C ）に適する語句を次の**ア**～**カ**から、また該当する図をⅠ～Ⅲから、それぞれ選べ。

ア 万福寺　　**イ** 崇福寺　　**ウ** 醍醐寺　　**エ** 東照宮　　**オ** 修学院離宮　　**カ** 桂離宮

(3) （ D ）～（ G ）に適する人名を、次の**ア**～**コ**からそれぞれ選べ。

ア 俵屋宗達　　**イ** 酒井田柿右衛門　　**ウ** 狩野山楽　　**エ** 狩野探幽　　**オ** 土佐光起

カ 土佐光信　　**キ** 長谷川等伯　　**ク** 本阿弥光悦　　**ケ** 雪舟　　**コ** 海北友松

(4) （ あ ）・（ い ）に適する語句を、次の**ア**～**カ**からそれぞれ選べ。

ア 高取　　**イ** 萩　　**ウ** 薩摩　　**エ** 楽　　**オ** 有田　　**カ** 平戸

(5) （ X ）・（ Y ）に適する説明文を、次の**ア**～**エ**からそれぞれ選べ。

ア 書院造に草庵風の茶室をとりいれた数寄屋造の様式がみられる。

イ 茶室風建築に金箔地に青・緑の彩色で内部を飾った数寄屋造の様式がみられる。

ウ 本殿と拝殿のあいだを相の間（石の間）で結ぶ権現造で、極彩色の彫刻がほどこされた。

エ 白木造に桧皮葺で、装飾を排除し簡素な精神性を重視した権現造の建築である。

①		②		③		④		⑤	
⑥		⑦		⑧		⑨			
(1)			(2)A：語句　図		B：語句　　図		C：語句　図		
(3)D	E		F	G	(4)あ	い	(5)X	Y	

(2)は完全解答各1点、(3)(4)(5)は各1点、他は各2点、計31点

(教 p.167〜172)

┃点

1 次の資料は、ある高校生が近世の身分や社会について調べた内容をまとめたものである。資料を読み（ ① ）〜（ ⑦ ）に適語を入れ、あとの設問に答えよ。

◇近世社会の身分について

武士：様々な特権をもつ支配身分
・（ ① ）を名乗り、（ ② ）が許されていた
・将軍を頂点に、大名・旗本・（ ③ ）などいくつもの階層から構成されている
・ ▭
・ ▭
・ ▭
（ ④ ）：農業を中心に林業・漁業などに従事
（ ⑤ ）：多様な種類の手工業に従事
町人：都市の流通・運輸を担う（ ⑥ ）など
※(a)個人は家への帰属を通じて位置づけられた

◇村・都市社会の周縁部分の小さな身分集団

宗教者：人々の日常生活に深く関与
・僧侶…人々の葬祭や身分保証に関与
・神職…春秋の農耕祭礼を執り行う
・（ A ）…日取りの占いや家作に当たり方角を見定める
・（ B ）…病気の平癒などの祈祷を行う
知識人：医者や（ C ）など
芸能者
・（ D ）…浄瑠璃の上演など
・（ E ）…物語の読み語りを芸とする
（ F ）：肉体労働を行う賃金労働者
(b)かわた（長吏）・（ ⑦ ）…(c)下位の身分とされた

設問 (1) 資料中の三つの空欄には、近世の武士に関する説明文が入る。この空欄に当てはまる説明文として誤っているものを、次のア〜エから一つ選べ。

ア 主人への忠誠や上下の別をきびしく強制された。

イ 女性は武士の家では家事に専念することを強いられた。

ウ 学問や知識までも独占しようとし、これらが武士以外に広がる傾向はみられなかった。

エ 天皇家や公家、上層の僧侶・神職らも武士と並ぶ支配身分とされた。

(2) （ A ）〜（ F ）に当てはまる語句として正しいものを、次のア〜カからそれぞれ選べ。

ア 講釈師　　イ 修験者　　ウ 人形遣い　　エ 日用　　オ 陰陽師　　カ 儒者

(3) 下線部(a)に関連して、武士や一部の有力な百姓・町人の家における特色について述べた文として誤っているものを、次のア〜エから一つ選べ。

ア 家を統率する家長の権限が強かった。　　イ 身分間の移動は一切なかったとされる。

ウ 女性は家督から排除されていた。　　エ 家督や家業は、長子を通して子孫に相続された。

(4) 下線部(b)についてまとめた、次の文の（ X ）に当てはまる語句を答えよ。

かわたは城下町のすぐ近くに集められ、彼らは村や集落をつくり、農業や（ X ）の製造・わら細工などの手工業に従事した。しかし、幕府や大名の支配のもとで、死牛馬の処理や行刑役などを強いられ、「えた」などの蔑称で呼ばれた。

(5) 下線部(c)について、かわた・（ ⑦ ）は、職業以外のどのような点でほかの身分と区別されていたか。簡潔に説明せよ。

①	②	③	④	⑤	⑥	⑦

(1)	(2)A	B	C	D	E	F	(3)	(4)

(5)

(1)(5)は3点、(2)は各1点、他は各2点、計30点

2》次の文を読み（ ① ）〜（ ⑧ ）に適語を入れ、あとの設問に答えよ。

　近世の社会を構成した最大の要素は村と百姓であった。村は百姓の家屋敷からなる集落を中心に、田畑の耕地、そして村の共同利用地である（ ① ）を含む⒜林野などから成り立っていた。村の多くは農村であるが、漁村や山村、また定期市などを中心に小都市化した（ ② ）町などもみられた。村の運営に参加したのは、⒝田・畑・家屋敷をもち、（ ③ ）に登録されて年貢や諸役をつとめる本百姓であり、その中心となったのは⒞名主・（ ④ ）・百姓代からなる村方三役であった。一方、村内には⒳田畑をもたず小作や賃労働に従事する百姓や、⒴有力な本百姓との隷属関係にあるものも存在した。また血縁の序列や、漁村における（ ⑤ ）と網子のような、経営をめぐる階層区分もあった。村では、（ ① ）の共同利用、用水や山野の管理、労働や暮らしの互助をはじめ、治安や防災などの仕事が自治的に行われた。またこれらの経費は（ ⑥ ）と呼ばれ、村民が共同で負担した。村の運営は（ ⑦ ）にもとづいて行われ、違反者には（ ⑧ ）などの制裁が加えられることもあった。幕府や諸藩による⒟税負担の割当や収納、村民の掌握も、こうした村の自治に依存していた。一方幕府は、史料Ⅰの法令や（ **あ** ）を防止する目的で1673年に出された分地制限令などの法令をはじめ、史料Ⅱのように百姓の日常生活まで指示を加え、百姓の小経営を安定させ、（ **い** ）を確実にしようとした。

史料Ⅰ	一　身上能き百姓は田地を買取り、弥宜く成り、身体成らざる者は田畠を沽却せしめ、猶々身上成るべからざるの間、向後田畠売買停止たるべき事。　　　　　　（『御触書寛保集成』）
史料Ⅱ	一　男女衣類の事、これ以前より御法度の如く、庄屋は絹紬・⒠布・木綿を着すべし。わき百姓は布・もめんたるべし。右の外は、えり・帯などにも仕るまじき事。……
	一　⒡来春より在々所々において、地頭・代官、木苗を植え置き、林を仕立て候様申しつくべき事。　　　　　　　　　　　　　　　　　　　　　　　　　（『御当家令条』）

設問 (1)　下線部⒳・⒴の呼称を、⒳については一つ、⒴については三つ、次の**ア**〜**カ**から選べ。

　　ア　水呑　　**イ**　譜代　　**ウ**　肝煎　　**エ**　名子　　**オ**　被官　　**カ**　高持

(2)　（ **あ** ）・（ **い** ）に当てはまる適切な説明文を、それぞれ答えよ。

(3)　下線部⒜や山川の利用に課す雑税、下線部⒝を課税基準とする税を、それぞれ答えよ。

(4)　下線部⒟について、このような制度を何というか答えよ。

(5)　1643年に出された史料Ⅰの法令を何というか答えよ。

(6)　史料Ⅱに関する、次の問いに答えよ。

　ⅰ）下線部⒞に相当する語句を、史料Ⅱのうちから選び、答えよ。

　ⅱ）下線部⒠について、この「布」とはどのような素材を指しているか、答えよ。

　ⅲ）下線部⒡について、「来春」は1643（寛永20）年を指しているが、この法令が発布された時期の社会の様子について述べた文としてもっとも適当なものを、次の**ア**〜**ウ**から一つ選べ。

　　ア　寛永の飢饉で社会が疲弊し、農民の生活維持、農村社会の再建が必要とされていた。

　　イ　幕府財政が悪化し、地頭・代官がきびしく徴税に当たることが命じられた。

　　ウ　農民の生活を安定させるため、商品作物の生産を奨励する政策が進められた。

①		②		③		④		⑤		⑥	
⑦		⑧		(1)(X)		(Y)					
(2)あ					い						
(3)(a)		(b)			(4)			(5)			
(6)ⅰ）		ⅱ）		ⅲ）							

(1)(Y)は完全解答2点、(6)ⅰ）は1点、他は各2点、計37点

3 次の文を読み（ ① ）～（ ⑩ ）に適語を入れ、あとの設問に答えよ。

近世社会には多くの都市が存在したが、その中心は城下町であった。(a)城下町の特徴は、身分や機能によって明確な地域区分がなされていたことにある。それまで（ Ｘ ）武士は、豊臣政権の（ ① ）分離政策によって（ Ｙ ）を強制させられ、また商人や手工業者の多くも、営業の自由や屋敷地への課税である（ ② ）を免除される特権を得るなどして、定着することとなった。

商人や手工業者が居住し営業を行った地域は町方とも呼ばれ、ここは(b)町と呼ばれる多数の自治的な小集団によって構成されていた。居住形態においては、(A)町屋敷をもつ（ ③ ）と呼ばれる住民のほか、(B)宅地を借りて家屋を自分で建てる（ ④ ）、(C)家屋を借りて住む（ ⑤ ）・（ ⑥ ）や、(D)商家に住み込んで働く（ ⑦ ）など多様な住民が存在した。商人や手工業者は多様な職業に従事し、職種ごとに（ ⑧ ）・組合・講と呼ばれる集団を形成した。幕府や藩による城下町の支配は、（ ⑨ ）が統轄したが、有力町人の中から（ ⑩ ）・問屋などが選任され、法令の伝達など行政の一部を担う仕組みがつくられた。

設問(1)　（ Ｘ ）・（ Ｙ ）に当てはまる説明文を、（ Ｘ ）は「在地領主」、（ Ｙ ）は「移住」という言葉を用いて、それぞれ答えよ。

(2)　下線部(a)について、次の文の（ あ ）～（ え ）に当てはまる語句を、図も参考にして答えよ。

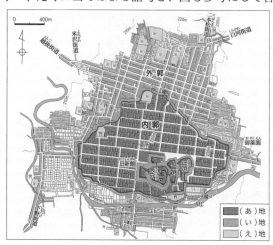

多くの城下町では、城郭の周囲に（ あ ）地が形成され、城郭とともに城下町の大部分を占めた。その外側に（ い ）地が、図にみられるように主要な（ う ）や水路に沿って位置している。こうした城下町住民の居住域が区分されるばかりでなく、多くの城下町では、（ え ）も城下町の外延部など一定の地域に（ え ）地として集中させられていた。

(3)　下線部(b)について、

i）次の文の（ Ⅰ ）～（ Ⅲ ）に適する住民として正しいものを、下線部(A)～(D)からそれぞれ選べ。複数ある場合はすべて選べ。

・町の自治は、町人とされた（ Ⅰ ）を代表する名主・庄屋・月行事などを中心に行われた。

・（ Ⅱ ）は地代や店賃を支払うほか、多くの負担はないが、町の運営には参加できなかった。

・都市機能の維持は、（ Ⅲ ）が負担する町人足役などの夫役や、貨幣の支払いでまかなわれた。

ii）町について述べた文として正しいものを、次のア～エから一つ選べ。

ア　町の住民には田畑をもつ者も多く、農村の百姓とほぼ同様の年貢負担があった。

イ　町人は町人足役と呼ばれる夫役をつとめ、そのかわりとして貨幣での支払いを行った。

ウ　町の自治は、町奉行が定めた町法にもとづいて運営されていた。

エ　多くの町において、家持の町人は住民の大多数を占めていた。

①		②		③		④		⑤		⑥		⑦	
⑧		⑨		⑩			(1)(Ｘ)						
(Ｙ)					(2)(あ)		(い)		(う)		(え)		
(3)ⅰ) Ⅰ		Ⅱ		Ⅲ			ⅱ)						

(2)(3) i) は各 1 点、他は各 2 点、計33点

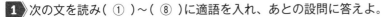

(教p.172〜176)

1▷次の文を読み（　①　）〜（　⑧　）に適語を入れ、あとの設問に答えよ。

　(a)農村における生産活動が生み出す年貢を基盤とする幕府や藩は、17世紀の初めから、(b)灌漑・治水事業や(c)干潟や湖沼の耕地化など、農業基盤の整備や新田開発を各地で進め、多くの農地が新たに生み出され、そこに新たな村がつくられた。また(d)鉄製農具が普及し、作業に応じて多様な農具が村々をまわった鍛冶職人によって生産された。作物の中心は年貢に当てる（　①　）であったが、(e)農民の自給用作物、城下町向けの野菜や果物、(f)江戸・大坂などの遠隔地に向けた商品作物、(g)衣料の生産に用いる作物など、地域によって多様な農産物が生産された。

　近世社会においては、山地も生活に必要な資源を生み出す場であった。幕府や藩は山林を直轄支配し、尾張藩の（　②　）や秋田藩の（　③　）などの杉材は、藩の財源として商品化された。材木産地の山を抱える村には、（　④　）と呼ばれる伐木の職人や、日用の労働者が居住していた。

　近世の漁業は、海・河川・湖沼など様々な場に応じて多様な漁法が行われ、漁具・漁船も工夫されて、上方漁民が各地にもたらした（　⑤　）の全国的な広がりとともに漁場の開発が進んだ。また都市への鮮魚の供給や、日干しや（　⑥　）を用いた保存加工による遠隔地への漁獲物の流通には、城下町や三都の（　⑦　）がもつ資金の影響力が大きく、産地ではこれと取引をする有力漁民である（　⑧　）が漁民や漁場を支配した。

設問(1)　下線部(a)に関して、17世紀初めの農村について述べた文として正しいものを、次の**ア〜エ**から一つ選べ。

　　ア　家族単位の労働の独立性が強く、共同体としての村の役割は治安の維持に限られた。

　　イ　1組の夫婦を中心とする小規模な家族の小経営が、一般的な農業経営単位であった。

　　ウ　狭い耕地に労働力を集中する非効率的な生産活動により、収穫量はしだいに減少した。

　　エ　田畑を有する村内の少数の有力農民が、多くの零細な農民を雇用して農業を行った。

(2)　下線部(b)について、

　ⅰ）芦ノ湖の水を富士山麓の灌漑とした用水事業を何というか。

　ⅱ）利根川の分水により武蔵国の灌漑を行った用水事業を何というか。

(3)　下線部(c)について、

　ⅰ）こうした土木事業を何というか。

　ⅱ）これが行われた次の**A〜C**の地域を、右の地図中の**ア〜カ**から
　　それぞれ選べ。

　　A　児島湾　　**B**　椿海　　**C**　有明海

(4)　下線部(d)について、牛馬耕に用いる農具を、次の**ア〜エ**から一つ選べ。

　　ア　鋤　　**イ**　鍬　　**ウ**　鎌　　**エ**　犂

(5)　下線部(e)・(f)・(g)に相当する作物を、次の**ア〜カ**から、それぞれ二つ選べ。

　　ア　桑　　**イ**　蜜柑　　**ウ**　稗　　**エ**　茶　　**オ**　綿花　　**カ**　粟

①	②	③	④	⑤	⑥	⑦

⑧		(1)	(2)ⅰ）		ⅱ）	

(3)ⅰ）		ⅱ）A	B	C	(4)	

(5)(e)		(f)		(g)	

(5)は完答各2点、他は各2点、計38点

2 次の文を読み（ ① ）～（ ⑧ ）に適語を入れ、あとの設問に答えよ。

　近世社会における職人は、技術を駆使した細やかな労働によって生産活動を行う独立した手工業者であった。近世の初めに職人とされていた人々は、(a)幕府や藩に把握され、無償で技術労働を提供する（ ① ）を負担していたが、そのかわりに百姓や町人の役負担は（ X ）。17世紀中頃になると、民間の様々な需要に応じて、多様な手工業生産が都市を中心に発達し、職人たちは業種ごとに仲間や組合も結成されていった。一方、村々にも大工などの職人がおり、また、農村の生産活動と結びつき、(b)農業の合間に行われる零細な手工業生産が多くみられた。たとえば、戦国時代末期に（ ② ）から綿作が伝わると、木綿が庶民の衣料として普及し、農村では女性労働者によって伝統的な（ ③ ）を用いた生産が行われた。また、和紙の生産は（ ④ ）をおもな原料とし、（ ⑤ ）によって大量に生産され、各地に普及した。

　16世紀半ばから17世紀初めは、(c)海外から新たな技術が導入されたことや、大名や幕府が政権の基盤を確立する目的から鉱山開発がさかんに行われた時期であった。また、鉄の生産においては（ ⑥ ）を原料とし、足踏み式の送風装置のある炉を用いた（ ⑦ ）製鉄が、中国地方や東北地方を中心に行われた。これによって生産された（ ⑧ ）は、良質の鋼材として全国に普及し、刀剣などの武具や多様な道具に加工された。

設問(1)　下線部(a)に関して、この時期の職人について述べた文として正しいものを、次のア～エから一つ選べ。
　　　ア　幕府や大名によって、城郭の建設や城下町の建設に動員された。
　　　イ　職人は、大きな資本をもつ都市の大商人が組織する仲間や組合に属する手工業者であった。
　　　ウ　職人は独立した手工業者であるものの、道具や作業場を独自にもつ者は少なかった。
　　　エ　大寺社や朝廷から、税負担の免除や独占的販売権を認められる者もいた。
　　(2)　（ X ）に当てはまる説明文を、解答欄に記入せよ。
　　(3)　下線部(b)について、農作業の合間に行われるこのような仕事を何というか。
　　(4)　下線部(c)について、次の表は近世における金・銀・銅の生産について簡単にまとめたものである。この表に関する、下の問いに答えよ。

時期	主な出来事
16世紀半ば～ 17世紀初め	・朝鮮より新たな精錬技術が伝わる 　→金・銀・銅・鉛の鉱山が開発され、多くの鉱山町が生まれる 　　例）（ あ ）金・銀山…江戸幕府が直轄し、とくに金の主要な産地 　　　　石見銀山…16世紀以来開発が進む 　　　　（ い ）銅山…17世紀初めに開発され、幕府は直轄した下野の銅山 ・（ う ）（銀の新たな精錬技術）の普及 　→日本は世界有数の銀産出国となり、貿易品の中心となる
17世紀後半	・金・A[ア：銀　イ：銅]の産出量が急減 　→B[ア：銀　イ：銅]の産出量は増加 ・（ え ）貿易では[B]が最大の輸出品となる

ⅰ）（ あ ）・（ い ）・（ え ）には地名を、（ う ）には用語を、それぞれ答えよ。
ⅱ）A・Bに適する語句を、それぞれ記号で答えよ。

①	②	③	④	⑤	⑥	⑦

⑧	(1)	(2)			(3)	

(4)ⅰ）あ	い	う	え	ⅱ）A	B	

(4)ⅱ）は各1点、
他は各2点、計32点

90

3 次の文を読み（ ① ）〜（ ⑤ ）に適語を入れ、あとの設問に答えよ。

　近世社会には、みずからの資金で商品を仕入れ、直接買い手に販売する小経営の商人ばかりではなく、社会の安定によって生産力が向上し、全国的な規模の流通網が形成されることによって、これに応じた経営を行う商人が現われた。

　近世初期には、豊富な資金をもち、輸送手段や貯蔵施設を所有する豪商が活躍した。彼らは㋐堺・㋑京都・㋒博多・㋓長崎・㋔敦賀などを根拠地とし、㋐巨大な富を得た。しかし、（ ① ）によって海外との交易が制限され、一方で国内において陸上・水上交通が整備されていくと、これらの豪商は急速に衰えた。

　17世紀後半になると、全国の流通は三都や城下町などの都市を根拠地とする（ ② ）が支配するようになった。（ ② ）は生産地の（ ③ ）から商品を受託し、これを都市の（ ③ ）に㋑手数料をとって卸売した。生産地の（ ③ ）は、仕入れた商品を遠隔地の（ ② ）に販売を委託し、また都市の（ ③ ）は、都市内の（ ② ）や市場から仕入れた商品を武家や小売商人などに売り、利益を得た。小売は商品を消費者に売る商人で、常設の店舗、路上の店、もち歩いて販売する（ ④ ）など、様々なかたちで商売を営んだ。（ ② ）や（ ③ ）は、㋒都市や生産地で業種ごとに仲間・組合と呼ばれる同業者団体をつくり、独自の法である（ ⑤ ）を定めた。

設問（1）　次の Ⅰ〜Ⅳ の商人が拠点とした都市を下線部㋐〜㋔から、その場所として正しいものを、下の地図の**ア〜カ**からそれぞれ選べ。

　　　　Ⅰ　末次平蔵　　　Ⅱ　角倉了以　　　Ⅲ　今井宗薫　　　Ⅳ　島井宗室

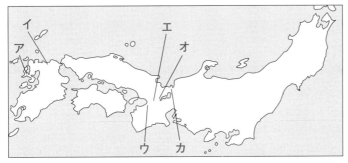

（2）　下線部㋐について、豪商はなぜ、莫大な利益をあげることができたのだろうか。「海外」「価格差」という言葉を用いて説明せよ。

（3）　下線部㋑について、こうした手数料を何というか。

（4）　下線部㋒について、この目的として考えられることを、一つあげよ。

①		②		③		④		⑤	
(1)Ⅰ：都市	場所	Ⅱ：都市	場所	Ⅲ：都市	場所	Ⅳ：都市	場所		
(2)									
(3)		(4)							

(1)は完全解答各3点、(2)(4)は3点、他は各2点、計30点

1 次の文を読み(①)〜(⑨)に適語を入れ、あとの設問に答えよ。

　3代将軍徳川家光が死去し、4代将軍に11歳の(①)が就任したその頃、動乱の続いた中国でも(②)が明を完全に滅亡させて東アジア全体に安定した新しい秩序をもたらした。日本国内でも、(③)の乱を最後に戦乱は終止していた。しかし社会秩序が安定し、平和が続く中で重要な政治課題となったのは、牢人や秩序におさまらない(④)など、社会の安定に抗する者たちへの対策であった。(①)の将軍就任と同じ1651年、兵学者(⑤)がおこした慶安の変をきっかけに、幕府は大名の(⑥)の禁止を緩和して牢人の増加を防ぎ、(④)への取締りを強化した。(⑦)の大火による被害から復興を果たした1663年、成人した(①)は将軍の代がわりの武家諸法度を発布するのにあわせて、(a)殉死の禁止を命じた。(b)この頃には幕府機構が整い、社会は安定しつつあった。

　一方、諸藩でも、安定した平和が続いたことや(⑧)の飢饉が転機となって、藩政の安定と領内経済の振興がはかられていった。(c)藩主は有能な家臣を補佐役とし、教育や学問を重視して藩内の機構整備や治水、新田開発などの農業振興策を進め、藩財政の安定につとめた。しかし、参勤交代や(⑨)と呼ばれる幕府の命令による土木工事などの支出によって、藩財政にゆとりはなかった。

設問(1)　下線部(a)について、殉死の禁止によって将軍と大名、大名と家臣などの主人と従者の関係はどのように変化したか。「奉公」という言葉を用いて、殉死が禁止される以前と比較しながら述べよ。

(2)　下線部(b)関して述べた次の文Ⅰ・Ⅱについて、その正誤の組合せとして正しいものを、下の**ア**〜**エ**から一つ選べ。

Ⅰ　すべての大名に領知宛行状を発給して将軍の権威を認めさせた。

Ⅱ　この時期、幕府の財政収入の安定をはかる目的で幕領のいっせい検地が行われた。

ア　A＝正　B＝正　　**イ**　A＝正　B＝誤　　**ウ**　A＝誤　B＝正　　**エ**　A＝誤　B＝誤

(3)　下線部(c)について、次の文Ⅰ〜Ⅳの(あ)〜(う)に適する人名を答えよ。また、(A)〜(G)に適する語句を、下の**ア〜キ**からそれぞれ選べ。

Ⅰ　将軍家光の弟であった会津藩主(あ)は、4代将軍を支えて幕政の安定につとめるとともに、(A)に朱子学を学んで多くの書物を著した。

Ⅱ　加賀藩主(い)は、朱子学者(B)らをまねいて、領内の学問振興をはかった。

Ⅲ　岡山藩主(う)は、郷校(C)設け、陽明学者の(D)を重用した。また(D)は領内に最古の私塾である(E)を設けた。

Ⅳ　水戸藩主水戸光圀は、江戸に設けた(F)で『大日本史』の編纂を開始し、明から亡命した(G)を学事に当たらせた。

ア　木下順庵　　**イ**　熊沢蕃山　　**ウ**　朱舜水　　**エ**　山崎闇斎　　**オ**　閑谷学校

カ　花畠教場　　**キ**　彰考館

①	②	③	④	
⑤	⑥		⑦	⑧
⑨	(1)			
(2)	(3)あ	い		う
A	B	C	D	E	F	G

(3)のA〜Gは各1点、
他は各2点、計35点

2 次の文を読み（　①　）〜（　⑫　）に適語を入れ、あとの設問に答えよ。

　幕政の安定と経済発展を背景に、17世紀後半には5代将軍（　①　）の政権が成立し、いわゆる（　②　）時代が出現した。この政権の初期には大老（　③　）が将軍を補佐したが、その暗殺後、側用人であった（　④　）が台頭した。1683年に出された（　①　）の代がわりの武家諸法度では、第一条が(a)「文武（　A　）の道…」から「文武（　B　）を励し、（　C　）を正すべき事」と改められたように、この時代は武断政治から儒教を背景とした（　⑤　）政治に転換した時代であった。（　⑤　）政治においては、武力よりも儀礼の知識や身分格式、そして役人としての事務能力が重視されるようになった。そのような政治方針の中、儒学振興として幕府は上野の孔子廟を移転し（　⑥　）を建て、また、林家の（　⑦　）を大学頭に任じるなどした。また、礼儀・秩序を重視するうえから、朝廷政策も改められ、1687年には霊元天皇の悲願であった天皇即位儀礼の一つである（　⑧　）が221年ぶりに復興するなど、徐々に朝廷儀式を再興させたり、朝廷の収入となる禁裏御料を増やすなど、朝幕協調関係を築いた。

　また（　①　）は、1685年に殺生を禁ずる（　⑨　）を出して庶民は多大な迷惑をこうむったが、これは忌引日数などを定めた（　⑩　）とともに、武断的な殺伐とした社会や、死や血を忌み嫌う風潮をつくり出し、とくに（　⑩　）は（　①　）政権が終わっても命じられ続け、江戸時代を通して社会に影響を与えた。

　一方この時代は、(b)財政収入の減少に加え、様々な出費の増加で、幕府財政は大きな転換期を迎えた。勘定吟味役の（　⑪　）は、貨幣改鋳で金の含有率を(c)[**ア**：減らした　**イ**：増やした]元禄小判を大量に発行することで増収をはかる政策をとったが、貨幣価値の下落によって物価が騰貴し、人々の生活を圧迫した。また1707年の（　⑫　）が大噴火し、駿河・相模の両国を中心に大被害をもたらした。

設問 (1)　下線部(a)について、（　A　）〜（　C　）に適する語句を、次の**ア**〜**オ**からそれぞれ選べ。

　　　ア　学問　　**イ**　弓馬　　**ウ**　仁義　　**エ**　忠孝　　**オ**　礼儀

　(2)　下線部(b)について述べた次の文Ⅰ〜Ⅲについて、正しいものには○を、誤っているものには×を解答欄に記入せよ。

　　Ⅰ　元禄期の寺社造営費用が大きな支出となった。

　　Ⅱ　江戸城にも被害がおよんだ慶安の大火の復興には、多くの費用が必要であった。

　　Ⅲ　佐渡金山など鉱山の金銀の産出量が減少した。

　(3)　下線部(c)について、正しい言葉を選べ。

　(4)　1701年、勅使接待役の赤穂藩主浅野長矩が、朝廷関係の儀礼を管掌する高家の吉良義央を切りつけ切腹を命じられた。翌年、赤穂浪士は吉良義央を討ち復讐をはたした。仇討ちは武士のほまれとされてきたが、浪士たちは切腹を命じられた。この事件を赤穂事件という。この事件はこの時代が政治的な転換点であったことを示していると評価されることがある。上の文を参考にして、赤穂事件はこの時期がどのような時代に移り変わったことを示す事件なのかを述べよ。

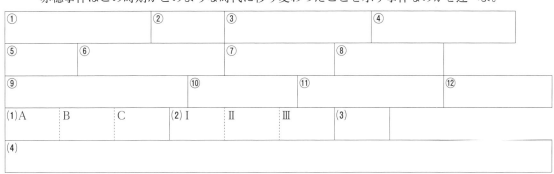

⑴は各1点、他は各2点、計37点

3▷次の文を読み（ ① ）〜（ ⑪ ）に適語を入れ、あとの設問に答えよ。

　元禄時代ののち、6代将軍（ ① ）の時代から、3歳で就任した7代将軍（ ② ）の時代には、（ ① ）の侍講であった朱子学者（ ③ ）と側用人（ ④ ）らが中心となって政治の刷新をはかった。これはこの時代の年号をとって（ ⑤ ）の政治と呼ばれる。短命・幼少の将軍が続いたこの時期にあって、まず（ ③ ）は将軍の地位と権威を高めようと、（ ② ）と2歳の皇女との婚約や新たな宮家として（ ⑥ ）を創設して天皇家との結びつきを強めようとした。また、外交政策でも将軍権威の強化をはかり、朝鮮の（ ⑦ ）に対する待遇を簡素化し、さらに朝鮮から日本に送られる国書で一国の代表としての将軍の地位を明確化するため、「日本国（ ⑧ ）殿下」と記されていたのを、「（ ⑨ ）」に改めさせた。

　一方、経済政策においては、元禄小判を改め、それ以前の（ ⑩ ）小判と同率の（ ⑤ ）小判を鋳造し、物価騰貴をおさえようとした。また長崎貿易では、清朝の安定後、年々増加しつつあった貿易による金銀の流出を抑制するため、（ ⑪ ）を発して、(a)清やオランダとの貿易を制限した。

設問(1)　下線部(a)について、清やオランダとの貿易はどのように制限されたか、Ⅰ・Ⅱからそれぞれ適語を記号で選べ。

　　Ⅰ　[**ア**：年間2隻　**イ**：年間30隻]　　Ⅱ　[**ア**：銀高3000貫　**イ**：銀高6000貫]

①	②	③	
④	⑤	⑥	⑦	⑧
⑨	⑩	⑪		
(1)清：Ⅰ　　Ⅱ	オランダ：Ⅰ　Ⅱ			

(1)は完全解答各3点、他は各2点、計28点

1 次の文Ⅰ～Ⅲは、江戸時代の農業や経済に関する内容である。あとの設問に答えよ。

Ⅰ 江戸時代には次のような農具が新たに考案され各地に普及した。

A　　　　　　B　　　　　　C　　　　　　D　　　　　　E

Ⅱ 18世紀に書かれた『民間省要』には、当時の農村の状況が次のように記されている。

　夫れ田地を作るの糞し❶、山により原に重る所❷は、秣❸を専ら苅用て田地を作るなれば、郷村第一秣場❹の次第を以て其の地の善悪を弁べし。近年段々新田新発に成尽して❺、草一本をば毛を抜くごとく大切にしても、年中田地へ入るゝ程の秣たくはへ兼る村々之有り、古しへより秣の馬屋ごへにて耕作を済したるが、段々(a)金を出して色々の糞しを買事世上❻に専ら多し。仍て国々所々に秣場の公事❼絶えず、又海を請たる郷村❽は、人を抱へ舟を造りて色々の海草を、又は種々の貝類を取てこやしとす。其外里中の村々は山をもはなれ海へも遠く、一草を苅求むべきはなく、皆以て田耕地の中なれば、始終金を出して糞しを買ふ。

　　❶肥料。　❷山に近い野原。　❸牛馬の飼料や肥料として用いる草。　❹秣を刈り採る山林原野。　❺新田を開発しつくして。　❻世の中。　❼訴訟。　❽海が近くにある村。

Ⅲ 江戸時代は経済が進展したが、その理由の一つには次の点がある。

　「各藩は税収の増大をはかるため、風土に適した(b)商品作物を特産物として生産することを奨励した。」

設問 (1)　Ⅰの農具の名称を、次の**ア～キ**からそれぞれ選べ。

　　ア 踏車　　**イ** 千石簁　　**ウ** 唐箕　　**エ** 千歯扱　　**オ** 備中鍬

　　カ 龍骨車　　**キ** 扱箸

(2)　Ⅰの農具のうち、脱穀に使用されているものはどれか。**A～E**から一つ選べ。

(3)　次の文 a～d について、Ⅱの史料から読み取れる内容として正しい組合せを、下の**ア～エ**から一つ選べ。

　　a　新田の開発が限界近くまで達し、肥料となる秣が不足していることがわかる。

　　b　秣として農地から草が徴収され、税率も上がったため、農民が窮乏化したことがわかる。

　　c　山も海も近くにない田畑は肥料を自給できず、収穫量が減じはじめたことがわかる。

　　d　海藻や貝類も肥料になるので、そのために船で取りに行ったことがわかる。

　　ア a・c　　**イ** a・d　　**ウ** b・c　　**エ** b・d

(4)　下線部(a)に書かれている「糞し」について、

　　ⅰ）このような「糞し」は総称して何と呼ばれるか。二字で記せ。

　　ⅱ）このような「糞し」として江戸時代に普及したものを、具体的に一つ答えよ。

(5)　下線部(b)について、次の a～g の特産物の産地として有名な地域を、下の**ア～ク**からそれぞれ選べ。

　　a　蜜柑　　b　葡萄　　c　黒砂糖　　d　紅花　　e　藍玉　　f　藺草　　g　茶

　　ア 山城宇治　　**イ** 越前　　**ウ** 紀伊　　**エ** 薩摩　　**オ** 甲斐

　　カ 備後　　**キ** 出羽村山　　**ク** 阿波

(6)　Ⅰ～Ⅲの情報から、江戸時代の経済の状況としてわかることはどのようなことか。次の文Ⅹ～

Zについて、その正誤の組合せとして正しいものを、下の**ア〜カ**から一つ選べ。

X　新田開発が活発に進んだため、田地の面積が増大した。

Y　商品作物の生産は農民の階層分化を進ませるため、諸藩の多くは生産を制限した。

Z　農業技術が進展し各地に普及したが、農村は貨幣経済に巻き込まれるようになった。

ア　X：正　Y：正　Z：誤　　**イ**　X：正　Y：誤　Z：誤　　**ウ**　X：正　Y：誤　Z：正
エ　X：誤　Y：誤　Z：正　　**オ**　X：誤　Y：正　Z：正　　**カ**　X：誤　Y：正　Z：誤

(1)A	B	C	D	E	(2)	(3)	(4)i)		ii)
(5)a	b	c	d	e	f	g	(6)		

(3)(6)は各3点、(5)は各1点、他は各2点、計29点

2 》次の文を読み（　①　）〜（　⑫　）に適語を入れ、あとの設問に答えよ。

　江戸時代には、農業以外にも多様な生業が地域の環境に応じて発達し人々の暮らしを支えていた。たとえば山里の人々は、山と関わりながら⒜伐材や炭焼、木材加工などを軸に働き暮らしていた。また江戸時代には、漁法の改良や漁場の開発が進み、各地で様々な漁業が展開されるようになった。なかでも釣漁を中心とした瀬戸内の鯛や土佐の（　**A**　）、網や銛を駆使して水揚げする紀伊・土佐・肥前・長門などの（　**B**　）が有名になった。漁獲物の中には、俵詰めにされたいりこ・干し鮑・ふかひれなどの（　①　）と呼ばれた加工品や、（　**C**　）のように17世紀以降、清への重要な輸出品となる海産物もあり、その産地である（　②　）や陸奥での漁業が盛んになった。瀬戸内海沿岸などでは、潮の干満を利用した（　③　）塩田が発達し、製塩が地域の重要な産業となるところもみられた。

　農林水産業の発達は、手工業の発達にも大きな影響を与えた。醸造業では、醤油の生産が江戸の都市拡大にともなって西日本から関東へ伝わり、水運に恵まれた（　④　）や銚子が産地として発達して、鰹節などとともに日本の食文化形成に大きく影響した。（　⑤　）業は江戸時代中期以降、とくに上方の産地で活発化し、摂津の灘、伊丹や京都南郊の（　⑥　）の名がよく知られるようになった。織物業では、木綿・麻織物の中には、久留米（　**D**　）・奈良（　**E**　）・越後（　**F**　）・薩摩上布など産地名を冠した特産物がみられるようになった。絹織物においても、高度な技術を要する金襴・緞子のような高級品は京都の（　⑦　）で、大型の織機である（　⑧　）を使用した生産に限られていたが、18世紀中頃には、上野国の（　⑨　）などでも生産されるようになり、また丹後（　**G**　）など各地でも特産の絹織物が生産されるようになっていった。桃山文化で大名たちに茶の湯が流行したことにより、独自の陶磁器生産が、各地で試みられた。なかでも（　⑩　）は伊万里焼とも呼ばれ、（　⑪　）藩の保護のもとで発達した磁器で、長崎貿易で海外にも大量に輸出された。一方、（　⑫　）藩の保護のもとでも瀬戸や美濃の多治見などで活発に生産が行われ、各城下町の近郊では安価な素焼が量産された。このように、⒝全国市場の形成と諸産業の発達は、各地に多様な特産品を生み出した。

設問(1)　下線部⒜に関して述べた次の文Ⅰ・Ⅱについて、正しければ○を、誤っていれば×を、それぞれ記せ。

Ⅰ　17世紀末に現れた有力な材木商は、遠隔地の山林開発や大都市での材木販売によって大きな利益をあげた。

Ⅱ　山林で生産された木材の加工は山里では行われず、城下町などに住む木地師と呼ばれる木工職人が、木製品の生産に独占的にたずさわった。

(2)　（　**A**　）〜（　**C**　）に適する語を、次の**ア〜エ**からそれぞれ選べ。

　ア　昆布　**イ**　鰹　**ウ**　鮭　**エ**　鯨

(3)　（　**D**　）〜（　**G**　）に適する語を、次の**ア〜カ**からそれぞれ選べ。

　ア　紬　**イ**　縮　**ウ**　縮緬　**エ**　晒　**オ**　絞　**カ**　絣

(4) 下線部(b)について、次の特産物Ⅰ～Ⅳの産地を、地図中のア～ケからそれぞれ選べ。
　　Ⅰ　輪島塗　　Ⅱ　会津塗　　Ⅲ　杉原紙　　Ⅳ　足利絹

①	②	③	④	⑤	⑥	⑦
⑧	⑨	⑩	⑪	⑫		

(1)Ⅰ	Ⅱ	(2)A	B	C	(3)D	E	F	G

(4)Ⅰ	Ⅱ	Ⅲ	Ⅳ

(1)～(4)は各1点、他は各2点、計37点

3 次の文を読み（ ① ）～（ ⑤ ）に適語を入れ、あとの設問に答えよ。

　近世の陸上交通は、幕府によって三都を中心に各地の城下町をつなぐ、街道の網の目が形成された。とくに(a)地図中の（A）・（B）・（C）・（D）・（E）は、江戸を中心とした五街道と呼ばれる重要な街道で、幕府の直轄下におかれ、17世紀半ばからは（ ① ）奉行がおかれてこれを管理した。さらに脇街道と呼ばれる街道が全国をおおい、街道には通行者の目安となる一里塚や、（A）に53カ所おかれたような（ ② ）が設けられた。また通行者を監視するために設けられた（ ③ ）では、手形の提示が求められ、とくに地図中の（F）のような関東の（ ③ ）では、江戸の治安維持のため「（ ④ ）に出女」をきびしく取り締まったという。（ ② ）は、街道が通る城下町の中心部の町にもおかれ、また(b)街道沿いの宿場町を形成し、流通や通行業務の拠点となった。陸上交通では、幕府や大名・旗本の御用通行が優先されたが、近世中期になると商人による物流や一般庶民の往来もますます活発化し、流通と情報の制度が整備されていった。

　一方、大量かつ遠距離の物資輸送はもっぱら水上交通が担っていた。(c)海上交通では、そのルート上に各地の港町を発達させながら、江戸と大坂を中心とする全国規模のネットワークが確立した。また、18世紀末頃から日本海沿岸の港に寄港しながら物資の売買を行った廻船で、蝦夷地と大坂を結んだ（ ⑤ ）の活動は、各地の経済や産業に大きな影響を与えた。

設問 (1)　下線部(a)について、地図中の（A）～（E）の街道の名称と、（F）に適する地名を答えよ。
　　(2)　次のⅠ～Ⅲの絵は、下線部(b)の様子を表している。各絵についての説明を、下のア～ウから選べ。

Ⅰ

Ⅱ

Ⅲ

　ア　一般庶民が用いる旅籠の様子を描いたものである。
　イ　宿役人が伝馬役の差配や公用の書状・荷物の継ぎ送りに当たった問屋場の様子である。
　ウ　大名らが本陣を出立する様子を描いたものである。
　　(3)　下線部(c)について、
　　　ⅰ）地図中の（G）～（I）に適する語句を答えよ。
　　　ⅱ）（G）・（H）の整備につとめた江戸の商人を答えよ。

iii）次の文Ⅰ・Ⅱについて、その正誤の組合せとして正しいものを、下の**ア**〜**エ**から一つ選べ。

Ⅰ　樽廻船はおもに関東の酒を上方へ輸送する、酒荷専用の廻船であった。

Ⅱ　樽廻船と菱垣廻船は競争の末、19世紀以降は菱垣廻船が樽廻船を圧倒した。

　ア　Ⅰ＝正　Ⅱ＝正　　**イ**　Ⅰ＝正　Ⅱ＝誤　　**ウ**　Ⅰ＝誤　Ⅱ＝正　　**エ**　Ⅰ＝誤　Ⅱ＝誤

①	②	③	④	⑤	
(1)A	B	C	D		
E	F	(2)Ⅰ	Ⅱ	Ⅲ	
(3)ⅰ)G	H	I	ⅱ)	ⅲ)	

(2)は完全解答2点、他は各2点、計34点

32 経済の発展②

点

1 次の文を読み（ ① ）〜（ ⑤ ）に適語を入れ、あとの設問に答えよ。

　全国に通用する貨幣を安定して供給することは、幕府の重要な役割であった。同じ規格・品質の金・銀の貨幣は、徳川家康が1600（慶長5）年頃から金座・銀座で大量につくらせた慶長金銀が日本で最初とされる。(a)金座は江戸と京都におかれ、小判・一分金などの（ ① ）貨幣が鋳造された。また銀座はまず伏見・駿府におかれ、のちに京都・江戸に移されて、丁銀や豆板銀などの（ ② ）貨幣が鋳造された。銭貨は近世の初めに輸入貨幣や悪質なものが混用されるなど不安定であったが、寛永期に、江戸と近江坂本をはじめ全国に10カ所前後の（ ③ ）を開設させ、（ ③ ）の役人や有力商人に請け負わせて寛永通宝を大量に鋳造した。こうして17世紀中頃までに、金・銀・銭の三貨は全国にいきわたり、商品流通の飛躍的な発展を支えた。

　しかし、東日本ではおもに金貨が、西日本ではおもに銀貨が、それぞれ取引や貨幣計算の中心とされ、また三貨の交換比率は相場によって変動するなど、貨幣制度は1871（明治4）年の新貨条例に至るまで統一されなかった。また17世紀後半から、各藩は（ ④ ）を発行しはじめ、領内で流通させ、三貨の不足をおぎなった。

　貨幣の流通は、三都や各城下町の(b)両替商により促進された。両替商は三貨間の両替や（ ② ）を商売とした。なかでも大坂や江戸の（ ⑤ ）など有力な両替商は、公金の出納や為替・貸付などの業務を行い、幕府や藩の財政を支えた。

設問 (1) 下線部(a)について、右のグラフを見て、下の問いに答えよ。

　　　ⅰ) 元禄小判の鋳造に当たり、金の含有量が大幅に減った結果、どのような影響が生じたか、簡潔に答えよ。

　　　ⅱ) 慶長小判もしくは正徳小判の鋳造に関与した人物として誤っているものを、次の**ア〜ウ**から一つ選べ。

　　　ア 新井白石　　**イ** 後藤庄三郎
　　　ウ 徳川綱吉

					1匁＝3.75g
鋳造年	0	1	2	3	4　5匁
1600 慶長小判					
1695 元禄小判					
1710 宝永小判					
1714 正徳小判					
1716 享保小判					
1736 元文小判					
1819 文政小判					
1837 天保小判					
1859 安政小判			小判1両の重さ		
1860 万延小判			金の含有量		

（大蔵財務協会編『日本通貨変遷図鑑』より作成）

　(2) 下線部(b)に関して述べた次の文A・Bについて、その正誤の組合せとして正しいものを、下の**ア〜エ**から一つ選べ。

　　A　三井高利は呉服商であるとともに両替商を営み、財をなした。
　　B　有力な両替商としては、大坂の天王寺屋・平野屋や、江戸の鴻池・鹿島屋などがある。

　ア A＝正　B＝正　　**イ** A＝正　B＝誤　　**ウ** A＝誤　B＝正　　**エ** A＝誤　B＝誤

①	②	③	④	⑤

(1)ⅰ)		ⅱ)	(2)

(1)(2)は各5点、他は各4点、計35点

2 次の文を読み（ ① ）〜（ ④ ）に適語を入れ、あとの設問に答えよ。

　農業や諸産業の発達により、各地の城下町・港町を中心に全国を結ぶ商品流通の市場が形成された。これを全国市場と呼ぶ。その要である江戸・大坂・京都の三都は、(a)17世紀後半までに世界でも有数の大規模な都市に成長した。

　「将軍のお膝元」である江戸には、幕府の諸施設や全国の大名屋敷（藩邸）をはじめ、旗本・御家人の屋敷が集中し、家臣やその家族、また武家奉公人など多数が居住した。また町人地には多くの町が密集し、様々な種類の商人・職人や日用（日雇）らが集まり、江戸は日本最大の消費都市となった。

　「天下の台所」ともいわれる大坂は、西日本を中心に全国の物資の集散地として栄えた大商業都市であった。西日本や日本海側の諸藩は（ ① ）を大坂において、領内の年貢米や特産物である（ ② ）を(b)蔵元・掛屋と呼ばれる商人を通じて販売し、貨幣の獲得につとめた。また、各地の産地から送られる（ ③ ）も活発に取引され、江戸をはじめ全国に出荷された。幕府は大坂城代や大坂町奉行をおいて、大坂や西日本を支配する要とした。

　古代以来、京都には天皇家や公家の居住地があり、市中や近隣には(c)寺院の本山・本寺や本社が数多く存在した。幕府は朝廷の権威を利用し、全国の寺社や宗教を統制するために、京都の支配を重視した。また、京都には呉服屋・両替商など(d)大商人の本拠が多く存在し、（ ④ ）織や京染・京焼などを代表とする高い技術を用いた手工業生産も発達した。幕府は京都所司代や京都町奉行により、(e)朝廷・公家・寺社の統制や畿内と周辺諸国の支配に当たった。

設問(1)　下線部(a)について、18世紀前半の江戸の推定人口として適当なものを、次のア〜エから一つ選べ。

　　ア　約1万人　　イ　約10万人　　ウ　約100万人　　エ　約1000万人

(2)　下線部(b)について、蔵元と掛屋の違いを、簡潔に説明せよ。

(3)　下線部(c)について、京都におかれた本山・本寺とその所属する宗派の組合せとして誤っているものを、次のア〜エから一つ選べ。

　　ア　仁和寺－真言宗　　イ　大徳寺－曹洞宗
　　ウ　知恩院－浄土宗　　エ　西本願寺－浄土真宗

(4)　下線部(d)に関連して、角倉了以が整備・開発にたずさわった河川として誤っているものを、次のア〜エから一つ選べ。

　　ア　鴨川　　イ　高瀬川　　ウ　富士川　　エ　利根川

(5)　下線部(e)について、江戸幕府がどのように朝廷を統制したか、法規名と役職名に触れて、簡潔に説明せよ。

①	②	③	④	(1)

(2)

(3)	(4)	(5)

(2)(5)は各5点、他は各4点、計38点

3 次の文を読み（　①　）～（　③　）に適語を入れ、あとの設問に答えよ。

　17世紀末に全国市場が確立し、海運が活発になると、江戸の（　①　）問屋や大坂の（　②　）問屋のように、江戸・大坂間の荷物運送の安全、海損の共同保障、流通の独占を目指して、多様な職種からなる問屋仲間の連合組織がつくられた。また、問屋の活動範囲は全国におよび、なかでも近江・伊勢・京都の出身で呉服・木綿・畳表などを扱う一群の大商人たちは、⒜三井家のように両替商を兼ね、三都や各地の城下町などに出店をもつものも現れた。そして、都市の問屋の中には豪農と連携して農村部の商品生産や流通を主導し、産地の百姓らに資金や原料を貸与することで、農村部の織物業などで家内工業を（　③　）へと組織する動きも現れた。

　18世紀前半になると、都市部では、問屋や仲買以外の商人や職人らの仲間や組合が広く公認され、商人や職人の経済活動が幕府や諸藩の力では左右できないほど、自律的で強固なものへと成長した。

　また、生産地と都市の問屋・仲買との売買の場である⒝卸売市場が三都や城下町に発達し、都市と農村を結ぶ経済の心臓部としての役割を果たした。

設問 (1)　下線部⒜について、次の絵を見て、以下の問いに答えよ。

　　　ⅰ）1673年に三井高利が江戸本町に開いた、呉服店の屋号を答えよ。

　　　ⅱ）この呉服店の新商法を示す標語を答えよ。

　(2)　下線部⒝について、市場の種別とその所在地の組合せとして正しいものを、次の**ア**～**ウ**から一つ選べ。

　　　ア　米市場－天満　　　**イ**　魚市場－堂島　　　**ウ**　青物市場－神田

①	②	③	
(1)ⅰ）	ⅱ）	(2)	

(1)(2)は各5点、他は各4点、計27点

1 》次の文を読み（ ① ）〜（ ③ ）に適語を入れ、あとの設問に答えよ。

　元禄時代には前代までの公家・僧侶・武士や特権的な商人などの富裕層のみならず、一般の町人や商人・有力百姓など、多彩な文化の担い手が生まれた。

　文学では、大坂の町人出身の井原西鶴が、談林派の俳諧から、（ ① ）と呼ばれる小説に転じ、(a)好色物・町人物・武家物などと呼ばれる作品を著した。(b)松尾芭蕉は、奇抜な趣向をねらう談林俳諧に対し、さび・かるみで示される幽玄閑寂の（ ② ）俳諧を確立し、自然と人間を鋭くみつめる作品を著した。現在の文楽に継承される人形浄瑠璃は、近世に入ってから上方で成立して成長したが、この元禄期には語りに竹本義太夫が出て、その語り口は（ ③ ）という独立した音曲に成長していった。この竹本義太夫のために脚本を著したのが（ **A** ）である。彼の作品は『（ **B** ）』のように世相を題材にとった世話物のほか、歴史的な事柄を扱った時代物として、明の鄭成功を題材とした『（ **C** ）』などがある。

　民衆に人気があった芸能としては(c)歌舞伎があげられる。常設の芝居小屋が江戸や上方にはおかれ、江戸では荒事で人気を得た初代（ **D** ）が、上方では和事を得意とする（ **E** ）がこの時期の名優として知られている。

設問 (1)　下線部(a)について、町人物といわれる作品を、次の**ア〜オ**から二つ選べ。

　　ア　『世間胸算用』　　**イ**　『武道伝来記』　　**ウ**　『好色一代男』　　**エ**　『武家義理物語』

　　オ　『日本永代蔵』

(2)　下線部(b)の人物の俳諧紀行文で、門弟の河合曽良と江戸を発ち、東北・北陸地方を経て美濃大垣にいたる紀行文を何というか、答えよ。

(3)　（ **A** ）〜（ **E** ）に適する人名・作品名を、次の**ア〜ク**からそれぞれ選べ。

　　ア　坂田藤十郎　　　**イ**　近松門左衛門　　**ウ**　辰松八郎兵衛　　**エ**　市川団十郎

　　オ　『国姓爺合戦』　　**カ**　『好色五人女』　　**キ**　『笈の小文』　　　**ク**　『曽根崎心中』

(4)　下線部(c)について、歌舞伎には江戸時代初期以来、風俗取締りのうえから規制が加えられてきた。上演形態はどのように変化したか。次の**ア〜エ**から一つ選べ。

　　ア　若衆歌舞伎→女歌舞伎→野郎歌舞伎　　　**イ**　若衆歌舞伎→野郎歌舞伎→女歌舞伎

　　ウ　女歌舞伎→若衆歌舞伎→野郎歌舞伎　　　**エ**　女歌舞伎→野郎歌舞伎→若衆歌舞伎

(5)　元禄文化の背景に関して述べた次の文A〜Dについて、正しい文の組合せを、下の**ア〜エ**から一つ選べ。

　　A　新田開発による耕地の拡大や交通網の発達などを背景として経済が発展し、町人や有力百姓に富が蓄積された。

　　B　全国の生産地から大坂に集荷された商品が、大坂に着く前に下関や瀬戸内海各地で売買され、地方の町人にも富が蓄積された。

　　C　平和を維持するため、武士には武芸が奨励され、実証的な実学が生まれた。

　　D　平和が続き、武士には為政者としての能力が求められたため、儒学の役割が増大した。

　　ア　A・C　　**イ**　A・D　　**ウ**　B・C　　**エ**　B・D

①	②	③		(1)	
(2)	(3)A	B	C	D	E	(4)	(5)

（1)は完全解答 2 点、(5)は 3 点、他は各 2 点、計25点

2 次の文を読み（ ① ）～（ ④ ）に適語を入れ、あとの設問に答えよ。

　　上下の身分秩序を重んじ「忠孝・礼儀」を尊ぶ儒学は、幕藩体制の安定とともにその意義が増大した。とくに朱子学は、大義名分論を基礎に、封建社会を維持するための教学として幕府や諸藩に重んじられた。戦国時代に土佐で開かれたとされ、谷時中に受け継がれた南学もその一派で、その系統から野中兼山や(a)山崎闇斎らがでた。朱子学は理論にかたよりがちであったため、これを批判して独自の学説を主張するものが現れた。寛永の頃、のちに近江聖人と呼ばれた（ ① ）は、明代に始まる（ ② ）を学び、(b)実践を重視する立場から朱子学の矛盾を追及した。彼の門人の（ ③ ）は、(c)武士土着論を説いて幕政を批判したため、下総古河に幽閉され、その地で病死した。一方、外来の儒学にあきたらず、直接に孔子・孟子の古典に立ち返ろうとする（ ④ ）が(d)山鹿素行や伊藤仁斎らによって始められた。その後、この学派は第8代将軍徳川吉宗に重用された(e)荻生徂徠や(f)太宰春台に受け継がれ、統治の具体策を説く経世論を展開していくのである。また、儒学の発展は合理的で現実的な考え方という点で、(g)ほかの学問にも大きな影響を与えることになった。

設問 (1)　下線部(a)について、彼が創始した儒教流に解釈した神道を何というか、答えよ

(2)　下線部(b)のような、この学派の主張を的確に示すとされる言葉を、漢字四字で答えよ。

(3)　下線部(c)のような内容を説いた著書名を答えよ。

(4)　下線部(d)について、この人物が、古代の賢人に立ちもどることを主張したため、赤穂に流されるきっかけとなった著書名を答えよ。

(5)　下線部(e)の人物が、8代将軍徳川吉宗に示した幕政改革案で、都市の膨張をおさえることや武士の土着が必要であると説いた著書名を答えよ。

(6)　下線部(f)の人物が1729年に著した、幕藩体制への改善策などを示した著作を答えよ。

(7)　下線部(g)について、以下の問いに答えよ。

　A　新井白石による徳川政権の正当性を述べた歴史書で、朝廷や武家政権の推移を段階的に時代区分してユニークな歴史の見方を展開したものを何というか。

　B　儒学・教育・経済の分野でも活躍し、とくにわが国の薬草を中心にその名称・起源などを初めて明らかにした博物書である『大和本草』を著したのは誰か。

　C　中国伝来の数学から発達した日本独自の数学である和算の大成者で、筆算代数式とその計算法や円周率計算などで優れた研究をし、『発微算法』を著したのは誰か。

　D　平安時代以来使用されてきた唐の宣明暦の誤差が大きくなったため、

　　ⅰ）元の授時暦をもとに、自身の観測による修正を加えて新しい暦をつくったのは誰か。

　　ⅱ）この新しい暦を何というか。

　　ⅲ）彼の功績により幕府が設け、優秀な人材を輩出した編暦を行う役職を何というか。

　E　古典・古歌の注釈研究に努力した人物で、『万葉集』『古今集』など多くの実例を研究し、『万葉集』の注釈書である『万葉代匠記』を完成させたのは誰か。

　F　『源氏物語』や『枕草子』などの古典研究に力をそそぎ、のちには幕府歌学方として招聘されたのは誰か。

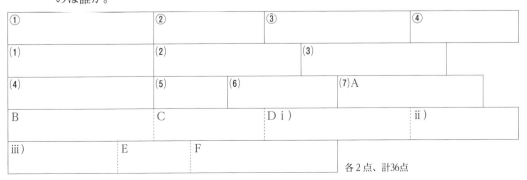

①	②	③	④
(1)	(2)		(3)	
(4)	(5)	(6)	(7)A
B	C	Dⅰ）	ⅱ）
ⅲ）	E	F	各2点、計36点

3 次のＡ〜Ｄの図をみて、あとの設問に答えよ。

C

A   B   D

設問 (1)　江戸時代を通じて幕府の御用絵師として活躍した狩野派に対して、

ⅰ）朝廷の絵所預を世襲して、朝廷絵師として活躍した絵画の流派を何というか。

ⅱ）その流派を復興させたのは誰か、答えよ。

(2)　(1)の流派から分かれた大和絵の一派であり、狩野派に加えて幕府の御用絵師となって活躍した絵画の流派を何というか、答えよ。

(3)　図Ａは、京都の呉服商の次男として生まれ、親の遺産を散財した後、本格的に作品作りに没頭した人物の代表作『紅白梅図屛風』であるが、

ⅰ）その人物とは誰か。

ⅱ）その人物が発展させた本阿弥光悦・俵屋宗達からつながる芸術の系譜を何と呼ぶか、答えよ。

(4)　図Ｂは、安房出身の絵師が描いた肉筆美人画の『見返り美人図』であるが、

ⅰ）その絵師とは誰か。

ⅱ）図Ｂのように、美人や役者などを画題として庶民の風俗を描いたものを何と呼ぶか、答えよ。

(5)　図Ｃは、上絵付法をもとに白磁に色絵をほどこす色絵陶磁器の『色絵藤花文茶壺』であるが、

ⅰ）京都御室仁和寺の門前に窯を開いたことから、仁和寺から「仁」の字を賜ったこの作者は誰か。

ⅱ）彼が大成した、京都の窯でつくられた陶磁器を総称して何というか、答えよ。

(6)　(5)の人物から陶法を学び、絵は兄の(3)ⅰ）に学んで高雅な陶器を残したのは誰か、答えよ。

(7)　京都から興った、華やかな花鳥風月を描いた文様を、絵画のように着物生地などに染め出したものを、作者の名をとって何と呼ぶか、答えよ。

(8)　図Ｄは、第５代将軍徳川綱吉のもとで側用人であった人物が、みずから設計した廻遊式庭園である。将軍が大名屋敷を訪れる御成の回数が増えたこの時期、このような趣向を凝らした庭園も数多くつくられるようになったが、

ⅰ）この人物とは誰か。

ⅱ）東京都文京区に現存するこの庭園は何と呼ばれるか、答えよ。

(1)ⅰ）		ⅱ）		(2)		
(3)ⅰ）		ⅱ）		(4)ⅰ）		ⅱ）
(5)ⅰ）		ⅱ）		(6)		(7)
(8)ⅰ）		ⅱ）				

各3点、計39点

(教 p.192～197)

／　　　点

1 次の資料は、ある高校生が享保の改革について調べた内容をまとめたものである。資料を読み
（ ① ）～（ ⑦ ）に適語を入れ、あとの設問に答えよ。

テーマ ：享保の改革（1716～45）について

◇享保の改革の概要
・三家の（ ① ）藩主であった徳川吉宗の改革
・方針は⒜「諸事権現様御掟の通り」
・⒝財政再建、商業資本の掌握、江戸の都市対策の強化

◇実学の奨励
・キリスト教以外の（ ⑥ ）の輸入制限を緩和
・甘藷・さとうきび・櫨・朝鮮人参などの栽培を奨励
　→（ ⑦ ）は甘藷の普及を実現させる

◇徳川吉宗の人材登用
※側用人による側近政治をやめ、⒞有能な人材を登用

・大岡忠相（1677～1751）
・吉宗に抜擢され江戸（ ② ）となる
・（ ③ ）を編纂、裁判や刑の基準を定める
・貧民対象の医療施設である（ ④ ）や、町方に（ ⑤ ）という消防組織を設置

◇幕領の石高と年貢収納高

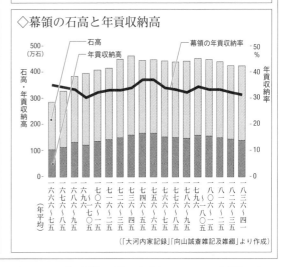

（「大河内家記録」「向山誠斎雑記及雑綴」より作成）

設問 (1) 下線部⒜について、この方針とはどのようなものか。権現様が誰かを明らかにして説明せよ。

(2) 下線部⒝の政策について述べた文として誤っているものを、次の**ア～エ**から一つ選べ。

　ア 倹約令によって支出をおさえた。

　イ 大名から石高1万石につき100石を臨時に上納させる、上げ米を実施した。

　ウ 定免法を改めて検見法を広く取り入れ、年貢率の引き上げをはかって年貢の増徴を目指した。

　エ 金銀貸借についての争いを幕府に訴訟させず、当事者間で解決させる相対済し令を出した。

(3) 下線部⒞について、

　i) 旗本の人材登用を目的とし、役職の禄高が不足する者の石高を在職中のみ補う制度を何というか。

　ii) 徳川吉宗によって登用された人物のうち、川崎宿の名主で『民間省要』を著した人物の名前を答えよ。

(4) 「幕領の石高と年貢収納高」のグラフから読み取れた内容をまとめた次の解説文について、X～Zに適する語句を、それぞれ記号で答えよ。

　幕領は当初 X [**ア**：100万石　**イ**：300万石]弱であったが、しだいに増加して Y [**ア**：元和　**イ**：元禄]期に400万石前後となり、享保期以降から幕末まで440万石程度であった。年貢収納率は、当初高かったがしだいに低くなり、享保の改革の影響で Z [**ア**：上昇　**イ**：下落]した。宝暦期には頂点に達しが、その後は低下する。寛政の改革で一時的にもち直すが、再び下がった。

①		②		③			④	
⑤			⑥			⑦		
(1)								
(2)		(3) i)		ii)		(4)X	Y	Z
(5)								

(1)は4点、(4)は完全解答4点、他は各2点、計30点

2 ≫ 次の文を読み（ ① ）～（ ⑧ ）に適語を入れ、あとの設問に答えよ。

　享保の改革の後、18世紀後半は社会が大きく変容した時代であった。農村では、一部の有力な百姓が（ ① ）・庄屋などをつとめ、村やその周辺から質にとった田畑を集めて（ ② ）に成長した。彼らは有力百姓の（ ③ ）として商品作物生産や流通・金融の中心となったり、地域社会を運営する担い手となったりした。一方、(a)小百姓はいっそう貨幣経済に巻き込まれていった。村々では貨幣経済が広く浸透し、自給自足的な社会が大きく変わったため、村役人を兼ねる（ ③ ）と小百姓らとのあいだの対立が深まった。そのため、村役人の不正を追及し、村の公正な運営を求める小百姓らの運動である（ ④ ）が各地で頻発した。

　こうした中で、三都や城下町の中心地では、町内の家持町人が減少し、住民の多くは土地を借りて家屋を建てて居住する（ ⑤ ）や、借家人である（ ⑥ ）、商家奉公人によって占められることが多かった。そして、町内の裏店や城下町の場末の地域には、出稼ぎなどで農村部から流入した人々や、棒手振・日用稼ぎに従事する貧しい民衆が多数居住した。また、三都や長崎では、17世紀前半に幕府公認の（ ⑦ ）がつくられた。そこで働かされた遊女たちは、貧しい百姓や都市下層民の出身者であった。

　百姓は、村全体の責任で年貢や諸役を納入する（ ⑧ ）のもとで重い負担に耐えていたが、年貢減免・御用金免除などを求めて直接行動をおこすこともあった。これを(b)百姓一揆という。また、都市では町人や富商・金融業者・米商人などを襲い、家屋や家財を破壊する反抗運動である打ちこわしも多発するようになった。

設問(1) 下線部(a)により、小百姓はどのような状況になったか。以下の用語を用いて説明せよ。

　　　質入れ　　小作人　　年季奉公　　日用稼ぎ

(2) 下線部(b)について、右のグラフをみてあとの問いに答えよ。

　ⅰ) グラフから読み取れる内容として誤っているものを、次の**ア**～**ウ**から一つ選べ。

　ア 江戸中期以降に百姓一揆の件数が急増しているが、三大飢饉との関係性はほとんどない。

　イ 江戸中期以降に百姓一揆が急増しているのは、農村の分解が急速に進んだことを示している。

　ウ 一揆の件数は天保・慶応年間に激増しており、明治初期も多い状況が続いている。

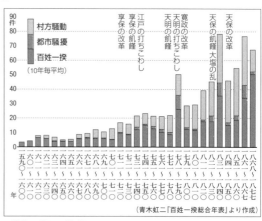

百姓一揆の推移

ⅱ）江戸の三大飢饉について、次の説明文は享保・天明・天保のどの飢饉にあたるか。

> 長雨と浅間山の大噴火により、東北地方を中心に多数の餓死者が出た。

ⅲ）百姓一揆の変遷についてまとめた以下の解説文について、（ あ ）～（ う ）については適当な
　用語を答え、A・Bについては適する語句をそれぞれ記号で選べ。

> 　17世紀後半からの百姓一揆は、村々の代表者が百姓全体の要求をまとめて領主に直訴す
> る（ あ ）が増えた。下総のA［**ア**：佐倉惣五郎　**イ**：磔茂左衛門］のように、一揆の代表者
> が（ い ）として伝説化することが多かった。17世紀末になると、広い地域にわたる大規模
> な（ う ）も各地でみられるようになった。例としては、1686年の信濃松本藩における、
> B［**ア**：元文一揆　**イ**：嘉助騒動］があげられる。

①		②		③		④		⑤		⑥	
⑦		⑧									

(1)

(2)ⅰ）		ⅱ）			ⅲ）あ				い	
う				A		B				

(1)は4点、(2)ⅰ）は3点、他は各2点、計35点

3 次の文を読み（ ① ）～（ ⑨ ）に適語を入れ、あとの設問に答えよ。

　10代将軍（ ① ）の時代になると、側用人から（ ② ）となった田沼意次は、年貢増徴のみによる幕府財政の限界を悟り、新しい財源を求めて積極的な政策を打ち出した。とくに、民間の経済活動を活発化させることから生まれる利益に着目して、まず(a)独占的営業権を与えられた商工業者の同業組合である（ ③ ）を公認し、営業税の増収を目指した。一方で(b)幕府みずからも直営の座を設け、特定の商品の専売を行った。また、(c)南鐐二朱銀など定額の計数銀貨をはじめて鋳造し、金を中心とする貨幣制度への一本化を試みた。金・銀の流出に悩まされていた長崎貿易についても、逆に金・銀を国内に取り込むための政策転換を行い、銅や中国向けに海産物の干し鮑・いりこ・ふかひれなどを（ ④ ）として輸出した。さらに年貢米の増産についても、江戸や大坂の商人の資金を導入して(d)大規模な干拓事業を計画し新田開発を試みた。また『（ ⑤ ）』を著した仙台藩の医師（ ⑥ ）の意見を取り入れ、蝦夷地に（ ⑦ ）らの調査隊を派遣し、その開発やロシア人との交易の可能性を探らせた。

　しかし、商人の力を利用しながら幕府財政の改善をはかる意次の政策は、一方で商人と幕府役人とのあいだで賄賂や不正が横行するなど、武士の気風を退廃させたとする批判が強まった。（ ⑧ ）の飢饉が始まり、百姓一揆や打ちこわしが頻発するという大きな社会的危機の中、(e)意次の子で若年寄であった（ ⑨ ）が江戸城内で旗本の佐野政言に刺殺されると、意次の勢力は急速に衰え、将軍（ ① ）が亡くなるとすぐに（ ② ）を罷免された。

設問(1)　下線部(a)について、このような営業税を何というか。二つ答えよ。

(2)　下線部(b)について、幕府直営の座として誤っているものを、次の**ア**～**エ**から一つ選べ。

　ア　銅座　　**イ**　綿座　　**ウ**　真鍮座　　**エ**　朝鮮人参座

(3)　下線部(c)について、あとの問いに答えよ。

ⅰ）南鐐二朱銀の写真として正しいものを、次の**ア**～**エ**から一つ選べ。

ア　　　イ　　　ウ　　　エ

　　ⅱ）南鐐二朱銀は、何片で金１両に相当するか。

⑷　下線部⒟について、干拓に着手した代表的な下総国の沼を一つ答えよ。

⑸　下線部ⓔに関連し、田沼時代を風刺した狂歌や川柳として誤っているものを、次の**ア〜ウ**から
　　一つ選べ。

　　ア　役人の子はにぎにぎを能く覚へ

　　イ　世の中に蚊ほどうるさきものはなしぶんぶといふて夜もねられず

　　ウ　金取りて頼まるる身の憎さゆへ命捨ててもさのみ惜しまん

⑹　吉宗と田沼時代における朝廷と幕府の関係に関して述べた次の文Ⅰ・Ⅱについて、その正誤の
　　組合せとして正しいものを、下の**ア〜エ**から一つ選べ。

　　Ⅰ　強い将軍像を誇示しようとした吉宗の時代には、朝廷との協調関係は大きく崩れた。

　　Ⅱ　田沼時代、後桃園天皇の急死により、正徳の政治で新設した宮家から光格天皇が即位した。

　　ア　Ⅰ＝正　Ⅱ＝正　　**イ**　Ⅰ＝正　Ⅱ＝誤　　**ウ**　Ⅰ＝誤　Ⅱ＝正　　**エ**　Ⅰ＝誤　Ⅱ＝誤

①		②	③		④	
⑤			⑥		⑦		⑧
⑨		⑴		⑵	⑶ ⅰ）	ⅱ）	
⑷		⑸	⑹				

⑸は３点、他は各２点、計35点

1》次の史料を読み、あとの設問に答えよ。

A　18世紀の初め、幕府の為政者が外国人から聴取した記録。

　凡そ(a)其の人博聞強記にして、彼方多学の人と聞えて、天文・地理の事に至ては、企て及ぶべしとも覚えず。…其の教法を説くに至りては、一言の道にちかき所もあらず。…彼方の学のごときは、ただ其の形と器とに精しき事を。所謂形而下なるもののみを知りて、形而上なるものは、いまだあづかり聞かず。

B　18世紀後半の蘭学者による回想。

　その翌日、良沢が宅に集まり、前日のことを語り合ひ、先づ、かの(b)ターヘル＝アナトミアの書にうち向ひしに、(c)誠に艫舵なき船の大海に乗り出だせしが如く、茫洋として寄るべきかたなく、ただあきれにあきれて居たるまでなり。

C　18世紀末、国学者が著した国学の入門書。

　（ ① ）をよくまなぶべし。此書は、歌の集なるに、(d)二典の次に挙げて、道をしるに甚だ益ありというふは、心得ぬことに、人おもふらめども、(e)わが師の大人の古学のをしへ、専らここにあり、其の説に、古の道をしらんとならば、まづいにしへの歌を学びて、古風の歌をよみ、次に古の文を学びて…

D　18世紀前半、京都の商人が著した庶民の生活倫理をやさしく説いた書物。

　細工人ニ作料ヲ給ルハ工ノ禄ナリ。農人ニ作間ヲ下サルコト、是モ士ノ禄ニ同ジ。商人ノ買利モ天下御許シノ禄ナリ。売利ヲ得ルハ、商人ノ道ナリ。

E　18世紀半ば、医者が身分制度を批判した書物。

　各耕シテ子ヲ育テ、子荘ニナリ、能ク耕シテ親ヲ養ヒ子ヲ育テ、一人之ヲ為レバ万万人之ヲ為テ、貪ラルル者モ無ク、転定モ人倫モ別ツコト無ク、転定生ズレバ、人倫耕シ、此ノ外一点私事無シ。是レ自然ノ有様ナリ。

F　19世紀初め、地動説や次の史料のような思想を説いた人物の書物。

　凡ソ鬼神ノコトハ人心ノ推量ナリ。…無鬼トイヘバ真ナリ、有鬼トイヘバ偽ナリ。…唯コレ神モ仏モナク祠モ寺モナキトキハ、上下ソノ長ヲ長トシ、ソノ親ヲ親トシ、天下平ラカニナリ、恥アリテカツ格ルベシ。

設問 (1)　（ ① ）に入れるのに適当な歌集を、次の**ア〜エ**から一つ選べ。

　　ア　万葉集　　**イ**　古今和歌集　　**ウ**　新古今和歌集　　**エ**　和漢朗詠集

(2)　A〜Fの史料を書いた人物を、次の**ア〜ケ**からそれぞれ選べ。

　　ア　本居宣長　　**イ**　山片蟠桃　　**ウ**　杉田玄白　　**エ**　平賀源内　　**オ**　西川如見

　　カ　安藤昌益　　**キ**　青木昆陽　　**ク**　石田梅岩　　**ケ**　新井白石

(3)　下線部(a)のイタリア人宣教師の名を答えよ。

(4)　下線部(b)を訳述した書物の名を答えよ。

(5)　下線部(c)のような心境になったのは、言語的な困難もあったと推測されるが、これに関して蘭日辞書である『ハルマ和解』を作成したのは誰か。

(6)　下線部(d)について、これは歴史書のことを示しているが、一つ答えよ。

(7)　下線部(e)について、これは誰か答えよ。

(1)	(2)A	B	C	D	E	F
(3)				(4)		(5)
(6)		(7)				

各2点、計24点

2▷次の文は、国学の発展に貢献した人物を説明している。説明されている人物を答え、あとの設問に答えよ。

A　荷田春満に学び、『万葉集』の古言の解明によって『古事記』読解への道をつけた。

B　7才で失明するが記憶力にすぐれ和漢の学を学んだ。⒜江戸に学問所を設け史料編纂を進めた。

C　伊勢商人の家に生まれ、自宅にある鈴の屋で国学を教え古典研究の方法を究め、国学を大成した。彼は⒝外来思想を強く否定し、日本古来の精神に返ることを主張した。

設問(1)　下線部⒜を何というか。

(2)　下線部⒝のことを、彼は何と呼んだか。

(3)　A〜Cの著作または編集した作品として正しいものを、次の**ア〜ウ**からそれぞれ選べ。

　　ア　『古事記伝』　**イ**　『群書類従』　**ウ**　『国意考』

A	B		C	
(1)		(2)	(3)A	B	C

各2点、計16点

3▷次の文を読み（ ① ）〜（ ⑩ ）に適語を入れ、あとの設問に答えよ。

　幕府は儒学による武士教育を奨励したが、18世紀には⒜古学派や折衷学派、さらに実証的な（ ① ）派が盛んになった。この情勢の中で幕府は体制を支える理論として（ ② ）を正学とし、林家の私塾を幕府直営の（ ③ ）とした。諸藩もこの頃から教学に力を入れ、藩学（藩校）の設立が盛んになった。また、城下町から離れた土地にも藩の援助を受けて藩士や庶民の教育を目指す（ ④ ）がつくられるようになり、岡山藩主（ ⑤ ）が建てた（ ⑥ ）はその早い例である。

　これらの官学に対して、いっそう広い教育活動を進めたのは⒝私塾や（ ⑦ ）であった。（ ⑦ ）は一般庶民の初等教育機関であり、おびただしい数にのぼり、村役人・僧侶・神職などによって運営され、読み・書き・そろばんといった日常生活に役立つ教育を行い、幕府の法や道徳なども教えた。女性の（ ⑦ ）師匠もおり、⒞『女大学』などの教科書を用いた女子教育も進められた。また、大坂町人たちの出資で設立された（ ⑧ ）出身の（ ⑨ ）は神道・仏教・儒教のあり方を批判し、同じく山片蟠桃は『夢の代』を著し無神論を説くなど、合理主義的立場から既成の教学に対する疑問の目を向けた。

　一方、儒学の中にある尊王思想は天皇を王者とする考え方が、水戸学などで主張され、18世紀半ばには（ ⑩ ）が京都で公家たちに尊王論を説いて追放となり、江戸では⒟山県大弐が幕政の腐敗を攻撃したことで死刑に処せられる事件がおきた。

設問(1)　下線部⒜について、伊藤仁斎が京都に設けた塾を何というか。

(2)　下線部⒝について、蘭学者の大槻玄沢が江戸に設けた私塾を何というか。

(3)　下線部⒞のもとになった著作の、著者とされる人物は誰か。

(4)　下線部⒟の事件を何というか。

①	②	③	④
⑤	⑥	⑦	⑧
⑨	⑩	(1)	(2)
(3)	(4)		

(1)〜(4)は各3点、他は各2点、計32点

4 次の文を読み（　①　）〜（　⑥　）に適語を入れ、あとの設問に答えよ。

　ⓐ江戸時代中期の文学は、身近な政治や社会のできごとを題材とし、出版物や貸本屋の普及もあって、広く民衆に受け入れられた。小説では、浮世草子が衰えたあと、挿絵で読者を引きつける草双紙や、江戸の遊里を描く（　①　）が流行した。また、（　②　）と呼ばれる風刺のきいた絵入りの小説もさかんに売り出されたがこれらは寛政の改革で取り締まられ、（　①　）の代表的作家である（　③　）が処罰された。一方、大坂の（　④　）の『雨月物語』のように、文を主とする（　⑤　）も現れた。俳諧では文人画家でもある与謝蕪村が絵と一体になる句をよんだ。また柄井川柳は、俳句の形式を借りて世相や風俗を風刺する川柳を文学の一分野として定着させた。一方、大田南畝（蜀山人）・石川雅望（宿屋飯盛）を代表的作者とする（　⑥　）もつくられ、その中には為政者を鋭く風刺したり、世相を皮肉ったりするものもみられた。

設問 (1)　下線部ⓐについて、多くの人が文学に親しめるようになった背景は何か説明せよ。

①	②	③	④

⑤	⑥	(1)

⑴は4点、他は各2点、計16点

5 次のⅠ〜Ⅳの文について、説明されている人名を語群から、その作品をA〜Dの図から選べ。

Ⅰ　最初、黄表紙や洒落本の挿絵を描き、のちに美人画に転じ美人大首絵の新様式を開拓した。「当時全盛美人揃」などの作品がある。

Ⅱ　多色刷版画である錦絵を創始したことで知られ、情緒に富む美人画を描いた。「五常」や「弾琴美人」が代表作である。

Ⅲ　役者絵や相撲絵を得意とし、大首絵の手法を駆使し、個性豊かな作品を数多く残した。

Ⅳ　中国の明や清の影響を受け、文人や学者が描いた文人画と呼ばれる画風が生まれ、彼がその大成者といわれている。

語群　ア　喜多川歌麿　　イ　東洲斎写楽　　ウ　鈴木春信　　エ　円山応挙　　オ　司馬江漢
　　　カ　池大雅

A

B

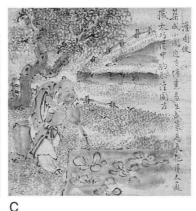
C

D

Ⅰ：人名	図	Ⅱ：人名	図	Ⅲ：人名	図	Ⅳ：人名	図

完全解答各3点、計12点

1 ≫次の文を読み(①)〜(④)に適語を入れ、あとの設問に答えよ。

　1787年、江戸・大坂など全国30余りの主要都市でおこった(①)は幕府に強い衝撃を与えた。こうした状況で11代将軍徳川家斉の補佐として老中首座に就任したのが白河藩主松平定信であり、一連の政治改革を寛政の改革という。(a)荒廃した農村の復興をはかり、各地に社倉・義倉をつくらせて凶作に備えさせた。また、江戸の町々にも町費節約を命じ、節約分の7割を積み立てさせる(②)の制を定めて、飢饉・災害時の貧民救済に備えさせた。さらに治安対策として石川島に(③)を設け、浮浪人を収容した。一方、旗本・御家人の困窮を救うために札差に貸金を放棄させる(④)を出した。また、朱子学を正学とし、(b)湯島聖堂の学問所で朱子学以外の講義を禁じ、(c)言論や思想を統制し、(d)風俗の取締りも強化した。寛政の改革は一時的に幕政を引き締め、幕府権威を高めたかにみえたが、きびしい統制や倹約令は民衆の反発をまねいた。定信は(e)光格天皇の実父閑院宮典仁親王に対する太上天皇号の宣下をめぐる事件の対処について将軍家斉と対立し、在職6年余りで退陣に追い込まれた。また、幕府と同様に諸藩でも財政危機が生じていたため、寛政年間を中心に藩主中心に綱紀粛正や領内統制、倹約などを進める(f)藩政改革が広く行われた。

設問 (1) 下線部(a)について、正業をもたない者に資金を与え帰農を奨励した法令は何か。

(2) 下線部(b)を何というか。

(3) 下線部(c)で、ロシアの南下と国防の必要を『海国兵談』に著し、処罰された人物は誰か。

(4) 下線部(d)について、このとき処罰された出版元は誰か。

(5) 下線部(e)の事件を何というか。

(6) 下線部(f)について、この時期に諸藩で実施された財政再建策はどのようなものであったか説明せよ。

①		②		③	
④		(1)		(2)	
(3)		(4)		(5)	
(6)					

各2点、計20点

2 次の文を読み（ ① ）～（ ⑦ ）に適語を入れ、あとの設問に答えよ。

　18世紀後半から、ロシア・イギリスなどのアジア進出が盛んになり、日本近海にも接近して鎖国下の日本を脅かした。1792年ロシア皇帝（ ① ）の使節（ ② ）が、(a)日本の漂流民をともなって根室に来航し、通商を求めた。これに対して幕府は、海防の強化を諸藩に命じ、1798年には（ ③ ）・最上徳内らに択捉島を探検させ、翌年東蝦夷地を7カ年のあいだ直轄地とし、1802年には永久の直轄地とした。

　1804年、露米会社の総支配人（ ④ ）がロシアの使節として長崎に来航し通商を要求したが、幕府はこれを拒絶したため、ロシア船は樺太や択捉島を攻撃した。これに衝撃を受けた幕府は(b)1807年に蝦夷地をすべて直轄地とした。また、1808年には（ ⑤ ）に樺太とその対岸を探検させた。その後、国後島を測量に来ていたロシア軍艦の艦長（ ⑥ ）を幕府の役人が捕えるという事件がおきたが、(c)まもなく事件は解決した。

　北方での緊張に加えて幕府を驚かせたのは、(d)イギリスの軍艦が長崎に強行入港した事件である。脆弱な軍事力のため、(e)有効な対応をすることができなかった松平康英は、責任をとって自刃した。イギリス船やアメリカ船は、その後も日本近海に来航し、薪水補給や通商を求めたため、幕府は海防強化の名目で、1825年に（ ⑦ ）を出し、外国船を撃退するように命じた。1837年に(f)アメリカ船モリソン号が来航した際には、この命令にもとづき撃退させた。

設問 (1)　下線部(a)について、1782年に遭難しロシアで生活を送っていた漂流民とは誰か。

(2)　下線部(b)について、18世紀末から19世紀初頭の蝦夷地動向を述べた次の文A・Bについて、正しいものに○を、誤っているものに×をつけよ。
　　A　18世紀末、国後島のアイヌによる蜂起がおこり、松前藩が鎮圧した。
　　B　幕府は蝦夷地を直轄したあと、松前藩に警備を命じた。

(3)　下線部(c)について、事件の解決に尽力した淡路の商人は誰か。

(4)　下線部(d)の事件を何というか。

(5)　下線部(e)の松平康英の役職名を答えよ。

(6)　下線部(f)について、渡辺崋山や高野長英は幕府のこのときの対応をどのような点で批判したのか、簡潔に説明せよ。

(7)　18世紀末から19世紀初頭にかけて、幕府が蝦夷地の探検に力を入れ、のちに直轄地とし、居住のアイヌを和人とした理由を説明せよ。

①		②		③	
④		⑤		⑥	
⑦		(1)		(2)A	B
(3)		(4)		(5)	
(6)					
(7)					

(7)は3点、他は各2点、計31点

3》次の文を読み（ ① ）～（ ⑤ ）に適語を入れ、あとの設問に答えよ。

　1786年に11代将軍となった徳川家斉は、文化・文政期を中心に在職し、1837年に将軍職を家慶に譲ったあとも、大御所として実権を握り続けた。これを(a)大御所政治という。

　幕府は1805年に（ ① ）をおいて、領主の区別なく犯罪者の取締りに当たらせた。さらに、1827年には、幕領や寺社領等の区別なく、40～50村を単位とする自警組合として（ ② ）をつくらせ、協同して地域の治安や風俗を取締り、農村の秩序維持をはかった。(b)天保年間には全国的な飢饉に見舞われ、1836年には甲斐国郡内地方や、三河国加茂郡などで大規模な一揆がおこった。

　1841年に家斉が69歳の生涯を閉じると、老中水野忠邦はこれまで実権をふるっていた家斉の側近や大奥の勢力を排除し、幕政の改革に着手した。天保の改革である。忠邦は享保・寛政の改革にならい、綱紀粛正・倹約励行を強調し、(c)市中の風俗の取締りに力を注いだ。ついで（ ③ ）を発して百姓の出稼ぎを禁じて、江戸に流入した貧民の帰郷を強制し、農村の復興をはかった。また、物価騰貴の原因は（ ④ ）が商品流通を独占しているためと判断して、その解散を命じたが、従来の流通機構が混乱した結果、物価は期待通りに下がらず、商況の不振におちいった。この改革に先立ち、幕府は(d)庄内・川越・長岡の譜代3藩の領知替えを計画したが、領民の反対もあって撤回され、幕府権威は大きく揺らいだ。そこで水野忠邦は、幕府権力を強化するため1843年（ ⑤ ）を出して、江戸・大坂周辺の地を幕府直轄地にしようとしたが、大名や旗本に反対され実現できず、忠邦は退く結果となり改革も失敗に終わった。

設問(1)　下線部(a)の時期の社会に関して述べた次の文A～Cについて、正しいものに○を、誤っているものに×をつけよ。

　　A　江戸では酒・味噌・醤油などの日用品は、大坂からの流通品が中心であった。

　　B　江戸や付近の農村の治安は安定していたが、東北地方で飢饉がおこり、無宿人が増加した。

　　C　文政年間には品位が劣る貨幣が大量に流通したことで幕府財政が潤い、商人の経済活動も活発になった。

　(2)　下線部(b)の時期に、幕府政治に対する批判から大坂で武装蜂起がおこった。この蜂起の首謀者である大坂町奉行の元与力は誰か。

　(3)　下線部(c)について、この時『春色梅児誉美』を著し、処罰された人情本作家は誰か。

　(4)　下線部(d)を何というか。

①		②		③	
④	⑤		(1)A	B	C
(2)		(3)		(4)	

各2点、計22点

4 次の文を読み（ ア ）〜（ ウ ）に適語を入れ、あとの設問に答えよ。

A　①大原幽学は幕府・諸藩に迎えられて、農村復興につとめた人物として知られている。彼の考えは、勤労・倹約を中心とする報徳仕法と呼ばれる農業技術と道徳を結びつけたもので、その活動は彼の死後も続けられた。

B　19世紀に入ると、一部の地主や問屋(商人)は工場を設け、農業から離れた奉公人を集めて、分業と協業による手工業生産を営んだ。これを②問屋制家内工業と呼ぶ。天保年間(1830〜44)頃には桐生・足利などの北関東の③綿織物業などで行われた。

C　「内憂外患」といわれる国内外の危機的状況に対し、幕府権力が弱体化して威信を発揮できなくなると、これにかわる上位の権威として天皇・朝廷が求められはじめた。朝廷の側からも、④光格天皇のような朝廷復古を求める動きが強く打ち出された。

D　薩摩藩の天保の藩政改革は、巨額にのぼった藩の借財を、下級武士から登用された（ ア ）の改革によって強硬手段で整理するとともに、奄美三島の⑤甘藷に強力な専売制をしいて利益を収めたり、琉球を介した⑧清との密貿易によって藩財政の充実に成功した。

E　長州藩の改革は、（ イ ）が中心となって行われ、多額の借財を整理し、紙や蠟の専売を行う一方で、下関などに藩外から集まってくる物資を扱う倉庫・金融業を営む役所である⑥越荷方をおいて、その委託販売などで収益をあげ、財政の再建に成功した。

F　佐賀藩の改革は、藩主（ ウ ）が⑦班田制を実施し、直轄地の小作料の納入を猶予したり、町人地主の所有地の一部を藩に返させるなどして、本百姓体制の再建をはかった。また、1850年に諸藩に先がけてオランダの技術を導入して⑧反射炉をつくり、大砲を製造するなど、洋式軍事工業の導入をはかり、藩権力を強化した。

G　幕府においても、幕末期に代官⑨田中丘隅に命じて伊豆韮山に反射炉を築かせたほか、フランス人技師の指導で横須賀に製鉄所を建設した。これら幕府や雄藩の洋式工業は、明治維新後に官営工場の模範となった。

設問 (1)　下線①〜⑨について、正しければ○を、誤っていれば正しい語句を、解答欄に記入せよ。
　　　(2)　下線部⑧について、密貿易として問題になった薩摩藩の取引内容について触れ、そのことが幕府の支配体制にとってどのような意味があったのかを説明せよ。その際に「俵物」「長崎」という言葉を必ず用いること。

ア		イ		ウ	
(1)①		②		③	
④		⑤		⑥	
⑦		⑧		⑨	
(2)					

(2)は3点、他は各2点、計27点

1 次の文を読み（ ① ）〜（ ⑫ ）に適する語を語群から選べ。

　宝暦・天明期に多様に発展しはじめた文化は、（ ① ）の改革によりいったん停滞するが、19世紀になると再び息を吹き返した。11代将軍（ ② ）による半世紀におよぶ長い治世のもと、（ ③ ）・文政期から天保期にかけての文化を（ ④ ）文化という。（ ④ ）文化では、（ ⑤ ）を中心とする三都の繁栄を背景に、町人文化が最盛期を迎えた。都市の繁栄、交通網の発達、さらに教育の普及などにともない多種多様な内容の文化が花開き、全国各地に伝えられた。

　この時代、庶民の娯楽も発達した。多くの都市には常設の（ ⑥ ）が建ち、盛り場では見世物・曲芸・講談などの小屋があり、町人地では落語などの（ ⑦ ）が頻繁に開かれた。歌舞伎では7代目市川団十郎をはじめとした人気役者とともに、鶴屋南北らすぐれた狂言役者が出た。これらは錦絵・出版物、地方興行などによって全国に伝わり各地で役者集団が生まれた。その結果、村々の若者が中心となって、歌舞伎をまねた（ ⑧ ）や人形芝居が取り組まれ、祭礼や花火とともに村人の大切な娯楽となった。

　一方、寺社では修繕費や経営費を得るために、境内で（ ⑨ ）や秘仏を公開する開帳を行ったり、目黒不動や湯島天神などでは賞金つきの籤である（ ⑩ ）などを催した。また、湯治や物見遊山など、庶民の旅も広く行われ、（ ⑪ ）や善光寺・讃岐金毘羅宮などへの神社参詣が人気を呼んだ。さらに、端午・七夕などの五節句や彼岸会・盂蘭盆会などの行事、日待・月待や招福除災のために夜に集会する（ ⑫ ）なども、人々にとって楽しみともなった。

語群 あ　文化　　　　い　村芝居　　　う　徳川家斉　　え　富突(富くじ)　　お　寛政
　　　か　寄席　　　　き　伊勢神宮　　く　縁日　　　　け　江戸　　　　　　こ　化政
　　　さ　芝居小屋　　し　庚申講

①	②	③	④	⑤	⑥	⑦	⑧	⑨	⑩

⑪	⑫

各2点、計24点

2 次の文を読み、何について述べたものかを語群aから選べ。また、それぞれに該当する作家を語群bから、その代表作品を語群cから選べ。

A　世相風俗の中の人間を、おもしろ・おかしく描いた大衆小説。
B　仮名草子の流れをくみ、初期には歴史的伝奇が多く、のちには勧善懲悪をとくようになった小説。
C　従来の連歌の発句が、江戸時代に独立して成立した17文字の短詞型文学。
D　文政期以後、洒落本にかわって登場した町人の恋愛を描いた絵入り読み本。

語群a あ　俳諧　　い　人情本　　う　滑稽本　　え　読本
語群b イ　式亭三馬　　ロ　曲亭馬琴　　ハ　小林一茶　　ニ　為永春水
語群c 1　『おらが春』　　2　『浮世風呂』　　3　『南総里見八犬伝』　　4　『春色梅児誉美』

A：a	b	c	B：a	b	c

C：a	b	c	D：a	b	c

語群aは各2点、語群b・cは各1点、計16点

3 次の文を読み（ ① ）～（ ⑧ ）に適する語を語群から選べ。

　学問・思想の分野では、18世紀末から表面化した幕藩体制の動揺を直視し、政治や社会を批判的にみて古い体制を変革する方法を模索する動きが現れた。

　都市や村々の実情に接する人々の中から、封建制度の維持や改良を説く経世家の活動が活発になった。（ ① ）は、商売をいやしいものとする武士の偏見を批判し藩財政の再建を殖産興業によるべきと主張した。（ ② ）は西洋との交易や蝦夷地の開発による富国策を説いた。（ ③ ）は産業の国営化とを主張した。

　水戸学では藩主（ ④ ）を中心に、（ ⑤ ）とその子東湖、会沢安らの学者が尊王攘夷論を説き、幕末の思想や倒幕運動に大きな影響を与えた。さらに国学者（ ⑥ ）は復古神道をとなえ、幕末の運動に大きな影響を与えた。19世紀初めから幕末にかけて、いくつもの(a)民衆宗教が生まれ、多くの信者を得た。また、同時期、全国各地の豪農・豪商の中から(b)多くの知識人・文化人が輩出した。

　洋学では、幕府は（ ⑦ ）に、西洋暦を取り入れた寛政暦をつくらせ、その子高橋景保の建議により(c)幕府の天文方に研究施設を設けた。その弟子である(d)伊能忠敬は全国の沿岸を実測し『大日本沿海輿地全図』の作成に当たった。また、長崎通詞の（ ⑧ ）は『暦象新書』を著し、ニュートンの万有引力やコペルニクスの地動説を紹介した。洋学研究は(e)シーボルト事件や蛮社の獄などの、幕府の弾圧を受けたこともあり反幕府思想と結びつかず、西洋文明の移入は医学・兵学などの科学技術に限定されるようになっていった。

語群 **あ** 徳川斉昭　　**い** 本多利明　　**う** 佐藤信淵　　**え** 海保青陵　　**お** 志筑忠雄
か 高橋至時　　**き** 平田篤胤　　**く** 藤田幽谷

設問 (1) 下線部(a)に関して述べた次の文A・Bについて、正しければ○を、誤っていれば×をつけよ。
　　　A　黒住教・天理教・金光教などが代表例としてあげられる。
　　　B　いずれも男尊女卑の考え方が強い。
　　(2) 下線部(b)の活動を具体的に一つあげ、説明せよ。
　　(3) 下線部(c)について、洋書翻訳を目的に設置されたこの機関を何というか。
　　(4) 下線部(d)の人物は1745年に生まれ、56歳から17年間全国の沿岸を測量した。最初の測量先は蝦夷地であったが、彼が蝦夷地の測量を許可された理由を、当時の時代背景をふまえて説明せよ。
　　(5) 下線部(e)で処罰された幕府天文方は誰か。
　　(6) 次の史料を読んで設問に答えよ。

> 　日本は海国なれば、渡海・運送・交易は、固より国君の天職最第一の国務なれば、万国へ船舶を遣りて、国用の要用たる産物、及び金銀銅を抜き取て日本へ入れ、国力を厚くすべきは海国具足の仕方なり。自国の力を以て治る計りにては、国力次第に弱り、其弱り皆農民に当り、農民連年耗減するは自然の勢ひなり。

　　　　ⅰ）史料の内容についての説明文A・Bについて、正しければ○を、誤っていれば×をつけよ。
　　　　A　日本は海国であるため、物資を国内で自給自足できるようにするべきである。
　　　　B　外国との交易を行うと国力が弱り、農民が苦しくなる。
　　　　ⅱ）史料の著者を答えよ。

①	②	③	④	⑤	⑥	⑦	⑧	(1)A	B

(2)						(3)	

(4)

(5)			(6)ⅰ）A	B	ⅱ）	

(2)(4)は各3点、他は各2点、計36点

4 次の文を読み（　①　）～（　④　）に適する語をあ～えから選べ。また、それぞれの設置位置を地図の記号で答えよ。

　化政期から天保期にかけて、各地に私塾がつくられた。儒学者広瀬淡窓は日田に（　①　）を設け、蘭学者緒方洪庵は（　②　）を建てた。オランダ商館医であったドイツ人シーボルトは（　③　）を開いた。また、吉田松陰の叔父によって（　④　）が設けられ、幕末の人材を数多く育成した。

あ　鳴滝塾　　い　咸宜園　　う　松下村塾　　え　適々斎塾

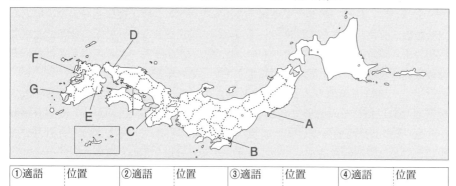

①適語	位置	②適語	位置	③適語	位置	④適語	位置

完全解答各2点、計8点

5 美術作品に関する文Ⅰ～Ⅳについて、説明されている作者を次のア～オから選び、その作品がA～Dの図にある場合はその記号を、ない場合は×を記せ。

Ⅰ　幕末期にかけて、世相や政治を批判する錦絵を多数描いた。

Ⅱ　写実性を重んじ、温雅な筆致で風景を描き、円山派からわかれ四条派をおこした。

Ⅲ　各種の技法を習得し、風景版画である「富嶽三十六景」などを描いた。

Ⅳ　文人画の代表者で、江戸の谷文晁の門人である。

ア　葛飾北斎　　イ　渡辺崋山　　ウ　歌川国芳　　エ　歌川広重　　オ　呉春

A

B　　　　　　　　　　　　　　　　C

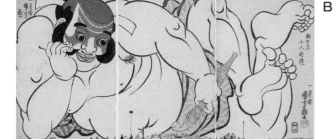

D

Ⅰ：作者	図	Ⅱ：作者	図	Ⅲ：作者	図	Ⅳ：作者	図

各2点、計16点

38 開国と幕末の動乱①

□ 点

1 》次の文を読み（ ① ）〜（ ⑩ ）に適語を入れ、あとの設問に答えよ。

　18世紀後半、イギリスで最初の（ ① ）革命が始まり、工業化の波はさらにヨーロッパ各国やアメリカにおよんだ。巨大な工業生産力と軍事力を備えた欧米諸国は、国外市場や原料供給地を求めて、競って植民地獲得に乗り出し、とくにアジアへの進出を本格化させた。

　1842年、清はアヘン戦争でイギリスに敗北し、（ ② ）を締結し、上海など5港の開港、香港島の割譲、貿易の自由化などを認めさせられた。清の劣勢が日本に伝わると、同年幕府は異国船打払令を緩和していわゆる（ ③ ）を出し、外国船に燃料や水・食料を供与しておだやかに退去させることとした。1844年（ ④ ）国王が幕府に開国を勧める親書を送った。翌年、幕府はこれを拒絶してあくまで鎖国体制を守ると返書した一方で、(a)今後の対応を模索した。こうした中、1846年アメリカは東インド艦隊司令長官（ ⑤ ）を派遣して、日本との国交を求めたが、幕府はやはり拒絶した。アメリカは北太平洋を航海する清との貿易船や捕鯨船の寄港地として日本の開国を強く望んでいた。

　1853年4月に琉球王国の（ ⑥ ）に寄港したアメリカ東インド艦隊司令長官（ ⑦ ）は4隻の黒船を率いて6月に三浦半島の（ ⑧ ）沖に現われ、（ ⑨ ）大統領の国書を提出し、日本の開国を求めた。幕府は紛争を避けるために国書を正式に受理し、回答を翌年に約してひとまず日本を去らせた。7月には、ロシアの使節（ ⑩ ）も長崎にきて、開国と国境の画定を要求した。

　ペリーは翌1854年に再び来航し、条約の締結をせまり、幕府はその威力に屈して(b)日米和親条約を結び、イギリス・(c)ロシア・（ ④ ）とも類似の内容の条約を結んだ。

設問 (1)　下線部(a)のときに幕府が取った対策の説明として正しいものを、次の**ア〜ウ**から一つ選べ。

　　ア　欧米の言語を翻訳するために、蛮書和解御用を設置した。

　　イ　水戸藩の徳川斉昭を海防参与に任じ、対応を検討させた。

　　ウ　対外政策の慎重な検討を求めて、海防掛を設置した。

　(2)　下線部(b)について、これを説明した組合せとして正しいものを、次の**ア〜エ**から一つ選べ。

　　A　下田・兵庫の2港を開いて、領事の駐在を認めること。

　　B　アメリカに一方的な最恵国待遇を与えること。

　　C　アメリカ船が必要とする燃料や食糧などを供給すること。

　　D　琉球をアメリカの領土とすること。

　　ア　A・C　　**イ**　A・D　　**ウ**　B・C　　**エ**　C・D

　(3)　当時の人々すべてが、下線部(b)によって幕府が鎖国を放棄した、と考えたわけではなかった。それはこの条約をどのように理解したためか、簡潔に説明せよ。

　(4)　下線部(c)との間に締結された条約では、国境に関する取り決めがなされた。千島列島および樺太について、どのように約定されたか述べよ。

①	②		③	
④		⑤		⑥	⑦		⑧
⑨		⑩		(1)	(2)	
(3)				
(4)				

2 次の文を読み（ ① ）～（ ⑦ ）に適語を入れ、あとの設問に答えよ。

　ペリーの来航と日米和親条約の締結という新たな「外圧」の出現を前にした幕府は、これに対応するため国内体制の強化をはからなければならなかった。老中首座（ ① ）は今までの方針を変えて(a)朝廷への報告を行い、諸大名や幕臣にも広く意見を述べさせた。しかし、この措置は、従来の幕政を転換させる契機となった。

　（ ① ）は、前水戸藩主徳川斉昭・越前藩主（ ② ）、さらには薩摩藩主（ ③ ）・宇和島藩主伊達宗城らの外様の有志大名の支援を受け、(b)安政の改革と呼ばれる広範な幕政改革に乗り出した。1856年、日米和親条約にもとづき初代アメリカ総領事（ ④ ）が下田に着任し、通商条約の締結を強く求めた。（ ④ ）との交渉に当たった老中首座（ ⑤ ）は、朝廷に対して条約調印の勅許を求めたが、朝廷では攘夷の空気が強く、（ ⑥ ）の勅許を得ることはできなかった。ちょうどその頃、第2次アヘン戦争で清国が（ ⑦ ）・フランスに敗北し天津条約を結んだ。これに乗じて（ ④ ）が幕府に両国の危険性を説き条約の調印をせまったことで、(c)幕府は、結局条約を締結することとなった。こうして、1858年(d)日米修好通商条約が（ ⑥ ）の勅許を得られないままに調印され、ついでオランダ・ロシア・（ ⑦ ）・フランスとも類似の条約を締結した。これを安政の五カ国条約という。この条約にもとづいて日本は欧米諸国と貿易を開始することとなったが、不平等な内容を含んだものであった。

設問 (1)　下線部(a)の結果、どのようなことが生じたか、簡潔に説明せよ。

　　 (2)　下線部(b)について、国防を充実させるために実施した政策を一つあげよ。

　　 (3)　下線部(c)のとき、大老として幕府の中心にいた人物は誰か答えよ。

　　 (4)　下線部(d)について、次の史料を読んで設問に答えよ。

> 第三条　箱館・（ A ）港の外、次にいふ所の場所を、左の期限より開くべし。
> 　　　　(e)神奈川　　長崎　　新潟　　兵庫
> 　　　　……神奈川港を開く後六ケ月にして（ A ）港は鎖(とざ)すべし。此箇条の内に載(のせ)たる各地は亜墨利加(あめり)加人に居留を許すべし。……
> 第四条　総て国地に輸入輸出の品々、別冊の通、日本役所へ運上を納むべし。
> 第六条　日本人に対し、法を犯せる亜墨利加人は、亜墨利加コンシュル裁断所にて吟味の上、亜墨利加の法度(はっと)を以て罰すべし。亜墨利加人へ対し、法を犯したる日本人は、日本役人糺(ただし)の上、日本の法度を以て罰すべし。

　　 ⅰ）（ A ）に適切な地名を入れよ。

　　 ⅱ）下線部(e)は交通が頻繁な宿駅のため、実際には開かれなかった。かわりに開港され貿易の中心を占めたのはどこか。

　　 ⅲ）第六条の内容は、不平等な内容を含んでいる。一般に何といわれるものか。

　　 ⅳ）条約の中には幕府側の要求によって加えられた内容もある。どのような内容か、史料の条文を参考にして説明せよ。

①	②	③	④
⑤	⑥	⑦	

(1)

(2)

(3)	(4)ⅰ)	ⅱ)	ⅲ)

ⅳ)

(3)(4)ⅰ)ⅱ)は各2点、他は各3点、計39点

3 次の文を読み（ ① ）〜（ ⑦ ）に適語を入れ、あとの設問に答えよ。

　貿易は1859年から横浜・長崎・箱館で開始された。(a)輸出入品の取引は、居留地において外国商人と日本商人とのあいだで、銀貨を用いて行われた。取引相手国は(b)イギリスが圧倒的に多かった。貿易は大幅な輸出超過となり、国内向けの物資が不足して著しく物価が上昇するとともに、(c)国内産業に大きな変化が現れた。幕府は物価高の抑制を理由に貿易の統制をはかり、1860年に（ ① ）を出して雑穀・水油・蝋・呉服・生糸の横浜直送を禁じ、江戸の問屋を経由させることとした。しかし、在郷商人や列国の反対で効果はあがらなかった。加えて、金銀の交換比率が日本と外国で違ったため、(d)多量の金貨が海外に流出した。

　ハリスから通商条約の締結をせまられていた頃、13代将軍（ ② ）には子がなかったため、跡継ぎを誰にするかが大きな問題となっていた。越前藩主・薩摩藩主らは、(e)賢明な人物を求めて一橋家の（ ③ ）を推し、血統の近い幼年の紀伊藩主（ ④ ）を推す譜代大名らと対立した。前者は雄藩が中心で人望のある英明な将軍を擁立し、雄藩の幕政への参与を通じて幕政改革を行い、対外危機に当たろうとしたのに対し、後者は現体制を維持して難局を乗り切ろうとするものであった。

　このような情勢に対処して、井伊直弼は無勅許で通商条約の調印を強行するとともに、一橋派をおし切って（ ④ ）を14代将軍（ ⑤ ）とすることを定めて一挙に事の解決をはかり、越前藩士の橋本左内を死刑に処すなど、一橋派の運動をきびしく取り締まった。これを（ ⑥ ）という。この弾圧に憤激した水戸脱藩の志士らは、1860年、井伊直弼を江戸城（ ⑦ ）で暗殺した。

設問 (1)　下線部(a)について、右の円グラフの（A）〜（C）にあてはまる語句を、次のア〜オからそれぞれ選べ。
　　　ア　生糸　　　イ　海産物　　ウ　綿糸
　　　エ　毛織物　　オ　武器

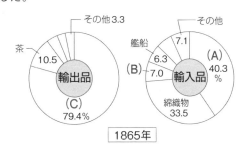

その他3.3
茶 10.5
輸出品
(C) 79.4%

その他 7.1
艦船 6.3
(B) 7.0
輸入品
(A) 40.3%
綿織物 33.5

1865年

(2)　下線部(b)について、アメリカが対日貿易の1位ではなかった理由として考えられる点を述べよ。

(3)　下線部(c)について、右の円グラフの主要な輸入品目に注目しつつ、国内における該当品目の生産に与えた影響について説明せよ。

(4)　下線部(d)への対応とその影響について述べた次の文A・Bについて、正しいものに〇を、誤っているものに×をつけよ。
　　　A　幕府は金の含有量を大幅に減らす改鋳を行い、万延小判を発行した。
　　　B　貨幣の改鋳は庶民の生活を安定させ、人々は貿易に対して好意をもつようになった。

(5)　下線部(e)について、前者を一橋派というが、後者は何というか。

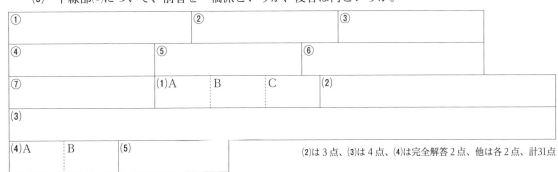

①		②		③	
④		⑤		⑥	
⑦		(1)A	B　　C	(2)	
(3)					
(4)A	B	(5)			

(2)は3点、(3)は4点、(4)は完全解答2点、他は各2点、計31点

1 次の文を読み（ ① ）～（ ⑧ ）に適語を入れ、あとの設問に答えよ。

桜田門外の変後、幕政の中心となった老中（ ① ）は、朝廷と幕府の妥協・融和をはかる公武合体政策をとり、1862年に孝明天皇の妹（ ② ）を将軍徳川家茂の夫人に迎えた。この政略結婚は（ ③ ）論者から非難され、(a)（ ① ）は水戸脱藩士らに傷つけられて老中をしりぞいた。

こうした事態の中で薩摩藩では、藩主島津忠義の父島津久光が1862年、藩兵約1000人を引き連れて上洛し、朝廷に幕府改革を訴え、朝廷から過激派藩士の掃討を命じられた。久光はさらに勅使を奉じて江戸におもむき、幕政改革をせまった。幕府はその意向を入れ、(b)（ ④ ）を政事総裁職に、徳川慶喜を（ ⑤ ）に任命し、また京都守護職をおき会津藩主（ ⑥ ）をこれに任命するなど、幕政を改めた。

一方、島津久光が去った京都では、下級武士が主張する（ ③ ）を藩論とする長州藩が急進派の公家と結んで朝廷を動かし、将軍を上洛させて攘夷の決行を幕府にせまった。幕府はやむなく、1863年5月10日を期して攘夷を決行するよう諸藩に命じた。長州藩を中心とする尊攘派の動きに対して、薩摩・会津の両藩は1863年、朝廷内の公武合体派の公家とともに朝廷の実権を奪い、長州藩勢力と急進派の公家（ ⑦ ）らを京都から追放した。この事件を（ ⑧ ）という。朝廷はその後の政治体制を話し合うため、同年末に徳川慶喜・（ ⑥ ）・（ ④ ）・山内豊信・伊達宗城を朝議参与に任命し、遅れて島津久光もこれに加えた。しかし、(c)意見が折り合わず翌年久光は辞職した。

設問 (1) 下線部(a)の事件を何というか。
(2) 下線部(b)について、これらの人事刷新のほかにどのような改革が行われたか。一つ答えよ。
(3) 下線部(c)のようになった原因は、徳川慶喜と島津久光がそれぞれどのような意見を主張したためか、説明せよ。

①	②	③	④
⑤		⑥	⑦
⑧			
(1)		(2)	
(3)			

(3)は4点、他は各2点、計24点

2 次の年表をみて、あと設問に答えよ。

設問 (1) 次の出来事Ⅰ～Ⅲは、年表中のA～Eのどこの時期に入るか、それぞれ選べ。
Ⅰ 将軍徳川家茂が急死した。
Ⅱ 禁門の変がおこった。
Ⅲ 薩長連合（薩長同盟）が結ばれた。
(2) 下線部(a)の報復である四国艦隊下関砲撃事件に関係しない国を、次のア～ウから一つ選べ。
ア アメリカ　イ イギリス　ウ ドイツ
(3) 下線部(b)の翌年、列国が幕府と交渉して調印した貿易に関する協約を何というか。
(4) この頃の列国の公使は日本の政治動向を注視

年表（月は陰暦による）	
1863年5月	(a)長州藩、外国船砲撃
	A
1864年6月	池田屋事件
	B
7月	第1次長州征討
	C
1865年10月	(b)条約勅許
	D
1866年6月	第2次長州征討
	E

していた。当時のイギリス公使とフランス公使はそれぞれどのような動きを見せていたか、簡潔に説明せよ。

(1) I	II	III	(2)	(3)	

(4)	

各2点、計12点

3 次の文を読み（ ① ）～（ ⑥ ）に適語を入れ、あとの設問に答えよ。

　15代将軍となった徳川慶喜はフランスの援助のもとに幕政の立て直しにつとめた。一方、薩長両藩は武力倒幕を決意した。これに対し、土佐藩はあくまで公武合体の立場をとり、藩士の（ ① ）と坂本龍馬とが前藩主（ ② ）を通して将軍徳川慶喜に倒幕派の機先を制して政権の返還を行うように勧めた。慶喜もこの策を受け入れ、ついに1867年10月14日、（ ③ ）の上表を朝廷に提出した。

　同14日、朝廷内の（ ④ ）らと結んだ薩長両藩がいわゆる討幕の密勅を手に入れていた。このような情勢の中で、倒幕派は同年12月9日、薩摩藩などの武力をもとに(a)（ ⑤ ）の大号令が発して、天皇を中心とする新政権を樹立した。こうして、260余年に及ぶ徳川幕府の歴史に終止符が打たれた。ついで、同日夜半から開かれた（ ⑥ ）において、徳川慶喜に対して(b)「辞官納地」を命じる処分が決定されたため、これに反発した(c)旧幕府側は新政府側と軍事的に対決することになった。

設問 (1)　下線部(a)で出された次の史料を読み、あとの設問に答えよ。

> 徳川内府、従前御委任ノ大政返上、将軍職辞退ノ両条、今般断然聞シメサレ候、抑癸丑以来未曾有ノ国難、先帝頻年宸襟ヲ悩マサレ候御次第、衆庶ノ知ル所ニ候

　ⅰ）史料中「癸丑」の年におこった事とは、何を示しているか答えよ。
　ⅱ）この史料の内容について正しいものを、次の**ア**～**エ**から二つ選べ。
　ア　史料中「徳川内府」は徳川家茂を指す。
　イ　史料中「先帝」は孝明天皇を指す。
　ウ　このとき摂関・幕府の廃止が決定され、総裁・議定・参議の設置が宣言された。
　エ　この宣言は「神武創業始」を理念とすることが記されていた。
　(2)　下線部(b)の「辞官納地」を具体的に説明せよ。
　(3)　下線部(c)の対決は戊辰戦争と呼ばれている。次の出来事**ア**～**エ**を時系列に並べよ。
　ア　箱館の五稜郭にいた旧幕府海軍の榎本武揚が降伏した。
　イ　鳥羽・伏見で新政府軍と旧幕府軍が激突した。
　ウ　奥羽越列藩同盟の中心とされた会津藩の若松城が攻め落とされた。
　エ　交渉によって、江戸城が無血開城された。

①	②	③

④	⑤	⑥

(1) ⅰ）	ⅱ）	(2)

(3)	

(1)ⅱ)は完全解答3点、他は各3点、計30点

4 次の文を読み（　①　）～（　③　）に適語を入れ、あとの設問に答えよ。

　戊辰戦争が進む中で、新政府は政治の刷新を進めた。1868年1月には諸外国に対して王政復古と天皇の外交主権掌握を告げた。3月には、天皇が天地神明に誓うという形式で、(a)新政の基本方針を公布し天皇親政を強調した。その内容は、（　①　）の尊重・開国和親を骨子とするものであった。ついで閏4月には、（　②　）を発布して、新方針にもとづく政治原則や官制を規定した。その一方で、全国の民衆には(b)五榜の掲示を示した。またこの年7月、江戸を東京と改め、9月には年号を明治と改元して（　③　）の制を採用し、1869年には京都から東京に首都を移した。

設問 (1)　下線部(a)について、
　　　　ⅰ）これを何というか。
　　　　ⅱ）これは由利公正・福岡孝弟によって起草されたものだが、修正を加えた長州藩の人物は誰か。
　　 (2)　下線部(b)は旧幕府の民衆に対する政策を引き継ぐものであったが、なぜそのように評価されるのか。史料を参考にし、道徳や宗教に関わる内容をあげて説明せよ。

第一札	定	一　人タルモノ五倫ノ道ヲ正シクスベキ事。 一　鰥寡孤独廃疾ノモノヲ憫ムベキ事。 一　人ヲ殺シ家ヲ焼キ財ヲ盗ム等ノ悪業アル間敷事。
第二札	定	何事ニ由ラズ宜シカラザル事ニ大勢申合セ候ヲ徒党ト唱ヘ、徒党シテ強テ願ヒ事企ルヲ強訴トイヒ、或ハ申合セ居町居村ヲ立退キ候ヲ逃散ト申ス、堅ク御法度タリ。
第三札	定	切支丹邪宗門ノ儀ハ堅ク御制禁タリ。
第四札	覚	……自今以後猥リニ外国人ヲ殺害シ或ハ不心得ノ所業等イタシ候モノハ、朝命ニ悖リ御国難ヲ醸成シ候而已ナラズ、
第五札	覚	……自然今日ノ形勢ヲ窺ヒ、猥リニ士民トモ本国ヲ脱走イタシ候儀、堅ク差シ留メラレ候。

①	②	③

(1)ⅰ）		ⅱ）	

(2)

(2)は4点、他は各2点、計14点

124

5 次の文を読み（ ① ）～（ ⑥ ）に適語を入れ、あとの設問に答えよ。

　開国にともなう物価上昇や政局をめぐる抗争は社会不安を増大させた。1866年には困窮した農民たちが（ ① ）を叫んで一揆をおこし、翌年以降も続発した。物価騰貴に苦しむ大坂や江戸の民衆は大規模な打ちこわしを行った。1867年、民衆のあいだでは熱狂的な「(a)ええじゃないか」の集団乱舞が発生した。また、大和に天理教・備前に黒住教・備中に金光教など、のちに（ ② ）と呼ばれる民衆宗教がすでに生まれていたが、この頃急激に普及した。伊勢神宮への（ ③ ）の流行もみられた。

　対外的危機にさらされたことで、かねてより国内で広まりつつあった実学志向は強まり、欧米諸国の技術や学問に対する関心が高まった。ペリー来航の前後から幕府や諸藩は欧米諸国の技術を受け入れて近代化をはかろうとした。開国後、幕府は江戸に（ ④ ）を設けて洋学の教授と外交文書の翻訳に当たらせ、（ ⑤ ）で洋式砲術を含む武芸を教え、長崎ではオランダ人による(b)海軍伝習を始めた。また、(c)幕府のほか、薩摩・長州などの諸藩も海外に留学生を派遣した。洋学学習者や留学生たちは軍事技術と医学の導入を目的としていたが、西洋文化への理解が深まるにつれ、科学・技術・政治・経済など、様々な分野に関心を広げていった。

　また、開港場の横浜には外国人宣教師や新聞記者が来日し、彼らを通じて欧米の文化が紹介された。その宣教師の中にはアメリカ人（ ⑥ ）やフルベッキのように英学の教授を通じて、積極的に欧米の文化を日本人に伝える者も現れた。

設問 (1)　下線部(a)について右の図を参照しながら、次の説明文A・Bについて正しければ○を、誤っていれば×をつけよ。

　　A　東海道筋から畿内にかけての地域で御札がふった。

　　B　御札は出雲大社のものである。

(2)　下線部(b)に関して、長崎で海軍伝習を受けた勝海舟らは1860年の日米通商修好条約の批准書交換の際に同行した幕府軍艦の乗組員となり、太平洋横断に成功した。この船の名前を答えよ。

(3)　下線部(c)に関して、具体的な人物を一名あげよ。

①		②		③		④	
⑤		⑥					
(1)A	B	(2)		(3)			

各2点、計20点

1 ▷次の文と史料を読み（ ① ）〜（ ⑮ ）に適語を入れ、あとの設問に答えよ。

戊辰戦争と並行して、新政府は、没収した旧幕府領のうち、要地を（ ① ）、そのほかを県としたが、諸藩では各大名が統治する体制が従来のまま存続していた。政治的統一を目指す新政府は残された諸藩も直接統治に組み込む方針を立て、1869年1月木戸孝允・大久保利通らの画策によって、薩摩・長州・（ ② ）・（ ③ ）の4藩主はそろって（ ④ ）を出願させると、ついで多くの藩もこれにならった。同年6月に新政府はこれら以外の全藩主にも（ ④ ）を命じる一方、旧大名を（ ⑤ ）に任じてこれまで通り藩政に当たらせた。これによって、(a)従来の藩主は新政府の行政官吏となった。

（ ④ ）の際に、政体書の制定による太政官制が改められ、祭政一致・天皇親政の方針から大宝令の形式を復活して、（ ⑥ ）を太政官の外におき、太政官のもとに各省をおく組織となった。廃藩置県後には、政治の最高機関である（ ⑦ ）、立法の諮問機関である（ ⑧ ）、各省の長官・次官の協議機関である（ ⑨ ）からなる三院制とし、正院のもとに各省をおく制度へ改めた。新政府内では、三条実美や岩倉具視ら少数の公家とともに、薩摩・長州を中心に（ ② ）・（ ③ ）を加えた4藩出身の若き実力者たちが参議や各省の卿・大輔などとなって実権を握り、のちに（ ⑩ ）政府と呼ばれる政権の基礎がほぼ固まった。軍事制度では、国民皆兵制にもとづく近代的軍隊の創設が必要とされた。この方針は長州藩出身の大村益次郎によって立案され、彼が暗殺されたのちは、（ ⑪ ）を中心に具体化された。

下の史料は徴兵令の前年に出された（ ⑫ ）である。(b)これを受けて1873年1月、国民皆兵を原則とする徴兵令が公布された。同じ頃警察制度も創設された。1873年に新設された（ ⑬ ）は、殖産興業や地方行政に当たったほか、全国の警察組織を統括した。1874年には首都東京に（ ⑭ ）が設置された。

然ルニ太政維新列藩版図ヲ奉還シ、(c)辛未ノ歳ニ及ヒ遠ク郡県ノ古ニ復ス。……均シク皇国一般ノ民ニシテ国ニ報ズルノ道モ固ヨリ其別ナカルベシ。凡ソ天地ノ間一事一物トシテ税アラザルハナシ。以テ国用ニ充ツ。然ラバ則チ、人タルモノ固ヨリ心力ヲ尽シ国ニ報ゼザルベカラズ。西人之ヲ称シテ（ ⑮ ）ト云フ。其生血ヲ以テ国ニ報ズルノ謂ナリ。

設問（1）下線部(a)のあり方は形式的なものであると評価されることがあるが、それは新政府にとって（ ④ ）の制度変更にどのような課題があったためか、説明せよ。

（2）下線部(b)に関する次の文の下線部分が正しい場合は○を、誤っている場合は正しい語句を書き入れよ。

> 徴兵令により、士族・平民の別なく(あ)満18歳に達した男子から選抜して(い)3年間の兵役に服させることになったが、実際には戸主とその跡継ぎや(う)学生・官吏のほか代人料270円を納入したものには兵役免除を認めていたため、ほとんどは農家の次男以下のものが兵役の義務を負った。

（3）下線部(c)について、「遠ク郡県ノ古ニ復ス」は廃藩置県のことを指している。次の文Ⅰ〜Ⅳのうち、これについて述べた文の組み合わせとして正しいものを、下のア〜カから一つ選べ。

Ⅰ 廃藩に先立ち、まず薩摩・土佐・肥前の3藩から御親兵をつのって軍事力を固めた。

Ⅱ すべての藩は廃止されて府県となり、統廃合を経て1888年には1道3府43県となった。

Ⅲ 旧大名は知藩事を罷免され、藩があった場所に居住した。

Ⅳ 中央政府が派遣する府知事・県令が各地に派遣され、地方行政に当たった。

ア Ⅰ・Ⅱ　**イ** Ⅰ・Ⅲ　**ウ** Ⅰ・Ⅳ　**エ** Ⅱ・Ⅲ　**オ** Ⅱ・Ⅳ　**カ** Ⅲ・Ⅳ

①		②		③		④		⑤		
⑥			⑦		⑧		⑨		⑩		⑪
⑫			⑬			⑭			⑮		

(1)	

(2)あ		い		う		(3)	

(1)は4点、他は各2点、計42点

2 次の文を読み(①)～(⑥)に適語を入れ、あとの設問に答えよ。

　政府は封建的身分制度の撤廃を進めた。版籍奉還によって藩主と藩士の主従関係が解消され、藩主・公家を(①)、藩士や旧幕臣を士族とした。同時に農工商の百姓・町人は平民となり、(②)が許され、結婚や職業・居住の自由も認められた。また1871年には、(a)旧来のえた・非人の称をやめて、身分・職業ともに平民同様とした。1872年には、(①)・士族・平民という新たな族籍にもとづく統一的な戸籍編成が行われた。これを(③)という。こうして、かつての武士の身分的特権はなくなったが、彼らは依然として家禄を支給されており、王政復古の功労者には(④)も支給されていた。この家禄と(④)をあわせて秩禄というが、政府にとって大きな負担であった。政府は(b)1876年に家禄制度を全廃し、(⑤)を交付して俸禄の支給を打ち切ることとした。

　廃藩置県のあと、政府は統一的な税制を整え、(c)安定的な財政を確立しようとして税制改革の構想を立てた。国内産業が未成熟な当時にあっては、重要な財源は地租をおいてほかになかった。その第一歩として、1871年に田畑勝手作を許可し、翌年には(⑥)の禁令を解き、地券を発行して土地の所有権を明確に認めた。この地券制度をもとに、1873年7月、地租改正条例を交付して(d)地租改正に着手し、1881年になってようやくその事業を終了した。

設問 (1) 下線部(a)に該当する人たちが、その後も経済的に困窮することになった理由を説明せよ。

(2) 下線部(b)について述べた次の文A・Bについて、正しいものに○を、誤っているものに×をつけよ。
　A　士族の中には公債を元手に商売をはじめ、失敗して没落するものも多かった。
　B　士族の公債額は平均500円であったが、利率で優遇されたため、多くの者が利子だけで生活することが可能であった。そのため、政府に対する不満の声はでなかった。

(3) 下線部(c)について、既存の税制だと財政が安定しないと政府が考えたのはなぜか、説明せよ。

(4) 下線部(d)について述べた次の文A～Cについて、正しいものに○を、誤っているものに×をつけよ。
　A　課税の基準は収穫高から、政府によって算定された地価におかれることになった。
　B　租税の納出は物納が原則であり、実質的な農民の負担はかわらなかった。
　C　租税負担者を土地の所有者と定めたことによって、農民の土地所有が法的に承認された。

①		②		③		④		
⑤			⑥					

(1)	

(2)A		B		(3)	

(4)A		B		C		

各2点、計26点

3 次の文を読み（ ① ）〜（ ⑦ ）に適語を入れ、あとの設問に答えよ。

　1870年、殖産興業を推進するため（ ① ）が設置された。伊藤博文らの指揮のもと、産業の近代化を進めた。通信では、旧越後高田藩士であった（ ② ）の建議により、1871年に郵便制度が発足した。また、電信線が架設され、通信の高速化が実現した。海運では、近海の海運を国内企業に掌握させ、また有事の際に軍事輸送を行わせるため、土佐藩出身の（ ③ ）が経営する(a)三菱に手厚い保護を与えた。さらに政府は、1872年に群馬県に官営模範工場として（ ④ ）を設置し、フランスの先進技術の導入・普及と工女の育成をはかった。

　政府は(b)北方を開発するために、1869年蝦夷地を北海道と改称して、（ ⑤ ）を設置して開発を進めた。1876年には、（ ⑥ ）を教頭にまねき、札幌農学校を開校した。北海道開拓が進展していく一方で、古くからこの地に住んでいた(c)アイヌが伝統的な生活・風俗・習慣・信仰を失っていくという問題も生じた。貨幣制度では（ ⑦ ）条例を定め、円・銭・厘を単位に新硬貨をつくった。また新たな政府紙幣を発行して紙幣の統一を進めたが、これは金貨・銀貨と交換できない不換紙幣だった。

設問　(1)　下線部(a)について、殖産興業政策が進められる過程で、政府から特権を与えられ巨額の利益を得た三菱や三井のような民間事業家を何と呼ぶか。

　(2)　下線部(b)について、1874年に設けられた、北海道開拓とロシアに対する警備を目的に士族を北海道におく制度を何というか、答えよ。

　(3)　明治初期の交通・通信制度に関する次の文A・Bについて、正しいものに○を、誤っているものに×をつけよ。

　　A　1872年に新橋・横浜間で鉄道が敷設され、ついで神戸・大阪・京都間にも敷設された。

　　B　1869年、東京・横浜間に電信線が架設されたが、これが北海道・長崎までのばされるのは、日露戦争後のことであった。

　(4)　下線部(c)について、アイヌの生活・文化の破壊を防ぐために1899年に制定された法律を答えよ。

　(5)　殖産興業政策について述べた次の文A〜Dについて、正しいものに○を、誤っているものに×をつけよ。

　　A　旧幕府が経営していた鉱山などの事業は、明治政府には受け継がれず、民間の商人が経営に当たった。

　　B　明治政府は殖産興業政策を推進するため、1877年工部省を中心に内国勧業博覧会を開催した。

　　C　内務省は、官営模範工場の経営や道路改修の奨励に携わった。

　　D　北海道開拓のために、ドイツ式の農場制度・畜産技術の移植がはかられた。

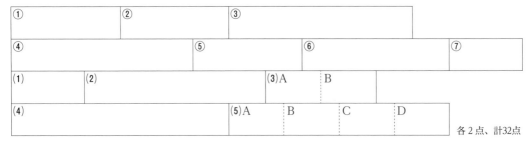

各2点、計32点

1 次の文を読み（ ① ）〜（ ⑧ ）に適語を入れ、あとの設問に答えよ。

A　明治初期の思想界では、(a)西洋近代思想が流行し、(b)万人には生まれながらにして人間としての権利が備わっているという考えがとなえられた。（ ① ）が著した『学問のすゝめ』や、（ ② ）が翻訳したミルの『自由之理』などは、国民の考え方を転換させるうえで大きな働きをした。（ ① ）や（ ② ）らの思想家は1873年に（ ③ ）社を組織し、近代思想の普及につとめた。

B　(c)文明開化の風潮は、東京など都会の世相によく表れた。農村の生活は変化が遅かったが、近代化の波は交通の発達や新聞の普及などで次第に地方にもおよんでいった。

C　明治当初の教育政策は、1871年の（ ④ ）省の新設に続き、翌年学制が公布された。しかし、この学制は画一的で現実にあわない側面が強く、1879年の（ ⑤ ）令によって改められた。(d)教育制度の整備は主として政府によって進められたが、私学も創設され、特色ある学風を発揮した。

D　明治政府は古代以来の神仏習合を禁じて、（ ⑥ ）を国教とする方針を打ち出した。これを（ ⑦ ）令という。これにより全国で仏教を排斥する動きが展開したが、これは仏教界の覚醒をうながした。また、政府は1870年に（ ⑧ ）の詔を発し、神社制度・(e)祝祭日などを制定するなど、（ ⑥ ）を中心とした国民教化を目指した。キリスト教に対しては、当初旧幕府同様の(f)禁教政策を継続した。

設問 (1)　下線部(a)について、明治初期に紹介された西洋思想として誤っているものを、次の**ア〜エ**から一つ選べ。

　　ア　ミルやスペンサーの功利主義　　**イ**　ダーウィンの生物進化論

　　ウ　クロポトキンのアナーキズム　　**エ**　ルソーの社会契約論

(2)　下線部(b)の思想を何というか、漢字四字で答えよ。

(3)　下線部(c)に関して、この時期の人々の生活を説明した次の文A〜Cについて、正しければ○を、誤っていれば×をつけよ。

　　A　官吏や巡査が洋服を着用した。　　B　東京では電灯が実用化された。

　　C　東京の銀座通りには煉瓦造りの建物が並び、路面電車・人力車が行き交った。

(4)　下線部(d)について、1877年に創設された大学を何というか、答えよ。

(5)　下線部(e)について、明治初期に定められた祝祭日のうち、『日本書紀』が伝える神武天皇即位の日（西暦に換算すると2月11日）を何というか、答えよ。

(6)　下線部(f)について、

　　ⅰ）その後、政府が1873年にキリスト教を黙認するきっかけとなった出来事を説明せよ。

　　ⅱ）また、ⅰ）を機会に新旧各派の宣教師が日本で布教活動を積極化したことに対応して、日本政府は国民教化の方針をどのように転換したか説明せよ。

①	②	③	④	⑤
⑥	⑦	⑧		
(1)	(2)	(3)A	B	C
(4)	(5)			
(6)ⅰ）				
ⅱ）				

(6)ⅰ）は4点、他は各2点、計36点

2 明治初期の国際関係に関する次の文を読み、（ ① ）〜（ ⑥ ）に適語を入れ、あとの設問に答えよ。

A　1871年、（ ① ）を大使とした使節団が不平等条約改正と海外視察のためにアメリカ・ヨーロッパに派遣された。同じ年に、日本政府は清とのあいだに日清修好条規を締結した。

B　（ ② ）で琉球漂流民が殺害された問題がもつれ、日本政府は（ ② ）に出兵した。イギリスの調停もあり、清はこの出兵を正当なものと認め、事実上の賠償金を日本に支払った。

C　日本政府は、琉球王国を日本領とする政策をとり、琉球藩をおき、（ ③ ）を藩王とした。

D　この年、日本政府はロシアとのあいだに（ ④ ）条約を締結し、樺太の帰属問題について確認した。同年、（ ⑤ ）事件を機に朝鮮に開国をせまり、翌年、日朝修好条規を締結した。

E　1876年、所属が明確でなかった（ ⑥ ）諸島を日本の領有とし、アメリカ・イギリスは異議をとなえず、日本の領土として画定された。

設問　(1)　A〜Eは、Aが一番古く、Eが一番新しい出来事である。古い順番に並べかえよ。
　　　(2)　Aの使節団に随行した人物を、次の**ア〜エ**から一人選べ。
　　　　ア　板垣退助　　**イ**　木戸孝允　　**ウ**　西郷隆盛　　**エ**　江藤新平
　　　(3)　（ ④ ）条約によって両国の国境はどのように画定されたか、説明せよ。
　　　(4)　琉球藩が廃止され、沖縄県が設置されたあとの沖縄では、本土との経済的格差が生じた。そのことによってどのような社会問題が生じたか、具体的な例をあげて説明せよ。

①		②	③	④	
⑤		⑥	(1)		(2)
(3)					
(4)					

(1)〜(4)は各3点、他は各2点、計24点

3 明治新政府への反抗に関する次の文を読み、下線部がいずれも正しい場合は〇を、誤っている場合はその記号と正しい語を、それぞれ答えよ。

A　征韓論争により㋐西郷隆盛、㋑板垣退助ら参議が辞職したあと、政府を指導したのは内務卿㋒大久保利通である。

B　板垣退助や後藤象二郎らは㋐愛国公党を結成するとともに㋑民撰議院設立の建白書を㋒右院に提出した。イギリス人ブラックが創刊した『日新真事誌』に掲載されたことで、世論に大きな影響を与えた。

C　征韓派参議の㋐江藤新平は、郷里㋑佐賀の不平士族に迎えられ、㋒敬神党の乱をおこした。

D　1877年、㋐熊本の私学校生が中心となり、㋑西郷隆盛を首領にした㋒西南戦争をおこした。

E　㋐徴兵制度や小学校の設置による負担増に反対した農民らが、㋑血税一揆や㋒学制反対一揆をおこした。

A		B	
C		D	
E			

各3点、計15点

4 次の史料を読み、あとの設問に答えよ。

> 史料A　学事奨励に関する太政官布告（被仰出書）
>
> 　人々自ラ其ノ身ヲ立テ、其産ヲ治メ、其業ヲ昌ニシテ、以テ其生ヲ遂ル所以ノモノハ、他ナシ、身ヲ修メ智ヲ開キ才芸ヲ長ズルニヨルナリ。而テ其身ヲ修メ智ヲ開キ才芸ヲ長ズルハ学ニアラザレバ能ハズ。是レ学校ノ設アル所以ニシテ、…凡ソ人ノ営ムトコロノ事、学アラザルハナシ。人能ク其才ノアル所ニ応ジ勉励シテ之ニ従事シ、而シテ後初テ生ヲ治メ産ヲ興シ業ヲ昌ニスルヲ得ベシ。サレバ学問ハ身ヲ立ルノ財本共云ベキ者ニシテ、人タルモノ誰カ学バズシテ可ナランヤ。夫ノ道路ニ迷ヒ飢餓ニ陥リ家ヲ破リ身ヲ喪ノ徒ノ如キハ、畢竟不学ヨリシテ、カカル過チヲ生ズルナリ。…又、士人以上ノ稀ニ学ブ者モ動モスレバ国家ノ為ニスト唱ヘ、身ヲ立ルノ基タルヲ知ラズシテ或ハ詞章記誦ノ末ニ趨リ空理虚談ノ途ニ陥リ其論高尚ニ似タリトイヘドモ之ヲ身ニ行ヒ事ニ施スコト能ザルモノ少カラズ…。之ニ依テ、今般文部省ニ於テ□□□ヲ定メ、追々教則モモ改正シ布告ニ及ブベキニツキ自今以後、一般ノ人民（華士族卒農工商及婦女子）必ズ邑ニ不学ノ戸ナク、家ニ不学ノ人ナカラシメン事ヲ期ス。人ノ父兄タル者宜シク此意ヲ体認シ、其ノ愛育ノ情ヲ厚クシ、其子弟ヲシテ必ズ学ニ従事セシメザルベカラザルモノナリ。（高上ノ学ニ至テハ、其人ノ材能ニ任カスト雖ドモ、幼童ノ子弟ハ男女ノ別ナク小学ニ従事セシメザルモノハ、其父兄ノ越度タルベキ事）

> 史料B　朝鮮との条約締結
>
> 第一款　朝鮮国ハ自主ノ邦ニシテ日本国ト平等ノ権ヲ保有セリ。嗣後両国和親ノ実ヲ表セント欲スルニハ彼此互ニ同等ノ礼義ヲ以テ相接待シ、毫モ侵越猜嫌スル事アルベカラズ。…
>
> 第八款　嗣後日本国政府ヨリ朝鮮国指定各口ヘ時宜ニ随ヒ日本商民ヲ管理スルノ官ヲ設ケ置クベシ。若シ両国ニ交渉スル事件アル時ハ該官ヨリ其ノ所ノ地方長官ニ会商シテ弁理セン。
>
> 第十款　日本国人民、朝鮮国指定ノ各口ニ在留中、若シ罪科ヲ犯シ朝鮮国人民ニ交渉スル事件ハ総テ日本国官員ノ審断ニ帰スベシ。
>
> 第十一款　両国既ニ通好ヲ経タレハ別ニ通商章程ヲ設立シ両国商民ノ便利ヲ与フヘシ

設問（1）　史料Aの空欄に入る語を答えよ。

（2）　次の文A～Eについて、史料Aの内容に一致しているものには○を、一致していないものには×をつけよ。

　　A　学問を修め、身を立てることは重要であるから、学校を設置する。

　　B　江戸時代の武士は、学問を修めることが不十分であった。

　　C　現時点では、女子よりも男子の教育を優先すべきである。

　　D　農村では仕事の関係で学校に通えない児童がいることは、やむを得ない。

　　E　より多くの人々が高等教育を受けるべきである。

（3）　史料Aの内容ともっとも近い考え方の文を、次のア～エから一つ選べ。

　　ア　「諸君、謀叛を恐れてはならぬ。……（中略）……。新しいものは常に謀叛である」

　　イ　「如何にして貧富の懸隔を打破すべきかは、実に二十世紀における大問題なりとす」

　　ウ　「天は人の上に人を造らず人の下に人を造らずと云へり」

　　エ　「誰でも一度手にしたら最後　もう何うしても読まずにはおけぬ」

（4）　史料Bは日朝間で締結された条約である。この条約は不平等条約と評価されるが、どの款の、どの内容を根拠に、そのように評価されるのか、説明せよ。

(1)		(2)A	B	C	D	E	(3)

(4)	内容
第　　　款	

1 》次の文を読み（ ① ）～（ ⑯ ）に適語を入れ、あとの設問に答えよ。

A　1874年、（ ① ）は片岡健吉らの同志を集め（ ② ）をおこし、翌年、これを母体に民権派の全国組織である（ ③ ）が設立された。政府はこうした動きに対し、1875年、(a)大阪会議を開き、(b)漸進的な国会開設方針を決定した。また、立法諮問機関である（ ④ ）・最高裁判所に当たる（ ⑤ ）を設置し、府知事・県令からなる（ ⑥ ）を設置するなど、国会開設に向けた準備を始めた。

B　1880年3月、（ ③ ）の大会決議にもとづいて（ ⑦ ）が結成された。政府は国会開設請願運動を展開する民権派を強く規制した。同年11月、（ ⑦ ）は第2回大会を開いたが、運動方針について意見がまとまらず、翌年10月に各自の憲法草案をたずさえて再会することを決め散会した。散会後の1881年、参加者の一部により、（ ① ）を総理とする自由党が結成された。

C　政府は明治十四年の政変を通じ、1881年、国会開設の勅諭を出し、天皇が定める（ ⑧ ）憲法制定の基本方針を決定した。以後、(c)民間でもさかんに憲法私案が作成された。また、国会開設の時期が決まると、急進的な自由主義をとなえる自由党に続いて、大隈重信を党首とした（ ⑨ ）が結成された。政府側も東京日日新聞社長（ ⑩ ）を中心に立憲帝政党を結成させた。

D　松方デフレの財政運営下での農村の窮迫は、民権運動にも大きな影響を与えた。生活苦のため運動から手を引く者が増える一方で、政治的に急進化する者も現れた。1882年の県令三島通庸による土木工事の強制に端を発した（ ⑪ ）事件をはじめに、(d)高田・群馬・加波山などで激化事件がおき、困民党や借金党を中心に埼玉県（ ⑫ ）でおきた事件では、その鎮圧に軍隊までもが派遣された。また、1885年には、大井憲太郎らが朝鮮保守政府を倒そうと企てて検挙される（ ⑬ ）事件がおこるなど、運動の急進化と弾圧の中で民権運動は衰退していった。

E　国会開設の時期が近づくと、民権派の再結集がはかられるようになった。旧自由党の星亨・（ ⑭ ）らが大同団結をとなえ、条約改正交渉の失敗を機に（ ⑮ ）運動が展開された。この運動は（ ⑯ ）の軽減、言論集会の自由、(e)外交失策の回復を要求するものであり、全国で激しい陳情運動が行われた。政府はこれをきびしく弾圧したため、運動は一時鎮まったが、憲法発布が近づくと民権派は再び活況を呈した。

設問(1)　次のア～ウは、政府による民権運動に対する対応策である。A～Eのどの時期の対応策か、それぞれ選べ。

　　　ア　集会条例の制定　　イ　保安条例の制定　　ウ　讒謗律・新聞紙条例の制定

(2)　下線部(a)の会議について、

　　 ⅰ）この会議の代表的主催者は誰か。

　　 ⅱ）この会議に参加した、台湾出兵に反対して下野していた人物は誰か。

(3)　下線部(b)について、このような方針が詔として出されたが、それを何というか。

(4)　下線部(c)について、このような憲法私案のなかで抵抗権・革命権を規定した、植木枝盛による私擬憲法名をあげよ。

(5)　自由党の解党は下線部(d)の事件のうち、どの事件の直後か答えよ。

(6)　下線部(e)について、この外交上の批判対象となった外務大臣は誰か。

(7)　Aの時期の民権運動に関する文として、正しいものを、次のア～エから一つ選べ。

　　　ア　（ ① ）や片岡健吉らは、郷里の土佐において民権派の全国組織である（ ③ ）を設立した。

　　　イ　政府は漸進的に立憲制に移行することを決定したが、憲法の制定については時期尚早としてまったく着手していなかった。

　　　ウ　民権運動は、当初から都市の商工業者・地主・農民などの民衆を巻き込んだかたちで展開された。

エ 民権運動が展開する一方で、政府は郡区町村編制法・府県会規則・地方税規則のいわゆる地方三新法を制定して、ある程度の民意をくみ入れられる地方制度に改めた。

(8) C〜Eの時期の民権運動に関する次の文**ア〜ウ**について、正しいものを一つ選べ。

ア 民権思想の高まりの中、加藤弘之はルソーの『社会契約論』の一部を翻訳した『民約訳解』を刊行した。

イ 憲法の私案は、交詢社の「私擬憲法案」が発表された頃から、さかんにつくられるようになった。

ウ 自由民権運動の激化事件とは、すべて自由党指導部の強いリーダシップのもとに計画されたものである。

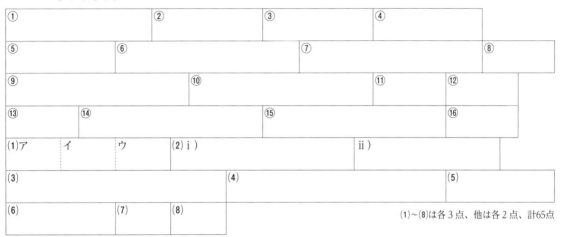

2》「明治十四年の政変」の経過をまとめた次の文を読み、（ ① ）〜（ ④ ）に適語を入れ、あとの設問に答えよ。

　憲法の制定や国会開設をめぐる路線や主導権をめぐる政府内部の対立が、（ ① ）事件をきっかけに表面化した。この事件は、1881年、当時の北海道の開拓長官であった薩摩藩出身の（ ② ）が、同藩出身の政商らに官有物を不当に安い価格で払い下げようとしていると報じられ、問題化した。世論の政府攻撃が民権運動とも合流しようとするなか、政府内でイギリス流の議院内閣制の早期導入を主張する肥前藩出身の（ ③ ）が罷免された。政府内部で、世論の動きに（ ③ ）が関連しているという陰謀説が流れたためである。

　さらに政府は、欽定憲法制定の基本方針を決定し、国会開設の勅諭を出して、（ ④ ）年に国会を開設すると公約した。

設問　(1)　上の経過を参考にしながら、この事件の歴史的意義を、「政権」「憲法」の語句を使って簡単に説明せよ。

①		②	③	
④				
(1)				

3 ▶次の文を読み、(①)～(③)に適語を入れ、あとの設問に答えよ。

I　　　　　　　　　　II

　Iの絵は、1887(明治20)年に第1号が発行された雑誌『国民之友』である。徳富蘇峰は民友社をつくって雑誌『国民之友』を刊行した。その年、井上馨外務大臣の条約改正交渉の内容が明るみに出ると、旧自由党系と立憲改進党の別なく、小異を捨て大同につき、団結して国会開設に備えようという(①)の動きが活発になった。徳富は政府が条約改正のために行った欧化政策を貴族的欧化主義として批判し、一般国民の生活の向上と自由を拡大するための(②)的欧化主義の必要性を説いた。これに対して三宅雪嶺や陸羯南らは、同じく一般国民の幸福を重視しながらも、その前提として国家の独立や国民性を重視し、(③)的民族主義を主張した。

設問 (1)　IIの絵はフランス人のビゴーが描いたものである。この絵の説明として正しい組合せを、次のX・Yから、二つ選べ。

　　　X　ア－この絵は演説会に立ち会っている警察官が演説を監視しているところである。
　　　　　イ－この絵は民権論をとなえる新聞人を警察官が取り締まっているところである。
　　　　　ウ－この絵の頃に多くの在京の民権派が東京から追放された。
　　　　　エ－この絵の頃に多くの地方の民権派が東京に集められた。
　　　Y　a－集会条例が公布された。
　　　　　b－新聞紙条例が改正された。
　　　　　c－保安条例が公布された。

　(2)　この時代の新聞や雑誌のようなメディアが国民(民衆)に与えた影響を、「政治的主張」の語句を使って説明せよ。

①	②	③	(1)X	Y	X	Y

(2)

1 次の文を読み（ ① ）～（ ⑦ ）に適語を入れ、あとの設問に答えよ。

(a)政府は、天皇と政府に強い権限を与える憲法を制定する方針を決定したが、1882年、（ ① ）らをヨーロッパに派遣して憲法調査に当たらせた。（ ① ）はベルリン大学の（ A ）、ウィーン大学の（ B ）らからドイツ流の憲法理論を学び、帰国後、憲法制定の準備を進めた。1884年、（ ② ）令を定め、（ ② ）の範囲を広げ、旧上層公家や大名層以外からも国家に功績があったものが（ ② ）になれるようにした。これは将来の上院をつくる土台となった。ついで1885年、太政官制を廃して（ ③ ）制度を制定した。宮中の事務に当たる（ ④ ）省は（ ③ ）の外におかれ、天皇を常侍補弼する任に当たる（ ⑤ ）が宮中におかれた。初代総理大臣の（ ① ）は（ ④ ）大臣を兼任したが、制度的には府中（行政府）と宮中の区別が明らかとなった。

また、(b)地方制度の改革も、ドイツ人顧問（ C ）の助言を得て、長州藩出身の（ ⑥ ）を中心に進められた。これにより、政府の統制力が強い地方自治制度が確立した。

政府の(c)憲法草案作成作業は、国民に対しては極秘のうちに進められ、ドイツ人顧問（ D ）らの助言を得て、(d)（ ① ）を中心に起草された。西暦（ ⑦ ）年2月11日、(e)大日本帝国憲法（明治憲法）が発布された。

設問 (1) （ A ）～（ D ）に当てはまる人名を、次の**ア～オ**からそれぞれ選べ。

ア モッセ **イ** ボアソナード **ウ** グナイスト **エ** ロエスレル **オ** シュタイン

(2) 下線部(a)について、大隈が罷免され、このような方針が決定されるきっかけになった1881年の事件を何というか、答えよ。

(3) 下線部(b)について、この時の地方制度改革の説明として誤っているものを、次の**ア～エ**から一つ選べ。

ア 市制・町村制では、市長は市会の推薦する候補者から内務大臣が任命した。

イ 市制・町村制では、町村長は無給の名誉職で、町村会で公選された。

ウ 府県制・郡制では、郡会議員は町村会議員の投票と大地主の互選とによって選ばれた。

エ 府県制・郡制では、府県会議員は郡会議員の投票による直接選挙であった。

(4) 下線部(c)について、天皇臨席のもとで草案審議を進めた天皇の最高諮問機関を何というか、答えよ。

(5) 下線部(d)について、憲法草案起草に関わらなかった人物を、次の**ア～エ**から一つ選べ。

ア 伊東巳代治 **イ** 片岡健吉 **ウ** 金子堅太郎 **エ** 井上毅

(6) 下線部(e)について、この憲法は天皇が定めて国民に与えるという形式がとられている。そのような憲法を何というか、答えよ。

①		②		③		④		⑤	
⑥		⑦		(1)A	B		C		D
(2)				(3)	(4)			(5)	
(6)									

各2点、計32点

2 大日本帝国憲法の条文と解説文を読み、（ ① ）～（ ⑪ ）に適する語を語群から選べ。

第一条　大日本帝国ハ万世一系ノ天皇之ヲ（ ① ）ス。

第二条　皇位ハ（ ② ）ノ定ムル所ニ依リ皇男子孫之ヲ継承ス。

＊（ ② ）は憲法と同時に制定された、皇室関係の法令である。皇位継承や即位などを規定している。

第三条　天皇ハ（ ③ ）ニシテ侵スベカラズ。

第四条　天皇ハ国ノ元首ニシテ（ ① ）権ヲ総攬シ此ノ憲法ノ条規ニ依リ之ヲ行フ。

第十一条　天皇ハ陸海軍ヲ（ ④ ）ス。

＊（ ③ ）不可侵とされた天皇は（ ① ）権の総覧者であり、文武官の任免、国防の方針、陸海軍の（ ④ ）、宣戦・講和、（ ⑤ ）の締結など、議会の関与できない大きな権限をもっていた。このような権限を（ ⑥ ）と呼ぶ。議会の関与できない（ ⑥ ）のうち、陸海軍の（ ④ ）権は内閣からも独立し、天皇に直属していた。これを「（ ④ ）権の独立」という。

第二十九条　日本（ ⑦ ）ハ（ ⑧ ）ノ範囲内ニ於テ言論著作印行集会及結社ノ自由ヲ有ス。

＊大日本帝国憲法で、国民は「（ ⑦ ）」と呼ばれる。「（ ⑦ ）」は言論・出版・集会・結社の自由や、宗教上も（ ⑨ ）の自由を認められていたが、それらはすべて（ ⑧ ）の範囲内で認められるという制限があった。

第三十三条　帝国議会ハ（ ⑩ ）（ ⑪ ）ノ両院ヲ以テ成立ス。

＊帝国議会は皇族・華族からなる（ ⑩ ）と選挙によって選ばれた議員からなる（ ⑪ ）の二院制をとっていた。

語群 ア　皇室典範　　イ　衆議院　　ウ　法律　　エ　統帥　　オ　天皇大権　　カ　信教
　　　　キ　神聖　　ク　統治　　ケ　貴族院　　コ　臣民　　サ　条約

①	②	③	④	⑤	⑥	⑦	⑧	⑨	⑩

⑪	
	各2点、計22点

3 次の文を読み、あとの設問に答えよ。

　法典の編纂は明治初年から着手され、（ Ａ ）人法学者（ Ｂ ）がまねかれて、（ Ａ ）法をモデルとした(a)法典が編纂された。法治国家としての体裁が整えられる中で民法は、(b)論争が生じ、施行が先延ばしにされた。

設問(1)　（ Ａ ）に適する国名を答えよ。

　(2)　（ Ｂ ）に適する人名を答えよ。

　(3)　下線部(a)について、憲法より先に公布された法律名を一つ答えよ。

　(4)　下線部(b)について、

　　ⅰ）（ Ｂ ）の民法を批判した人物名を答えよ。

　　ⅱ）「民法出デゝ忠孝亡ブ」という論文でどのような批判をしたのか説明せよ。

　(5)　当時の民法の条文を読み、（ Ｃ ）にあてはまる語句を漢字二字で答えよ。

　　第七百四十九条　家族ハ（ Ｃ ）ノ意ニ反シテ其居所ヲ定ムルコトヲ得ズ

　　第七百五十条　家族ガ婚姻又ハ養子縁組ヲ為スニハ（ Ｃ ）ノ同意ヲ得ルコトヲ要ス

(1)	(2)	(3)	(4) ⅰ)

ⅱ)

(5)	
	(4)ⅱ)は4点、他は各2点、計14点

4 次の表の(①)～(⑦)に適する語を語群から選び、あとの設問に答えよ。

	内閣総理大臣	主な出来事
第一議会(1890年)	(①)	(a)(**A**)主義の立場をとる (b)主権線と利益線の防衛を主張 (②)の一部を切り崩し予算案成立
第二議会(1891年)	(③)	海相樺山資紀の蛮勇演説により(c)民党と対立して解散 (d)第2回総選挙に際し、内務大臣(④)を中心にした(**B**)が行われる
第三議会(1892年)	(③)	(③)内閣退陣
第四議会(1892年)	(⑤)	自由党と妥協し海軍軍備拡張に成功
第五議会(1893年)	(⑤)	(⑥)とかつて政府を支持する政党であった国民協会が(⑦)を結成し、政府を攻撃。以後、第六議会まで議会と政府の対立は続く

語群 ア　立憲帝政党　　イ　品川弥二郎　　ウ　木戸孝允　　エ　立憲改進党　　オ　伊藤博文
カ　山県有朋　　キ　対外硬派連合　　ク　立憲自由党　　ケ　松方正義

設問 (1)　下線部(a)について、
　　ⅰ)　政府の立場は政党には左右されないという立場を(**A**)主義というが、(**A**)に適する語を答えよ。
　　ⅱ)　(**A**)主義を、憲法発布直後に打ち出した内閣総理大臣の名前を答えよ。
(2)　下線部(b)について、主権線と利益線とは具体的に何を指しているか、簡潔に述べよ。
(3)　下線部(c)について、
　　ⅰ)　民党とは(②)などの反政府の野党勢力を指すが、政府支持党のことを何というか答えよ。
　　ⅱ)　第1回総選挙における、民党の議席数の割合として正しいものを、次のア～エから一つ選べ。
　　ア　約1割　　イ　約3割　　ウ　約6割　　エ　約9割
(4)　下線部(d)について、(**B**)は政府が行った民党への選挙妨害のことを指している。(**B**)に入る適語を答えよ。
(5)　初期議会に関する次の文ア～エについて、正しいものを一つ選べ。
　　ア　第2回総選挙に際して行われた(**B**)により、民党はほとんどの議席を失った。
　　イ　第1回総選挙の有権者は25歳以上の男子で、直接国税15円以上の納入者に限られていたので、有権者は全人口の1割強であった。
　　ウ　民党のかかげる「民力休養」というスローガンは、徴兵制の廃止を求めるものであった。
　　エ　第四議会における海軍軍備増強の実現には、天皇自らが宮廷費を節約し軍艦製造費にあてるという天皇の詔勅の力もあった。

①	②	③	④	⑤	⑥	⑦	
(1)ⅰ)		ⅱ)					
(2)							
(3)ⅰ)		ⅱ)		(4)		(5)	(2)は4点、(1)ⅰ)ⅱ)は各3点、他は各2点、計32点

(教p.256～260)

/ 点

1 条約改正に関する次の表をみて、（ ① ）～（ ③ ）に適する人名を入れよ。また改正の経過・内容に関するア～エの文が、表の（ A ）～（ C ）のいずれに当てはまるか記号で答え、あとの設問に答えよ。

担当者・年代	改正の経過・内容
岩倉具視(1872)	欧米巡回、アメリカで改正交渉するが途中で断念。
（ ① ）(1878)	税権の回復を目指す。アメリカは賛同。イギリス・ドイツの反対で失敗。
井上馨(1882～87)	（ A ）
大隈重信(1888～89)	（ B ）
青木周蔵(1891)	（ C ）
（ ② ）(1894)	(a)領事裁判権の撤廃
（ ③ ）(1911)	関税自主権の回復

改正の経過・内容

ア 条約改正交渉中に(b)大津事件がおきて、外相は辞任することになった。

イ 領事裁判権の撤廃や外国人被告の裁判については、半数以上の外国人判事を採用するという条件と、交渉担当者のとった(c)極端な欧化政策が反感をまねき、(d)政府内外の批判により交渉は中止された。

ウ 日本国内を外国人に開放するかわりに、領事裁判権を撤廃する改正案が承認された。

エ 欧米との改正条約に調印したが、大審院への外国人判事の任用を認めていたことが国内で批判され、条約改正に失敗した。

設問 (1) 下線部(a)について、領事裁判権の撤廃を内容とするイギリスとのあいだで締結された条約の名称を答えよ。

(2) 下線部(b)について説明した次の文の（ ⅰ ）～（ ⅲ ）に適語を入れよ。なお、（ ⅰ ）には国名を入れよ。

「訪日中の（ ⅰ ）皇太子が滋賀県大津で巡査津田三蔵によって切りつけられ、負傷した。第1次松方内閣は（ ⅰ ）との関係悪化を恐れ、裁判所に圧力をかけ津田三蔵の死刑をせまったが、大審院長（ ⅱ ）は法律にもとづいて無期徒刑とした。このような（ ⅱ ）の行動は、政府の圧力から（ ⅲ ）権の独立を守ったものと評価することができる。」

(3) 下線部(c)について、この時の外相は、改正交渉を有利にするために外国要人接待の社交場を建設した。その建造物の名称を答えよ。

(4) 下線部(d)について、暴風雨にあったイギリス船が沈没し日本人が犠牲となったが、イギリス領事の審判によってイギリス人船長の過失が問われなかったという事件がおきた。その事件の名称を答えよ。

①		②		③		
ア	イ	ウ	エ	(1)		(2) ⅰ
ⅱ		ⅲ		(3)	(4)	

各2点、計26点

2 次の文を読み（ ① ）〜（ ⑨ ）に適語を入れ、あとの設問に答えよ。

　(a)1876年に日本が朝鮮を開国させて以後、朝鮮国内では親日派が台頭してきた。日本への接近を進める国王高宗の外戚（ ① ）一族に反対する、保守派の（ ② ）が軍隊の支持を得て反乱をおこし、これに呼応した民衆が日本公使館を包囲した。この事件を（ ③ ）という。

　反乱は失敗に終わり、その後、朝鮮の保守派は清に接近することになる。これに対し、日本と結んで朝鮮の近代化をはかろうとした（ ④ ）党の指導者（ ⑤ ）は、フランスとの戦争に清が敗北したのを改革の好機と判断し、1884年に日本公使館の援助によりクーデタをおこした。この事件を（ ⑥ ）という。しかし、清の援軍により（ ⑤ ）のクーデタは失敗し、日本と清の関係は悪化した。この関係を打開するため、1885年、日本政府は（ ⑦ ）を清に派遣し、清の全権（ ⑧ ）とのあいだに(b)天津条約を結んだ。

　2回の事変を経て、日本の朝鮮に対する影響力が低下する一方、清の朝鮮進出は強化されることになった。同時に、清・朝鮮に対する日本の世論は急速に険悪化した。（ ⑨ ）が『時事新報』の社説に発表した(c)「脱亜論」はそうした風潮の中で書かれたものである。

設問 (1)　下線部(a)について、

　　　　 ⅰ）朝鮮を開国させた条約の名称を答えよ。

　　　　 ⅱ）この条約は不平等な内容をもつものである。その内容を一つ答えよ。

　　(2)　下線部(b)について、天津条約の内容として誤っているものを、次の**ア〜ウ**から一つ選べ。

　　　　ア　日清両軍の朝鮮からの撤兵。

　　　　イ　朝鮮国での戦闘行為の禁止。

　　　　ウ　朝鮮に出兵する場合の相互事前通告。

　　(3)　下線部(c)に関して次の「脱亜論」を読んで、下のA〜Eの内容が正しければ○を、誤っていれば×を解答欄に記入せよ。

> 今日の 謀（はかりごと）をなすに、わが国は隣国の開明を待て、共に亜細亜を興すの猶予あるべからず、むしろ其の伍（そ）を脱して西洋の文明国と進退を共にし、その支那朝鮮に接するの法も、隣国なるがゆえにとて特別の会釈（え しゃく）に及ばず、まさに西洋人がこれに接するの風に従て処分すべきのみ。悪友を親しむ者は共に悪名を免（まぬ）かるべからず。われは心において亜細亜東方の悪友を謝絶するものなり。

　　　　Ａ　史料中の「隣国」とは、ロシアのことである。

　　　　Ｂ　日本はヨーロッパ諸国と対決すべきである。

　　　　Ｃ　日本は清・朝鮮に対し、ヨーロッパ諸国と同様に武力をもって対処すべきである。

　　　　Ｄ　史料中の「悪友」とは、清・朝鮮のことである。

　　　　Ｅ　日本はアジアとの連帯を否定すべきである。

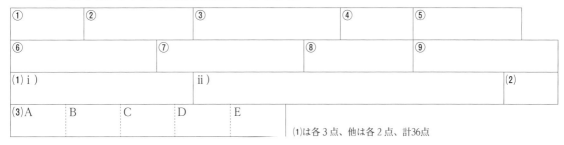

①	②	③	④	⑤
⑥		⑦		⑧		⑨	
(1)ⅰ)		ⅱ)			(2)
(3)A	B	C	D	E	

(1)は各3点、他は各2点、計36点

3 次の文を読み（ ① ）～（ ⑧ ）に適語を入れ、あとの設問に答えよ。

　1894年に、朝鮮で民族主義的な農民の反乱である（ ① ）がおこると、清は朝鮮政府の要請を受けて出兵し、事前通告を受けた日本もこれに対抗して出兵した。その後、両国は朝鮮の内政改革をめぐって対立を深め、同年8月、(a)日清戦争が始まった。(b)戦局は日本側の優勢のうちに進んで日本が勝利し、1895年4月、日本全権（ ② ）・伊藤博文と清の全権（ ③ ）とのあいだで(c)（ ④ ）条約が結ばれて講和が成立した。しかし、この条約で約束された（ ⑤ ）半島の割譲は、東アジア進出を目指すロシアを刺激し、(d)ロシアは（ ⑥ ）・（ ⑦ ）両国をさそって、（ ⑤ ）半島の返還を日本に要求した。(e)3国の連合に対抗する力がないと判断した日本政府は、この勧告を受けいれたが、国民のロシアに対する敵意の増大を背景に、軍備の拡張につとめた。日本は（ ④ ）条約によって得た台湾の統治に力を注ぎ、1895年、海軍軍令部長の樺山資紀を初代の（ ⑧ ）に任命し、島民の抵抗を武力で鎮圧した。

設問　(1)　下線部(a)の日清戦争の開始に関して述べた次の文Ⅰ～Ⅲについて、正しいものには○を、誤っているものには×を解答欄に記入せよ。

　Ⅰ　日清戦争は、清が日本に対し宣戦布告して始まった。

　Ⅱ　日清戦争の開戦により、日本の議会ではそれまで政府と対立していた政党は予算・法律案を承認するなど、政府への協調姿勢をとるようになった。

　Ⅲ　日清戦争の直前に日英通商航海条約が締結された。

(2)　下線部(b)について、右の地図中の（ア）～（ウ）に当てはまる地名を答えよ。

(3)　下線部(c)の（ ④ ）条約に関して述べた次の文Ⅰ・Ⅱについて、その正誤の組合せとして正しいものを、下の**ア～エ**から一つ選べ。

　Ⅰ　清は日本が韓国を併合することを認めた。

　Ⅱ　清は日本に対し、台湾と澎湖諸島をゆずった。

　ア　Ⅰ−正　Ⅱ−正　　**イ**　Ⅰ−正　Ⅱ−誤
　ウ　Ⅰ−誤　Ⅱ−正　　**エ**　Ⅰ−誤　Ⅱ−誤

(4)　下線部(d)について、この三国による行為を歴史上何というか。漢字四字で答えよ。

(5)　下線部(e)について、当時の国民のロシアに対する敵意を象徴する標語を漢字四字で答えよ。

(6)　右のグラフは日清戦争後の賠償金特別会計の使途である。このグラフからわかることと、その理由を答えよ。

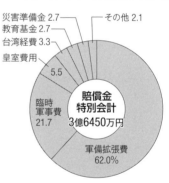

（明治財政史編纂会編『明治財政史』より作成）

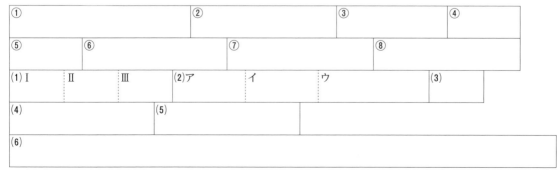

1 次の文を読み（ ① ）〜（ ⑥ ）に適する語を語群から選び、あとの設問に答えよ。

　1898年に成立した第3次（ ① ）内閣は、陸・海軍の軍備拡張要求が強まったため、地租の増徴案を議会に提出した。初期議会以来、地租軽減を要求してきた⒜自由・進歩両党は、これに反対を表明し、合同して政党を結成した。衆議院に絶対多数を持つ合同政党の出現により、かわって初の政党内閣である第1次（ ② ）内閣が成立した。しかし、（ ② ）内閣は組閣直後から旧自由・進歩両党間に対立があり、⒝（ ③ ）が文部大臣を辞任すると、4カ月で退陣した。かわった第2次（ ④ ）内閣は旧自由党の支持を得、旧進歩党の反対をおさえて地租増徴案を成立させた。しかし、⒞政党の影響力が官僚や軍部におよぶのを防ぐ法令を定めると、このような一連の政策に批判的になった旧自由党は、当時、政党結成を目指していた（ ① ）に接近し、1900年に⒟立憲政友会を結成した。（ ① ）は立憲政友会を率いて、同年第4次内閣を組織したが、今度は貴族院の反対に苦しめられて退陣し、1901年に第1次（ ⑤ ）内閣が成立した。これ以後⒠（ ④ ）の後継者で（ ⑤ ）の率いる軍部・官僚・貴族院勢力と、（ ① ）のあとを受けた（ ⑥ ）を総裁とする政党を基盤とする勢力とが政界を二分し、10年以上にわたり（ ⑤ ）と（ ⑥ ）が交互に内閣を担当した。しかし、（ ① ）と（ ④ ）は⒡政界の第一線から退いたあとも非公式に天皇を補佐して首相の選任権を握り、内閣の背後から影響力を行使した。

語群 ア　桂太郎　　イ　大隈重信　　ウ　松方正義　　エ　伊藤博文　　オ　幸徳秋水

　　　　カ　山県有朋　　キ　尾崎行雄　　ク　西園寺公望

設問 (1)　下線部⒜について、この党の名称を答えよ。

(2)　下線部⒝について、（ ③ ）の発言に批判が集中し、文部大臣を辞任することになったが、この事件を何というか答えよ。

(3)　下線部⒞について、

　ⅰ）政党の影響が、官僚におよぶことを防ぐために改正した法令は何か。

　ⅱ）政党の影響が、軍部におよぶことを防ぐために定めた制度は何か答えよ。

(4)　下線部⒟について、以下は立憲政友会の設立趣意書の一部である。これを読んで、立憲政友会がそれまでの政党とどのような点で異なっていたかを答えよ。

> 　余等同志は国家に対する政党の責任を重じ専ら公益を目的として行動し常に自ら戒飭して宿弊を襲ふことなきを努むべし

(5)　下線部⒠について、この時期を（ ⑤ ）と（ ⑥ ）の苗字をとって何時代と呼ぶか答えよ。

(6)　下線部⒠について、次のＡ〜Ｄから正しいものを二つ選べ。

　Ａ　桂内閣の時に帝国在郷軍人会が設立された。

　Ｂ　桂内閣の時に鉄道国有法が成立した。

　Ｃ　西園寺内閣の時に大逆事件がおき社会主義者と無政府主義者が大量に弾圧された。

　Ｄ　西園寺内閣の時に日本社会党が結成された。

(7)　下線部⒡について、このような地位を何と呼ぶか答えよ。

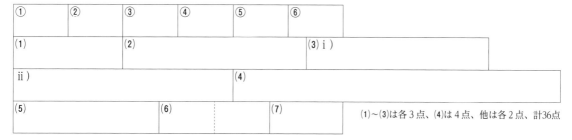

①	②	③	④	⑤	⑥

(1)	(2)	(3) ⅰ）

ⅱ）	(4)

(5)	(6)	(7)

(1)〜(3)は各3点、(4)は4点、他は各2点、計36点

2 日清戦争後から日露戦争までの時代を扱った次の設問に答えよ。

設問(1) 日清戦争後の列強による東アジアでの勢力圏について、右の地図のⅠ～Ⅳを勢力においた国の組合せとして正しいものを、次のア～エから一つ選べ。

ア　Ⅰ－ドイツ　　Ⅱ－ロシア
　　Ⅲ－イギリス　Ⅳ－フランス

イ　Ⅰ－ドイツ　　Ⅱ－ロシア
　　Ⅲ－フランス　Ⅳ－イギリス

ウ　Ⅰ－ロシア　　Ⅱ－ドイツ
　　Ⅲ－イギリス　Ⅳ－フランス

エ　Ⅰ－ロシア　　Ⅱ－ドイツ
　　Ⅲ－フランス　Ⅳ－イギリス

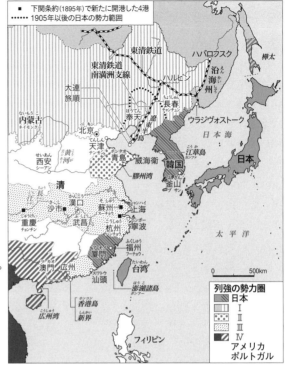

凡例:
- ■ 下関条約(1895年)で新たに開港した4港
- ⋯⋯ 1905年以後の日本の勢力範囲

列強の勢力圏
- 日本
- Ⅰ
- Ⅱ
- Ⅲ
- Ⅳ
- アメリカ
- ポルトガル

(2) 次の文ア～エは、列強の支配下にあった中国でおこった事柄を説明したものである。正しいものには○を、誤っているものには×を記せ。

ア　列強の中国分割に反対するため、清国を倒そうとして義和団戦争がおこった。

イ　北清事変とは、「扶清滅洋」をとなえた中国内の排外主義団体がおこしたものである。

ウ　北清事変に対抗するための列強の連合国軍には日本も加わった。

エ　義和団戦争は、清国政府により鎮圧された。

(3) 日露開戦を主張した新聞として誤っているものを、次のア～ウから一つ選べ。

ア　万朝報　　イ　平民新聞　　ウ　国民新聞

(4) 日露戦争に反対した社会主義者を、次のア～オから二つ選べ。

ア　与謝野晶子　　イ　堺利彦　　ウ　幸徳秋水　　エ　内村鑑三　　オ　戸水寛人

(5) 日露戦争の経過を述べた文として誤っているものを、次のア～ウから一つ選べ。

ア　イギリス・アメリカはロシアの満洲占領に反対の立場から、日本に経済的な支援をした。

イ　日本は日本海海戦でロシアのバルチック艦隊に敗れたものの、奉天会戦で勝利し戦況は日本に有利となった。

ウ　ロシア国内では専制政府に対する革命運動がおこり戦争の継続が困難となった。

(6) 日露の講和を斡旋したアメリカ大統領の名前を答えよ。

(7) 講和条約締結時の日本全権とロシア全権の名前を答えよ。

(8) 講和条約が締結されたアメリカの都市の名前を答えよ。

(9) 講和条約の内容を述べた次の文ア～エについて、正しければ○を、誤っていれば×を記せ。

ア　ロシアはサハリン(樺太)全島を日本に譲渡した。

イ　ロシアは旅順・大連の租借権を日本に譲渡した。

ウ　ロシアは韓国に対する日本の指導・監督権を承認した。

エ　ロシアは日本から沿海州とカムチャッカの漁業権を獲得した。

(10) 「光栄(栄光)ある孤立」をしていたイギリスはなぜ、日英同盟を結ぶことになったか、列強の東アジアでの勢力圏をふまえて簡潔に述べよ。

(1)	(2)ア	イ	ウ	エ	(3)	(4)		(5)

(6)		(7)日本		ロシア
(8)		(9)ア	イ　　ウ　　エ	
(10)				

(4)は完全解答2点、他は各2点、計34点

3 》次の文を読み(①)～(⑧)に適する語を語群から選び、あとの設問に答えよ。

　日露戦争中に第1次日韓協約を結び、韓国にみずからが推薦した外交・財政顧問をおいた日本は、戦後の1905年に(a)アメリカ・イギリス両国に日本の韓国保護国化を承認させた。これらを背景に、同年第2次日韓協約を結んで韓国の(①)権を奪い、漢城(現、ソウル)に(②)をおき、(③)を初代長官とした。これに対し韓国は、(b)1907年に開かれた第2回万国平和会議に皇帝の密使を送って抗議したが、列国に無視された。日本はこの事件をきっかけに韓国皇帝を退位させるとともに、第3次日韓協約を結び、韓国の(④)権も手中にした。こうした日本の支配強化に対して義兵運動が活発化したことから、日本政府は、1909年に軍隊を増派して義兵運動を鎮圧したが、その最中に(c)(③)がハルビン駅で暗殺される事件がおきた。翌1910年に日本は(⑤)を締結して韓国を植民地として(⑥)をおき、(⑦)を初代長官とした。(⑥)は朝鮮国内において地税を賦課するための土地調査を行い、所有権の不明確な農地・山林を接収して、(d)その一部を日本人地主などに払い下げた。その結果、土地を奪われ、困窮化した農民の中には、日本に職を求めて移住する者もいた。

　他方で、日本の満洲進出も本格化し、旅順・大連を含む遼東半島の租借地を統治する(⑧)が旅順におかれ、(e)半官半民の鉄道会社も設立された。これに対して満洲市場に関心をもつアメリカが、日本の南満洲権益独占に反対したため、日米関係は急速に悪化した。

語群 ア　関東都督府　　イ　内政　　ウ　統監府　　エ　朝鮮総督府　　オ　伊藤博文　　カ　外交　キ　警察　　ク　日朝修好条規　　ケ　樺山資紀　　コ　韓国併合条約　　サ　寺内正毅

設問 (1)　下線部(a)について、アメリカと締結した協定名を答えよ。
　(2)　下線部(b)について、この事件を何というか答えよ。
　(3)　下線部(c)について、(③)を暗殺した韓国の民族運動家の名前を答えよ。
　(4)　下線部(d)について、韓国の拓殖事業を営む国策会社として設立され、土地の払い下げを受けた会社の名前を答えよ。
　(5)　下線部(e)について、この会社の名前を答えよ。
　(6)　韓国の軍隊が解散させられたのは第何次の日韓協約においてか、答えよ。
　(7)　日露戦争後の国際関係について述べた文として誤っているものを、次のア～エから一つ選べ。
　　ア　満洲をめぐって日本と対立したアメリカでは、日本人移民排斥運動が激化した。
　　イ　中国では辛亥革命がおこり、孫文を中心とする中華民国が成立したが、日本政府は中国に対して不干渉の立場をとった。
　　ウ　日本の満洲支配に対してロシアも異議をとなえ、日露関係は悪化した。
　　エ　朝鮮は国号を大韓帝国(韓国)と改めた。

①	②	③	④	⑤	⑥	⑦	⑧

(1)		(2)		(3)	
(4)		(5)			
(6)		(7)			

各2点、計30点

1 ▶次の文を読み（ ① ）〜（ ⑨ ）に適する語を語群から選び、あとの設問に答えよ。

1912年 7 月、明治天皇の死去にともない、大正天皇が即位した。この頃、東京帝国大学教授の（ ① ）が『憲法講話』を刊行し、⒜憲法学説や政党内閣論をとなえたことで、新時代に対する国民の政治的関心が高まった。一方、元老の（ ② ）は、大正天皇の内大臣兼侍従長に、長州閥の一員で陸軍の長老であった（ ③ ）を選んだ。時の第 2 次（ ④ ）内閣は、国家財政の悪化にもかかわらず、与党の立憲政友会からは積極的な財政政策を、商工業者からは減税を、海軍からは⒝建艦計画の実現を、陸軍からは⒞師団増設をそれぞれ求められたため、困難な立場に立たされた。

中国でおこった辛亥革命と清朝滅亡という事態に対し、明確な態度をとらず、また海軍拡張を優先しようとした内閣の姿勢を不満とする（ ② ）と陸軍は、 2 個師団増設を強くせまったが、首相は財政上困難だとして拒絶した。これに対し陸軍は、（ ⑤ ）陸相が単独で辞表を天皇に提出し、軍部大臣現役武官制をたてにその後任を推薦しなかったため、内閣は総辞職に追い込まれた。

元老会議は（ ③ ）を後継首相としたが、内大臣兼侍従長である人物が首相となるのは宮中と政府（府中）の境界を乱すとの非難の声が上がった。ここに立憲政友会の（ ⑥ ）と立憲国民党の（ ⑦ ）を中心とする野党勢力・ジャーナリストに、商工業者、都市民衆が加わり、⒟「（ Ａ ）」のスローガンを掲げる⒠第 1 次護憲運動が全国に広がった。そのため、内閣は50日余りで退陣した。

（ ③ ）のあとは、薩摩出身の海軍大将（ ⑧ ）が立憲政友会を与党に内閣を組織した。第 1 次（ ⑧ ）内閣は行政整理を行うとともに、⒡官僚・軍部に政党の影響力の拡大につとめたが、1914年、⒢海軍高官の汚職事件の発覚により退陣した。

これをみた元老は、大衆に人気のある（ ⑨ ）を後継首相に起用した。第 2 次（ ⑨ ）内閣は、衆議院においては立憲政友会に比べて少数であった立憲同志会を与党として出発した。翌1915年の総選挙では、大衆的な選挙戦術をとった与党が立憲政友会に圧勝し、懸案の 2 個師団増設案は議会を通過した。

語群 ア 犬養毅　　イ 上原勇作　　ウ 大隈重信　　エ 尾崎行雄　　オ 桂太郎
　　　カ 西園寺公望　　キ 美濃部達吉　　ク 山県有朋　　ケ 山本権兵衛　　コ 吉野作造

設問（1）下線部⒜について、『憲法講話』の中でとなえられた、君主は国家の最高機関であるとする憲法学説を何というか答えよ。

（2）下線部⒝について、海軍が長期目標とした戦艦 8 隻・装甲巡洋艦 8 隻を何というか答えよ。

（3）下線部⒞について、陸軍が 2 個師団増設を要求したおもな理由を答えよ。

（4）下線部⒟について、（ Ａ ）に当てはまるスローガンを次のア〜オから二つ選べ。

　　　ア 憲政擁護　　イ 民力休養　　ウ 閥族打破　　エ 地租軽減　　オ 臥薪嘗胆

（5）下線部⒠について、これを何というか答えよ。

（6）下線部⒡について、内閣に対する軍の影響力行使を制限するため改正された制度を答えよ。

（7）下線部⒢について、この事件を何というか答えよ。

①	②	③	④	⑤	⑥	⑦	⑧	⑨

(1)		(2)		

(3)

(4)		(5)		(6)	

(7)	
	(3)は 4 点、(4)は完全解答 3 点、他は各 2 点、計35点

2 次の文を読み（ ① ）～（ ⑩ ）に適する語を語群から選び、あとの設問に答えよ。

　1914年、「ヨーロッパの火薬庫」と呼ばれていた（ ① ）半島のサライェヴォでオーストリア帝位継承者が親露的な（ ② ）人に暗殺されると、両国のあいだでの戦争をきっかけとして(a)第一次世界大戦が勃発した。第2次（ ③ ）内閣は（ ④ ）外相の主導により参戦し、中国における(b)ドイツの権益接収、領土占領に成功した。続く1915年、（ ④ ）外相は（ ⑤ ）政府に対し、いわゆる(c)二十一カ条の要求を行い、最後通牒を発して要求の大部分を承認させた。

　続く（ ⑥ ）内閣のもとでは、(d)（ ⑤ ）のあとを継いだ北方軍閥の（ ⑦ ）政権に巨額の経済借款を与え、同政権を通じた日本の権益確保を意図した。一方、日本の中国進出を警戒していた(e)アメリカは、日本の特派大使（ ⑧ ）とアメリカの国務長官（ ⑨ ）とのあいだで、1917年、中国の領土保全・門戸開放と、日本の中国における特殊権益を認める公文が交換された。

　戦争が長期化する中、ロシアでは1917年に帝政と大戦継続に反対する労働者・兵士の革命がおこり、世界ではじめての社会主義国家が生まれた。ボリシェヴィキの（ ⑩ ）が率いるソヴィエト政権は、翌1918年にドイツ・オーストリアと単独講和を結んで戦線から離脱した。英・仏など連合国は内戦下のロシアに(f)干渉戦争をしかけ、（ ⑥ ）内閣も1918年、シベリア・北満洲への派兵を決定した。

語群 ア　石井菊次郎　　イ　大隈重信　　ウ　加藤高明　　エ　寺内正毅　　オ　袁世凱
　　　　カ　段祺瑞　　キ　スターリン　　ク　セルビア　　ケ　タフト　　コ　バルカン
　　　　サ　ランシング　　シ　レーニン

設問 (1)　下線部(a)について、右の図の（A）～（D）に当てはまる語句をそれぞれ答えよ。

(2)　下線部(b)について、次のⅠ～Ⅲのうちドイツの権益接収・領土占領したものとして正しいものには○を、誤っているものには×を記入せよ。

　　Ⅰ　青島と山東省の権益
　　Ⅱ　赤道以北のドイツ領南洋諸島の一部
　　Ⅲ　旅順・大連の租借権

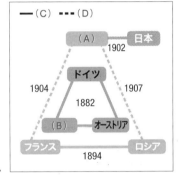

(3)　下線部(c)について、承認させた内容として誤っているものを、次のア～エから一つ選べ。

　　ア　日中合弁事業の承認　　イ　旅順・大連、南満洲鉄道の租借期限を99年間延長
　　ウ　南満洲・東部内蒙古の権益強化　　エ　中国政府の顧問として日本人を雇用

(4)　下線部(d)について、この借款を何というか答えよ。

(5)　下線部(e)について、アメリカは途中から第一次世界大戦に参戦することになったが、その理由と、どちらの側に立って参戦したかを簡単に説明せよ。

(6)　下線部(f)について、連合国はどのような名目でロシアに干渉戦争をしかけたのか、簡単に説明せよ。

①	②	③	④	⑤	⑥	⑦	⑧	⑨	⑩

(1)A	B	C	D

(2)Ⅰ	Ⅱ	Ⅲ	(3)	(4)	

(5)

(6)

(1)～(4)は各1点、(5)(6)は各4点、他は各2点、計37点

3 》次の文を読み（ ① ）〜（ ⑩ ）に適語を入れ、あとの設問に答えよ。

　民衆運動の高揚は政治思想にも大きな影響を与え、1916年、東京帝国大学教授（ ① ）が『中央公論』に掲載した論文の中で、(a)天皇主権を規定する明治憲法の枠内で民主主義の長所を採用することを主張するなど、政治の民主化を求める国民の声もしだいに強まっていった。しかし同年、第2次大隈内閣が総辞職すると、陸軍軍人で初代朝鮮総督をつとめた（ ② ）が、「挙国一致」を掲げて内閣を組織した。立憲同志会など前内閣の与党各派が合同して（ ③ ）を結成してこれに対抗すると、（ ② ）首相は翌1917年に衆議院を解散し、総選挙を行った結果、（ ③ ）にかわり（ ④ ）が衆議院第一党となった。内閣は、（ ④ ）の原敬と（ ⑤ ）の犬養毅ら、政党の代表を取り込み、これに閣僚を加え、外交政策の統一をはかるためとして、臨時外交調査委員会を設置した。

　大戦による急激な経済の発展は、工業労働者の増加と人口の都市集中を通じて米の消費量を増大させたが、地主が耕作から離れて小作料の収入に依存する（ ⑥ ）制のもとで農業生産の停滞もあり、米価などが上昇し、都市勤労者や下層農民の生活が困窮した。1918年、（ ⑦ ）出兵を当て込んだ米の投機的買占めが横行して米価が急騰すると、7月の（ ⑧ ）県での騒動をきっかけに、(b)米の安売りを求めて買占め反対を叫び、日本全国の約70万人を巻き込む大騒擾となり、責任を追及する世論の前に（ ② ）内閣は総辞職した。

　国民の政治参加の拡大を求める民衆運動の力を目の当たりにした元老もついに政党内閣を認め、同年9月、(c)（ ④ ）の原敬を首班とする内閣が成立した。華族でも藩閥でもない、衆議院に議席をもつ首相であったため、「（ ⑨ ）」と呼ばれ、国民から歓迎された。しかし、（ ④ ）の積極政策は1920年におきた大戦後の反動恐慌によって財政的に行き詰まり、また党員の汚職事件も続発したため、原は政党政治の腐敗に憤激した一青年により東京駅で暗殺された。総裁を引き継いだ（ ⑩ ）が後継内閣を組織したが短命に終わり、かわって海軍大将加藤友三郎が内閣を組織し、以後約2年間にわたって3代の非政党内閣が続いた。

設問(1)　下線部(a)について、この考え方を何というか答えよ。

　　(2)　下線部(b)について、これを何というか答えよ。

　　(3)　下線部(c)について、この内閣の政策について、次の文ア〜エのうち下線部が誤っているものを一つ選び、正しい語句を答えよ。

　　ア　国際協調を軸とした対外政策を主張し、満洲権益開発方針についても妥協点を見出した。

　　イ　選挙権の納税資格を3円以上に引き下げ、中選挙区制を導入した。

　　ウ　野党が男性普通選挙法案を提出するが、時期尚早として拒否し、衆議院を解散した。

　　エ　鉄道の拡充や高等学校の増設などの政策を公約として掲げた。

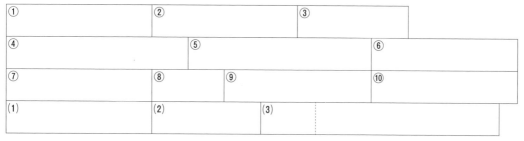

（3）は完全解答4点、他は各2点、計28点

146

点

1 次の文を読み（ ① ）～（ ⑥ ）に適語を入れ、あとの設問に答えよ。

　4年余りにおよんだ第一次世界大戦は、1918年にドイツの降伏によって終結し、翌年(a)パリで講和会議が開かれた。この会議はアメリカ大統領（ ① ）が提唱した14カ条を基礎として議論が行われ、（ ② ）の原則のもとで東欧に多数の独立国家が誕生し、初の国際平和維持機関として（ ③ ）の設立が決まった。一方で、講和条約として調印された（ ④ ）条約は、ドイツにとってきびしいものとなった。

　日本はこの（ ④ ）条約によって（ ⑤ ）半島の旧ドイツ権益継承を認められるとともに、赤道以北のドイツ領南洋諸島の（ ⑥ ）権を得た。しかし、中国国内でこの条約の内容が伝わると、北京の学生による街頭運動に端を発した(b)激しい反日運動がおきるとともに、中国政府も条約の調印を拒否した。

　朝鮮では、これより先に（ ② ）の世論の高まりを背景に、朝鮮独立を求める運動が盛り上がり、1919年3月、京城（現、ソウル）で独立宣言書朗読会を機とした(c)独立運動が朝鮮全土で展開された。(d)日本の現地支配者はこの運動をきびしく弾圧したが、反面、(e)朝鮮支配の方針に若干の改善を行った。

設問 (1)　下線部(a)について、この会議に日本全権として出席した立憲政友会前総裁は誰か答えよ。
　　　(2)　下線部(b)・(c)の運動を、それぞれ何というか答えよ。
　　　(3)　下線部(d)について、この時の日本の内閣の首班は誰か答えよ。
　　　(4)　下線部(e)について、この時に朝鮮総督の資格が拡大された。その内容を20字程度で記せ。

①	②	③
④	⑤	⑥	(1)
(2)(b)	(c)	(3)

(4)

各2点、計22点

2 次の文を読み（ ① ）～（ ③ ）に適語を入れ、あとの設問に答えよ。

　大戦後、国際政治の主導権を握ったアメリカは、建艦競争を終わらせ自国の財政負担を軽減することと、日本の東アジアでの膨張を抑えることを目的として、1921年から翌年にかけて(a)（ ① ）会議を開催した。この会議によって（ ① ）体制と呼ばれるアジア・太平洋の新たな国際秩序が形成され、1920年代は列国の国際協調がはかられた時期であった。日本もこの秩序を積極的に受け入れ、立憲政友会の内閣は協調外交の基礎をつくり、野党としてこれを批判した（ ② ）も、のちに（ ② ）総裁の（ ③ ）を首班とする護憲三派内閣が成立してからは、(b)協調外交政策を推し進めた。

設問 (1)　下線部(a)について、この会議では四カ国条約（A）、九カ国条約（B）、海軍軍備制限条約（C）が調印されたが、次に示す事柄ア～カはそれぞれどの条約にもっとも関係が深いか、A～Cの記号で答えよ。また、どの条約とも関連がない場合は解答欄に×を記入せよ。
　　　　ア　中国の領土と主権の尊重　　　イ　太平洋諸島の現状維持　　　ウ　日英同盟の廃棄
　　　　エ　石井・ランシング協定の廃棄　　オ　主力艦の保有制限　　　　カ　補助艦の保有制限
　　　(2)　下線部(a)について、この会議に参加した全権で海軍大臣の名を答えよ。
　　　(3)　下線部(b)について、この外交を推し進めた外務大臣の名を答えよ。

①	②	③	(1)ア	イ	ウ
エ	オ	カ	(2)		(3)

各2点、計22点

3 ▷ 第一次世界大戦前後の社会運動に関する次の年表をみて、(①)〜(⑩)に適する語を語群から選び、あとの設問に答えよ。

1910年	(①)事件により社会主義者は身動きのとれない「冬の時代」へ
1911年	平塚らいてう(明)らにより文学者団体(②)設立
1914年	第一次世界大戦はじまる
1917年	ロシア革命おこる
1918年	米騒動が全国に広がる
	吉野作造が(③)を組織し、民主主義の全国的な啓蒙運動を行う
	吉野の影響を受けた学生らが(④)結成
1919年	ヴェルサイユ条約調印
1920年	社会主義者たちを一堂に会した(⑤)が結成されるも、翌年に禁止
	(⑥)が(a)無政府主義者クロポトキンの研究をとがめられ、休職処分となる
	平塚らいてう・市川房枝らにより(b)新婦人協会設立
1921年	社会主義者の女性団体として(⑦)設立
1922年	(⑧)・山川均らが日本共産党を(c)コミンテルンの支部として非合法のうちに結成
	被差別部落民への差別撤廃を目的とし(⑨)結成
1923年	関東大震災が発生
	亀戸事件・(d)甘粕事件おこる
	(⑩)事件により第2次山本権兵衛内閣が総辞職

語群 ア 堺利彦　イ 青鞜社　ウ 赤瀾会　エ 全国水平社　オ 大逆
　　　カ 東大新人会　キ 虎の門　ク 日本社会主義同盟　ケ 日本労働総同盟
　　　コ 部落解放同盟　サ 森戸辰男　シ 黎明会

設問 (1) 下線部(a)について、無政府主義とはどのようなものか、簡単に説明せよ。
　　(2) 下線部(b)について、この団体の活動により、女性の政治参加を禁止した法律が1922年に改正され、女性も政治演説会に参加できるようになった。この法律名を答えよ。
　　(3) 下線部(c)について、コミンテルンを説明した次の文の空欄に当てはまる語句を答えよ。
　　　1919年に(　　　)が結成した世界革命を進めるための国際共産党組織
　　(4) 下線部(d)について、この事件で殺害された無政府主義者を一人答えよ。

①	②	③	④	⑤	⑥	⑦	⑧	⑨	⑩

(1)

(2)		(3)		(4)	

4 》次の文を読み（ ① ）～（ ⑥ ）に適語を入れ、あとの設問に答えよ。

　1924年、松方正義と西園寺公望の二人の元老は、政党と距離をおく人物を選ぶため、枢密院議長であった（ ① ）を首相に推した。（ ① ）が陸相と海相を除く全閣僚を（ ② ）から選出する内閣を組織すると、いわゆる(a)護憲三派と呼ばれる3党は、超然内閣の出現であるとして第2次護憲運動をおこし、内閣を倒した。かわって護憲三派による内閣が組織され、協調外交を進める一方、1925年には、納税資格制限を撤廃して満（ ③ ）歳以上の男子に選挙権を与える、いわゆる（ ④ ）法を成立させた。しかし同時に、（ ④ ）実現による労働者階級の政治進出防止と、（ ⑤ ）との国交樹立による共産主義思想波及防止や（ ④ ）法の成立による労働者階級の政治影響力の増大に備えることを目的とした(b)（ ⑥ ）法を成立させた。

設問 (1)　下線部(a)について、護憲三派の組合せとして正しいものを、次の**ア**～**エ**から一つ選べ。

　　ア　憲政会・立憲政友会・立憲同志会　　**イ**　憲政会・立憲政友会・革新倶楽部
　　ウ　憲政党・立憲国民党・立憲同志会　　**エ**　憲政党・立憲国民党・革新倶楽部

　(2)　下線部(b)について、次の条文はこの法の一部である。（ **A** ）に適する語句を答えよ。

> 第一条　（ **A** ）ヲ変革シ又ハ私有財産制度ヲ否認スルコトヲ目的トシテ結社ヲ組織シ又ハ情ヲ知リテ之ニ加入シタル者ハ十年以下ノ懲役又ハ禁錮ニ処ス。

　(3)　護憲三派内閣成立以後、1932年の五・一五事件まで、二大政党の総裁が交代で内閣を組織するという慣例が続くが、このことを何というか。

　(4)　1920年代の出来事として誤っているものを、次の**ア**～**エ**から一つ選べ。

　　ア　加藤高明が病死すると、憲政会総裁を継いだ若槻礼次郎が組閣した。
　　イ　大正天皇が死去し、摂政の裕仁親王が即位して、昭和と改元された。
　　ウ　若槻内閣が金融恐慌の処理に失敗して退陣すると、立憲政友会の高橋是清が組閣した。
　　エ　憲政会は、政友本党と合同して立憲民政党を結成した。

　(5)　選挙法改正に関する次の表について、**ア**～**エ**に当てはまる首相名を答えよ。

公布年	公布時の首相	直接国税	総数（万人）	全人口比（%）
1889	**ア**	15円以上	45	1.1
1900	**イ**	10円以上	98	2.2
1919	**ウ**	3円以上	307	5.5
1925	**エ**	制限なし	1241	19.8

①		②		③	④		⑤	
⑥		(1)	(2)		(3)		(4)	
(5)ア		イ			ウ		エ	

(1)(4)は各1点、他は各2点、計26点

1 A〜Cのグラフについて述べた次の文を読み、（ ① ）〜（ ③ ）に適語を入れ、あとの設問に答えよ。

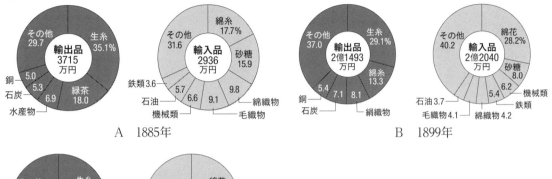

A 1885年　　　　　　　　　　　　　　　　　　B 1899年

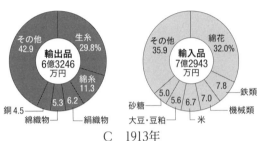

C 1913年

　A〜Cをみると、幕末の開港以来、一貫して最大の輸出品は国産の繭を原料とする生糸であり、外貨獲得産業として大きな役割を果たしたことがわかる。当初は手動装置による（ ① ）製糸が普及したが、輸入機械に学んだ（ ② ）製糸の工場が増加し、繭を供給する養蚕農家も増加した。さらに、日露戦争後にはアメリカ向けの輸出の増加により世界最大の生糸輸出国となった。

　一方で綿糸を生産する紡績業は幕末の開港以来、(a)安価な外国製綿製品の輸入に圧迫され、綿花の栽培や、綿糸・綿織物の生産は一時衰退した。しかしその後、イギリスの（ ③ ）が発明した飛び杼を取り入れた手織機を改良した結果、農村部において(b)問屋制家内工業による生産が回復した。また、生産方法も伝統的な手紡や(c)ガラ紡から、1883年開業の(d)大阪紡績会社に代表される大規模な機械制生産への転換が進んだ。(e)AからCのグラフを比較した時に読み取れる輸出入品目の割合の変化は、日本の貿易構造の転換および産業革命が成立したことの表れといえよう。

設問 (1)　下線部(a)について、幕末期の日本における綿製品の輸入相手国はどこか。

　(2)　下線部(b)について、問屋と生産者との関わり方に触れつつ、どのような形態の工業か説明せよ。

　(3)　下線部(c)について、発明した人物名を答えよ。

　(4)　下線部(d)について、設立した人物名と、大阪紡績会社に関する説明として正しい組合せを、次の**ア〜エ**から一つ選べ。

〈人　物〉① 渋沢栄一　　② 岩崎弥太郎

〈説　明〉X　フランス製の紡績機を輸入して政府が設立を主導したが、のち民間に払い下げられた。
　　　　　Y　政府が2000錘紡績を奨励するなか、蒸気機関を活用した１万錘紡績を実現した。

〈選択肢〉**ア** ①—X　　**イ** ①—Y　　**ウ** ②—X　　**エ** ②—Y

　(5)　下線部(e)について、その内容や背景として正しいものを、次の**ア〜エ**から一つ選べ。

　ア　AとBのグラフを比較した際、Aでは最大の輸入品であった綿糸が、Bでは輸出品に転じ、その原料である綿花が最大の輸入品となっている。ここから、安価な外国産綿花を使っての綿糸生産が進んだと推定できる。

　イ　AからCまでの紡績業に関わる貿易額の推移を考察した時、綿糸や綿織物の輸出額よりも綿花の輸入額の方が低く、一貫して輸出超過となっていることがわかる。

ウ　BとCのグラフを比較した際、生糸の輸出額は増加していることがわかる。なお、生糸輸出
　　　　額は年々増加し、日露戦争後にはイギリスを抜き、日本が世界最大の生糸輸出国となった。
　　エ　Cのグラフでは、綿織物が輸出品目の一つとしてあげられているが、この背景には従来活用
　　　　されていた小型の小型力織機での生産から、海外産の大型力織機を活用した大規模生産への転
　　　　換があったことが読み取れる。

①	②	③	(1)
(2)			
(3)		(4)	(5)

①～③は各3点、他は各4点、計29点

2 次の文を読み（ ① ）～（ ⑤ ）に適語を入れ、あとの設問に答えよ。

　日清戦争後、政府は、軍備拡張を推進するとともに金融・貿易の制度面の整備をはかった。(a)明治初
年より混乱が続いていた貨幣価値の安定化と貿易の振興を目的に、1897年に（ ① ）を制定して欧米諸国
にならった（ ② ）本位制を採用したのである。また、特定の分野に資金を供給する(b)特殊銀行の設立も
進めた結果、日本における資本主義が本格的に成立することとなった。

　鉄道業では、1881年に華族を主体として（ ③ ）が設立され、政府の保護を受けて成功したことから、
商人や地主らによる会社設立のブームがおこった。(c)官営の東海道線が全通した1889年には、営業キロ
数で民営鉄道が官営鉄道を上まわり、民営鉄道会社による幹線の建設が進んだ。その後、政府は軍事・
経済上の必要から、1906年に鉄道国有法を公布し、主要幹線の民営鉄道17社を買収して国有とした。ま
た、海運業では、政府による(d)海運業奨励政策のもと、様々な民間企業が遠洋航路を開いていった。

　軍事工場と鉄道をのぞく官営事業は、1884年頃からつぎつぎと民間に払い下げられていった。とくに、
(e)政商と呼ばれる政府からの特権を与えられた民間事業者は、優良鉱山の払い下げをうけ、石炭や銅の
輸出を増やしていった。そうした政商は鉱工業の基盤を持つことになり、（ ④ ）に成長していった。ま
た、政府の保護のもとにそのほかの民間工場も発達しはじめた。鉄鋼業における日本製鋼所や造船業に
おける長崎造船所、工作機械工業において旋盤の国産化に成功した（ ⑤ ）がその代表例である。なお、
官営工場としては1897年に、(f)八幡製鉄所が設立されている。

　工業に比べると農業の発展は鈍かった。1880年代から上昇しはじめていた小作地率は、1890年代にも
増加を続け、(g)大地主が耕作からはなれて小作料収入に依存する動きが進んだ。地主は小作料収入をも
とに企業をおこしたりするなど、資本主義との結びつきを深めていった。

設問(1)　下線部(a)について、次の**ア～エ**を、年代順に正しく並びかえよ。
　　ア　松方正義による緊縮財政及びデフレ進行
　　イ　秩禄処分による金禄公債証書の発行
　　ウ　西南戦争の戦費調達を目的とした政府紙幣の増発とインフレ進行
　　エ　国立銀行条例の制定
　(2)　下線部(b)について、特殊銀行として当てはまらないものを、次の**ア～エ**から一つ選べ。
　　ア　横浜正金銀行　　イ　日本勧業銀行　　ウ　第一銀行　　エ　台湾銀行
　(3)　下線部(c)について、この鉄道が結んだ都市として正しいものを、次の**ア～エ**から一つ選べ。
　　ア　新橋―横浜間　　イ　新橋―神戸間　　ウ　新橋―名古屋間　　エ　新橋―広島間
　(4)　下線部(d)について、主に綿花輸送を目的として日本郵政が航路を開いたインドの都市はどこか。
　(5)　下線部(e)について、政商の代表例を一つあげよ。
　(6)　下線部(f)について述べた文章として誤っているものを、次の**ア～エ**から一つ選べ。
　　ア　この官営工場の建設資金の一部には、日清戦争の賠償金が当てられた。
　　イ　この官営工場が建てられた背景には、重工業において原料を輸入に頼る現状を打破し、鉄鋼

の国産化を進め、軍備拡張を急ぎたいという政府の目的があった。

　　ウ　北九州の筑豊炭田及び中国湖北省の大冶鉄山から産出される資源をもとに操業した。

　　エ　操業開始後すぐに鉄鋼の生産が軌道にのり、国内の需要のすべてを満たすことができた。

　(7)　下線部(g)について、これを何というか。

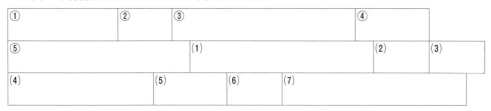

(1)(6)は各4点、他は各3点、計38点

3　次の文を読み（　①　）～（　⑧　）に適語を入れ、あとの設問に答えよ。

　工場制工業が勃興するにつれて、賃金労働者が増加してきた。とくに繊維産業では、（　①　）と呼ばれた女性労働者たちが多く労働していた。彼女たちの大部分は苦しい家計を助けるために出稼ぎに出た小作農家などの子女たちであったが、実際の労働環境は劣悪で、その実情は横山源之助がまとめた『（　②　）』や、農商務省が刊行した『（　③　）』に詳しく記されている。

　日清戦争前後の産業革命期に入ると、待遇改善や賃上げを要求するストライキが頻発した。1897年、アメリカの労働運動の影響を受けた（　④　）・（　⑤　）らが労働組合結成促進の母体として（　⑥　）を結成し、労働運動の指導を行うと、各地において労働者が団結し、資本家に対抗する動きが現れるようになった。これらの動きに対し、政府は1900年に（　⑦　）を制定して労働運動を取り締まる一方、(a)工場法を制定した。第一次世界大戦中には、産業の急速な発展によって労働者数が大幅に増加し、物価高が進む中、賃金引き上げを求める労働運動が大きく高揚し、労働争議の件数も急激に増加した。1912年、労働者階級の地位向上と労働組合育成を目的に鈴木文治によって組織された（　⑧　）は、のちに全国組織へと発展し、1920年には第1回メーデーを主催した。

　また、農業生産の停滞や(b)地方財政の困窮、(c)公害事件の発生など社会問題も多く発生した。

設問 (1)　下線部(a)について述べた文として誤っているものを、次の**ア〜エ**から一つ選べ。

　　ア　この法は、日本で初めて制定された労働者保護の性質を備えたものであった。

　　イ　この法は、内容に不備のあったものの、労働運動の沈静化をはかるため、ただちに施行された。

　　ウ　この法の制定背景には、社会政策により労使対立を緩和するという政府の思惑があった。

　　エ　この法では少年女性の就業時間の限度を12時間としていたが、適用範囲を15人以上の労働者を使用する工場に限定していた。

　(2)　下線部(b)について、政府が各地で進めた対応策を何というか。

　(3)　下線部(c)について、足尾鉱毒事件について国会で取り上げた栃木県選出の衆議院議員の名前を答えよ。

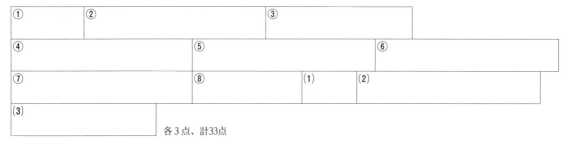

各3点、計33点

49 近代文化の発達

(教p.288〜294)

点

1 次の文を読み（ ① ）（ ② ）に適語を入れ、あとの設問に答えよ。

　明治初期の文化には、新しいものと古いもの、西洋的なものと東洋的なものが無秩序に混在・併存する、独特な二元性が存在するといわれる。こうした差異の背景には、政府が推し進めた急速な近代化と、それに対して緩やかに変化していった当時の民衆精神のあいだに存在する、近代化に対しての「温度差」がうかがえる。たとえば(a)宗教界においては、政府は、大日本帝国憲法28条で「安寧秩序を妨げず及（ ① ）たる義務に背かざる限りにおいて」という制限付きで信教の自由を認めた。これにより、明治初年の(b)廃仏毀釈運動で打撃を受けた仏教は、(c)キリスト教に対応しようと海外も視察した（ ② ）らの努力により、近代宗教として勢いを取り戻した。また、幕末に生まれた民族宗教などの教派神道も、しだいに人々のあいだに浸透していった。なお、明治中期からは、教育の普及や交通・通信・出版の著しい発達によって国民の自覚が進み、国民自身の手による近代文化の発展をみるようになった。

設問 (1)　下線部(a)に関して、明治初期の神道を取り巻く状況について述べた次の文Ⅰ・Ⅱについて、その正誤の組合せとして正しいものを、次のア〜エから一つ選べ。

Ⅰ　政府は祭政一致を掲げて神祇官を再興するとともに、大教宣布の詔を発し、神道を中心とした国民教化を目指した。

Ⅱ　政府は、「国家の宗祀であり他宗教と同一視すべきではない」として、神社神道を保護した。

ア　Ⅰ＝正　Ⅱ＝正　　**イ**　Ⅰ＝正　Ⅱ＝誤　　**ウ**　Ⅰ＝誤　Ⅱ＝正　　**エ**　Ⅰ＝誤　Ⅱ＝誤

(2)　下線部(b)について、どのような内容の運動であるか論述せよ。なお、解答に際しては、「神仏分離令」「寺院」の語句を必ず含めることとする。

(3)　下線部(c)について、明治期のキリスト教を取り巻く状況を述べた文として正しいものを、次のア〜エから一つ選べ。

ア　札幌農学校で教鞭を執ったジェームズや熊本洋学校で教鞭を執ったクラークなど強い影響もあり、青年知識人のあいだにキリスト教信仰が広がった。

イ　キリスト教の布教は、人道主義的な立場から、教育・福祉活動や廃娼運動に一定の成果をあげたが、国家主義の風潮が高まると、学校教育から排除されることもあった。

ウ　キリスト教徒の内村鑑三は、講師を務める帝国大学での教育勅語奉読式の際、天皇の署名のある教育勅語への拝礼を拒否したために教壇を追われた。

エ　キリスト教や西洋近代思想の啓蒙家として活躍した代表例として、徳富蘇峰や高山樗牛らがあげられる。

①	②	(1)

(2)

(3)

①②は各3点、(2)は6点、他は各4点、計20点

49　近代文化の発達　**153**

2 グラフを参考に次の資料を読み、（ ① ）～（ ③ ）に適語を入れ、あとの設問に答えよ。

資料 Ⅰ　学校令

　文部大臣である（ ① ）のもと公布。小学校令・中学校令・師範学校令・帝国大学令の総称。

資料 Ⅱ　教育令

　全国画一の学区制を廃して町村を小学校の設置単位とし、その管理を地方に移管。

資料 Ⅲ　教育に関する勅語

　国家主義重視の教育政策の一環として導入された。（ ② ）が学校教育の基本思想となる。

資料 Ⅳ　（ ③ ）制度の導入

　教育に対する国家統制の強化政策の一つ。小学校教科書を文部省の著作のものに限定した。

設問 (1)　資料 Ⅰ ～ Ⅳ を、それらが初めて発令・公布された順となるよう正しく並べ替えよ。

　(2)　資料 Ⅰ ～ Ⅳ と右のグラフを見て、読み取れる
　　　内容として誤っているものを、次の**ア**～**エ**から
　　　一つ選べ。

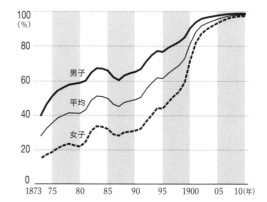

　　ア　各年代ともに、女子よりも男子の就学率の
　　　　方が高い。

　　イ　1900年に平均就学率が80％をこえた理由の
　　　　一つには義務教育の授業料廃止があると考え
　　　　られる。

　　ウ　学校令が公布された時期は、就学率は男女
　　　　とも、一時的に下降していた時期と一致する。

　　エ　教育に関する勅語が発布された年には、平
　　　　均就学率が60％をこえていたことが分かる。

　(3)　次の**ア**～**オ**は、明治期の高等教育機関に関するものである。各文について内容が正しければ○
　　　を、誤りを含んでいれば×と答えよ。

　　ア　官立の高等教育機関の拡充が進み、京都や北海道、東北、九州に帝国大学が創設された。

　　イ　民間の高等教育機関では、大隈重信が東京専門学校を創立した。

　　ウ　大学発足後は、フェノロサやモースなどのアメリカ人教師が、幅広い学問分野の基礎を築い
　　　　た。

　　エ　北里柴三郎は、ドイツ留学中にアドレナリンの抽出に成功し、海外からも評価される成果を
　　　　得た。

　　オ　科学的研究が伝統的思想と衝突することもあり、帝国大学教授の久米邦武が「神道は祭天の
　　　　古俗」と論じてその職を追われる事件が発生した。

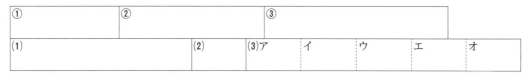

①		②		③				
(1)			(2)	(3)ア	イ	ウ	エ	オ

(1)～(3)は各4点、他は各3点、計37点

3 明治期の文化に関する次の文を読み、（ ① ）～（ ⑫ ）に適語を入れ、あとの設問に答えよ。

　近代文学は、その内容の特徴によっていくつかのジャンルに分類され、現代に至るまで親しまれてい
る作品も多い。江戸文学の大衆文学の伝統を引き継いで人気を博した戯作文学の代表例としては、仮名
垣魯文の『（ ① ）』がある。また、自由民権運動や国権論の宣伝を目的として発刊された政治小説として
は、（ ② ）の『経国美談』、（ Ｘ ）描いた写実主義としては、坪内逍遙の『（ ③ ）』や言文一致体で書かれ
た（ ④ ）の『浮雲』、(a)尾崎紅葉の『金色夜叉』などが有名である。日清戦争前後には（ Ｙ ）描いたロマン
主義が盛んになった。北村透谷らの雑誌『文学界』を拠点として発展したこの分野では、（ ⑤ ）の『たけ

くらべ』や島崎藤村の『若菜集』がその代表例である。その後、（　Z　）描いた自然主義が文壇の主流となり国木田独歩や田山花袋などの作家が現れた。なお、詩歌の分野でも⒝与謝野晶子が情熱的な詩歌をよむなどして世間をにぎわわせた。一方、（　⑥　）は俳句の革新と万葉調和歌の復興を進め、雑誌『（　⑦　）』を創刊した。この動きは、当時の芸術界で伝統芸能の革新として注目された。また、自然主義の隆盛に対立するかたちで、知識人の内面生活を国家・社会との関係でとらえる（　⑧　）の作品や森鷗外の歴史小説なども現れた。

　演劇界では、歌舞伎が依然として民衆に親しまれた。名優も現れ、いわゆる⒞団菊左時代を現出し、社会的地位も向上した。日清戦争の前後からは新派劇と呼ばれる現代劇が始まり、人気のある通俗小説の劇化などを行ったことで民衆の娯楽として重要な存在になった。さらに日露戦争後には、西洋の近代劇の翻訳物が上演された。

　学問と同じく、美術の発達も政府に依存する面が強かった。政府は、はじめ工部美術学校を開いて外国人教師により西洋美術を教えてきたが、のちに伝統美術育成の態度に転じたため、数年でこれを閉鎖し、1887年には西洋美術を除外した（　⑨　）を設立した。このような政府の保護に支えられて、⒟岡倉天心らの影響のもとで、狩野芳崖・（　⑩　）らにより、すぐれた日本画が創作された。このため西洋画は一時衰退を余儀なくされたが、やがて浅井忠が結成した日本ではじめて西洋美術団体である（　⑪　）やフランス印象派の画風を学んだ黒田清輝らの帰国などによって再興し、黒田らは1896年、（　⑫　）を創立した。一方、伝統美術も岡倉天心らの日本美術院を中心に、多くの美術団体が競合しながら発展していった。⒠彫刻の分野でも伝統的な木彫と西洋流の彫塑とが、対立・競合しながら発達し、やがて共存していった。

設問（1）　（　X　）〜（　Z　）に当てはまる説明として正しいものを、次の**ア〜ウ**からそれぞれ選べ。

　　ア　啓蒙主義や合理主義に反発して、感情・個性の躍動を重視して

　　イ　西洋の文芸理論をもとに、戯作や勧善懲悪を排し、人情や世相をありのままに

　　ウ　ロシアやフランス文学の影響を受け、人間生活の観察を重視し、社会の暗黒面を

（2）　下線部⒜について、尾崎紅葉らが結成した硯友社の回覧雑誌の名前を答えよ。

（3）　下線部⒝について、与謝野晶子が創作の場とした、夫の与謝野鉄幹が主催する雑誌の名前を答えよ。

（4）　下線部⒞について、団菊左とは三人の歌舞伎役者を指すが、そのうちの一人の名前を答えよ。

（5）　下線部⒟について、岡倉天心とともに伝統美術育成に当たったアメリカ人の名前を答えよ。

（6）　下線部⒠について、高村光太郎の父でもあり、『老猿』の作者である彫刻家の名前を答えよ。

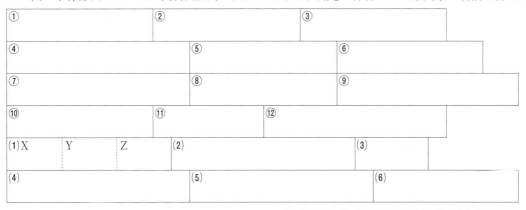

①〜⑫は各2点、(1)は完全解答4点、他は各3点、計43点

1 次の文を読み（ ① ）〜（ ④ ）に適語を入れ、あとの設問に答えよ。

　日本経済は、明治末期から不況に陥っていたが、第一次世界大戦は戦場から遠く離れた日本に(a)未曽有の好景気をもたらし、不況と政府の財政難とを一気に吹き飛ばした。この好景気を（ ① ）という。

　工業化の進展にともない、市民生活は大きく変容した。東京や大阪などの大都市では、会社員・銀行員・公務員などの俸給生活者である（ ② ）が大量に現れ、新中間層と呼ばれた。都心部から郊外にのびる鉄道沿線には新中間層向けの（ ③ ）住宅が建てられた。また、タイピストや電話交換手など、仕事をもつ女性もみられるようになり、（ ④ ）と呼ばれた。

　また、(b)高等教育機関も拡充され、就学率や識字率が向上する中で、(c)新聞・(d)雑誌・(e)ラジオ・(f)映画などのマス＝メディアが急速に発達し、大衆を担い手とした大衆文化が誕生することになった。

設問 (1)　下線部(a)について述べた文章として誤っているものを、次の**ア**〜**カ**から二つ選べ。

　　ア　1914年に11億円の債務国であった日本は、1920年には27億円以上の債権国となった。

　　イ　英・仏・露などの連合国には軍需品や食料品を、アジアには綿織物をそれぞれ輸出したが、対アメリカについては満洲地域に関わる日米関係の悪化にともない、市場開拓はできなかった。

　　ウ　世界的な船舶不足を背景に、海運・造船業は空前の好況となり、船成金が続々と生まれた。

　　エ　ドイツからの薬品・染料・肥料などの輸入が途絶えたため、それらの国産化が目指され、化学工業が勃興した。

　　オ　電力業では、大規模な水力発電事業が展開され、長距離送電も成功するなどの成果をみせたため、工業原動力が従来の蒸気力から電力へと転換される動きが生まれた。

　　カ　繊維産業では、中国の上海や満洲の鞍山などで現地の紡績工場を経営する在華紡が続出した。

(2)　下線部(b)について、1918年に高等学校令・大学令を制定し、高等教育拡充をはかった首相名を答えよ。

(3)　下線部(c)について、大正末期に発行部数100万部をこえる系列新聞となったものとして誤っているものを、次の**ア**〜**エ**から一つ選べ。

　　ア　大阪毎日新聞　　**イ**　東京朝日新聞　　**ウ**　東京日々新聞　　**エ**　自由新聞

(4)　下線部(d)について、以下にあげるのは大正期に刊行された雑誌・書籍のジャンルと、実際に発行された雑誌の表紙である。（A）〜（E）にあてはまる雑誌を、下の**ア**〜**オ**からそれぞれ選べ。

　・総合雑誌−（A）　　　・大衆娯楽雑誌−（B）　　　・女性雑誌−（C）

　・児童文芸雑誌−（D）　・円本−（E）

　　　　ア　　　　　　**イ**　　　　　　**ウ**　　　　　　**エ**　　　　　　**オ**

(5)　下線部(e)について述べた文として誤っているものを、次の**ア**〜**エ**から一つ選べ。

　　ア　ラジオ放送は1925年に東京・大阪・名古屋で開始され、翌年これらの放送局を統合して日本放送協会（NHK）が設立された。

　　イ　ラジオ劇やスポーツの実況放送が人気を呼び、大衆娯楽の一つとなった。

　　ウ　のちに札幌や仙台、熊本などの地方においても放送局が設立され、放送網は全国に拡大した。

エ　戦時中、戦局の様子を国民に伏せたい政府の圧力によって、ラジオ放送は全面禁止された。

(6)　下線部(f)について、映画はこの時代、何と呼ばれていたか。漢字四字で答えよ。

(7)　次の**ア**～**コ**について、大正・昭和初期の文化として正しいものには○を、誤っているものには×を記せ。

ア　東京の銀座通りには煉瓦造りの建物が並び、ガス灯や鉄道馬車が東京の名物となった。

イ　都心では丸の内ビルディングなど鉄筋コンクリート造のオフィスビルが出現した。

ウ　都市内では市電やバス、円タクなどの交通機関が発達し、地下鉄も開業した。

エ　太陽暦を採用し、1日を24時間とし、長いあいだの行事や慣習が改められた。

オ　洋服の着用が官吏や巡査からしだいに民間に広まり、ざんぎり頭が時代の象徴となった。

カ　洋服を着る男性が増え、断髪にスカート、山高帽にステッキといった装いのモガ(モダンガール)やモボ(モダンボーイ)が闊歩した。

キ　牛肉に豆腐・ねぎなどを入れて煮込んだ牛鍋が流行した。

ク　トンカツやカレーライスのような洋食が普及した。

ケ　戯作文学として中里介山の『大菩薩峠』が人気を博した。

コ　私鉄の経営するターミナルデパートが出現し、生鮮食料品など日用品の販売に重点を置いた。

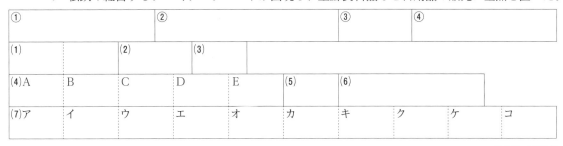

各2点、計50点

2 》次の文を読み(①)～(⑧)に適語を入れ、あとの設問に答えよ。

　大正デモクラシーの風潮のもとで、多様な学問や芸術が発達した。欧米諸国の様々な思想や文学が紹介され、(a)急進的自由主義が主張される一方、(①)の『資本論』が広く知識人に読まれ、(①)主義が大きな影響を与えた。なかでも、1917年に出版された河上肇の『(②)』は広範な読者を獲得した。(①)主義は、学問社会の方法にも影響をおよぼし、昭和初期には、(b)明治維新以来の日本の近代社会の性格をどのように把握するかをめぐって論争が展開された。また、西田幾多郎は『(③)』を著して独自の哲学体系を打ち立て、和辻哲郎は仏教美術や日本思想史を研究し、『古寺巡礼』『(④)』などを著した。(⑤)は『古事記』『日本書紀』に科学的分析を加え、柳田国男は民間伝承の調査・研究を通じて、(c)無名の民衆の生活史を明らかにする(⑥)学を確立した。

　自然科学の分野では、(d)大戦期に染料・薬品などの輸入がとだえたため、この分野での独自の研究が始まり、すぐれた業績が生まれた。文学では自然主義はしだいに退潮となったが、(e)新たな作家が現れ活況を呈した。さらに、この時期の社会主義運動・労働運動の高揚にともなって、無産階級の立場に立つ(⑦)文学運動がおこり、(⑧)や徳川直也が作品を寄せた。

　また、(f)演劇や音楽、美術の世界では、西洋の音楽や絵画の普及がめざましく、新たな様相を呈した。

設問 (1)　下線部(a)について、『東洋経済新報』の記者である石橋湛山の主張はのちに何と呼ばれたか。また、その内容を簡潔に説明せよ。ただし、解答に際しては「植民地」という言葉を必ず用いること。

(2)　下線部(b)について、この論争は何と呼ばれたか。また論争を行った二つの学派を記せ。

(3)　下線部(c)について、柳田国男はこれを何と表現したか。

(4)　下線部(d)について、この時期に関する文として正しいものを、次の**ア**～**エ**から二つ選べ。

ア　野口英世は破傷風研究に尽力し、南米やアフリカにも渡り同病の研究を行った。

イ　本多光太郎はＫＳ磁石鋼の発明し、鉄鋼学の世界的権威となった。

ウ　欧米諸国に対抗しうる物理学や化学の研究を目的に理化学研究所が設立された。

　　エ　高峰譲吉が消化薬のタカジアスターゼを創製した。

(5)　下線部(e)について、これに関する文として誤っているものを、次の**ア～エ**から一つ選べ。

　　ア　有島武郎・志賀直哉らは雑誌『白樺』において人道主義・理想主義を追求した。

　　イ　永井荷風・谷崎潤一郎らは官能的な美を追究する耽美派の作家として知られる。

　　ウ　芥川龍之介・菊池寛らは感覚的表現を主張した新感覚派の作家として活躍した。

　　エ　吉川英治・江戸川乱歩らによる大衆小説が多くの読者を獲得した。

(6)　下線部(f)について、大正期の演劇・音楽・美術の動きとして誤っているものを、次の**ア～エ**から一つ選べ。

　　ア　演劇界では、小山内薫・土方与志らが創設した築地小劇場が新劇運動の中心となった。

　　イ　音楽界では、小学校の唱歌とともに、民間で創作された童謡がさかんに歌われるようになった。

　　ウ　美術界では、伝統美術と西洋美術の共栄をはかる文展(文部省美術展覧会)が開設された。

　　エ　日本画では横山大観らが日本美術院を再興し近代絵画としての新しい様式を開拓した。

(7)　次の作品A～Cの作者として正しいものを、下の**ア～オ**からそれぞれ選べ。

A

B

C

　　ア　辰野金吾　　**イ**　安井曽太郎　　**ウ**　平櫛田中　　**エ**　岸田劉生　　**オ**　梅原龍三郎

①	②	③	④
⑤		⑥	⑦
⑧			

(1)主張	内容		
(2)論争	二つの学派名		

(3)		(4)		(5)	(6)	(7)A	B	C	

①～⑧は各2点、(1)の内容説明は4点、(2)は完全解答3点、他は各3点、計50点

1 次の文を読み（ ① ）〜（ ④ ）に適語を入れ、あとの設問に答えよ。

　第一次世界大戦が終結すると、(a)大戦景気から一転して日本経済は苦境に立たされた。1920年には株式市場の暴落を口火に（ ① ）が発生し、綿糸・生糸の相場も半値以下に暴落した。また、そのような経済状況の中、1923年には(b)未曽有の大災害が日本を襲い、日本経済はさらに大きな打撃を受けることとなった。(c)銀行が保有する手形は決済不能になり、経営が傾いた銀行も多かった。たび重なる経済混乱に、不況が慢性化する状況が生まれた。

　また、1927年、大蔵大臣の（ ② ）の失言をきっかけに銀行への取付け騒ぎがおこり、金融恐慌が発生した。金融恐慌は当時の政権対立に大きく影響を与えたが、その一因となったのが、台湾銀行の経営悪化である。当時の若槻礼次郎内閣は、緊急勅令によって日本銀行から巨額の融資を行い、これを救済しようとしたが、枢密院の了承が得られず、内閣は総辞職した。このあと成立した田中義一内閣は、銀行の支払いを 3 週間停止させる（ ③ ）を発令するとともに、日本銀行から巨額の融資を行うことで、ようやく金融恐慌をしずめた。こうした中で、多くの産業分野で企業集中・（ ④ ）結成・(d)資本輸出の動きが強まった。(e)財閥はこの時期に金融・流通面から産業支配を進め、政党との結びつきを強めた。

設問 (1)　下線部(a)について、なぜ日本経済は苦境に立たされたと考えることができるか。大戦景気が生まれた背景や大戦景気中の日本経済の動きから推察し、簡潔に説明せよ。

(2)　下線部(b)について、この大災害を何というか。

(3)　下線部(c)について、この手形を何というか。

(4)　下線部(d)について、日本の紡績資本が中国各地に建設した紡績工場を何というか答えよ。

(5)　下線部(e)について、いわゆる五大銀行の組合せとして正しいものを、次のア〜エから一つ選べ。
　　ア　三井・三菱・住友・安田・第一　　　**イ**　三井・三菱・住友・古河・第一
　　ウ　三井・住友・川崎・安田・大倉　　　**エ**　三菱・安田・第一・古河・川崎

(6)　上の文章からは、金融恐慌の沈静化に向けて、若槻内閣、田中内閣ともに日本銀行から巨額の救済融資を行おうとしたことが読み取れる。しかし、両内閣ともに同じ救済措置を提案したにもかかわらず、枢密院の対応はそれぞれ異なっている。なぜこのような対応の違いが生まれたと考えられるか。それぞれの内閣の与党を明示するとともに外交方針の違いに着目して説明せよ。

①	②	③	④

(1)

(2)	(3)	(4)	(5)	

(6)

(1)(6)は各 5 点、(2)〜(5)は各 2 点、他は各 3 点、計30点

2 》次の文を読み（ ① ）～（ ⑥ ）に適語を入れ、あとの設問に答えよ。

　田中義一内閣は、1928年に（ ① ）に調印するなど、欧米諸国に対しては協調外交方針をとったが、中国に対しては強硬姿勢でのぞんだ。

　中国では、1927年、（ あ ）の後継者である（ い ）が国民革命軍を率いて中国統一を目的に北伐を開始した。満蒙権益を失うことを恐れた日本政府は、親日派の満洲軍閥である（ う ）を支援しようと、日本人居留民保護を名目に、(a)3度にわたる山東出兵を行った。また、東京で中国関係の外交官・軍人を集めて（ ② ）を開き、満洲での日本の権益を実力で守る方針を決定した。しかし、（ う ）の軍が敗走すると、(b)関東軍の一部では、（ う ）を排除して満洲を直接支配しようとする

考えが台頭し、中央にはかることなく独断で、満洲へ帰還する（ う ）を奉天郊外で列車ごと爆破して殺害した。この事件の真相は、当時日本国民に知らされず、（ ③ ）と呼ばれたが、(c)この事件の処理をめぐって田中内閣は天皇の不興をかい、翌年退陣した。関東軍のもくろみは潰え、（ う ）の子の（ え ）が国民政府に帰属し、勢力下にあった満洲を国民政府支配下の土地と認めたことで国民党の北伐は完了し、中国統一がほぼ達成された。その後の中国では、不平等条約の撤廃や国権回復を要求する民族運動が高まっていった。

　田中内閣にかわって成立した（ ④ ）内閣は、協調外交の方針を復活させ、再び（ ⑤ ）を外相に起用した。悪化した中国関係を改善するとともに、1930年、国際会議に参加し（ ⑥ ）に調印した。しかし、(d)この条約内容をめぐる日本の要求が受け入れられないまま条約調印に踏みきったため、海軍や枢密院、民間右翼、野党の立憲政友会が統帥権の干犯であると激しく攻撃をした。政府は枢密院の同意をとりつけ条約の批准に成功したが、同年に首相が狙撃されて重傷を負い、翌年4月に退陣した。

設問(1)　（ あ ）～（ え ）に適する人名を、次の**ア～カ**からそれぞれ選べ。
　　　ア 袁世凱　**イ** 蔣介石　**ウ** 張作霖　**エ** 張学良　**オ** 孫文　**カ** 段祺瑞
　(2)　下線部(a)について、第2次山東出兵の際におこった、日本軍と国民革命軍の武力衝突事件を何というか。
　(3)　下線部(b)について、この組織の前身である、関東州統治を目的に設置された機関は何か。
　(4)　下線部(c)について、この事件の首謀者として停職処分となった関東軍参謀は誰か。
　(5)　下線部(d)について、この会議や条約の内容として正しいものを、次の**ア～エ**から一つ選べ。
　　　ア　この会議では、おもに太平洋諸島および極東問題の平和的解決への道が模索された。
　　　イ　この会議では、各国の主力艦保有量の比率を、米英：日：仏伊＝5：3：1.67と定めた。
　　　ウ　この会議では、参加国における主力艦建造の禁止期間を、さらに5年間延長した。
　　　エ　日本に認められた補助艦（巡洋艦・駆逐艦・潜水艦）の保有量は、対英米の5割程度とされた。
　(6)　上の地図中の**A**～**E**に当てはまる都市名を、次の**ア～カ**からそれぞれ選べ。
　　　ア 広州　**イ** 旅順　**ウ** 済南　**エ** 奉天　**オ** 南京　**カ** 西安

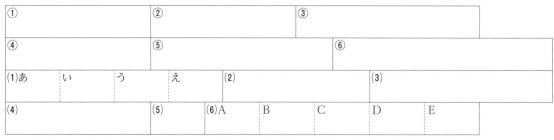

(1)(6)は各2点、他は各3点、計48点

3 次の文を読み（ ① ）（ ② ）に適語を入れ、あとの設問に答えよ。

　普通選挙法成立後、社会主義勢力の議会を通じての政治進出の気運が高まった。1926年に合法的な無産政党として（ ① ）が組織されたが、党内の対立から、社会民衆党、日本労農党が分裂・離脱した。こうした中、1928年に第1回の普通選挙が実施され、無産政党勢力から8名の当選者が出るとともに、日本共産党が公然と活動を開始した。これに対し危機感を抱いた田中義一内閣は、(a)選挙直後と翌年の2度にわたり共産党員の一斉検挙を行うとともに、緊急勅令によって(b)治安維持法を改定し、さらには警視庁におかれていた（ ② ）を全国の警察にも設置し、共産主義活動への取締りを強化した。

設問（1）　下線部(a)について、2度の一斉検挙をそれぞれ何というか、時期の古い順に答えよ。

　　　（2）　下線部(b)について、この改定によって追加された刑罰の内容を答えよ。

①	②
(1)	
(2)	

①②は各2点、(1)は完全解答2点、(2)は4点、計10点

4 次の文を読み（ ① ）～（ ④ ）に適語を入れ、あとの設問に答えよ。

　第一次大戦後、欧米諸国は金本位制に復帰していた。こうした中で、日本財界からも、欧米にならって金輸出解禁を実施し、国際経済に復帰して貿易の振興を望む声が高まった。時の首相である浜口雄幸は、蔵相に（ ① ）を起用し、緊縮財政による物価の引き下げと(a)産業の合理化を進めて国際競争力強化をはかるとともに、金本位制の採用を断行した。しかし、旧平価のまま金解禁を行ったため、為替相場は円高となり輸出不振となった。また、同時期には、ニューヨークの（ ② ）で始まった株価の暴落が世界恐慌に発展していたため、日本経済は二重の打撃を受け、(b)深刻な恐慌状態におちいった。

　農村においては、アメリカへの生糸輸出の不振による繭価の下落、豊作による米価の下落と翌年の大凶作などの要因に加えて、都市の失業者が帰農したため、農家の著しい困窮がみられた。これを（ ③ ）と呼ぶ。特に東北・北海道地方では（ ④ ）や女子の身売りが続出した。

設問（1）　下線部(a)について、恐慌対策として1931年に制定された、資本集中を促進させるための法律は何か。

　　　（2）　下線部(b)について、当時の経済状況を説明した文として誤っているものを、次の**ア**～**エ**から一つ選べ。

　　　ア　正貨である金が大量に海外に流出した。

　　　イ　企業の操業短縮・倒産があいつぎ、失業者が増大した。

　　　ウ　財閥は金輸出再禁止を予想した円売り・ドル買いにより利益をあげ、世論の非難を浴びた。

　　　エ　企業の人員整理により労働組合員が減少し、労働争議も激減した。

①	②	③
④	(1)	(2)

各2点、計12点

1 次の文を読み(①)〜(⑤)に適語を入れ、あとの設問に答えよ。

　中国での国権回復運動の高まりに対し、日本国内では「満蒙の危機」を叫ぶ声が高まった。満蒙支配への危機感を抱いた関東軍は、1931年に⒜奉天郊外の(①)で南満洲鉄道の線路を爆破し、これを中国軍のしわざだとして軍事行動をおこした。いわゆる満洲事変である。これに対し、第2次(②)内閣は不拡大方針を表明したが、軍はこれを無視して⒝戦線を拡大し、世論やマスコミも軍の行動を支持したため、この内閣は時局収拾の自信を失い退陣した。かわって成立した(③)内閣は満洲国の建国には反対したが、関東軍は満洲の主要地域を占領し、翌年に清朝最後の皇帝(④)を執政という地位につけ⒞満洲国の建国を宣言させた。中国は日本の行動の無効を国際連盟に訴え、連盟は(⑤)を団長とする調査団を現地と日中両国に派遣した。

設問(1)　下線部⒜について、この事件の指導者である関東軍参謀の名前を答えよ。

(2)　下線部⒝について、満洲事変の翌年、日本軍の画策により日中の武力衝突が発生した場所はどこか。

(3)　下線部⒞について、満洲国の首都とされた場所はどこか。次の**ア**〜**オ**から一つ選べ。

ア 旅順　　**イ** 大連　　**ウ** 奉天　　**エ** 新京(長春)　　**オ** 京城

①	②		③	④
⑤		(1)	(2)	(3)

各2点、計16点

2 次の文を読み(①)〜(⑧)に適語を入れ、あとの設問に答えよ。

　1930年代初頭には軍人や右翼による急進的な(①)が活発化した。日本の行き詰まりの原因が財閥・政党などの支配層の腐敗にあると考え、これらを打倒して軍中心の強力な内閣をつくり、内外政策の大転換をはかろうとしたためである。代表的な事件には、以下のものがあげられる。

【事件A】
　⒜井上日召率いる右翼団体が、前蔵相(②)や三井合名会社理事長(③)を暗殺した。

【事件B】
　海軍青年将校の一団が首相官邸におし入り、当時の首相である(④)を暗殺した。

【事件C】
　橋本欣五郎率いる陸軍青年将校の秘密結社(⑤)が、民間右翼指導者の(⑥)の協力を得て、立て続けにクーデタ未遂事件をおこした。

　これらの事件は支配層を脅かしたため、元老(⑦)は⒝首相に穏健派の海軍大将を推薦し、ここに政党内閣時代は終焉を迎えた。成立した新内閣は日満議定書を取りかわして、満洲における日本の権益を確認し、同国政府の要職に日本人を採用するなど、既成事実の積み重ねで国際連盟に対抗しようとしたが、連盟側は⒞調査団の報告書にもとづいて満洲国の存在を否定し、日本が満洲の承認を撤回することを求める勧告案を採択した。これに対し日本側全権(⑧)らは総会の場から退場し、1933年3月に日本は国際連盟脱退を通告した。同年、日本は中国と⒟停戦協定を結び、満洲経営に力を注いだ。また、日本が批准していた2つの海軍軍縮条約が失効し、日本は国際的に孤立化の道を歩んでいった。

設問(1)　上記の事件A〜Cを時系列順に並び替えよ。

(2)　下線部⒜について、団体名を答えよ。

(3)　下線部⒝について、首相として推薦された海軍大将の名前を答えよ。

(4)　下線部⒞関して述べた次の文A・Bについて、その正誤の組合せとして正しいものを、下の**ア**

〜エから一つ選べ。

A　日本の軍事行動は合法的自衛措置ではなく、満洲国建国は民族の自発的独立運動ではない。

B　日本は満洲におけるすべての経済的権益を放棄すべきである。

　ア　A：正　B：正　　イ　A：正　B：誤　　ウ　A：誤　B：正　　エ　A：誤　B：誤

(5)　下線部(d)の停戦協定を何というか答えよ。

①		②		③	
④	⑤	⑥		⑦	
⑧		(1)		(2)	(3)
(4)	(5)				

(1)(2)(4)は各3点、他は各2点、計29点

3　次の文を読み、①〜⑤に適する語をア・イから選び、あとの設問に答えよ。

　1931年12月に成立した犬養毅内閣は、蔵相に高橋是清を起用し、ただちに金輸出①〔ア：解禁　イ：再禁止〕を断行し、(a)通貨制度も変更した。また、諸産業は恐慌下で産業合理化を進め、為替相場の②〔ア：円安　イ：円高〕を利用して輸出を伸ばした。とくに③〔ア：綿織物　イ：生糸〕の輸出拡大はめざましく、1933年には④〔ア：中国　イ：イギリス〕を抜いて世界第1位の規模に達した。(b)輸出の躍進に加え赤字国債発行による軍事費・農村救済費を中心とする財政の膨張で産業界は活気づき、日本は1933年頃に他の資本主義諸国に先駆けて(c)世界恐慌以前の生産水準を回復した。また、鉄鋼業では、1934年に八幡製鉄所を中心に大合同が行われ、⑤〔ア：日本製鉄会社　イ：日本製鉄所〕が誕生し、鋼材の自給を達成した。また、自動車や化学工業では(d)新興財閥が台頭し、軍と結びついて満洲・朝鮮へも進出した。こうした経済発展の一方、輸入面では、綿花・石油・屑鉄などにおいて日本はアメリカへの依存度を深めていった。

設問　(1)　下線部(a)について、この時から採用した通貨制度を何というか。

　　　(2)　下線部(b)について、日本の輸出攻勢に対し欧米諸国は労賃の切下げによる不当な安売りだとして非難した。何という表現で非難したか、カタカナで記せ。

　　　(3)　下線部(c)の世界恐慌の中、各国が行った政策の組合せとして正しいものを、次のア〜ウから一つ選べ。

　　　　ア　アメリカ—ブロック経済

　　　　イ　イギリス—ニューディール政策

　　　　ウ　ソ連—五カ年計画

　　　(4)　下線部(d)の新興財閥のうち、鮎川義介が創始した財閥を記せ。

　　　(5)　1930年代に、政府が農村に自力更生をはからせるために展開させた運動を、次のア〜ウから一つ選べ。

　　　　ア　地方改良運動　　イ　農山漁村経済更生運動　　ウ　大同団結運動

①	②	③	④	⑤	(1)	
(2)			(3)	(4)		(5)

①〜⑤は各2点、(1)〜(5)は各3点、計25点

4 》次の文を読み（　①　）〜（　⑥　）に適語を入れ、あとの設問に答えよ。

　満洲への軍事行動を機とするナショナリズムの高揚は、社会主義運動に大きな影響を与え（　①　）という現象をもたらした。たとえば1933年に（　②　）の最高指導者たちが獄中から（　①　）声明を発表したことが、その例である。(a)四分五裂を続けてきた無産政党も、つぎつぎと国家社会主義化していった。わずかに社会主義を守った鈴木茂三郎らの（　③　）も、1937年に弾圧され活動を停止した。(b)こうした弾圧はやがて自由主義・民主主義的な学問にもおよんでいった。

　また、この頃、軍部(特に陸軍)や革新官僚の中には、海軍穏健派内閣が続いたことに対して強く不満をもち、反既成政党・革新・現状打破をとなえる者もおり、(c)美濃部達吉がとなえた天皇機関説を強く批判し、当時の政府はこの対応に追われることになった。世論は軍部支持に傾き、陸軍は政治的発言力を増したが、陸軍内では皇道派と統制派の二大派閥が、深刻な対立を繰り広げていた。1936年、民間右翼指導者（　④　）の思想的影響を受けた(d)陸軍皇道派の青年将校たちは内大臣や蔵相などを殺害し、首相官邸や警視庁を４日間占拠するという事件をおこした。このクーデタは、国家改造・軍部政権樹立を目指したものであったが、天皇が厳罰を指示したこともあり反乱軍として鎮圧された。事件後、統制派は陸軍内で主導権を確立し、陸軍の発言力は一層高まった。その後成立した（　⑤　）内閣は、閣僚の人選や軍備拡張など(e)軍の要求を大幅に受け入れたため、以後の諸内閣に対する軍部介入の端緒となった。また、この内閣は陸海軍による帝国国防の方針の改定にもとづき、(f)「国策の基準」を決定し、国家総動員体制を目指した。しかし、国内改革の不徹底を不満とする軍や大軍拡に反対する政党双方の反発を受け、（　⑤　）内閣は退陣に追い込まれた。組閣の大命は陸軍穏健派の宇垣一成にくだるが、陸軍内部の反対により宇垣は組閣を断念した。かわって陸軍大将の林銑十郎が組閣し、軍財抱合をはかったがこれも短命に終わったため、1937年６月に、華族出身で貴族院議長をつとめていた（　⑥　）が元老・軍部から一般民衆まで国民各層からの期待を集め、内閣を組織した。

設問 (1)　下線部(a)について、赤松克麿が中心となって設立した政党の名前を答えよ。

(2)　下線部(b)について、自由主義的刑法学説をとなえた京都帝大教授が処分を受けた事件は何か。

(3)　下線部(c)に関して、この学説について述べた文として正しいものを、次の**ア〜エ**から一つ選べ。

　ア　天皇機関説とは、天皇自身が憲法に縛られず、神聖不可侵かつ無制限に統治権を行使することができると論じた学説である。

　イ　天皇機関説は明治憲法体制を支えてきた正統学説であったが、軍部・立憲政友会の一部・右翼などの勢力による排撃運動が高まった。

　ウ　政府は「国防の本義と其強化」というパンフレットの中で天皇機関説を公式に否認した。

　エ　政府は「国体明徴声明」を出し、天皇機関説を政府の理論的支柱として公式に認めた。

(4)　下線部(d)について、この事件を何というか答えよ。

(5)　下線部(e)について、この内閣が復活させた、軍部が内閣の存立を左右できる制度名を記せ。

(6)　下線部(f)に関して述べた次の文A・Bについて、その正誤の組合せとして正しいものを、次の**ア〜エ**から一つ選べ。

　A　外交ではドイツと提携しソ連に対抗する。

　B　海軍が主張する北方における対ソ連対策、陸軍が主張する南方への進出を同時に推進する。

　ア　A：正　B：正　　**イ**　A：正　B：誤　　**ウ**　A：誤　B：正　　**エ**　A：誤　B：誤

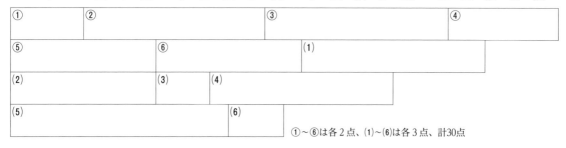

①		②		③		④	
⑤		⑥		(1)			
(2)		(3)		(4)			
(5)			(6)				

①〜⑥は各２点、(1)〜(6)は各３点、計30点

1 次の文を読み、あとの設問に答えよ。

　ヴェルサイユ・ワシントン体制と呼ばれる第一次世界大戦後の国際秩序は、「世界経済が好調で規模も拡大していること」「平和維持の価値が広く認められていること」の2つの条件によって維持されていた。しかし、(a)1929年に第1の条件が失われ、世界秩序崩壊の兆しがみえ始めた。また、第2の条件に関しても、日本で1931年に発生した満洲事変や、同時期に(b)ヨーロッパ諸国で発生した社会変動などに象徴されるように大きく揺らぐようになり、ヴェルサイユ・ワシントン体制は崩壊への道を歩み始めた。(c)「枢軸」陣営の成立は、これらの大変動の結果生まれた歴史的事象であった。

設問 (1)　下線部(a)について、これを示す世界的な経済危機の名称を答えよ。

　(2)　下線部(b)について述べた文として誤っているものを、次の**ア〜エ**から一つ選べ。

　　ア　ドイツではヒトラーに率いられたナチ党が、一党独裁の全体主義体制を樹立し、ヴェルサイユ体制の打破をとなえて国際連盟を脱退するとともに、再武装に踏みきった。

　　イ　イタリアではムッソリーニ率いるファシスト党が一党独裁体制を確立し、エチオピアへの侵攻をきっかけに国際連盟と対立した。

　　ウ　スペインでは人民戦線政府と軍部のあいだに内乱が発生したが、これに対してイギリスやフランスが共同で軍事介入し沈静化をはかった。

　　エ　ソ連では第1次五カ年計画によって重工業化と農業の集団化が推進され、急速に国力を高めた。また、アメリカのソ連承認によって国際連盟へ加入した。

　(3)　下線部(c)について、これによって結束を強めた国を三カ国あげ、成立背景について簡潔に説明せよ。なお、解答の際は、「枢軸」形成に当たっての具体的な協定名を一つ以上含めることとする。

(1)		(2)	(3)国	
背景				

(1)は2点、(2)は3点、(3)は5点、計10点

2 次の文を読み、あとの設問に答えよ。

　国民政府と共産党の内戦が続く中国では、1935年以降、イギリスの支援のもと、国民政府による地域的な通貨の混在状態の解消をはかる改革が実施され、中国国内の経済的統一が進められた。こうした状況下において日本の関東軍は、満洲のみならず、華北を国民政府から切り離して支配しようとする(a)華北分離工作を進めた。中国国民のあいだに抗日救国運動が高まると、同年12月に発生した(b)西安事件をきっかけに、国民政府は共産党との内戦を終結させ、日本への本格的な抗戦をしようとする決意を固めた。

　第1次近衛文麿内閣成立直後の1937年7月、北京郊外で発生した(c)日中両軍の衝突事件をきっかけに、(d)日中戦争と呼ばれる全面戦争が始まった。戦禍は南へと拡大し、8月には第2次(①)事変が勃発した。日本はつぎつぎと大軍を送り込み、12月には国民政府の首都である(②)を占領した。中国側では国民党と共産党が第2次国共合作を行って抗日民族統一戦線を成立させ、(②)が占領されたあとは漢口、さらには(③)へと首都を移して徹底抗戦を続けた。この戦争は泥沼のような長期戦となったため、

日本軍は大規模な攻撃を中断し、各地に傀儡政権を立てる政策に切りかえた。近衛文麿首相が発出した(e)三度にわたる声明はそうした日本の政策転換の表れである。たとえば国民政府要人である(A)をひそかに(③)から脱出させ、1940年に各地の傀儡政権を統合して(A)を首班とする新国民政府を(④)に樹立したが、この政権は弱体で、日本の戦争終結政略は失敗に終わった。一方、国民政府はアメリカ・イギリスなどから物資搬入路を通じて援助を受け、その後も抗戦を続けた。

設問 (1) (①)~(④)に当てはまる都市名を以下の**ア**~**カ**からそれぞれ選ぶとともに、その場所を右の白地図の中から選べ。選択肢は、何度使っても構わない。

ア 北京　　**イ** 南京　　**ウ** 奉天

エ 上海　　**オ** 香港　　**カ** 重慶

(2) (A)に当てはまる人物名を答えよ。

(3) 下線部(a)に関して述べた文の正誤の組合せとして正しいものを、次の**ア**~**エ**から一つ選べ。

Ⅰ　関東軍は傀儡政権として冀東防共自治委員会を樹立し、国民政府からの分離工作をすすめた。

Ⅱ　日本政府は華北分離工作を国策としなかったが、関東軍による分離工作を黙認した。

ア Ⅰ−正　Ⅱ−正　　**イ** Ⅰ−正　Ⅱ−誤　　**ウ** Ⅰ−誤　Ⅱ−正　　**エ** Ⅰ−誤　Ⅱ−誤

(4) 下線部(b)はどのような事件であったか、30字程度で記せ。

(5) 下線部(c)について、この事件を何というか。

(6) 下線部(d)について、日本政府はこの戦争において宣戦布告を行わなかったが、それはなぜか。簡潔に説明せよ。また、日本政府はこの戦争を何と呼称したか漢字4字で答えよ。

(7) 下線部(e)について、以下の選択肢**ア**~**ウ**は、近衛内閣が発出した3度の声明の内容である。選択肢中の(X)~(Z)に適語を入れるとともに、発出された順番となるように並び替えよ。

ア　日本の目的が「(X)・共同防共・経済提携」の三点であることを主張した。

イ　「(Y)を対手とせず」という声明で、和平交渉の可能性を断ち切った。

ウ　日・満・韓の三国において、(Z)を建設する意志を表示した。

(1)①地名	地図	②地名	地図	③地名	地図	④地名	地図	(2)
(3)		(4)					(5)	

(6)理由

名称		(7)X		Y	
Z		順番			

(1)は完全解答各3点、(2)(5)は各2点、他は各3点、計40点

3 次の文を読み（ ① ）〜（ ⑩ ）に適語を入れ、あとの設問に答えよ。

　日中戦争が勃発すると、軍事費が増大されるとともに、政府による直接的な経済統制も行われるようになった。1937年10月に設置された（ ① ）は物資動員計画を作成し、軍需品の生産を優先させた。1938年4月、近衛文麿内閣のもとで（ ② ）法が制定され、政府は議会の承認なしに戦争遂行に必要な物資や労働力を動員する権限を得た。同時に（ ③ ）法も制定され、政府の民間企業への介入強化のきっかけとなった。翌年7月には（ ② ）法にもとづき（ ④ ）令が制定され、一般国民が軍需産業に動員されるようになった。また1939年10月、政府は（ ② ）法にもとづいて（ ⑤ ）令を公布、公定価格制を導入し、経済統制をさらに強化した。国民に対しては、砂糖やマッチなどには消費を制限する（ ⑥ ）制を敷き、翌年には米が（ ⑦ ）制となった。(a)戦時体制の形成は思想の統制と弾圧強化をもたらした。1937年から展開された（ ⑧ ）運動では、「挙国一致」「尽忠報国」「堅忍持久」の目標のもと、国民に節約や貯蓄などの戦争協力が求められた。1940年、労働者の団体は（ ⑨ ）に統合されて、すべての労働組合が解散させられた。また、同年12月には（ ⑩ ）を設置して、出版物・演劇・ラジオ・映画などを統制し、マス＝メディアも戦争遂行のため利用する方針をとった。

　こうした社会背景のなか、(b)昭和初期の文学界では、社会主義運動と結びついて興隆した（ Ａ ）文学が、横光利一や（ Ｂ ）らの（ Ｃ ）派とともに二大潮流をなしたが、政府による弾圧を受け壊滅していった。社会主義思想を捨てた経験を作品化する文学者もおり、彼らの文学は（ Ｄ ）文学と呼ばれた。論壇の関心は日本の伝統回帰へ向かい、雑誌『日本浪曼派』などに亀井勝一郎や保田与重郎らが反近代と民族主義を掲げる文芸評論を発表した。一方、既成の大家のなかには、自らの創作の世界を維持する者も少なくなく、（ Ｅ ）の『夜明け前』や谷崎潤一郎の『細雪』といった大作が書き続けられた。日中戦争期には、みずからの従軍体験を記した（ Ｆ ）による『麦と兵隊』などの戦争文学が人気を博した。しかし、日本軍兵士の実態を写実的に描いた（ Ｇ ）の『生きてゐる兵隊』は発禁とされた。

設問(1)　（ Ａ ）〜（ Ｇ ）に当てはまる言葉を、次のア〜コからそれぞれ選べ。

　　ア　新感覚　　イ　耽美　　ウ　白樺　　エ　プロレタリア　　オ　川端康成
　　カ　島崎藤村　　キ　転向　　ク　新思潮　　ケ　火野葦平　　コ　石川達三

(2)　下線部(a)について、政府の大陸政策を批判した東京帝国大学教授が職を追われる事件がおきた。この教授は誰か。

(3)　下線部(b)について、文学者を戦争協力に動員するため、1942年に設置された官製機関は何か。

(4)　日中戦争以降の経済について述べた文章として誤っているものを、次のア〜エから一つ選べ。

　　ア　消費を抑制するため、1940年に七・七禁令を施行しぜいたく品の製造・販売を禁止した。

　　イ　国内向けの綿製品の生産・販売が禁止されるなど、生活必需品が不足した。

　　ウ　日中戦争開戦以降軍事費は増加し続け、1944年には対国民所得比の約4割に達していた。

　　エ　政府は米の供出制とともに、地主の取り分を増加させる措置を行った。

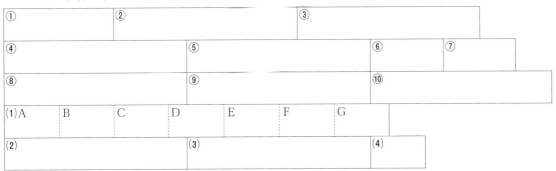

(1)〜(4)は各2点、他は各3点、計50点

1 次の文を読み（ ① ）～（ ⑤ ）に適語を入れ、あとの設問に答えよ。

1938年、ヴェルサイユ体制の打破に乗り出していたドイツは、日本の第1次（ ① ）内閣に対し、ソ連に加え英・仏を仮想敵国とする軍事同盟を提案した。（ ① ）内閣はこの問題に決着をつけないまま退陣し、1939年初めに枢密院議長の（ ② ）が組閣したが、同年の8月に(a)「欧州の天地は複雑怪奇なる新情勢を生じた」と声明し、総辞職した。翌9月に第二次世界大戦が始まったが、（ ② ）内閣のあとをうけた、阿部信行内閣、続く（ ③ ）内閣はヨーロッパの戦争には不介入の方針をとり続けた。

一方、日中戦争開始以来、日本に必要な軍需産業用の資材はいわゆる(b)「円ブロック」の中だけでは足りず、欧米やその勢力圏からの輸入に依存し続けていた。しかし、日本が東アジアにおける日・満・華連携による（ ④ ）の形成に乗り出すと、アメリカは日米通商航海条約破棄の通告をするなど、経済面から日本の行動に圧力をかけた。これに対し日本国内では、対米英戦覚悟のうえでの南方進出を行い、東南アジアも含んだ（ ⑤ ）の建設をはかり、資源を得ようという主張が高まった。

設問（1）　下線部(a)について、複雑怪奇と声明された「新情勢」を具体的に説明せよ。

（2）　下線部(b)とはどのようなものか説明せよ。

①	②	③
④	⑤	(1)

(2)

①～⑤は各2点、(1)は4点、(2)は3点、計17点

2 次の文を読み（ ① ）～（ ⑤ ）に適語を入れ、あとの設問に答えよ。

1940年、近衛文麿は枢密院議長を退き、ドイツを模した強力な一大指導政党の樹立を目指す（ ① ）運動の先頭に立った。この運動に対し、(a)諸政党は解散して参加を表明した。この運動は、同年10月に（ ② ）という組織として結実した。同年7月、軍部は米内光政内閣を退陣に追い込み、第2次近衛内閣が成立するが、組閣に先立って、南方進出などの方針が定められた。南進政策には(b)南方の植民地を影響下におくことや援蔣ルートの遮断にねらいがあった。9月には日本軍は（ ③ ）進駐を行い、ほぼ同時に日独伊三国同盟を締結した。これに対してアメリカは日本への経済制裁を本格化させた。

教育面では、1941年に小学校が（ ④ ）と改められ、「忠君愛国」の国家主義的な教育が推進された。また、朝鮮・台湾でも日本語教育の徹底など、「（ ⑤ ）」政策が推進された。

設問（1）　下線部(a)について、当時の二大政党を答えよ。

（2）　下線部(b)について、なぜ南方の植民地を影響下におくことができると考えたのか、東南アジアの情勢に注目しながら説明せよ。

①	②	③	④
⑤	(1)		

(2)

①～⑤は各1点、(1)は各2点、(2)は3点、計12点

3 》次の文を読み（　①　）～（　⑮　）に適語を入れ、あとの設問に答えよ。

　日本のドイツとの連携強化・南進政策は、アメリカの態度を硬化させた。第2次近衛文麿内閣は、駐米大使として（　①　）を派遣し、1941年4月より日米交渉を行い、事態の打開をはかった。一方、同じ時期に、外相（　②　）はドイツ・イタリア訪問の帰途、モスクワで（　③　）条約を締結した。これには、ソ連との提携を利用し、アメリカとの関係打開をはかる目的があった。同年6月に独ソ戦争が開始されると、7月の御前会議で対米英戦覚悟の南方進出と、情勢有利な場合の対ソ戦とが決定され、これにより約70万人の兵力を（　④　）という名目で満洲に集結させた。

　第2次近衛内閣は日米交渉の継続のため、強硬論をとる（　②　）外相を除こうとし、いったん総辞職して第3次内閣を組織した。しかし組閣直後に（　⑤　）進駐を行い、これに対しアメリカは対日（　⑥　）輸出禁止を決定するなど、(a)日本の南進政策を阻止する意思を明確にした。9月の御前会議では、交渉不成立の場合の対米開戦を決定した。近衛首相はアメリカとの妥協をはかったが、強硬論を主張する（　⑦　）陸相との対立により内閣は総辞職し、(b)9月の御前会議の白紙還元を条件として（　⑦　）内閣が成立した。しかし、11月末にアメリカから最後通告ともいえる（　⑧　）が提出されたことで、日本は開戦を決定し、12月8日、陸軍が英領（　⑨　）半島に上陸、海軍が（　⑩　）を攻撃し、ここに(c)太平洋戦争が勃発した。

　太平洋戦争が続く中、（　⑦　）内閣は、(d)1942年にいわゆる（　⑪　）選挙を実施し、政府推薦議員が絶対多数を獲得した。対外的には翌年11月にアジア各国の代表を東京に集め（　⑫　）会議を開催し、欧米支配からのアジアの解放を強調した。一方、(e)緒戦の勝利で支配地域を拡大した日本だが、1942年6月の（　⑬　）海戦での惨敗により戦局は大きく転換し、以後、アメリカの対日反攻作戦が本格化した。1944年7月に、（　⑭　）島が陥落したことによって日本本土がアメリカ軍の空襲圏内に入ると（　⑦　）内閣は責任を負って退陣し、陸軍の（　⑮　）に海軍の米内光政が協力する内閣が成立した。

設問 (1)　下線部(a)について、アメリカの動きにイギリス・オランダなどが同調して行った対日経済封鎖を中心とした包囲網を、当時の日本では何と呼んだか。

　(2)　下線部(b)について、このときの首相はどのように選出されたか、次の**ア**～**ウ**から一つ選べ。

　ア　元老の西園寺公望によって推挙された。

　イ　内大臣木戸幸一と首相経験者で構成される重臣会議の合議で推挙された。

　ウ　大政翼賛会の各支部長の合議によって推挙された。

　(3)　下線部(c)について、日本は開戦後、敗戦まで、「支那事変」（日中戦争）を含めた目下の戦争を何と呼んでいたか。

　(4)　下線部(d)について、この後の政治情勢について述べた次の文**ア**・**イ**の正誤を〇か×で答えよ。

　ア　挙国一致的政治結社として翼賛政治会が結成された。

　イ　議会活動の意義がなくなったため、議会が停止された。

　(5)　下線部(e)について、日本が軍政下においた地域として誤っているものを、次の**ア**～**エ**から一つ選べ。

　ア　シンガポール　　**イ**　ハワイ島　　**ウ**　フィリピン　　**エ**　ビルマ

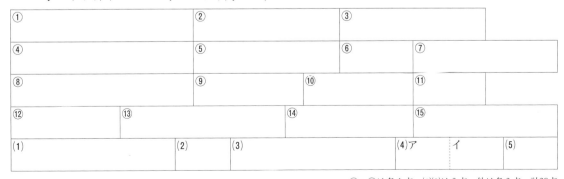

①		②		③	
④		⑤		⑥	⑦
⑧		⑨	⑩		⑪
⑫	⑬		⑭		⑮
(1)		(2)	(3)		(4)ア　　イ	(5)

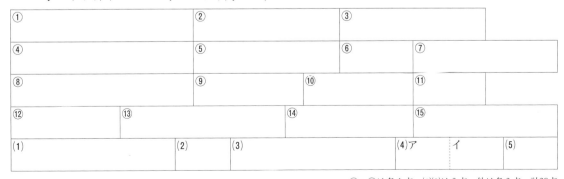

①～⑮は各1点、(1)(3)は3点、他は各2点、計29点

4 次の文を読み（ ① ）〜（ ⑨ ）に適する語を語群から選べ。

　太平洋戦争の開戦後、政府は軍需生産優先政策をとり、国民から兵力・労働力を根こそぎ動員した。1943年には大学・高等専門学校に在学中の徴兵適齢文科系学生を軍に召集する（ ① ）を実施し、学校に残る学生・生徒や、（ ② ）に編成した女性を軍需工場などで働かせる（ ③ ）も行った。また、占領地域の中国人を日本本土などに（ ④ ）し、鉱山や土木工事現場などで働かせた。戦地に設けられた「慰安施設」には日本・朝鮮・中国などから女性が集められ「（ ⑤ ）」として働かされた。加えて、朝鮮・台湾では（ ⑥ ）も敷かれた。また、制海・制空権の喪失によって、南方からの海上輸送が困難となったため、軍需生産に必要な資源も欠乏した。衣料では総合（ ⑦ ）制が敷かれたが、（ ⑦ ）があっても物がない状況となった。米の（ ⑧ ）もとどこおり、イモ・小麦粉などの代用食が増加した。また1944年後半以降、都市では、住民の縁故疎開や国民学校児童の（ ⑨ ）も始まった。

語群　ア　切符　　イ　女子挺身隊　　ウ　供出　　エ　徴兵制　　オ　学徒出陣　　カ　強制連行
　　　　キ　選挙制　　ク　勤労動員　　ケ　配給　　コ　学童疎開　　サ　慰安婦

①	②	③	④	⑤	⑥	⑦	⑧	⑨

各1点、計9点

5 次の表の（ ① ）〜（ ⑩ ）に適語を入れ、あとの設問に答えよ。

1943年	11月	(a)（ ① ）会談…日本の植民地を返還させる方針を発表
1945年	2月	(b)（ ② ）会談…秘密協定でソ連は対日参戦を約束
	3月10日	（ ③ ）大空襲
	4月	アメリカ軍、（ ④ ）本島に上陸、（ ⑤ ）が内閣総理大臣に就任
	5月	（ ⑥ ）が降伏
	6月	アメリカ軍が（ ④ ）を占領
	7月	(c)（ ⑦ ）会談…（ ⑦ ）宣言が発表されるが(d)日本政府は「黙殺」と声明
	8月6日	（ ⑧ ）に原子爆弾投下
	8月8日	ソ連が（ ⑨ ）を無視して対日参戦
	8月9日	長崎に原子爆弾投下
	8月14日	日本政府が（ ⑦ ）宣言受諾を決定
	8月15日	天皇のラジオ放送による終戦の詔勅（玉音放送）
	8月18日	ソ連軍が千島列島に攻撃を開始
	9月2日	東京湾のアメリカ軍艦（ ⑩ ）号上で、降伏文書に調印

設問（1）　下線部(a)〜(c)それぞれの会談の出席者を、次のア〜エからそれぞれ選べ。

　　ア　ローズヴェルト・チャーチル・スターリン　　イ　トルーマン・チャーチル・スターリン
　　ウ　ローズヴェルト・チャーチル・蔣介石　　エ　トルーマン・蔣介石・スターリン

（2）　下線部(d)について、なぜ「黙殺」と発表したか説明せよ。

（3）　日本では8月15日が「終戦の日」とされているが、アメリカなどでは別の日が「終戦の日」と認識されていることもある。それは何月何日で、その理由にはどのようなことが考えられるか説明せよ。

①		②		③		④		⑤	
⑥		⑦			⑧		⑨		
⑩		(1)(a)		(b)		(c)		(2)	
(3)									

(2)は3点、(3)は4点、他は各2点、計33点

(教 p.325〜333)

/ 点

1 次の文を読み（ ① ）〜（ ⑤ ）に適語を入れ、あとの設問に答えよ。

　日本はポツダム宣言にもとづき、(a)連合国に占領されることになり、（ ① ）元帥を最高司令官とする連合国(軍)最高司令官総司令部（GHQ／SCAP）が(b)日本の占領行政を担当した。ポツダム宣言の受諾とともに鈴木貫太郎内閣は総辞職し、皇族の（ ② ）が組閣した。この内閣は、連合国軍の進駐受入れや降伏文書調印などを遂行したが、「一億総懺悔」「国体護持」をとなえ占領政策と対立し、1945年10月にGHQが発した(c)人権指令や天皇に関する自由な議論を奨励したのを機に退陣した。かわって協調外交で知られた（ ③ ）が組閣し、GHQはこの内閣に対して憲法の自由主義化、(d)五大改革、国家と神道の分離などを指示した。1945年9月から12月にかけてGHQは日本の戦争指導者たちを逮捕した。翌年5月からいわゆる(e)東京裁判が行われ、28名がA級戦犯として起訴され、審理の結果開戦時の首相であった（ ④ ）以下7人が死刑とされたほか、全員が有罪とされた。天皇に対する戦争責任も内外で取りざたされたが、GHQは占領支配に利用できると考え、戦犯容疑者指定しなかった。1946年元日、昭和天皇はいわゆる（ ⑤ ）をおこなって天皇の神格をみずから否定した。また、GHQの指令により、戦争犯罪人・陸海軍人・超国家主義者・大政翼賛会の有力者らの(f)公職追放も行われた。

設問 (1) 下線部(a)に関し、ワシントンにおかれた対日占領政策決定の最高機関の名を答えよ。

　(2) 下線部(b)について述べた文として正しいものを、次の**ア**〜**ウ**から一つ選べ。

　　ア　GHQによる直接軍政が敷かれた。

　　イ　GHQの指令・勧告にもとづき日本政府が政治を行う間接統治の方法がとられた。

　　ウ　日本に対する占領政策は米英仏ソ四カ国の協議にもとづいて実施された。

　(3) 下線部(c)に含まれないものを、次の**ア**〜**ウ**から一つ選べ。

　　ア　治安維持法の廃止　　**イ**　特別高等警察の廃止　　**ウ**　政治犯の逮捕

　(4) 下線部(d)に含まれないものを次の**ア**〜**ウ**から一つ選べ。

　　ア　普通選挙の導入　　**イ**　労働組合の結成奨励　　**ウ**　経済機構の民主化

　(5) 次の**ア**〜**エ**は、ポツダム宣言の条文の一部である。これらから下線部(e)・(f)の内容に対応する文として正しいものを、それぞれ選べ。

　　ア　言論、宗教及思想ノ自由並ニ基本的人権ノ尊重ハ確立セラルベシ。

　　イ　日本国国民ヲ欺瞞シ之ヲシテ世界征服ノ挙ニ出ヅルノ過誤ヲ犯サシメタル者ノ権力及勢力ハ、永久ニ除去セラレザルベカラズ。

　　ウ　平和的傾向ヲ有シ且責任アル政府ガ樹立セラルルニ於テハ、連合軍ノ占領軍ハ日本国ヨリ撤収セラルベシ。

　　エ　吾等ノ俘虜ヲ虐待セル者ヲ含ム一切ノ戦争犯罪人ニ対シテハ、厳重ナル処罰ヲ加ヘラレルベシ。

　(6) 巨額の賠償金を課し、結果としてヒトラーの台頭をまねいた反省から、敗戦した日本に対する連合国の政策は、第一次世界大戦で敗戦国となったドイツに対しての政策とどのような点で違っていたか簡潔に説明せよ。

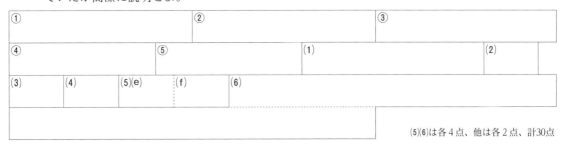

①	②	③
④	⑤	(1)	(2)
(3)	(4)	(5)(e)	(f)	(6)

(5)(6)は各4点、他は各2点、計30点

2 次の文を読み（ ① ）に適語を入れ、あとの設問に答えよ。

　GHQは経済民主化の中心課題として(a)財閥の解体を推進した。これとともに、農民層の窮乏が日本の対外侵略の重要な動機となったとして（ ① ）制を除去し、(b)自作農を大量に創出する(c)農地改革の実施を求めた。また、低賃金構造にもとづく国内市場の狭さを解消するために、労働基本権の確立と(d)労働組合の結成支援がはかられるとともに、いわゆる(e)労働三法が制定された。

　(f)教育制度の自由主義的改革として、GHQは教科書の不適当な記述の削除と軍国主義的な教員の追放を指示し、さらに修身・日本歴史・地理の授業を一時禁止した。

設問 (1)　下線部(a)に関する文として誤っているものを、次の**ア～ウ**から一つ選べ。
　　ア　1946年に持株会社整理委員会が発足し、財閥家族所有の株式を一般に売り出した。
　　イ　1947年に制定された独占禁止法により、カルテル・トラストなどが禁止された。
　　ウ　1947年に制定された過度経済力集中排除法により、巨大企業の多くが分割された。
　(2)　下線部(b)について、この時に創出された自作農の経営規模はどのようなものだったか説明せよ。
　(3)　下線部(c)に関する文として誤っているものを、次の**ア～ウ**から一つ選べ。
　　ア　日本政府は第1次農地改革を自主的に行ったが地主制解体の面で不徹底であった。
　　イ　GHQの勧告にもとづく第2次農地改革は、不在地主の全貸付地を強制的に国が買い上げるなど、徹底した内容だった。
　　ウ　第2次農地改革では地主5・自作農2・小作農3の割合で構成された農地委員会が、農地の買収と売渡しに当たった。
　(4)　下線部(d)に関して、1946年に結成された労働組合の全国組織を二つ答えよ。
　(5)　下線部(e)について労働三法をすべて答えよ。
　(6)　下線部(f)に関する文として正しいものを、次の**ア～ウ**から一つ選べ。
　　ア　GHQの指令に先立ち文部省は教科書に墨塗りさせ、不適当な部分を削除させた。
　　イ　教育基本法によって6・3・3・4の新学制が発足した。
　　ウ　1948年、文部大臣の任命による教育委員会が都道府県・市町村に設置された。

①		(1)	(2)	
(3)	(4)			
(5)			(6)	(2)は4点、他は各2点、計16点

3 次の文を読み（ ① ）～（ ⑧ ）に適する語を語群から選び、【 A 】に適する数字を答えよ。

　民主化政策が実施されるなか、政党の復活や結成があいついだ。1945年10月には（ ① ）が合法政党として活動を開始した。11月には旧無産政党を統合した（ ② ）、旧立憲政友会系の翼賛選挙非推薦議員を中心とした（ ③ ）、旧立憲民政党系の議員を中心とした（ ④ ）、12月には労使協調を掲げる（ ⑤ ）が誕生した。

　1945年12月には衆議院議員選挙法が大幅に改正され、女性参政権がはじめて実現し、選挙資格も満【 A 】歳以上とされた結果、有権者数はこれまでの3倍近くに拡大した。翌年の4月に戦後初の総選挙がおこなわれ、39名の女性議員が誕生し、（ ③ ）が第一党となった。同年5月、戦前から親英米派外交官であった（ ⑥ ）が、（ ⑦ ）処分を受けた（ ⑧ ）にかわって（ ④ ）の協力を得て、内閣を組織した。

語群　**ア**　日本進歩党　　**イ**　日本社会党　　**ウ**　公職追放　　**エ**　鳩山一郎　　**オ**　日本自由党
　　　　カ　幣原喜重郎　　**キ**　日本共産党　　**ク**　戦争犯罪　　**ケ**　吉田茂　　**コ**　日本協同党

①	②	③	④	⑤	⑥	⑦	⑧	A	
									各2点、計18点

4 次の文を読み（ ① ）〜（ ⑥ ）に適語を入れ、あとの設問に答えよ。

　1945年10月ＧＨＱに憲法改正を指示された（ ① ）内閣は（ ② ）を委員長に憲法問題調査委員会を設置した。しかし、同委員会の改正試案は天皇の統治権を認めるなど保守的なものであったため、ＧＨＱはマッカーサー草案と呼ばれる改正案を日本政府に提示した。この案をもとに政府原案が作成され、衆議院と（ ③ ）院で可決されたのち、<u>日本国憲法として公布・施行された。</u>

　新憲法の精神にもとづき、多くの法律の制定あるいは大幅な改正が行われた。1947年に改正された新民法は、家中心の（ ④ ）制度を廃止し、男女同権の新しい家族制度を定めた。刑事訴訟法は人権尊重を主眼に全面改正され、刑法の一部改正で大逆罪・不敬罪・姦通罪などが廃止された。また1947年には（ ⑤ ）法が成立し、都道府県知事・市町村長が公選となり、地方行政や警察に権力をふるってきた（ ⑥ ）省はＧＨＱの指示で廃止された。

設問 (1)　下線部に関して、この過程について述べた文として正しいものを、次の**ア**〜**ウ**から一つ選べ。

　　ア　ＧＨＱはマッカーサー草案を作成する際、日本国内の憲法の研究は無視して、アメリカの憲法を参考にした。

　　イ　日本国憲法は手続き上では、大日本帝国憲法を改正したものとなった。

　　ウ　マッカーサー草案は追加・修正がほぼなされないで、そのまま日本国憲法となった。

　　(2)　大日本帝国憲法と日本国憲法とでは、天皇の地位はどう変化したか説明せよ。

①		②		③		④	

⑤		⑥		(1)			

(2)

⑴は3点、⑵は5点、他は各2点、計20点

5 次の文を読み（ ① ）〜（ ⑫ ）に適する語を語群から選び、（ Ａ ）（ Ｂ ）に適する人名を答えよ。

　戦火によって国民生活は徹底的に破壊された。また、将兵の（ ① ）や海外各地に居留していた人々の（ ② ）で人口はふくれあがり、失業者も急増した。1945年は記録的凶作で食糧不足は深刻となり、米の（ ③ ）も不足し、サツマイモなどの代用食にかえられた。そのため、都市民衆は農村への（ ④ ）や（ ⑤ ）での取引き、家庭での自給生産で飢えをしのいだ。

　極度の物不足に加え、通貨増発により猛烈な（ ⑥ ）が発生した。1946年に幣原喜重郎内閣は、旧円の預金を封鎖して、新円の引出しを制限する（ ⑦ ）を出したが、効果は一時的であった。第1次吉田茂内閣は（ ⑧ ）を設置して対応し、1946年には資材と資金を石炭・鉄鋼などの重要産業部門に集中する（ ⑨ ）を閣議決定し、（ ⑩ ）を創設して電力・海運などを含む基幹産業への資金供給を開始した。

　1947年4月、新憲法下の新しい政府を組織するために衆参両議院の選挙が行われ、（ ⑪ ）が衆議院第一党となり、新憲法下初の首班指名で同党の委員長（ Ａ ）が選出され、民主党・国民協同党との連立内閣が発足した。しかし、内閣は連立ゆえの政策調整に苦しみ、翌年2月に総辞職した。ついで民主党総裁の（ Ｂ ）が同じ三党で連立内閣を組織したが、（ ⑫ ）事件で退陣した。

語群　**ア**　配給　　**イ**　インフレーション　　**ウ**　傾斜生産方式　　**エ**　独占禁止法　　**オ**　復員
　　カ　昭和電工　　**キ**　闇市　　**ク**　経済安定本部　　**ケ**　日本興業銀行　　**コ**　引揚げ
　　サ　日本共産党　　**シ**　買出し　　**ス**　金融緊急措置令　　**セ**　日本社会党
　　ソ　復興金融金庫　　**タ**　モラトリアム

①	②	③	④	⑤	⑥	⑦	⑧	⑨	⑩

⑪	⑫	Ａ		Ｂ	

①〜⑫は各1点、他は各2点、計16点

1 次の文を読み（　①　）〜（　⑦　）に適語を入れ、あとの設問に答えよ。

　原子爆弾の威力で大戦を終結させたアメリカは、圧倒的な国力を背景に、イギリスにかわって世界の指導・管理に乗り出した。ソ連に占領された東欧諸国ではソ連型の共産主義体制が樹立され、強大なソ連が小国を支配する「衛星国」化が進行した。これに対しアメリカは、大統領が1947年にソ連「封じ込め」政策の必要をとなえる（　①　）を宣言し、ついで（　②　）にもとづいて西欧諸国の復興と軍事増強を援助することで、ヨーロッパにおける共産主義勢力との対決姿勢を鮮明にした。こうしてアメリカを盟主とする西側とソ連を盟主とする東側の二大陣営が形成され、1949年、アメリカと西欧諸国の共同防衛組織である（　③　）が結成された。一方、ソ連は1949年に原爆開発に成功し、1955年にはソ連と東欧7カ国の共同防衛組織である（　④　）が結成された。これ以降、東西両陣営は軍事的な対峙を継続し、勢力範囲の画定や軍備・経済力・イデオロギーなど(a)あらゆる面で激しい競争を展開し、戦後世界秩序の骨格を形づくった。また、国連の安全保障体制への信頼性は動揺するようになった。

　中国では農民の強い支持を受けた（　⑤　）党が、アメリカに支援された（　⑥　）党との内戦に勝利し、1949年10月に北京で(b)中華人民共和国の成立を宣言した。翌年には中ソ友好同盟相互援助条約が成立し、中華人民共和国は東側陣営に加わった。一方、敗れた（　⑥　）党は（　⑦　）に逃れて、(c)中華民国政府を存続させた。(d)朝鮮半島では1948年に、北緯38度線を境として二つの国家が建国され、南北分断状態が固定化した。また、中国内戦で（　⑤　）党の優位が明らかになった1948年以降、(e)アメリカの対日占領政策は転換した。

設問　(1)　下線部(a)について、こうした東西両陣営の対立を何というか。

　　(2)　下線部(b)・(c)について、この当時の指導者をそれぞれ記せ。

　　(3)　下線部(d)に関して述べた次の文Ⅰ〜Ⅲについて、その正誤の組合せとして正しいものを、下のア〜エから一つ選べ。

　　Ⅰ　日本の降伏後、朝鮮半島は南北それぞれの地域が米ソ両国により直接軍政下におかれた。

　　Ⅱ　北部に金日成を首相とする朝鮮民主主義人民共和国が成立した。

　　Ⅲ　南部に汪兆銘を大統領とする大韓民国が成立した。

　　ア　Ⅰ＝正　Ⅱ＝正　Ⅲ＝誤　　イ　Ⅰ＝正　Ⅱ＝誤　Ⅲ＝誤

　　ウ　Ⅰ＝誤　Ⅱ＝正　Ⅲ＝誤　　エ　Ⅰ＝誤　Ⅱ＝誤　Ⅲ＝正

　　(4)　下線部(e)について、どのような意図があってアメリカは占領政策の方針の転換を行ったか、具体的な事例をあげて説明せよ。

①		②		
③		④		⑤
⑥	⑦	(1)	(2)(b)	(c)	(3)

(4)

(4)は4点、他は各2点、計26点

2 次の文を読み（ ① ）〜（ ⑨ ）に適語を入れ、Ａ〜Ｄに適する語をア・イから選べ。

　占領政策転換と同時期の1948年10月に（ ① ）を首班とする中道連立内閣は昭和電工事件で倒れ、民主自由党総裁の（ ② ）を首班とする内閣が成立した。翌年1月の総選挙で民主自由党は絶対多数の議席を獲得し、Ａ〔**ア**：保守　**イ**：革新〕政権を安定させた。この間、ＧＨＱは日本の経済復興に向けてつぎつぎと積極的な措置をとった。片山哲・（ ① ）内閣のもとで実施された（ ③ ）方式は、生産再開の起動力となったが、巨額の資金投入にともないますますＢ〔**ア**：デフレ　**イ**：インフレ〕が進行した。これに対して、ＧＨＱは1948年12月、第2次（ ② ）内閣に対し総予算の均衡、徴税の強化などの内容を含む（ ④ ）の実行を指令した。翌年には銀行家のドッジが特別公使として派遣され、Ｃ〔**ア**：赤字　**イ**：黒字〕を許さない予算の編成、1ドル＝（ ⑤ ）円の単一為替レート設定といった（ ⑥ ）と呼ばれる一連の施策を指示した。また、同年来日した財政学者の（ ⑦ ）を団長とする使節団の勧告をもとに、Ｄ〔**ア**：直接税　**イ**：間接税〕中心主義や累進所得税制を柱とする税制の大改革が行われた。

　一方、1949年後半からの不況が深刻となり中小企業の倒産が増大し、行政や企業の人員整理とも重なり失業者があふれた。しかし、同年夏に国鉄をめぐっておきた（ ⑧ ）事件・三鷹事件・（ ⑨ ）事件で嫌疑をかけられた影響もあり、労働者側はおし切られた。

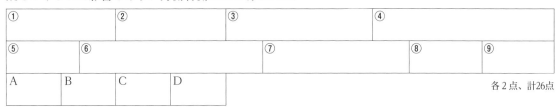

①	②	③	④
⑤	⑥	⑦	⑧	⑨

| Ａ | Ｂ | Ｃ | Ｄ |

各2点、計26点

3 次の文を読み（ ① ）〜（ ④ ）に適語を入れ、あとの設問に答えよ。

　朝鮮半島では（ ① ）年6月、北朝鮮が北緯38度線を越えて韓国に侵攻し、(a)朝鮮戦争が始まった。この戦争にアメリカは介入したが、やがて北緯38度線付近で戦線は膠着した。翌年から休戦会談が始まり、1953年7月に（ ② ）で休戦協定が調印された。

　朝鮮戦争がはじまると、在日アメリカ軍が朝鮮に動員されたあとの軍事的空白を埋めるために、ＧＨＱの指令で（ ③ ）が新設された。旧軍人の（ ④ ）解除も進められ、旧軍人は（ ③ ）に採用されていった。これより先、ＧＨＱは日本共産党幹部の（ ④ ）を指令し、戦争勃発に続いて(b)共産主義者の追放が始まり、マスコミから民間企業・官公庁へと広がった。労働運動では朝鮮戦争勃発の年に(c)日本労働組合総評議会（総評）が結成され、運動の主導権を握った。

設問 (1)　下線部(a)について述べた次の文Ⅰ〜Ⅲを、時系列順に並び替えよ。
　　Ⅰ　北朝鮮軍がソウルを占領して朝鮮半島南部を席巻した。
　　Ⅱ　中国人民義勇軍が北朝鮮側で参戦した。
　　Ⅲ　アメリカ軍が国連軍として介入し、仁川上陸作戦を行った。
　(2)　下線部(b)のことを何というか。
　(3)　下線部(c)について述べた文として誤っているものを、次の**ア**〜**ウ**から一つ選べ。
　　ア　共産党の影響力の強い産別会議に対抗する組合として結成された。
　　イ　ＧＨＱの支援を受けて結成された労働団体であった。
　　ウ　当初から一貫して反米路線を掲げた労働団体であった。

①	②	③	④
(1)		(2)		(3)	

(1)は3点、他は各2点、計15点

4 次の文を読み〔 A 〕~〔 D 〕に適語を入れ、あとの設問に答えよ。

　朝鮮戦争で日本の戦略的価値を再認識したアメリカは、占領を終わらせて日本を西側陣営に早期に編入するため、単独講和を行う準備を進めた。日本国内には(a)全面講和を主張する声もあったが、第3次吉田茂内閣は、再軍備の負担を避けて経済復興に全力を注ぐためにも早く独立を回復し、基地提供の見返りに安全保障をアメリカに依存する道を選択した。〔 A 〕年9月、〔 B 〕で講和会議が開かれ、(b)日本と48カ国とのあいだで平和条約が調印された。翌年4月の条約発効により占領は終結し、日本は独立国としての主権を回復した。この条約は、(c)交戦国に対する日本の賠償責任について取り決めたほか、（ ① ）の独立、（ ② ）・南樺太・（ ③ ）列島などの放棄、（ ④ ）・小笠原諸島はアメリカの施政権下におくといった日本の領土についての取り決めも行った。平和条約調印と同日、〔 C 〕条約が調印され、独立後もアメリカ軍が駐留を続けることとなった。この条約にもとづき翌年2月に〔 D 〕が締結され、日本は駐留軍に基地を提供し、駐留費用を分担することになった。

設問 (1)　下線部(a)はどのような講和か、簡潔に説明せよ。

　(2)　下線部(b)の条約に調印していない国、または会議に出席していない国を、次の**ア**~**オ**から三つ選べ。

　　　ア　ソ連　　**イ**　イギリス　　**ウ**　中華人民共和国　　**エ**　インド　　**オ**　フランス

　(3)　下線部(b)の条約の批准をめぐり、左右に分裂した政党名を記せ。

　(4)　下線部(c)について述べた文として正しいものを、次の**ア**~**ウ**から一つ選べ。

　　　ア　アメリカは賠償請求権を放棄したが、ほかの交戦国は多額の賠償金を請求した。

　　　イ　冷戦の激化により、日本への賠償請求は当初よりきびしいものとなった。

　　　ウ　インドネシアなど東南アジア4カ国への賠償は、建設工事やサービス提供というかたちをとり、のちの日本の商品や企業の東南アジア進出の足がかりとなった。

　(5)　（ ① ）~（ ④ ）に適する語句を、次の**ア**~**オ**からそれぞれ選べ。

　　　ア　朝鮮　　**イ**　対馬　　**ウ**　千島　　**エ**　台湾　　**オ**　沖縄

(2)は各1点、他は各2点、計25点

5 占領期の文化に関する次の文を読み、（ ① ）~（ ⑧ ）に適する語を語群から選べ。

　西欧近代との比較により日本の後進性を批判する（ ① ）の政治学なども学生・知識人に大きな影響をおよぼし、自然科学の分野では理論物理学者の（ ② ）が1949年に日本人ではじめてノーベル賞を受賞した。同年には、科学者の代表機関として（ ③ ）会議が設立された。また、法隆寺金堂壁画の焼損をきっかけとして、1950年には（ ④ ）法が制定された。総合雑誌『（ ⑤ ）』の復刊、『世界』などの創刊にみられるように出版界も活気づいた。

　文学では、（ ⑥ ）・太宰治・大岡昇平・野間宏らが活躍した。歌謡曲では「リンゴの唄」の大流行、（ ⑦ ）の登場など国民の間には明るく伸びやかな大衆文化が広がった。映画は黄金時代を迎え、溝口健二・（ ⑧ ）らの作品は国際的に高く評価された。

語群　**ア**　日本学術　　**イ**　丸山真男　　**ウ**　キング　　**エ**　美空ひばり　　**オ**　湯川秀樹
　　　　カ　坂口安吾　　**キ**　中央公論　　**ク**　文化財保護　　**ケ**　黒澤明

①	②	③	④	⑤	⑥	⑦	⑧

各1点、計8点

(教 p.339〜344)

／　　　　点

1 ▷ 次の文を読み（ ① ）〜（ ⑥ ）に適語を入れ、あとの設問に答えよ。

　1950年代半ばには核対決の手詰まりから、東西対立を緩和する動きが生まれ、スターリンの死後、体制に変化があったソ連は(a)平和共存路線を打ち出し、1963年に（ ① ）条約、1968年に（ ② ）条約が調印された。また、東西両陣営内にも変化がみられた。西側陣営内では(b)ヨーロッパ共同体の結成、フランスのド＝ゴール大統領による独自外交、西ドイツや日本の経済復興、東側陣営内では中ソ対立が表面化し、中国は1964年に核実験を成功させ、1966年には「プロレタリア文化大革命」を開始した。一方、1955年の（ ③ ）会議開催にみられるように米・ソどちらの陣営にも与さないとする第三勢力の台頭もめざましく、1960年代にはアジア・アフリカ諸国が国連加盟国の過半を占めた。ベトナムでは（ ④ ）休戦協定によりフランス軍は撤退したが、南北分断のもとで内戦が続き、（ ⑤ ）政府を支援するアメリカが1965年から（ ⑥ ）を空爆するなど軍事介入を開始し、一方で（ ⑥ ）と（ ⑤ ）解放民族戦線は中国・ソ連の援助を得て抗戦した（ベトナム戦争）。

設問 (1)　下線部(a)を打ち出したソ連の首脳は誰か。

　　　(2)　下線部(b)について、この略称をアルファベットで答えよ。

①	②	③
④	⑤	⑥
(1)	(2)	各3点、計24点

2 ▷ 次の文を読み（ ① ）〜（ ⑤ ）に適語を入れ、あとの設問に答えよ。

　1952年4月のサンフランシスコ平和条約の発効は、それまでの GHQ の指令で機能していた多数の法令が失効することを意味した。そこで吉田茂内閣は、労働運動や社会運動をおさえるための法整備を進め、「血のメーデー事件」を契機に（ ① ）を成立させ、その調査機関として公安調査庁を設置した。また、平和条約の発効とともに海上警備隊の新設、警察予備隊の（ ② ）への改組をあいついで行った。さらに1954年には(a)ＭＳＡ協定（日米相互防衛援助協定などの4協定の総称）の締結、防衛庁の新設、（ ② ）・海上警備隊を統合した（ ③ ）の発足、(b)新警察法・教育二法の公布といった一連の政策を実施した。左右の社会党や共産党・総評などの革新勢力はこうした動きを占領期の改革の成果を否定する「逆コース」ととらえ積極的な反対運動を展開し、(c)アメリカ軍基地反対闘争、第五福竜丸事件を契機とした（ ④ ）禁止運動などが全国で高まりをみせた。また、平和条約の発効を待たずに進められた（ ⑤ ）の解除によって鳩山一郎・岸信介ら有力政治家が政界に復帰し、吉田首相に反発する勢力が増大した。

設問 (1)　下線部(a)で日本が義務づけられた内容として正しいものを、次の**ア〜ウ**から一つ選べ。

　　　　ア　自衛力の増強　　**イ**　米軍の日本駐留承認　　**ウ**　米軍の日本駐留費用分担

　　　(2)　下線部(b)の時に定められた内容として誤っているものを、次の**ア〜ウ**から一つ選べ。

　　　　ア　自治体警察の廃止　　**イ**　公立学校教員の政治活動禁止　　**ウ**　教育委員会の公選制廃止

　　　(3)　下線部(c)の運動が展開された場所として正しいものを、次の**ア〜エ**から二つ選べ。

　　　　ア　東京都砂川　　**イ**　福島県松川　　**ウ**　石川県内灘　　**エ**　三重県四日市

①	②	③	④
⑤		(1)	(2)	(3)	

(3)は完全解答3点、他は各3点、計24点

3 》次の文を読み（ ① ）〜（ ⑥ ）に適語を入れよ。

　1954年、造船疑獄事件で吉田内閣批判が強まる中、（ ① ）らの反吉田派は自由党を離党して日本民主党を結党した。同年末に吉田内閣が退陣すると（ ① ）が首相となり、憲法改正・再軍備をとなえ、これを推進する姿勢を打ち出した。1955年2月の総選挙で（ ② ）党は左右両派あわせて改憲阻止に必要な3分の1の議席を確保し、10月に両派は統一を実現した。一方の保守陣営でも財界の強い要望を背景に、11月に日本民主党と自由党が保守合同を行い（ ③ ）党を結成し、初代総裁に首相の（ ① ）が選出された。ここに二大政党制が出現したが、実際は保守一党優位のいわゆる「（ ④ ）体制」が40年近く続くことになった。その後、（ ① ）内閣は、「自主外交」をうたってソ連との国交回復交渉を推進し、1956年に首相みずからモスクワを訪れて（ ⑤ ）に調印して国交を正常化し、ソ連の支持を得て12月に日本の（ ⑥ ）加盟が実現した。

①		②		③		④	
⑤		⑥				各3点、計18点	

4 》次の文は、戦後の総理大臣の演説の一部である。あとの設問に答えよ。

A：所得倍増計画の使命は、申すまでもなく、地域的、構造的所得格差の解消を期することであります。われわれは、この計画の実行によって産業構造の高度化を実現するとともに、雇用の流動化を促進し、もって所得格差解消への条件の整備を急がなければなりません。

B：(a)日米安全保障条約の改定に関する協議を進めつつありますが、このことは、わが国の安全と繁栄とを確保するのみならず、自由主義陣営の結束を強化し、世界平和の確立に資するものとの確信に基づくものでありまして、過般の各国訪問により、さらにその確信を深めた次第であります。

C：沖縄県民をはじめ全国民の多年の悲願であった(b)沖縄の祖国復帰を実現するときがいよいよ目前に迫っていることを、国民の皆さんとともに心から喜びたいと思います。ここまでこぎつけることができたのは、国民の総力を結集することができたたまものでありますが、同時に、私は、米国政府並びに米国民の歴史的な決断に対し、満腔の敬意を表するものであります。

D：(c)昨年の秋に、自由民主党の結成と社会党の統一とによりまして、二大政党の対立が実現を見ましたことは、わが国憲政史上画期的な意義を持つものであります。(中略)ソ連に対しましては、必要な重要案件を解決して、平和条約を締結いたし、すみやかに国交を正常化するとの既定方針に従って、引き続き誠意をもって交渉を進める所存であります。

設問 (1)　A〜Dの演説を行った総理大臣の写真として正しいものを、次の**ア〜エ**からそれぞれ選べ。

ア　　　　　　イ　　　　　　ウ　　　　　　エ

(2)　A〜Dを年代順に並びかえよ。

(3)　Aの内閣について説明した文として誤っているものを、次の**ア〜ウ**から一つ選べ。

　ア　この内閣のもとで東京オリンピックが開催された。

　イ　「寛容と忍耐」をとなえて革新勢力との真正面からの対立は避けた。

　ウ　中華民国(台湾)と準政府間貿易(LT貿易)の取決めを結んだ。

(4)　下線部(a)について、Bの首相はなぜこの改定が「わが国の安全と繁栄とを確保する」と説明しているのか。以下の改定後の日米安全保障条約の条文の抜粋をもとに説明せよ。

第二条　締約国は、…平和的かつ友好的な国際関係の一層の発展に貢献する。締約国は、その国際経済政策におけるくい違いを除くことに努め、また、両国の間の経済的協力を促進する。

第三条　締約国は、…武力攻撃に抵抗するそれぞれの能力を、憲法上の規定に従うことを条件として、維持し発展させる。

第四条　締約国は、この条約の実施に関して随時協議し、また、日本国の安全又は極東における国際の平和及び安全に対する脅威が生じたときはいつでも、いずれか一方の締約国の要請により協議する。

第五条　各締約国は、日本国の施政の下にある領域における、いずれか一方に対する武力攻撃が、自国の平和及び安全を危うくするものであることを認め、自国の憲法上の規定及び手続に従つて共通の危険に対処するように行動することを宣言する。

⑸　下線部(b)に関して、当時、祖国復帰運動の盛り上がりの背景にはどのようなものがあったか説明せよ。

⑹　Cの内閣について説明した文として誤っているものを、次の**ア**〜**ウ**から一つ選べ。

　　ア　小笠原諸島の返還を実現した。

　　イ　日韓基本条約を結び、韓国政府を「朝鮮にある唯一の合法的政府」と認めた。

　　ウ　沖縄返還協定を調印し、大部分のアメリカ軍基地の返還に合意した。

⑺　下線部(c)について、この時成立した「二大政党制」の特徴を説明せよ。

⑻　以下の条文はDの内閣のもとで出された日ソ共同宣言の抜粋である。（　①　）〜（　④　）に適する語句を答えよ。

1　日本国とソヴィエト社会主義共和国連邦との間の戦争状態は、この宣言が効力を生ずる日に終了し、両国の間に平和及び友好善隣関係が回復される。

4　ソヴィエト社会主義共和国連邦は、（　①　）への加入に関する日本国の申請を支持するものとする。

9　日本国及びソヴィエト社会主義共和国連邦は、両国間に正常な外交関係が回復された後、（　②　）の締結に関する交渉を継続することに同意する。

　　ソヴィエト社会主義共和国連邦は、日本国の要望にこたえかつ日本国の利益を考慮して、（　③　）及び（　④　）を日本国に引き渡すことに同意する。ただし、これらの諸島は、日本国とソヴィエト社会主義共和国連邦との間の（　②　）が締結された後に現実に引き渡されるものとする。

(1)A	B	C	D	(2)			(3)	
(4)								
(5)								
(6)		(7)						
(8)①			②		③		④	

(4)(5)(7)は各4点、他は各2点、計34点

点

1 次の文を読み、あとの設問に答えよ。

　日本経済は、ドッジ゠ラインの実行以降、深刻な不況におちいっていたが、1950年に勃発した朝鮮戦争で活気を取り戻した。(a)アメリカ軍による膨大な需要が発生したからである。そして、1951年には、工業生産・実質国民総生産・実質個人消費などが戦前の水準を回復した。

　こうした中で、政府は積極的な産業政策を実施し、企業の設備投資に対して税制上の優遇措置がとられた。なお、戦後の世界貿易はアメリカ主導の自由貿易体制のもとで発展したが、日本は1952年に(b)国際通貨基金、1955年には(c)関税及び貿易に関する一般協定に加盟した。

設問 (1)　下線部(a)のような状況下で出現した景気は何と呼ばれたか答えよ。

　(2)　下線部(b)・(c)の略称を、次のア～ウからそれぞれ選べ。

　　ア　OECD　　イ　GATT　　ウ　IMF

　(3)　当時の食料事情について述べた文として誤っているものを、次のア～ウから一つ選べ。

　　ア　1945～51年には占領地行政救済資金による緊急食料輸入が実施された。

　　イ　農地改革が実施されたが、1955年段階でも、米の自給には至らなかった。

　　ウ　1955年には国民の7割が「食べる心配」がなくなり、食糧不足はほぼ解消された。

(1)		(2)(b)	(c)	(3)	

(1)は4点、他は各3点、計13点

2 次の文を読み(①)～(④)に適語を入れ、あとの設問に答えよ。

　1955年以降の日本では、経済成長率が年平均10％をこえる(a)高度経済成長の時代を迎え、経済企画庁は1956年度の『経済白書』で「(①)」と記した。1968年には国民総生産が資本主義国中第(②)位となった。経済成長を牽引したのは、民間企業による膨大な設備投資で、当時それは「投資が投資を呼ぶ」といわれた。1955年には日本生産性本部が設立され、生産性向上運動が展開された。先進技術の導入は、直接的な生産工程に関わるものばかりでなく、品質管理や労務管理、さらには流通・販売の分野にまでおよんだ。そして、導入後は日本の条件にあわせて独自の改良がほどこされ、いわゆる(b)日本的経営が確立した。このような経済発展につれて、(c)日本の産業構造は変化していった。また、原油輸入の自由化もあって(d)石炭から石油へのエネルギーの転換が急速に進んだ。安価な原油の安定的な供給は、高度経済成長を支える重要な条件となった。一方、(e)米などわずかな例外を除いて食料の輸入依存が進み、食料自給率は低下した。

　1960年代後半以降は大幅な貿易黒字が続いた。輸出の中心は、鉄鋼・船舶・自動車などの重化学工業製品であった。自動車産業は、国際競争力が弱いといわれていたが、1960年代後半には対米輸出を開始した。日本は、1960年に「貿易為替自由化大綱」を決定し、1963年には輸出入に関して(③)に移行した。また、1964年には為替について(④)に移行するとともにOECD(経済協力開発機構)に加盟し、為替と資本の自由化を実施した。

設問 (1)　下線部(a)について、次のア～エの高度経済成長期におとずれた好景気を、古い順に並べかえよ。

　　ア　神武景気　　イ　いざなぎ景気　　ウ　岩戸景気　　エ　オリンピック景気

　(2)　下線部(b)の特徴を簡潔に説明せよ。

　(3)　下線部(c)について、どのように変化していったか説明せよ。

　(4)　下線部(d)の転換を何というか。

　(5)　下線部(e)について、次の食料自給率・総農家数・経営耕地面積の変化の表を読み取り、日本の農業がどのように変化していったかを説明せよ。

年度	1965	1970	1975	1980	1985
米の自給率(%)	95	106	110	100	107
供給熱量自給率(%)	73	60	54	53	53
生産額ベース自給率(%)	86	85	83	77	82
総農家数(万戸)	566	540	495	466	437
経営耕地面積(万ha)	513	515	478	470	458

①			②		③	
④		(1)				
(2)						
(3)						
(4)						
(5)						

(5)は6点、他は各4点、計38点

3 次の文を読み（ ① ）～（ ③ ）に適語を入れ、あとの設問に答えよ。

　高度経済成長期には、日本の国土や社会のありさまが大きく変容した。また、個人所得の増大と都市化の進展によって生活様式に著しい変化が生じ、いわゆる大衆消費社会が形成された。

　太平洋側に製鉄所や石油化学コンビナートなどが建設され、京葉・京浜・中京・阪神・瀬戸内・北九州と続く（ ① ）地帯が出現し、産業と人口の著しい集中をみた。政府は、全国総合開発計画を閣議決定し、産業と人口の大都市への集中を緩和し、地域間格差を是正しようとした。(a)農村では、大都市への人口流出が激しくなり、農業人口が減少し兼業農家が増加した。

　国民の消費生活にも大きな変化が生じ、テレビから流れるCMによって購買意欲をかき立てられ、「消費は美徳」と考えられるようになった。(b)耐久消費財の普及は、メーカーと系列販売網による大量生産・大量販売体制の確立や割賦販売制度によって促進された。また、食生活では洋風化が進み、肉類や乳製品の消費が増えたが、米の供給過剰と食糧管理特別会計の赤字が問題となり、1970年から（ ② ）政策が始まった。(c)自動車が交通手段の主力となり、名神・東名高速道路があいついで開通した。鉄道は、電化が全国的に進み、1964年には(d)東海道新幹線が開通し高速輸送時代を迎えたが、国鉄財政はこの年から単年度で赤字となった。また、マス＝メディアによって大量の情報が伝達されると、日本人の生活様式は画一化され、国民の8～9割が社会の中間に位置していると考える（ ③ ）意識がひろまった。科学技術の発達もめざましく、1965年に朝永振一郎、1973年に江崎玲於奈がノーベル物理学賞を受賞した。また、政府は、(e)原子力政策・宇宙開発などの分野で、積極的な科学技術開発政策を推進した。1970年には(f)日本万国博覧会が開催され、経済・文化面での日本の発展を世界に示す、壮大な国家的イベントとなった。

設問 (1) 下線部(a)について述べた文として誤っているものを、次の**ア**～**ウ**から一つ選べ。

　ア　1955年の就業人口に占める農業人口比率は5割をこえていた。

　イ　就業人口に占める農業人口比率は、1970年には、2割を割り込んだ。

ウ　高齢者や女性が主となって農業に従事する「三ちゃん農業」という言葉が生まれた。

(2)　下線部(b)に関し、３Ｃと呼ばれたものを、次の**ア〜オ**からすべて選べ。

　　ア　白黒テレビ　　**イ**　クーラー　　**ウ**　冷蔵庫　　**エ**　カラーテレビ　　**オ**　自動車

(3)　下線部(c)について、このことを英語で何というか、カタカナで答えよ。

(4)　下線部(d)の開通と同じ年の出来事を、次の**ア〜ウ**から一つ選べ。

　　ア　札幌オリンピック開催　　**イ**　テレビ放送開始　　**ウ**　東京オリンピック開催

(5)　下線部(e)について、1970年代以降、原子力への依存度が高まっていくきっかけとなった出来事を答えよ。

(6)　下線部(f)が開催された都市を答えよ。

①		②	③	
(1)	(2)		(3)	(4)
(5)		(6)		各3点、計27点

4　次の文を読み（　①　）〜（　④　）に適語を入れ、あとの設問に答えよ。

　高度経済成長が達成される一方で、公害病に苦しむ被害者は放置されたままであった。しかし、1967年には（　①　）が制定されて大気汚染・水質汚濁など７種の公害が規制され、事業者・国・地方自治体の責任が明らかにされた。そして、1971年には（　②　）が発足し、ばらばらに行われていた公害行政と環境保全施策の一本化がはかられた。また(a)四大公害訴訟が始まり、1973年にいずれも被害者側の勝訴に終わった。この時期には、人権問題も深刻となった。1946年に（　③　）全国委員会が結成され、1955年に（　③　）同盟と改称した。しかし、差別の解消は立ち遅れ、1969年に同和対策事業特別措置法が施行された。高度経済成長のひずみに悩む中で、大都市圏では福祉政策を重視する（　④　）自治体が成立した。1967年に美濃部亮吉が東京都知事に当選するなど、1960年代後半から1970年代にかけての地方選挙では日本社会党・日本共産党などの（　④　）勢力が支援する候補者の勝利があいついだ。

設問　(1)　下線部(a)について、四大公害をすべて答えよ。

(2)　次に示す**ア・イ**の２つの歌詞は、三重県四日市の旧塩浜小学校の校歌である。旧塩浜小学校の校歌は1972年に改定されたが、**ア・イ**どちらが改定後の校歌であるか、そう判断した理由も含めて答えよ。

港のほとり　並びたつ 科学の誇る　工場は 平和をまもる　日本の 希望の希望の　光です 塩浜っ小　塩浜っ小　僕たちは 明日の日本　築きます	南の国から　北の国 港出ていく　あの船は 世界をつなぐ　日本の 希望の希望の　しるしです 塩浜っ小　塩浜っ小　僕たちは 明日の日本　築きます
ア	**イ**

①		②	③	④	
(1)					
(2)					

(1)は4点、(2)は6点、他は各3点、計22点

182

1 次の文を読み（ ① ）〜（ ③ ）に適語を入れ、あとの設問に答えよ。

　1960年代後半におけるアメリカでは、（ ① ）戦争にともなう軍事支出の膨張、西側諸国への莫大な援助、さらには日本や西ドイツなどによる対米輸出の急増などによって、(a)国際収支は、著しく悪化し、アメリカの金準備も減少した。このような状況で、(b)アメリカはドル防衛を目的に、新経済政策を発表し、日本や西ドイツなどの国際収支黒字国に対し、大幅な為替レートの切上げを要求した。

　日本は西欧諸国が（ ② ）相場制に移行するとそれに追随し、1971年に入ると円は1ドル＝320円台にまで上昇した。1971年末には、(c)ワシントンで10カ国蔵相会議が開かれ、1ドル＝308円で（ ③ ）相場制の復活がはかられた。しかし、1973年にはドル不安が再燃し、日本や西欧諸国は（ ② ）相場制に移行した。同年10月、第4次中東戦争が勃発すると(d)アラブ石油輸出国機構は「石油戦略」を行使し、欧米や日本への石油輸出を制限し、原油価格を4倍に引き上げた。これを機にアラブ産油国の資源ナショナリズムが高まり、安価な原油の安定的な供給という経済成長の基本条件が失われた。この年を境に、世界経済の繁栄は一変し経済成長率の低下、物価・失業率の上昇という深刻な事態に直面した。こうした事態に対応するため、1975年に(e)6カ国の首脳による(f)先進国首脳会議が開催された。

設問(1)　下線部(a)〜(d)に関する語句を、次の**ア〜エ**からそれぞれ選べ。

　　ア スミソニアン体制　　**イ** 第1次石油危機　　**ウ** ドル危機　　**エ** ニクソン＝ショック

　(2)　下線部(e)について、参加6カ国に該当しない国を、次の**ア〜オ**から一つ選べ。

　　ア イタリア　　**イ** アメリカ　　**ウ** カナダ　　**エ** 西ドイツ　　**オ** 日本

　(3)　下線部(f)について、この首脳会議は「頂上会議」の英訳を略称し通常何と呼ぶか。

①		②	③	(1)(a)	(b)	(c)	(d)
(2)	(3)						各2点、計18点

2 次の文を読み（ ① ）〜（ ⑧ ）に適語を入れ、あとの設問に答えよ。

　佐藤栄作内閣退陣のあとに組閣した（ ① ）は、1972年9月に中華人民共和国を訪れ（ ② ）を発表し、日中国交正常化を実現した。国内では列島改造政策を打ち出し、公共投資を拡大した。その結果、土地や株式への投機がおこり、地価が暴騰した。これに第1次石油危機による原油価格の高騰が重なって、激しいインフレが発生し（ ③ ）物価と呼ばれた。1974年には戦後初の（ ④ ）成長となり高度経済成長は終焉を迎え、インフレの混乱が広がる中、（ ① ）内閣は首相自身の金脈問題が明るみになり総辞職した。続いて組閣したのは（ ⑤ ）であったが、(a)収賄容疑で前首相が逮捕されると、同年に行われた総選挙で自由民主党は大敗し、結党以来はじめて衆議院の過半数を割り込んだ。その責任をとって（ ⑤ ）内閣は退陣し、（ ⑥ ）が組閣し、内需拡大を掲げて貿易黒字・円高不況に対処した。また、1978年には中国と（ ⑦ ）条約を締結した。後継の（ ⑧ ）内閣は、国会での「保革伯仲」と与党の内紛が続く中で、1979年の第2次石油危機に対処し、財政再建を目指したが、1980年の衆参同日選挙の運動中に（ ⑧ ）首相は急死した。選挙の結果、自民党は安定多数を回復し、鈴木善幸が組閣した。

設問(1)　下線部(a)について、この事件を航空会社の名前をとって通称何というか。

①	②	③	④
⑤	⑥	⑦	
⑧	(1)		
		各2点、計18点	

3 次の文は、1980〜90年代の総理大臣の演説の一部である。（　①　）〜（　③　）に適する語をア〜カから選び、あとの設問に答えよ。

A：現行の税制は、シャウプ勧告によって四十年近くも前にその基本がつくられたものであり、（中略）例えば、税負担が（　①　）税とりわけ給与所得に対する課税に偏る一方、（　②　）に対する課税のウエートが著しく低下しており、国民の間に重税感、不公平感が高まっております。（中略）税制のあり方を考えるとき、これらのゆがみを直し、国民が納得できる公平で簡素な新しい税制を実現することが現下の急務と存じております。

B：我が国は、（　③　）危機に際しては、異例とも言うべき思い切った財政的貢献をいたしました。今後とも、世界平和秩序の構築に当たって、我々の国際的役割は増大すると考えておかなければなりません。そのために我が国がなし得る人的貢献については、前国会で御審議いただいた、いわゆる(a)ＰＫＯ法案を、国際緊急援助隊への自衛隊の参加を可能とする法案とともに、できるだけ速やかに成立させていただきたいと思います。

C：私は内閣総理大臣に就任以来、「戦後政治の総決算」を政治課題として掲げ、行政経費の節減と予算の効率化、補助金や人員の削減、公債依存度の引き下げ、（　あ　）、医療や年金の改革等の諸改革を行ってまいりました。

D：ひとり我が国だけが時代の大きな流れに逆らえるはずもなく、冷戦の終えんとともに、冷戦構造に根差す日本の政治の二極化の時代も終わりを告げました。今回の総選挙の結果は、(b)多くの国民が保革対立の政治に決別し、現実的な政策選択が可能な政治体制の実現を期待されたものと受けとめております。

　　　ア 直接　**イ** 間接　**ウ** 消費　**エ** 湾岸　**オ** 石油　**カ** ドル

設問 (1) 　A〜Dを年代順に並びかえよ。

　　(2) 　（　あ　）に入る語句として正しいものを、次の**ア〜エ**から一つ選べ。

　　　ア 　総合的な物価対策

　　　イ 　公害防除のための設備投資

　　　ウ 　電電、専売、国鉄の民営化

　　　エ 　小選挙区比例代表並立制の導入

　　(3) 　下線部(a)について、自衛隊がはじめて派遣された国はどこか。

　　(4) 　下線部(b)に関連して、Dの内閣の構成および、その後の国内政治の変化について「55年体制」という語句を必ず使って説明せよ。

①	②	③	(1)		(2)

(3)	

(4)

4 次の文を読み（ ① ）〜（ ⑦ ）に適する語を語群から選べ。

　第 1 次石油危機以降、世界経済が停滞する中で、日本は欧米先進諸国と比べると高い成長率を維持した。企業は、省エネや人員削減、パート労働への切りかえなど「（ ① ）」につとめ、コンピュータや産業用ロボットなどを駆使し、自動化を進めた。日本の貿易黒字は大幅に拡大し、欧米諸国とのあいだに（ ② ）がおこり、為替相場では円高基調が定着した。とくに自動車をめぐる（ ② ）は深刻となった。世界のＧＮＰに占める日本の比重は1955年の 2 ％強から1970年には約 6 ％、1980年には約10％に達し、日本は「（ ③ ）」となった。日本の国際的地位は飛躍的に高まり、1980年代には発展途上国に対する（ ④ ）の供与額も世界最大規模となった。1980年代には日本の対米貿易黒字が激増したため、アメリカは自動車などの輸出自主規制と農産物の（ ⑤ ）をせまった。1985年のG5でドル高を是正する意見がまとまり（ ⑥ ）が決議されると、円高は一気に加速し、輸出産業を中心に不況が深刻化した。しかし、1987年半ばから内需に主導されて景気が回復した。この景気は、地価や株価の暴騰をともなって進行し、のちに「（ ⑦ ）」と呼ばれることになった。

語群　ア　貿易摩擦　　イ　経済大国　　ウ　プラザ合意　　エ　政府開発援助　　オ　減量経営
　　　　カ　省エネ　　キ　輸入自由化　　ク　バブル経済

①	②	③	④	⑤	⑥	⑦

各 2 点、計14点

5 次の年表の（ ① ）〜（ ⑫ ）に適語を入れ、あとの設問に答えよ。

1993年	実質経済成長率が 1 ％を割り込む（(a)平成不況）
1994年	自民党・（ ① ）党・新党さきがけの連立により（ ② ）内閣成立
1995年	（ ③ ）大震災、地下鉄サリン事件
1997年	（ ④ ）が採択され、温室効果ガスの排出削減目標が定められる
	消費税が（ ⑤ ）％となる
1999年	（ ⑥ ）法（周辺事態安全確保法など）制定
2001年	(b)構造改革を掲げ小泉純一郎が組閣
2004年	自衛隊を（ ⑦ ）へ派遣
2009年	衆議院議員総選挙で（ ⑧ ）党が圧勝し、（ ⑨ ）が組閣
2011年	（ ⑩ ）大震災
2012年	衆議院議員総選挙で（ ⑧ ）党が大敗、自民党に政権が戻り、（ ⑪ ）が組閣
2014年	（ ⑪ ）内閣が憲法 9 条の解釈を変更し、（ ⑫ ）権の限定的行使が可能となるように閣議決定
	消費税が 8 ％となる
2015年	温室効果ガス排出削減のためパリ協定締結、国連サミットで(c)持続可能な開発目標採択

設問 (1)　下線部(a)について、不況の長期化はどのような理由で生じたか説明せよ。

　　(2)　下線部(b)について、この内閣が実施した経済政策の特徴と、その影響を説明せよ。

　　(3)　下線部(c)の略称を答えよ。

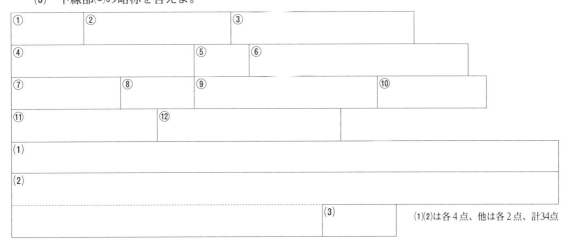

①	②	③
④	⑤	⑥
⑦	⑧	⑨	⑩
⑪	⑫	

(1)
(2)
(3)

(1)(2)は各 4 点、他は各 2 点、計34点

写真所蔵・提供者一覧（敬称略）

にほんしたんきゅう
日本史探究
にほんしそうごう
日本史総合テスト

2023年11月　初版発行

編　者　　日本史総合テスト編集委員会
　　　　　にほんしそうごう　へんしゅういいんかい
発行者　　野澤　武史
印刷所　　明和印刷株式会社
製本所　　有限会社　穴口製本所
発行所　　株式会社　山川出版社
　　　　　〒101-0047　東京都千代田区内神田1-13-13
　　　　　　　　電話　03-3293-8131（営業）　03-3293-8135（編集）
　　　　　　　　https://www.yamakawa.co.jp/

装　幀　　水戸部　功

ISBN978-4-634-02243-0

日本史総合テスト

解答・解説

山川出版社

1 文化の始まり　　　　　　　　(p.1〜3)

1 ①更新　②完新　③打製　④磨製　⑤港
川　(1)ア　(2)エ　(3)ア　(4)アジア大陸に
住んでいた人々の子孫である縄文人が、弥生時代以降に
渡来した人々などと混血を繰り返し、現在の日本人の祖
先が形成された。

解説　①②(1)地球の歴史を地層の重なりなどをもとに時代区
分したものを**地質年代**といい、始生代・原生代・古生
代・中生代・新生代に大別される。新生代は第三紀と第四紀
に、第三紀は古第三紀と**新第三紀**に、さらに大別・細分化さ
れる。最古の人類(猿人)である**サヘラントロプス゠チャデン
シス**が誕生したとされるおよそ700万年前は新第三紀の**中新
世**、猿人を代表するアウストラロピテクスがアフリカ大陸に
出現したとされるおよそ420万年前は新第三紀の鮮新世に相
当する。原人が猿人から分岐したとされるおよそ250万年前
から地質年代は第四紀に入り、1万年前までを**更新世**(かつ
ては洪積世といった)、それ以降を**完新世**(かつては沖積世)
という。およそ35万年前に旧人が、およそ30〜25万年前に新
人(現生人類)が現れて、世界各地に広まった。(2)地球が寒冷
化して氷河が拡大すれば、海面が低下する。逆に、温暖化す
ると海面は上昇する。更新世には4度の**氷期**(ギュンツ氷
期・ミンデル氷期・リス氷期・ヴュルム氷期)と3度の**間氷
期**(ギュンツ゠ミンデル間氷期・ミンデル゠リス間氷期・リ
ス゠ヴュルム間氷期)を繰り返し、およそ1万年前以降現代
に至るまで氷期は訪れていない(後氷期)。(3)世界史では**石器
時代**(旧石器時代・新石器時代)に続けて**青銅器時代・鉄器時
代**と、用いられた道具(利器)の素材によって時代区分されて
いる。日本列島の場合は、**縄文時代**までは石器時代であるが、
それに続く**弥生時代**は青銅器や鉄器がほぼ同時に用いられた
うえに石器も使われており、この区分をそのまま適用するこ
とはできない。また、新石器時代は農耕が開始された時代と
いう定義が現在では一般的であるが、それも縄文時代には当
てはまらない。(4)**後期旧石器人**や縄文人について南アジア系
とする説がある一方、北方系の文化要素も認められるという。
また、DNA分析により、現在北海道に住むアイヌの人々や
南西諸島の人々は縄文時代の遺伝子をより強く受け継いでい
ることが判明している。

2 (1)遺跡—岩宿遺跡　人物—相沢忠洋　(2)ア
(3)ア

解説　(1)1946(昭和21)年に**相沢忠洋**が赤土と呼ばれる火山灰
の関東ローム層の中から石器を発見し、1949(昭和24)
年から明治大学を中心とする学術調査が行われ、日本の旧石
器文化の存在が初めて明らかにされた。(2)農耕が行われず**狩
猟・漁労・採集**を基本とする時代は、獲物の存在に生活が左
右されるため、移住生活が基本となる。従って、住居も移住
(移動)が容易なものとなる。気候の温暖化によりいわゆる縄
文農耕が開始されるなど、食料資源および食料獲得方法が多
様化し、また食料加工技術が進展したことにより、人々の生
活が安定し、定住的な生活が始まった。

3 (1)ウ　(2)土器・弓矢・磨製石器(順不同)
(3)イ

解説　(1)(2)ブナやナラは落葉広葉樹林であり、シイは照葉樹
林である。動きの緩やかな大型動物が絶滅し、動きの
速いニホンジカやイノシシなどが多くなったため、それらを
捕えるために**弓矢**が必要となった。(3)縄文土器は比較的低温
焼成のため、厚手で黒褐色である。また、あくまでも「表面
に細い縄を転がしてつけたような文様をもつことが多い」
だけであって、すべてではない。初期には隆起線文土器や無文
土器、爪形文土器も存在する。種類として多いのは深鉢であ
る。

4 ①土偶　②抜歯　(1)ア　(2)三内丸山遺跡
(3)モース　(4)骨角器　(5)ア　(6)副葬品を大量
におさめた高塚がなく、埋葬が共同墓地で行われている
ため。　(7)黒曜石(ヒスイ・硬玉)　　　(8)アニミズム
(精霊崇拝・自然崇拝)　(9)死者の霊が生者に災いを及
ぼすことを恐れたため。

解説　①ハート形土偶・山形土偶・ミミズク土偶・遮光器土
偶などの種類があり、大半が女性をかたどっているた
め、生殖・収穫を祈る呪術に用いられたと考えられる。②成
人式の意味をもつと推定される。また研歯(叉状研歯など)の
場合は、呪術者などの特殊な職業を意味すると考えられてい
る。(1)灰汁抜きをするには水にさらしたり、土器で煮たりす
る必要があるが、そのための木組みの施設が東日本を中心に
多数検出されている。(2)青森市にある縄文前期〜中期(紀元
前3500年頃〜紀元前2000年頃)の**大環状集落**遺跡。(3)動物学
者で、明治政府が招聘したお雇い外国人の一人。日本の近代
的考古学研究の先駆けとなった。本名エドワード゠シルヴェ
スター゠モース。(5)**竪穴住居**は、水はけのよい台地上に営ま
れることが多かった。竪穴住居では、食事、就寝、各種の作
業から祭祀に至るまで、様々な活動が行われていたことが発
掘された遺物から推定される。(6)ただし、縄文時代後期末か
ら晩期には、北海道の一部で装飾性の豊かな漆塗りの櫛を身
につけた人物の特別な墓が出現するなど、単純な平等社会と
はいえない状況になっていた可能性がある。(7)黒曜石は黒色
透明でガラス質の火成岩で、長野県和田峠、熊本県阿蘇山、
北海道白滝、伊豆七島神津島などが産地として知られる。ヒ
スイ(硬玉)は緑色半透明で勾玉などに使用され、新潟県姫川
流域が産地として知られる。ほかに、大阪府と奈良県の境に
ある二上山で多く産出するサヌカイト(讃岐石)なども知られ
る。(9)ほかに、埋葬の労力を節約するという説や、母胎内に
返す意味をもつという説もある。

2 農耕社会の成立　　　　　　　(p.4〜6)

1 ①石包丁　(1)イ　(2) i 北海道—続縄文文化
南西諸島—貝塚後期文化　　 ii 擦文文化・オホ
ーツク文化(順不同)　(3)ウ　(4)ア

解説　①初期の水稲農耕における収穫方法は、半円形の**石包
丁**を用いた穂首刈りであった。石包丁は、打製のもの
もあったが、多くは大陸系の磨製石器で、通常2個の穴が開
いている。後期になると鉄鎌による根刈りが行われるように

1

なり、生産力も向上した。(1)福岡県板付遺跡や佐賀県菜畑遺跡などで最初期の炭化米や水田跡が発見されており、縄文晩期とするか弥生早期とするか議論がある。板付遺跡では板付式土器と夜臼式土器が共存しており、また、環濠集落遺跡としても知られる。永岡遺跡は福岡県にあり、多数の甕棺墓が発見されたことで知られる。垂柳遺跡は青森県にある弥生中期の水田遺跡。紫雲出山遺跡は香川県西部の標高352mの地点にある弥生中期後半の高地性集落遺跡である。(2) i) 北海道では紀元前後頃から 7 世紀頃まで、農耕を行わず食料採集に依存する鉄器文化が展開し、続縄文文化と呼ぶ。用いられた土器は続縄文土器と呼ばれ、縄文土器の系統を引いている。同じ頃、沖縄を含む南島で、特色ある貝の文化で知られる貝塚後期文化(南島文化)が展開した。北海道同様、農耕は行われず、貝類などの食料採集に依存する。なお、縄文時代に相当する時期を貝塚前期文化と呼ぶ。 ii) 擦文文化は 7 〜13世紀頃に北海道で広く展開。縄文土器系の擦文土器が用いられ、農耕も若干みられるようになるが、主たる生業は狩猟・漁労等の食料採集。北海道式古墳も知られる。同じ頃、オホーツク海沿岸を中心に北アジア系のオホーツク文化が展開した。擦文文化とは異質のオホーツク式土器や竪穴住居・貝塚・墳墓などを残す。(3)弥生文化は水稲耕作や金属器など、新来の文化が注目されるが、弥生土器は縄文土器を土台に朝鮮半島からの技術が加わって深化・発展したものであり、住居は縄文時代以来の竪穴住居が主であるため、縄文文化の伝統を受け継ぐものはみられなくなったわけではない。(4)縄文土器と比較した弥生土器の特色の 1 つとして、機能分化がある。貯蔵用の壺、煮炊き用の甕、盛り付け用の鉢や高坏などが知られる。かつては蒸し器としての甑も挙げられていたが、弥生時代に実用されていたか疑問の余地が多い。なお、高坏の表記は、高杯とも書かれるが、土器である以上、高坏が正しい。

2 ①高床倉庫　②伸展葬　③支石墓　④方形周溝墓　⑤四隅突出型墳丘墓　(1)木臼と竪杵を用いて脱穀を行っている。　(2)吉野ケ里遺跡　(3)集団の中に身分の差が生じ、各地に有力な支配者が出現したと考えられる。　(4)ウ

解説 ①稲などの貯蔵用に使われた。銅鐸に描かれているほか、静岡県登呂遺跡や山木遺跡からの出土例によって、具体的な構造が明らかにされた。湿気やネズミから稲を守る構造になっている。②縄文時代には屈葬が主であったが、弥生時代になると手足を伸ばして葬る伸展葬が主流となる。仰臥・側臥・俯臥がある。③朝鮮半島南部のドルメンの影響を受けており、九州北部にみられる。自然石の支柱の上に大石が配されており、大石の下には甕棺・土坑・箱式石棺が群がる。④その名の通り、方形の低い墳丘の周りに溝をめぐらしている。近畿に始まり、東西へ広がったとみられる。方墳につながるものと推測される。⑤墳丘の四隅が飛び出す独特の形をしており、墳頂部に至る通路とみなされている。山陰地方から富山県にかけての日本海側にみられる。(1)銅鐸には様々な絵が描かれているものがあり、当時の生業の様子や習俗などを推定することができる。(2)大規模環濠集落として知られ、望楼は「魏志」倭人伝にみえる「楼観」と思しき建造物遺構である。一時、邪馬台国論争に一石を投じた。(3)水稲耕作の普及に伴い農耕社会が成立するとともに、土地や水・余剰生産物をめぐる戦いも始まった。その中で「ムラ」の指導者

的存在が現れ、やがて「王」と呼ばれるようになっていった。墓の大きさの格差や副葬品の有無から推定される。(4)ア：銅鐸は近畿地方、平形銅剣は瀬戸内中部、銅矛・銅戈は九州北部を中心に分布しており、共通の祭器を用いる地域圏がいくつか出現していたことを示している。イ：青銅製祭器は副葬品として個人の墓に埋められることはほとんどなく、集落の人々の共同の祭りに用いられた。ウ：ほかに、青銅器による祭りの終結を示す行為であるという説、地域の境界に埋めて邪悪なものがよりつかないようにしたという説など、いくつかの解釈がある。エ：銅鐸は、朝鮮式銅鈴と呼ばれる朝鮮半島の銅鈴に起源をもち、銅剣・銅矛・銅戈も、もとは朝鮮半島から伝えられた実用の青銅製武器であった。いずれも日本列島で祭器としてしだいに大型化した。

3 (1)①イ　②ウ　③エ　④オ　⑤ア
(2) I 『漢書』地理志　II 『後漢書』東夷伝
III 『魏志』倭人伝(『三国志』『魏書』烏丸鮮卑東夷伝倭人条)　(3)イ　(4)地名―志賀島　印文―漢委奴国王　(5)奴婢　(6)高地性集落　(7)ウ　(8)ア　(9)他の小国より倭国内での立場を高めるため。

解説 (1)中国史書に登場する倭人名は、後世と比較して違和感を覚えるものが多いが、中国人が音を耳で聴きとったものを漢字に当てはめていることが多いためであると考えられる。なお、⑤の「壹与」や「邪馬台国」の表記について、「壱与」「台与」や「邪馬台国」「邪馬一国」「邪馬臺国」「邪馬壹国」のように説が分かれるのは、新字体ではなく旧字体(正字体)の「壹(＝壱)」「臺(＝台)」で考えると、感覚的に理解しやすい。(2) I ：班固(32〜92)が著した全100巻、12本紀 8 表10志70列伝からなる前漢の歴史書。II：范曄(398〜445)が著した全120巻、10本紀30志80列伝からなる後漢の歴史書。III：陳寿(233〜297)が著した三国時代の正史。『魏書』30巻、『蜀書』15巻、『呉書』20巻からなる。(3)楽浪郡は紀元前108年、前漢の武帝が衛氏朝鮮を滅ぼし、真番郡・臨屯郡・玄菟郡とともにおいた 4 郡の 1 つ。現在のピョンヤン(平壌)付近を中心とした地域と想定される。(4)1784(天明 4)年、農夫甚兵衛が農作業中に掘り出したと伝えられる。方2.3cm、重さ108 g。印文中の「委」は「倭」の意であるが、人偏がないことに注意。(5)一般に奴婢と説明されるが、古代日本の奴隷(隷属民)は奴隷貿易等でイメージされるものとは様子が異なるようである。史料III中から抜き出すとすれば「奴婢」となる。(6)縄文時代にはみられず、日本列島での「戦い」の始まりを示す。代表的な遺跡として香川県三豊市の紫雲出山遺跡(標高352m)が知られる。多数の大型石鏃が出土している。(7)A：史料中に「朝献」とあり、誤り。前近代における中国との正式な国交において、遣隋使のみ「対等外交」と説明されるが、これも議論がある。原則として、中華思想のもと、冊封体制下に組み込まれたと考えるのが自然。B：史料の別の箇所に「鬼道を事とし、能く衆を惑はす」とあり、引用史料中にも「卑弥呼以て死す。大いに冢を作る。径百余歩、徇葬する者、奴婢百余人」とある。ほかに、「年已に長大なるも、夫壻なし。男弟あり、佐けて国を治む」という記述もある。なお、卑弥呼＝邪馬台国の女王という誤解が広まっているが、正しくは倭国(邪馬台国連合)の女王である。(8)ア：「魏志」倭人伝から読み取れる身分は、大人・下戸・奴婢である。「尊卑各差序有り、相臣服するに足る……下戸、大人と道路に相逢へば、逡巡して

草に入り、辞を伝へ事を説くには、或は蹲り或は跪き、両手は地に拠り之が恭敬を為す」。イ・ウ：「租賦を収むに邸閣有り。国々に市有り。有無を交易し、**大倭**をして之を監せしむ。女王国より以北には、特に**一大率**を置き、諸国を検察せしむ。諸国之を畏憚す」。イ：「其の法を犯すや、軽き者は其の妻子を没し、重き者は其の門戸及び宗族を滅す」。エ：「倭の女王卑弥呼、狗奴国の男王卑弥弓呼と素より和せず。倭の載斯・烏越等を遣して郡に詣り、相攻撃する状を説く」。(9)中華冊封体制に順応し、中国皇帝より「倭王」と認められることによって周辺国より優位な立場に立とうとする様子がうかがえる。この傾向は、後の古墳時代にもみられ、朝鮮半島諸国を含めた周辺国より優位に立つ意図がみてとれる。なお、朝鮮半島は当時、日本にとって鉄供給地としても重要であった。

3 古墳文化の展開① (p.7〜9)

1 ①粘土槨　②大仙陵古墳(仁徳天皇陵古墳)　③陪冢(塚)　④大王　(1) i)広域の政治連合が形成されたこと。 ii)北海道・沖縄を除く日本列島各地が、大和地方を中心とする近畿中央部の勢力によって形成されたヤマト政権に組み込まれたこと。
(2)箸墓古墳　(3)竪穴式石室は上部から封土を盛るため被葬者を葬るタイミングは一度しかないが、横穴式石室は追葬可能で、家族墓的な性格をもつ。　(4)前期は司祭者的、中期は武人的な性格をもつ。

解説 ①石室を造らず、棺の外を粘土で厚く固めた構造の埋葬施設である。粘土のかわりに小石で固めた場合は礫槨という。②大阪府堺市にあり、**百舌鳥古墳群**の中心的存在である。宮内庁は被葬者を仁徳天皇に比定しているが、疑問がある。高さ約35m。④はじめ「王(キミ)」と呼ばれていたが、連合政権が確立しその盟主的存在となるにつれ「**大王(オオキミ)**」と呼ばれるようになった。5世紀の資料に初期の使用例が認められる。(1) i)弥生墳丘墓が地域的に多様性を有していたのに対し、**古墳**が出現期からある程度の画一性を有していることから、各地の豪族たちの共通の意識のもとにつくり出された墓制であり、その背景に広域政治連合の形成が想定されている。 ii) i)をふまえ、共通の様式である**前方後円墳**が北海道・沖縄を除く列島各地に認められることから、**ヤマト政権**の勢力下に組み入れられたものと想定される。(2)奈良県桜井市の**纒向遺跡**の南側に所在。**出現期古墳**としては最大級。孝元天皇皇女倭迹迹日百襲姫命の墓として宮内庁より陵墓指定されているため内部調査はできず、構造や副葬品・被葬者などは不明であるが、卑弥呼の墓ではないかとする学説も存在する。記紀神話に、倭迹迹日百襲姫命が陰部に箸を刺して亡くなったとあるのが古墳名の由来。(3)**横穴式石室**において棺を納める空間を**玄室**、玄室への入口を**羨門**、羨門と玄室を結ぶ通路を**羨道**という。(4)副葬品の大きな変化から、かつては大陸の騎馬民族が渡来して王朝を樹立したとする**騎馬民族征服王朝説**が唱えられたこともあったが、現在では否定されている。むしろ、4世紀の高句麗との抗争が、日本列島に影響を与えたと考えられる。

2 ①晋　②高句麗　③五経博士　④帝紀
(1)エ　(2)朝鮮半島南部の鉄資源を確保するため。

(3)エ　(4)カ　(5)イ

解説 ①魏の重臣であった司馬氏が、魏を継承する形で265年に建国(西晋)。匈奴に滅ぼされ、都を洛陽から建康(建業)に遷して東晋となる。なお、建業に都をおいた呉・東晋・宋・斉・梁・陳の各王朝を総じて六朝と呼ぶ。②ツングース系の貊族が紀元前1世紀に鴨緑江岸に建国し、朝鮮半島北部に勢力を伸ばした。4世紀末から5世紀にかけて倭とも戦ったが、668年に唐・新羅連合軍に滅ぼされた。③儒教の経典である『詩経』『書経』『易経』『春秋』『礼記』を講じることを職務とした百済の学者。継体朝の513年に段楊爾が渡来したのが最初。④『帝紀』『旧辞』ともに6世紀の欽明朝頃にまとめられ、天武朝での検討作業を経て、元明・元正朝で『古事記』『日本書紀』として結実した。(1)ア：朝鮮半島南西部に馬韓、南東部に辰韓、南端部に弁韓(弁辰)という小国連合が形成されていた。イ：馬韓を統一して百済が、辰韓を統一して新羅が建国された。ウ：弁韓では小国分立状態が続き、加耶(加羅)と呼ばれた。(3)「鍛冶」「陶」「錦織」という現代の語感から推定することも可能。ヤマト政権は職業集団を「部」として編成していった(部民制)。(4)阿知使主・弓月君・王仁の三者とも、応仁朝での渡来説話がつたわっている。(5)『上宮聖徳法王帝説』『元興寺縁起』が538年説(戊午説)を記載し、『日本書紀』が552年説(壬申説)を記載する。『扶桑略記』は仏教公伝以前に司馬達等(鞍作鳥の祖父)が私的に仏像を礼拝していたという仏教私伝の例を伝える。

3 (1)百済　(2)人物─広開土王(好太王)　国─高句麗　(3)イ　(4) i)雄略天皇　 ii)讃・珍・済(順不同)　(5)エ　(6)百済　(7)ウ

解説 (2)史料Ⅰは高句麗の長寿王が、父である広開土王(好太王)の功績を顕彰するために、414年に高句麗の都であった丸都(現在の中国吉林省集安県)建立した石碑に刻まれた文章の一部である。(3)(2)より、この史料は高句麗を主語として書かれている。したがって、「百残・新羅」が「旧是属民」であったのは高句麗である。しかし、391年以降、倭が海を渡ってやってきて「百残・新羅」を「臣民」とした、という文脈である。なお、この後には広開土王が百済を討ち、新羅を救い、倭の賊を滅ぼすと続く。あくまでも高句麗を主語とし、広開土王を顕彰する碑文であるということに留意しなければならず、碑文の解釈には現在なお議論がある。(4)中国史書に倭の五王として現れる讃・珍・済・興・武の五人のうち、武を記紀に「大泊瀬幼武」と現れる雄略に当てることに異論はない。(5)「海北」とは朝鮮半島を指すと解釈するのが一般的である。(6)百済がすでに中国南朝の冊封体制下に組み入れられていたため、認められなかったようである。

4 古墳文化の展開② (p.10〜12)

1 ①装飾古墳　②群集墳　③八角墳　(1)ウ　(2)ア　(3)豪族層だけで構成されていたヤマト政権の身分制度に、新たに台頭してきた有力農民層を組み入れて、ヤマト政権が直接支配下におこうとしたこと。
(4)エ

解説 ①福岡県宮若市**竹原古墳**(円墳)や茨城県ひたちなか市**虎塚古墳**(前方後円墳)などが知られる。壁面に絵画が描かれたものを、特に**壁画古墳**といい、奈良県高市郡明日香村**高松塚古墳**・**キトラ古墳**などがある。②和歌山県和歌山市**岩橋千塚古墳群**、奈良県橿原市**新沢千塚古墳群**などが知られ、円墳などの小規模古墳が主だが、前方後円墳も交える。③大王にのみ固有の**八角墳**を営んで、一般の豪族層を超越した存在であることを墳墓のうえでも示そうとしたものと推測される。段ノ塚古墳(舒明陵古墳)、牽牛子塚古墳(斉明陵古墳か)、**廟 野古墳**(天智陵古墳)、野口王墓古墳(天武・持統陵古墳)、中尾山古墳(文武陵古墳)などが知られる。ただし、近畿地方以外にも八角墳と思しき古墳の存在が認められるため、さらに検証が必要。『日本書紀』大化2(646)年3月22日条にある通称「大化の薄葬令」との関連もあると推測される。(1)A:土偶の説明である。(2)ア:ヤマト政権の性格が変化することに注意。それが視覚的に示されるのが、5世紀後半から6世紀にかけての近畿以外の地方における巨大前方後円墳の消滅である。イ:古墳にかわり寺院が権威の象徴と化すのは6世紀後半以降であり、蘇我馬子建立の**法興寺**(奈良県)や厩戸王建立の**四天王寺**(大阪府)がその早いものとして知られるが、いずれも近畿地方のものである。三宝興隆詔を経て地方豪族が寺院の建築に力を入れるようになるのは、早くても飛鳥文化期、一般的には白鳳文化期といわれる。エ:**四隅突出型墳丘墓**(古墳ではない)は、弥生中期以降、山陰地方から富山県にかけてみられる。(4)ア:**誉田御廟山古墳**は応神天皇陵古墳ともいわれ、大阪府羽曳野市にある古市古墳群の中心的存在。墳丘全長425mは、**大仙陵古墳**に次いで全国第2位。5世紀初頭の中期古墳。イ:竹原古墳は、前掲のとおり装飾古墳の代表。6世紀後半頃の後期古墳。円墳。ウ:**造山古墳**は岡山県岡山市にあり、墳丘全長360mで全国第4位の規模をもつ、中期古墳。なお、**作山古墳**は岡山県総社市にある全長286m(全国第9位)で、別の古墳であることに注意。エ:**龍角寺岩屋古墳**は千葉県印旛郡にある7世紀前半頃築造の**終末期古墳**の代表。その他、栃木県下都賀郡の**壬生車塚古墳**も終末期古墳として有名。

---

2 ①竪穴 ②平地 ③高床 ④袴 ⑤裳
(1)ウ (2)ア (3)大神神社 (4)記号—(iv)
語句—太占の法

解説 ①〜③古墳時代に入り、**掘立柱建物**が生まれ、住居(建築物)のバリエーションも豊富になるが、縄文時代以来の**竪穴住居が消滅するわけではない**。④〜⑤教科書 p.28の写真をはじめ、全国各地の古墳から発掘されている**人物埴輪**からうかがうことができる。(1)A:**豪族居館**はまつりごとをとりおこなう場であると同時に生活の場でもあった。(2)**土師器**—弥生土器の系譜を引く赤焼きの土器。**須恵器**—朝鮮半島から伝来した硬質で灰色の土器。(3)ほかに福岡県**宗像大社沖津宮**も、沖ノ島を神体とし、古墳時代の祭祀を伝えるものとして知られる。(4)**盟神探湯**は、熱湯に手を入れさせ、手がただれるかどうかで真偽を判断する神判である。なお、同様の方法が室町時代に「湯起請」という名でみられる。

---

3 (1)稲荷山古墳 (2)ⅰ)雄略天皇 ⅱ)ヤマト政権が関東地方から九州地方に及ぶ範囲を勢力圏と

していた。 (3)史部

解説 (1)埼玉県行田市の**埼玉古墳群**にある墳丘長120mの前方後円墳。銘文にある「辛亥の年」は471年と推定されている。(2)ⅰ)**ワカタケル大王**を記紀に**大泊瀬幼武**と現れる雄略に当てることに異論はなく、また『宋書』倭国伝の倭王武に比定される。ワカタケル(獲加多支鹵)大王=雄略天皇=倭王武。ⅱ)熊本県玉名郡の**江田船山古墳**から同じく「獲加多支鹵大王」と記された鉄刀が出土している。この鉄刀銘には「ムリテ」が「典曹人=文官」として「ワカタケル大王」に奉仕したことが記されている。一方、稲荷山古墳鉄剣銘には「ヲワケ」が「杖刀人=武官」として「ワカタケル大王」に奉仕したことが記されている。(3)大王家や豪族に隷属して生産に従事した労働集団を**部**と呼ぶ。そのうち、文字=漢字を用いて記録・出納・文書作成などの業務に当たった集団(渡来人集団)を**史部**(文人部・書人部)と呼び、「フヒトベ←フミヒトベの転」と読む。

---

4 ①伴造 ②田荘 ③部曲 ④磐井 ⑤屯倉 (1)イ (2)エ

解説 ①ヤマト政権に従属し、政権を支える労働集団(=部)を「**品部**(しなべ・ともべ)」といい、それを統轄する存在が**伴造**(とものみやつこ)である。②③政権ではなく、政権を構成する豪族個人に従属する労働集団(=部)を**部曲**(かきべ)といい、部曲によって耕作される豪族の私有地を**田荘**(たどころ)という。④527年、勃発。『日本書紀』によると、ヤマト政権は当初、**近江毛野**を将として「任那」救援・新羅征討軍を派遣したが、新羅と結んだ**磐井**が阻止。改めて**物部麁鹿火**を派遣して2年がかりで鎮圧した。石人・石馬で知られる福岡県八女市の**岩戸山古墳**が磐井の墓といわれる。⑤ヤマト政権は、地方豪族の抵抗を排しつつ、列島各地に直轄領としての**屯倉**を拡大していった。屯倉=御宅。「宅」とは豪族の拠点を意味する。(1)地名を氏の名とし**臣**の姓を与えられた豪族として、**葛城・平群・蘇我**などが知られる。また、職掌を氏の名とし**連**の姓を与えられた豪族としては、**大伴・物部・中臣**などが知られる。有力地方豪族には**君**(=公)、地方豪族には**直**が与えられた。カバネの実例としては、島根県岡田山一号墳から出土した大刀に記載された「**各田卩臣(額田部臣)**(ぬかたべのおみ)」が知られる。(2)「**造**」=「**御奴**(みやつこ)」であり、基本的に大王に服属する存在である。したがって、ヤマト政権が大王に各地の豪族が服属する体制へと性格を変化させた6世紀に、**国造**の存在が現れてくる。なお、磐井の乱については、磐井の国造就任の是非も含め様々な議論があるが、大王位をねらって乱をおこしたわけではない。

---

5 飛鳥の朝廷 (p.13〜15)

1 ①蘇我馬子 ②物部守屋 ③崇峻天皇 ④推古天皇 ⑤厩戸王(聖徳太子) ⑥犬上御田鍬 ⑦高向玄理 (1)大伴金村 (2)ア (3)イ (4)豪族 (5)ア

解説 ①②欽明朝の538年(552年説もあり)、百済の聖明王から倭国に仏教が伝えられると(仏教公伝)、崇仏派の蘇我大臣稲目と排仏派の物部大連尾輿・中臣連鎌子とのあいだで仏教受容をめぐる論争(崇仏論争)がおこる。蘇我・物部両

氏の対立は子世代の馬子と守屋に引き継がれ、敏達朝末年の感染症流行時や用明天皇末期時などに再燃し、587年、厩戸王と共闘した馬子によって守屋が滅ぼされ（丁未の乱）、仏教受容に関わる抵抗勢力は消滅したとされる。しかし近年、蘇我氏＝崇仏派、物部氏＝排仏派と単純化することはできず、蘇我・物部両氏の対立（勢力争い）と崇仏論争は切り離して考えるべきという説も出されている。③用明天皇死後、蘇我馬子によって擁立された崇峻天皇は、しだいに馬子ら重臣たちと距離をおくようになった。ある日天皇に「猪」が献上された際、「いつかこの猪の首を斬るように憎い奴の首を斬りたい」と言ったといい、このことを聞きつけた馬子が部下の東漢直駒に殺害させたとされる。天皇が臣下に殺害されたことが確定している唯一の例である。④⑤かつては聖徳太子という卓越した政治家が6世紀末から7世紀初頭の政治を全面的にリードしていたとされていたが、現在では厩戸王・推古女帝・蘇我馬子による共治体制とみるのが主流である。推古のリーダー性も軽視できない。⑥犬上御田鍬は614年に最後の遣隋使として、630年に最初の遣唐使として渡海している。⑦遣隋使に同行した3人のうち、高向玄理と旻は帰国後、大化改新政府の国博士として国政に参画した。南淵請安は改新政府にこそ関与していないが、中大兄皇子や中臣鎌足に留学で得た知識を伝授したといわれる。(1)512年、加耶西部のいわゆる「任那四県」を百済に割譲した。これを主導した大伴金村は、物部尾輿から猛烈な弾劾を受け、540年に失脚したという。(2)三蔵に関する記述は記紀には存在せず、斎部広成が807年に編纂した『古語拾遺』にみえる。(3)姓にとらわれず冠位が授けられている点に注目。氏族ではなく、個人の能力に応じて政権内の序列化をはかろうと試みたものとみられる。なお、蘇我氏が冠位を受ける側ではなく、授ける側にいることに注意。徳・仁・礼・信・義・智の6つの徳目をそれぞれ大・小に分け、12の序列をつくり出した。(4)豪族（官人）への道徳的訓戒を主たる内容とする。服務規律的性格が強い。(5)ア：5世紀。教科書p.27史料、倭王武の上表文参照。5世紀の遣使が確認されるので、それ以前の遣使は該当しない。イ：3世紀。教科書p.19史料、「魏志」倭人伝参照。ウ：1世紀。教科書p.18史料、『後漢書』東夷伝参照。エ：紀元前後頃。教科書p.18史料、『漢書』地理志参照。

2 ①和　②詔　③日　(1)『日本書紀』(2)607年　(3)小野妹子　(4)煬帝　(5)国書の内容が無礼であったため。日本側も「天子」という表現を用いていたため。　(6)仏教

解説 (5)以前は「日出づる」「日没する」という表現が、国家の盛衰を比喩しているととらえられ、煬帝が立腹したといわれていたがそうではない。中華思想に立脚した場合、天子は世に一人であるにもかかわらず、「日出づる処の天子」「日没する処の天子」と並立されているからである。小野妹子は608年に再度遣隋使として渡海しており、その際の国書は「東の天皇が敬みて西の皇帝に白す」（『日本書紀』）と形式が改められている。(6)憲法十七条の第二条に「三宝＝仏教」を敬うことが記され、煬帝と面会した小野妹子の最初の発声が「隋は仏教が盛んだから学ばせてほしい」と始まっていること、「日出づる」「日没する」という表現も経典注釈書にみえる仏教用語であることなどから推測できる。

3 ①飛鳥　②鞍作鳥（止利仏師）　③玉虫厨子　(1)エ　(2) i)金堂　 ii)古墳にかわって権威を示す意味をもった。(3)(c)ウ　(d)ア　(e)イ

解説 (1)曇徴・観勒の出身国及び伝来物は、受験生の混乱を誘うところとしてよくみられるので整理しておきたい。曇徴＝高句麗＝墨、観勒＝百済＝暦。(2) ii)594年の三宝興隆詔を一つの契機として、古墳にかわり寺院が豪族の権威を象徴するものとなっていった。文中の記述から寺院に古墳にかわる意味がもたせられていたことがわかる。(3)(c)に「三尊」とあることから、ウかエに絞られる。エは東大寺法華堂不空羂索観音像で、後代、天平文化期の作品。両脇に立つのは日光菩薩、月光菩薩である。(d)「半跏思惟」の意味に注意。片足を膝にかけて思考している像を選ぶ。(e)長身でなで肩の立像である。

6　律令国家への道　(p.16〜18)

1 ①蘇我入鹿　②山背大兄王　③孝徳　(1)乙巳の変　(2)イ

解説 ①②蘇我入鹿による山背大兄王の殺害は、東アジア情勢の緊迫化に対応して、中央集権体制の確立と国内統一を目指したものであった。③孝徳は皇極の弟にあたり、史料上確認される初の生前譲位の例である。なお、姉から弟への譲位に不自然さを認め、皇極の即位・譲位について疑義を呈する説もある。また、乙巳の変によりはからずも皇位が転がり込んできたことから、乙巳の変の黒幕に孝徳を考える説もある。(1)この事件を指して「大化改新」と表現するのは誤りである。(2)ア・イ：改新政治における政権構成は、中大兄皇子＝皇太子、中臣鎌足＝内臣、阿倍内麻呂＝左大臣、蘇我倉山田石川麻呂＝右大臣、旻・高向玄理＝国博士である。南淵請安は旻や高向玄理と共に中国に渡り、帰国後は中大兄皇子や中臣鎌足に大陸の新知識を伝えた。改新前に没したとみられる。なお、「皇太子」表記は後世による潤色である。エ：改新の詔をはじめとする『日本書紀』には「郡」、それ以外の「風土記」や金石文等には「評」と記されており、長くどちらが正しいかという論争があった（郡評論争）。藤原宮跡から出土した木簡に、700年以前には「評」、701年以降には「郡」と記載されていたことから、「郡」表記が大宝律令によるものであると判明した。

2 ①子代　②屯倉　③伴造　④国造　⑤部曲　⑥田荘　⑦班田収授　(1)日本書紀　(2)改新の詔　(3)ウ

解説 ①〜⑥天皇（大王）家の私有民＝子代の民（この史料には出てこないが名代の民もある）、天皇（大王）家の私有地＝屯倉、豪族（臣・連・伴造・国造・村首）の私有民＝部曲の民、豪族の私有地＝田荘と整理されている。(3)「其の三」にもとづいて日本（倭国）で初めて戸籍が造られたのは、670年の庚午年籍を待たなければならない。戸籍をつくる（つくられる）ということは、豪族にとって領民を丸裸にされることであり、相当の抵抗があったことが推測される。改新詔に描かれた青写真の実現には、白村江での敗戦という国難により挙国一致の機運が醸成される必要があった。

> **3** ①白村江　②近江大津　③庚午年籍　④飛鳥浄御原　(1)重祚　(2)ア　(3)エ

解説 ①白村江は朝鮮半島西南岸、錦江河口にある。この大敗により百済復興の芽は摘まれ、倭は朝鮮半島の足場を失った。②現在の滋賀県大津市北郊。畿外に宮が設けられた最初の事例であるが、東国や北陸と畿内を結ぶ交通の要衝である。(1)重祚の事例は、この斉明（1度目は皇極）と奈良時代の称徳（1度目は孝謙）の2例のみである。(2)ほかに奈良県の高安城や岡山県の鬼ノ城などの朝鮮式山城が築かれ、国土防衛に備えた。(3)ア：真人・朝臣・宿禰・忌寸・道師・臣・連・稲置の八姓に整理した。従来の臣姓・連姓の豪族はほぼ朝臣姓・宿禰姓を賜与されることになった。イ：675年「民部（＝部曲）」を廃止し、冠位四十八階制を制定した。ウ：天武天皇によって始められた国史編纂事業により、稗田阿礼に「帝紀及び上古諸事（＝旧辞）」の誦習が指示され、のちに『古事記』として結実する。中国の都城制を模した藤原京の造営にも着手していたが、在位中に完成をみることはなかった（のちの持統朝に完成・遷都）。貨幣の鋳造については『日本書紀』に記述があったが、1999年に奈良県明日香村の飛鳥池遺跡からまとまった量の富本銭が発掘された。なお、流通銭説と厭勝銭（呪い銭）説がある。エ：681年に律令の制定に着手したが、天武在位中に完成をみることはなく、持統朝の689年に施行された。律は完成しなかったものとみられる。686年の天武の死と、689年の後嗣草壁の死による動揺を抑えるために、令のみ先行して施行されたという。

> **4** ①飛鳥浄御原　②庚寅年籍　③藤原京　④養老律令　(1)イ

解説 ①②飛鳥浄御原戸令にもとづき690年に庚寅年籍がつくられ、以後、6年ごとに造籍されるサイクルが形づくられる。現存最古の戸籍は大宝二(702)年籍であり、庚寅年籍から12年後である。③条坊制を備えたわが国最初の本格的都城である。④大宝律令が律6巻・令11巻であるのに対し、養老律令は律10巻・令10巻であり、構成が一部再編されているが、内容に大差はない。藤原不比等の私的編纂事業であったとする説と、聖武即位に備えての公的編纂事業であったとする説がある。なお、平安時代につくられた律令注釈書である『令義解』から、その大半が知られる。(1)B：律と令の説明が逆であるため、誤り。

> **5** ①神祇官　②摂津職　③大宰府　④軍団　(1)イ　(2)国司には中央から貴族が派遣され、郡司にはかつての国造など伝統的な地方豪族が任じられた。(3)ウ　(4)ウ　(5)ウ　(6)エ

解説 ①律令国家官制は俗に「二官八省一台五衛府」と総称され、神祇官と太政官は対等に並べられているが、官位相当などから実質的には太政官のほうが上位に位置する。②難波津を抱えるこの地域は古代、「津国」と呼ばれていた。律令制下では、他の国と区別して国司ではなく摂津職がおかれたが、793年に摂津国となった。③西海道を統轄する律令政府の出先機関で「遠の朝廷」と呼ばれた。なお、機関としては「大」宰府であり、地名としては「太」宰府であるため、注意が必要。④軍団は3～4郡に1つおかれていた。(1)太政大臣は

「則闕の官」と呼ばれ、適任者がいなければおかれなかった。したがって、常置の最高職は左大臣であり、「一上」と呼ばれた。なお、公卿にはのちに令外官である中納言・参議が加わる。(2)国司は任期4年で中央から貴族が派遣されて執務する。一方、郡司は終身官で、在地の地方豪族が執務するという違いがあり、国造制の名残が窺われる。なお、国司の執務所を国衙、郡司の執務所を郡衙という。「衙」とは建物の意であり、「庁」と同義（国衙＝国庁、郡衙＝郡庁）。郡衙は郡家ともいう。また、「国府」は国衙所在地という意味が本来の意であるが、国衙と同義に使用されることもある。(3)ア：各官庁により、四等官の表記が異なる。例：国司の場合：長官＝守、次官＝介、判官＝掾、主典＝目、省の場合：長官＝卿、次官＝輔、判官＝丞、主典＝録。読み方はすべて「かみ－すけ－じょう－さかん」と読むのが本来。イ：官位相当制という。ウ：八虐と五刑の説明が逆であり、誤り。八虐とは、謀反・謀大逆・謀叛・悪逆・不道・大不敬・不孝・不義を指し、有位者でも罪を減免されず、恩赦の際にも赦されない規定であった。五刑は、笞・杖・徒・流・死の五種の刑であるが、それぞれさらに細かく軽重に応じて段階分けされていた。エ：三位以上の貴族の場合は子と孫、四位・五位の貴族については子に、大学に入学しなくても出身時に一定の位階が与えられるという特権があった。(4)死者の口分田は死直後ではなく、6年ごとの班年に収公されることとなっていた。したがって、班年が近づくと該当地の耕作を怠り田畑が荒れるという減少が生じるようになり、のちの三世一身法や墾田永年私財法につながっていくことになる。(5)庸は、次丁は正丁の2分の1の納入義務があるが、中男にはない。Aにある「中男には正丁の4分の1」というのは調である。(6)A：防人と衛士の説明が逆である。防人は3年間九州北部の防備に当たる。主に東国の兵士が当てられる。衛士は都で1年間警備に当たる。B：武器・食料などはすべて自弁である。

7　平城京の時代　(p.19～21)

> **1** (1)A新羅　B渤海　(2)航路を北路から危険な南路に変更した。　(3)ウ　(4)留学生―吉備真備　学問僧―玄昉　(5)藤原仲麻呂邸　(6)阿倍仲麻呂　(7)ア

解説 (1)(2)この時代の外交は、日本と唐との関係だけではなく、新羅や渤海との関係の上で相対的に成立していたことを理解したい。663年の白村江の戦いでは唐と新羅の連合軍に日本は敗退したが、668年に高句麗が滅んだあと、唐と新羅は朝鮮半島の支配権を巡り激しく対立し、676年には新羅は唐を追い出して半島を統一した。その緊張を背景とし、新羅は日本に従属し、朝貢の使節を何度も派遣してきたのである。唐との関係が730年代に修復されると、新羅は日本と対等の立場を主張する使者をしばしば派遣し、従属国扱いする日本と緊張が生じるようになった。8世紀以降新羅との関係は、藤原仲麻呂が新羅出兵を計画するなど疎遠になっていくが、民間商人による交易は活発に行われた。(3)一方、渤海は唐・新羅に対抗するため、727年、日本に従属する形で使節を派遣して国交を開き、両国は使節を交換し交易が行われるようになった。日本と唐との関係は、唐の皇帝から「日本国王に任ず」という冊封を受けなかったのが特徴である。冊封とは、中国王朝の皇帝が周辺異民族の君主に官職や称号な

どを授け、その地域の国王に任ずることを指し、中国王朝の
もつ伝統的なアジア支配観である。冊封を受けなかったこと
で日本は唐からの独立性を担保したものの、遣唐使を派遣し
文物の招来につとめるなど、唐との関係は重視した。(4)(6)遣
唐使船は、航路の危険以外にも、船体の構造が頑丈ではなく、
難破や遭難があいついだ。そのため、4隻の船団に分乗し、
通称「よつのふね」と呼ばれた。帰国でき、聖武朝で活躍した
のは吉備真備と玄昉である。彼らが重用されたときには、皇
族出身の橘諸兄が政権を担当していた。阿倍仲麻呂は帰国
に失敗したが、ほかにも藤原清河が唐で客死している。唐から
渡ってきた人物には鑑真がいる。鑑真は戒律を授けるために
来日した。彼の唐招提寺は南都六宗の律宗の寺院となる。(5)
平城京は北端の平城宮から南方向へ向いた配置である。よっ
て東側が左京、西側が右京となり、北から順に一条、二条の
順になる。坊については平城宮から南端の羅城門に伸びる朱
雀大路を中心軸とするので、東西に向かってそれぞれ一坊、
二坊となる。(7)ア:条里制は田地の区画制度で、都城の区画
は条坊制である。ウ:平城京内には多数の寺院が存在したが、
東大寺は図に記されているように、平城京の外の東側に位置
している。8世紀末には、大寺院の大安寺・薬師寺・元興
寺・興福寺・法隆寺・東大寺・西大寺は南都七大寺とされた
が、平城京外の寺院も含んでいる。エ:五条以北の平城宮近
くには貴族たちの大邸宅があったが、宮から遠い地には小規
模な住宅が分布していた。

度の高いものであった。(3)問題文にあげた特徴は、郡司に関
わることが中心である。これらの特徴から郡司の地方行政に
おける役割をまとめることが解答には必要となる。郡家で租
を管理していたことから、徴税に大きな役割を果たしていた
であろうこと、郡家から木簡などが多数出土していることか
ら、漢字による行政能力があったことなどを推察すること
ができる。任期による交代制の国司が律令にもとづいた現地支
配を行おうとすれば、その地の伝統的な有力豪族である郡司
の力に大きな役割を期待したという点も問題文の特徴から読
み取ることができる。ただし、解答は、郡司の役割のみで終
わらないようにする。問題文は国司の統治についての説明を
求めているから、国司を主体とした文脈で記述することが必
要である。(4)ⅱ)ⅲ)B:大化改新中の孝徳朝に、蝦夷に対す
る日本海方面の最前線基地として、647年に渟足(新潟市)、
磐舟(新潟県村山市付近)に設けられた。C:阿倍比羅夫は、
斉明朝の658〜660年に越(北陸地方)の国守として大船団を組
織し、秋田・津軽方面の蝦夷を討ち、粛慎を制したと記録さ
れている。A:出羽国は712年、越後北部と陸奥の一部を割
いて設置され、現在の秋田県・山形県に相当する。733年に
は秋田城が設置され、国府もここに移されて日本海側の拠点
となった。多賀城は現在の宮城県多賀城市に724年に設置さ
れ、陸奥国の国府と鎮守府がおかれ、古代東北地方の政治・
軍事の拠点となった。802年に鎮守府が北方の胆沢城(岩手
県)に移転後は、国府のみとなる。

2 ①元明 ②藤原京 ③蓄銭叙位令 ④郡家
(郡衙) ⑤蝦夷 ⑥隼人 (1)ⅰ)イ
ⅱ)エ ⅲ)本朝(皇朝)十二銭 (2)駅家 (3)国司は、
郡司のもつ伝統的な支配力によって統治を可能とし、郡
司に徴税や文書行政の実務を担わせていた。
(4)ⅰ)⑦出羽 ⅱ)エ ⅲ)B・C・A

3 ①藤原不比等 ②光明子 ③長屋王 ④孝
謙 ⑤藤原仲麻呂(恵美押勝) ⑥道鏡
⑦和気清麻呂 ⑧橘諸兄 ⑨藤原広嗣 ⑩天智
⑪光仁 (1)C・A・B (2)ア

解説 ③蓄銭叙位令による叙位の実施に関する記載は『続日
本紀』に一件あるのみで、どの程度実施されたかは不
明である。また、銭貨の死蔵をまねいたため、この法令は
800年に廃止された。④郡家または郡衙は郡の役所で、郡司
が政務や儀礼を行う郡庁、租を貯蔵する正倉や館などがおか
れたほか、近くには郡司の氏寺も建立された。(1)ⅰ)和同開
珎は、銀銭・銅銭が発行されたが、銀銭はそれまでの銀の貨
幣的役割を引き継いだもので、銅銭を流通貨幣の中心にしよ
うとした政府は、まもなく銀銭の発行を停止した。なお、貨
幣の和同と年号の和銅の字の違いに注意。ⅱ)富本銭は、
1998年奈良県明日香の飛鳥池遺跡で687年の木簡とともに出
土し、『日本書紀』683年の記事「銅銭を用い銀銭を禁ずる」に
一致することが確認された。富本銭自体は以前から知られて
おり、厭勝銭(まじないに使用する銭)と考えられていた。し
かし、工房で大量に鋳造されていたことから、和同開珎より
も古く、日本で最初の流通貨幣である可能性が高まった。
ⅲ)律令国家が鋳造した貨幣の総称を本朝(皇朝)十二銭とよ
び、和同開珎(708年元明天皇)から写真アの乾元大宝(958年
村上天皇)までを指す。律令国家の衰えとともに銅の確保も
難しくなり、粗悪な貨幣への信頼も落ちて、朝廷は貨幣の発
行をあきらめた。その後は宋銭が多く流通していった。(2)駅
家の利用には駅鈴が必要で、中央と地方との連絡にあたる役
人のみが利用した。官道は、都と七道の諸国国府を結ぶ道と
して直線的に整備され、一定規格の道幅で側溝を備えた完成

解説 奈良時代の政治史は、天皇名とそのときの権力者ごと
に政策や事件を整理すると学習しやすい。Ⅰ・Ⅱ:聖
武天皇の時代、長屋王は藤原不比等の娘で皇族ではない光明
子の立后に否定的でもあり、藤原四子により自殺に追いやら
れた。C:藤原四子が737年に全員死去すると、橘諸兄が右
大臣さらに左大臣へと昇進し、吉備真備・玄昉を顧問として
政権を掌握した。その政権に対し、740年藤原広嗣(式家の宇
合の子)が九州で挙兵し敗死する。聖武天皇はこの政治不安
の中で、740〜745年に恭仁京((2)ア:山背)、難波宮(摂津)、
紫香楽宮(近江)で遷都を繰り返し平城京に還都した。(2)ウの
長岡京も山背国だが、桓武天皇が784年に遷都した都である。
これらに限らず都や宮の位置は、地図を用いて確認する必要
がある。A:孝謙天皇の時代、藤原仲麻呂は光明皇太后(光
明子と同一人物で聖武天皇の皇后)の信を得て、紫微中台(皇
后宮職を改編)の長官に任じられ政権を担った。その後仲麻
呂は、淳仁天皇を擁立して恵美押勝の名を賜り大師(太政大
臣)となる。橘諸兄の子である奈良麻呂は仲麻呂に対して反
乱をおこすが鎮圧され獄死した。B:その恵美押勝も光明皇
太后が亡くなると、孝謙上皇の寵愛を受けた道鏡を排除しよ
うとして乱をおこすが敗死し、淳仁天皇は廃位され淡路島に
流される(淡路廃帝)。孝謙上皇は重祚し称徳天皇となり、道
鏡に皇位を嗣がせようとするが和気清麻呂が宇佐神宮の神託
によりそれを阻んだ。Ⅵ:称徳天皇は翌年死去し道鏡は失脚
する(下野国薬師寺に追放)。次の天皇は、式家の藤原百川
(宇合の子)と北家の藤原永手(房前の子)によって天智天皇の
孫の光仁天皇が即位した。壬申の乱後に絶えていた天智系の

皇統への復活は、次の桓武天皇（光仁天皇と高野新笠の子）の即位により決定的なものとなる。光仁天皇は、道鏡時代の仏教偏重政策を改めるとともに、財政の混乱を収拾するなど律令制度の再建に努めた。

4 ①百万町歩の開墾　②三世一身　③墾田永年私財　(1)ⅰ)位階により面積に制限があった。ⅱ)ア　ⅲ)聖武天皇　ⅳ)イ　(2)エ

解説 ①②百万町歩の開墾計画・三世一身法が発布されたときは長屋王政権である。三世一身法では、灌漑施設を新造し開墾した者は三代までの私有許可、旧来の灌漑施設を利用し開墾した者は本人一代のみの私有が許可された。③墾田永年私財法は橘諸兄政権のもとで出され、開墾地を永年収公しないことが設問の史料中にも「咸悉くに永年取る莫れ」と記されている。また765年には、道鏡政権のもとで加墾禁止令がだされたが、寺院の開墾と農民の小規模開墾は禁止の対象外とされた。772年道鏡が失脚するとこの加墾禁止令も撤廃され、墾田永年私財法にある位階による開墾面積の制限も撤廃され、墾田の開発はさらに進むことになった。(1)ⅰ)史料の末文に、親王一品・一位には500町、初位以下庶民は10町と位階に応じた開墾面積の制限が規定されている。ⅱ)墾田永年私財法により貴族・寺院や地方豪族などは積極的に開墾を行い、特に大寺院は大規模に原野を開墾し初期荘園と呼ばれる経営地を形成した。開墾地は租の納入を義務づける輸租田で、国司や郡司の協力のもとに一般農民や浮浪人らが灌漑施設を造り開墾を行った。初期荘園の経営は現地の荘所を中心に行われたが、それも国司や郡司の律令制支配機構に依存していた。そのため10世紀初めから律令制が行き詰まり郡司の支配力が弱体化すると、初期荘園は衰退していくこととなる。墾田永年私財法や初期荘園によって律令制の公地公民制が否定されたというよりも、当初は律令制を補完する役割を果たしていたとみなすことができる。ⅲ)天平十五年は西暦743年で聖武天皇の時代である。同年大仏造立の詔が発せられた。ⅳ)発布された年により、三世一身法は養老七年の格、墾田永年私財法は天平十五年の格と本来称せられた。また史料1〜2行目には、期限がくると田が回収されてしまうので農民のやる気がなくなり再び荒れてしまう、とあるのでそれも判断材料にできる。(2)X：家族のあり方は今日と違い、結婚は初め男性が女性の家に通う妻問婚に始まり、夫婦としていずれかの父母のもとで生活し、のちにみずからの家をもった。Y：職田ではなく乗田。乗田（口分田の剰余地）は、賃租（貸して収穫の5分の1を地子としてとる）された。職田は官職に応じて貴族や官人に与えられた田を指す。

8 律令国家の文化 (p.22〜24)

1 (1)①薬師　②法隆　(2)イ・ウ　(3)Aイ　Bエ　(b)ア　(4)ウ

解説 ①薬師寺には三重塔が二基あり、写真は白鳳様式を伝える730年頃建立の東塔である。各層に裳階がついているのが特徴。②法隆寺金堂壁画を指す。西域やインドの影響、特にグプタ朝アジャンタ石窟寺院の壁画との類似性が指摘されている。残念ながら1949（昭和24）年1月の火災で、内陣の小壁の20面の飛天を除いてすべて焼損し、それを機に翌

年、文化財保護法が制定された。(2)エ：盛唐文化ではなく、唐初期の文化の影響を受けている。(3)Aは薬師寺金堂薬師三尊像を指す。豊かな体つき、写実的な衣文などが表現されている。唐初期の文化の影響を受け、若々しさに満ちた仏像である。Bは興福寺仏頭である。元は山田寺の本尊であったが、興福寺に奪われその後破損し、頭部だけが発見された。白鳳仏の大らかさがよくうかがえる。(b)は高松塚古墳壁画で、アの写真はそのうちの女子群像である。高句麗の壁画の人物像に類似している。(4)ア：この時代の大津皇子や大伴皇子の漢詩文が、奈良時代の懐風藻に残されている。イ：この時代の天智天皇、天武天皇、持統天皇、柿本人麻呂らの多くの歌が、奈良時代に完成した万葉集に収録されている。ウ：各地から都に送られた木簡が多く発見され、地方行政で漢字が使われていたことがわかる。エ：論語の一部を記した木簡が、地方からも発見されている。

2 ①天武　②古事記　③日本書紀　④帝紀　⑤稗田阿礼　⑥太安万侶(安麻呂)　⑦舎人　⑧続日本紀　⑨日本三代実録　⑩六国史　⑪風土記　⑫出雲　⑬播磨　⑭懐風藻　⑮石上宅嗣　⑯万葉集　⑰山上憶良　(1)(a)ウ　(b)ア　(2)カ

解説 ①②『古事記』によると、天武天皇は各氏族のもつ天皇系譜や伝承記録が混乱していたため、統一をはかるべく国史の編纂をしたとされ、川島皇子らが担当した。⑤稗田阿礼は記憶力に優れ、天武天皇の命により『帝紀』や『旧辞』を誦習し、太安万侶が筆録した。⑥太安万侶の墓誌は1979（昭和54）年に奈良市東部の墓で墓誌が発見された。⑦舎人親王は天武天皇の皇子で8世紀の前半に奈良の政界で重きをなしていた人物。その子には758（天平宝字2）年に藤原仲麻呂によって擁立された淳仁天皇がいる。⑧『続日本紀』は奈良時代の基本史料とされる。⑩六国史について内容範囲や成立年代・編者を表に示した。

書　名	内容範囲	成立	撰者
日本書紀	神代〜持統	720年	舎人親王
続日本紀	文武〜桓武	797年	藤原継縄
日本後紀	桓武〜淳和	840年	藤原冬嗣
続日本後紀	仁明一代	869年	藤原良房
日本文徳天皇実録	文徳一代	879年	藤原基経
日本三代実録	清和〜光孝	901年	藤原時平

⑪風土記撰上の命令が出されたこの時期、712（和銅5）年に出羽国が、713年（和銅6）には薩摩国を割いて大隅国がおかれている。⑭『懐風藻』は現存する最古の漢詩集。編者は淡海三船ともいわれるが不詳。64名120編の漢詩がおさめられているが、天武天皇の皇子大津皇子などがその中でも代表的詩人。⑯『万葉集』の中の防人歌は防人として九州に向かう東国農民の歌だが、東国方言で親子・夫婦の哀別を歌ったものが多い。⑰山上憶良は筑前守時代の経験を生かして「貧窮問答歌」をよんだ。この歌は、律令制下の農民の苦しい生活の様子をよみこんだものとして有名である。(1)(a)X：日本書紀は持統天皇までの時代を叙述したもので誤り。(b)X：政府で文筆を担当したのが東西の史部で、この子弟も大学への入学を認められていたので正しい。Y：国学は郡司の子弟が学んだ

ので正しい。なお、欠員のあるときは庶民の子弟の入学も認められた。(2)X：防人は筑紫・壱岐・対馬に配備され大宰府が指揮にあたった。常陸国は現在の茨城県。この歌は、常陸国から筑紫諸国に派遣された防人が故郷を思い詠んだものである。史料1行目の「相替遣筑紫諸國防人等歌」は「相替りて筑紫に遣わされる諸國の防人等の歌」と読む。Y：2行目はこの歌が漢字の音だけで記されている。これを万葉仮名という。Z：4行目に信太郡の物部道足という名が記されている。なお、4行目には右二首と記されているが、この史料の前にこの人物の歌がもう一首実際は載せられている。

3	①鎮護国家　②聖武　③鑑真　④行基

⑤神仏習合　(1)国分寺の建立　(2) i)南都六宗　 ii)玄昉　(3)悲田院　(4)⑥東大寺　⑦乾漆像　⑧塑像　⑨薬師寺　⑩正倉院　Aク　Bエ　Cイ　Dオ　Eコ　Fア　Gウ

解説　①仏教の教義にもとづいて国家を護ること、またはそれを期待する思想である。③鑑真は唐でも著名な高僧だったが、日本からの留学僧普照・栄叡のもとめで来日を決意し、5度の失敗の後6度目で来日し戒律を伝えた。東大寺に戒壇を設け、聖武太上天皇や孝謙天皇らに授戒。のちに唐招提寺を開いた。淡海三船の『唐大和上東征伝』はその伝記である。また、唐招提寺の鑑真和上像(乾漆像)は現存する最古の肖像彫刻(教科書p.52写真)。④行基は良弁が仏教界の王道を歩んだのに対して、在野の僧として律令制下の過酷な支配に苦しむ人民に布教を行った。上京する役民や運脚の民を救うための布施屋をつくり、灌漑施設や橋・道路の造成を行って人々を救済し、大乗仏教の菩薩道を実践した。しかし朝廷は、律令国家の秩序を乱し僧尼令に違反するとして布教を禁じた。大仏造立では朝廷の要請に協力して大僧正となったが完成前に亡くなった。⑤奈良時代頃におこった思想で、神前で経を読んだり、神宮寺を建てたりするなどの行為から、やがて神仏は本来同じものであると考えるようになった。日本人の信仰に大きな影響を与えたが、明治新政府は1868(明治元)年に神仏分離令を発布した。(1)聖武天皇は741(天平13)年、国分寺建立の詔を発し、諸国に国分寺と国分尼寺の建立を命じた。これらの寺院では国家を鎮護する功徳のある最勝王経と法華経がおさめられた。(2) i)南都六宗は三論・成実・法相・倶舎・華厳・律の6学派を指す。三論宗では大安寺の道慈、三論に付属して伝来した成実宗では僧旻・厩戸王(聖徳太子)、法相宗では日本で最初に火葬されたことでも有名な道昭、政界でも活躍した玄昉や道鏡、倶舎宗では玄昉(法相と兼学)、華厳宗では良弁、律宗では唐から渡来した鑑真などの著名な僧をあげることができる。 ii)聖武天皇のもとで、同じく入唐留学生であった吉備真備とともに政界で活躍したが、藤原広嗣は両者の排除を求めて740(天平12)年に乱をおこした。(3)光明皇后は、悲田院のほか貧窮の病人のために施薬院を設置した。(4)⑩奈良時代の大寺院には重要物品をおさめる倉庫群があり、正倉院といわれたが、現在では東大寺の正倉1棟のみが残存しており、正倉院は東大寺のそれを指す固有名詞で使われている。ここには光明皇后によって献納された聖武天皇の遺品が所蔵されており、正倉院宝物(御物)といわれる。A：東大寺法華堂は天平文化の代表的な建築物でもあるが、寄棟造の正堂が天平時代のもので、礼堂は鎌倉時代のものである。この堂には鮮やかな色彩がよく残る塑像の

執金剛神像(教科書p.53写真)が今も安置されている。E・F：天平文化は中国、盛唐の文化の影響を受けて成立したものであるが、盛唐の美人画と同様の構図や表現方法が、薬師寺吉祥天像や正倉院鳥毛立女屏風などにみることができる。鳥毛立女屏風は樹下に美人がたたずむ構図で、中国西域アスターナ出土の画像に源流がみられる。天平文化の国際的な文化交流を示す一例である。G：百万塔は十大寺に10万基ずつ奉納され、中に現存する世界最古の印刷物である百万塔陀羅尼が納められ、現在法隆寺などに伝来している。

9　律令国家の変容　(p.25～28)

1	①光仁　②桓武　③長岡京　④山背(山城)

⑤伊治呰麻呂　⑥鎮守府　⑦坂上田村麻呂　⑧征夷大将軍　⑨胆沢城　(1)ウ　(2)エ　(3)藤原種継　(4)仏教政治の弊害を改め、天皇権力を強化するため。　(5)ア　(6)(e)ア　(f)オ　(7)藤原緒嗣

解説　①②奈良時代の天皇は、称徳天皇までは天武天皇の皇統であったが、称徳の死後、皇統の絶えた天武系にかわり、天智天皇系の光仁天皇が即位した。教科書p.45の系図参照。③長岡京造営事業のさなか、桓武天皇の母高野新笠が亡くなったり、皇后が死去したりするなど不幸が重なり、これが皇太子(弟)の地位を廃された亡き早良親王の怨念と考えられ、造営事業が進展しなかった。その怨念を鎮めるために創建されたのが祇園社である(御霊信仰の一つ)。⑦坂上田村麻呂は阿知使主を祖と称する東漢氏の系系。(1)アは公営田が設けられたのは823(弘仁14)年、官田(元慶官田)が設けられたのは879(元慶3)年で、いずれも桓武天皇の時代ではないので誤り。国家財政に対する依存を弱めるための施策として、勅旨田や賜田の設置とともに理解する。イは10日が誤り。雑徭の期間は30日に改められた。エは6年1班から12年1班に改められたので誤り。(2)A：偽籍は課役(庸・調・雑徭)のかかる課口(課丁)である成年男子の数を偽って過小に申告するものなので、誤り。B：8世紀後半から9世紀にかけては、農民間に貧富の差が拡大したため、偽籍などを含めて様々な手段で負担を逃れようとし、手続きの煩雑さなどもあいまって、班田収授は実施困難な状況になっていた。よって文全体が事実と異なるので誤り。(4)奈良時代の仏教保護政策によって、仏教界が大きな力をもち、道鏡のような僧も出現することとなった。桓武天皇の遷都はこのことも背景の一つである。(5)A：正しい。なお、移住した農民のことを柵戸という。B：正しい。なお、俘囚とは8世紀以降に律令国家に服属した蝦夷に対する呼称。(6)地図中のウは伊治城、エは胆沢城である。(7)徳政論争に関して、藤原緒嗣は「天下の民が苦しむところは軍事と造作である」と批判して、二大政策の継続を主張する菅野真道と論争した。桓武天皇は緒嗣の議を採用し、蝦夷との戦闘と平安京造営工事を停止した。

2	①平城　②藤原薬子　③藤原仲成　④蔵人

所　⑤藤原冬嗣　⑥蔵人頭　(1)勘解由使を設置し、国司交替の際の引継ぎをきびしく監督させた。(2)ウ　(3)イ　(4)⑦検非違使　⑧令外官　⑨弘仁格式　⑩格　⑪式　⑫三代格式　⑬貞観格式　⑭延喜格式　⑮養老律令　Cカ　Dオ　Eイ

(5)イ

④⑥蔵人頭を長官とした役所が蔵人所で、その職員を蔵人という。(1)勘解由使がキーワードである。国司交替の際、新任国司から前任国司に与えられる解由状があったが、形骸化したため国司の監督が不十分となっていた。勘解由使は解由状の審査を行い、国司の不正を防ぐために新たに設置された官職である。(2)Ⅰ・Ⅱ：陸奥・出羽・佐渡に西海道を加えた国境の要所にはそのまま軍団が設置されたが、それ以外の国については、792(延暦11)年に軍団が廃止されて健児がおかれた。Ⅲ：桓武天皇は兵役を多く免除し公民の負担を減らしたが、それは周辺地域の軍事的緊張の緩和が背景にあった。国内の改革には国際情勢が関与することがある。国際的な視野から日本史をとらえることに留意したい。(3)藤原四家は奈良時代に不比等の4人の子どもたちがおこした家。光仁天皇擁立に尽力した藤原百川以降、式家の勢力が拡大したが平城太上天皇の変(薬子の変)で、平城太上天皇に与した藤原仲成の式家の勢力が衰退する一方、嵯峨天皇側についた藤原冬嗣の北家の勢力が拡大した。これ以降藤原北家が中央政界の中心となり、他氏排斥の動きを強めることとなる。(4)⑦C・D・E：律令に規定する官職では現実的な対応がうまくいかず、新たな検非違使に大きな実力をもたせて都の治安に当たらせた。検非違使は都人を畏怖させる存在となる。⑧奈良時代までの令外官には、中納言や参議がある。勘解由使、征夷大将軍、関白なども令外官に該当。⑨弘仁格式は嵯峨天皇の命で藤原冬嗣らが奈良時代から819(弘仁10)年までの格式を、利便性を考えて官庁ごとに格10巻、式40巻に収録したもの。現在は式のみ一部が残存。⑭延喜格式は醍醐天皇の命を受けて藤原時平らが編纂。格は907(延喜7)年に、式は927(延長5)年に完成。延喜式はほぼ現存。なお、弘仁格、貞観格、延喜格をその内容に従って分類・集成したものが『類聚三代格』。(5)Ⅰ：太郎さんのノートから、律令の規定は残しながらも修正法である格が出されたり、いくつもの令外官を新設したりして、政治を行っていたことがわかる。Ⅱ：律令の修正法である格は奈良時代から出されている(養老七年の格(三世一身法)、天平十五年の格(墾田永年私財法)など)。また、桓武天皇の時代には令外官である勘解由使や征夷大将軍が存在する。

---

3 ①嵯峨 ②弘仁・貞観 ③紀伝道(文章道) ④大学別曹 ⑤三筆 ⑥延暦寺 ⑦天台 ⑧金剛峯寺 ⑨教王護国寺(東寺) ⑩真言 ⑪修験道 (1)Aカ Bオ Cナ Dサ Eソ (2)文章経国 (3)イ・ウ (4)和気氏ーチ 藤原氏ーツ (5)東密 (6)円珍 (7)ⅰ)シ ⅱ)一木造

②③(3)8世紀から9世紀にかけての文化を弘仁・貞観文化と呼ぶ。この時期は、文章経国の思想(漢文学の政治的な有効性を強調する考え)が普及し、貴族や官人に対して、行政能力などとともに漢詩文などの中国的な教養が求められた。こうした中で勅撰漢詩文集があいついで編纂された。加えて、格式や儀式書の編纂も嵯峨朝以降、清和・醍醐朝と継続して行われ、こうした政策が国風文化の礎となる。④大学別曹は、有力氏族が一族の子弟を寄宿させ、大学での試験や講義を受ける便宜をはかった施設。文章経国の思想の拡大により、古くからの氏族という枠組みに依拠するだけで

は、貴族社会では生き残れない時代となった中で設置された。⑨教王護国寺は東寺ともいい、真言宗=東密の語源でもある。延暦寺の円仁(山門派)、園城寺の円珍(寺門派)によって密教化された天台宗は台密という。円仁が838(承和5)年に渡唐し、密教を学び847(承和14)年に帰国するまでの苦労の記録が『入唐求法巡礼行記』である。(1)A：語群エの『文鏡秘府論』は、空海が詩文の格式や声韻などを論じた詩論集。空海個人の漢詩文集は『性霊集(遍照発揮性霊集)』である。C：大乗戒壇とは、大乗仏教独自の戒律を授ける壇。聖武天皇の命で設立された東大寺・下野薬師寺・筑紫観世音寺の三戒壇に対して、最澄が比叡山延暦寺にも設立を目指した。これに反対する南都六宗に反論して出された書が『顕戒論』である。(3)イ・ウは『経国集』とともに勅撰漢詩文集である。成立順にウ(『凌雲集』・最初の勅撰漢詩文集)→イ(『文華秀麗集』)→『経国集』となる。(4)大学別曹は和気氏の弘文院が最初。ほかに嵯峨天皇の皇后である橘嘉智子が橘氏のために開いた学館院、在原行平が皇室の子孫(在原・王氏)のために開いた奨学院がある。(7)この時期の仏像彫法として、衣のしわを表現した様式で、角味の大波と丸味の小波を繰り返し、波の翻るように表現した翻波式にも注目したい。

10 摂関政治 (p.29〜31)

1 ①藤原良房 ②承和 ③伴(大伴)健岑 ④清和 ⑤摂政 ⑥藤原基経 ⑦関白 ⑧宇多 ⑨藤原時平 ⑩村上 ⑪延喜・天暦の治 ⑫源高明 (1)BとCの間 (2)阿衡の紛議 (3)北野天満宮(北野神社) (4)滝口の武者 (5)公地公民ー班田を行い、延喜の荘園整理令を発布した。 歴史書ー六国史の最後となる『日本三代実録』を編纂させた。 (6)安和の変 (7)応天門の変 (8)X

桓武天皇や嵯峨天皇の時代に天皇の権力が強まり、貴族がヤマト政権以来の伝統的な特定の職務で天皇に奉仕する関係が消滅すると、天皇との個人的な結びつきが重視されるようになった。藤原北家は天皇との姻戚関係によって朝廷内での地位を高めていった。②は、嵯峨上皇の死後、仁明天皇の皇太子に立てられていた恒貞親王が廃され、良房の甥の道康親王(つまり道康親王にとって良房は外戚に当たる)が皇太子となった事件である。この時、恒貞親王に仕えていた伴健岑と橘逸勢が処罰された。良房は娘の明子を道康親王の妃とし、親王が文徳天皇として即位すると、2人のあいだに生まれた子を皇太子とし、858年にわずか9歳で清和天皇として即位させた。清和天皇からみると良房は母方の祖父つまり外祖父という立場である。天皇は幼少だったので、良房は実質的に摂政の役割を果たすようになった。(1)(7)(8)Xは866(貞観8)年の応天門の変を指す。この事件は、当時その才能から異例の昇進をとげていた大納言伴善男が応天門に放火し、その罪を左大臣源信に負わせようとしたとされ、流罪に処せられたものである。写真の『伴大納言絵巻』は院政期文化の代表的な絵巻物の一つである。(2)この事件は、宇多天皇が基経を阿衡に任ずるとした勅書に対し、阿衡には実職がともなっていないとして、基経が政務を放棄した出来事である。天皇は勅書を撤回し起草者の橘広相を処罰して、あらためて基経を関白に任じた。(5)醍醐天皇は摂政・関白をおかずに天皇親政を行ったので、のちに「延喜の治」とたたえられた。こ

の時代には律令体制の復興が目指された。この時代に行われたこととして、班田が命じられる、延喜の荘園整理令が出される、六国史の最後となる『日本三代実録』や『延喜格』『延喜式』という法典、『古今和歌集』の編纂が行われた。『延喜式』が施行されるのは村上天皇の「天暦の治」の出来事で、これとともに「本朝十二銭」の最後の乾元大宝も発行された。(6)この事件によって藤原氏北家の勢力は不動のものとなり、摂政・関白がほとんど常におかれるようになった。

2 (1)外戚　(2)氏長者　(3)兼家は花山天皇からみて外祖父の兄弟であり、天皇の外戚としては弱い関係であった。　(4)イ　(5)ⅰ)藤原伊周　ⅱ)小右記　(6)家司　(7)ア

解説 (2)藤原氏の「氏長者」は、氏寺の興福寺や氏社の春日社、大学別曹の勧学院などを管理し、氏全体を統率した。(3)ここで氏長者の権力が、天皇の外祖父であることに裏付けられていることを確認したい。摂関家の内部で摂関をめぐる争いが続いていた中でも、特に藤原兼通と兼家の兄弟の争いは有名である。兼通は死の直前に関白を頼忠に譲るほど、弟の兼家を嫌っていた。兼通の死後、円融天皇が退位し花山天皇が即位する。この時、皇太子には兼家の外孫の懐仁親王が立てられ、兼家の将来に明るいきざしがみえてきた。兼家は寵愛していた女性の死去により落胆した花山天皇を騙して出家させ、懐仁親王を一条天皇として即位させて、みずからは摂政の地位についたのである。(4)この歌の意がわかっていなくても当時の婚姻形態や家族関係を考えれば解ける問題である。当時の貴族は結婚すると妻側の両親と同居したり、夫が妻のもとに通ったりすることが一般的であった。そのため、子が母の実家で育てられ、夫も妻の父の庇護を受けていた。このことはリード文前半からも読み取ることができる。ア・ウ・エはいずれも夫の実家に妻が入る内容であるので誤りとなる。この歌は『蜻蛉日記』に記され、摂政である夫藤原兼家が妻である自分のもとを訪れないやりきれない思いをぶつけたもので、小倉百人一首にも収録されている。(5)ⅰ)伊周は弟の隆家とともに左遷された。なお、のちに隆家は九州の武士団を指揮して、1019年刀伊の来襲を撃退している。ⅱ)『小右記』は小野宮右大臣藤原実資の日記で、摂関政治期の重要史料である。(6)官吏の人事権を握る摂関家に中・下級貴族が隷属するようになり、官位の昇進などが形骸化してしまうのはこの時期の政治の特徴である。その中で中・下級貴族は摂関家の事務を扱う家司という職について、経済的に有利な国司になることを求めた。(7)摂関政治は律令国家の否定ではなく、律令にもとづく政治を摂関が実質的に主導した点に特徴がある。おもな政務は太政官で公卿が審議し、天皇が太政官を通じて中央・役人の官吏を指揮し、全国を支配する形がとられ続けた。国政に関わる重要問題は、内裏の近衛の陣で開かれる陣定という会議で、摂関が臨席するも公卿は各自の意見を求められ、天皇の決裁の参考にされた。そのようなシステムの中で、摂関は天皇の意志決定に際し重要な影響力を行使したのである。

3 (1)イ　(2)9世紀末　(3)菅原道真　(4)エ　(5)A宋(北宋)　B契丹(遼)　C高麗　(6)ウ

解説 (1)X：以前からこのような危険があったことが文中に記されている。Y：史料からは唐にいる中瓘という僧が、商人を通じて唐の様子を伝えていることが読み取れる。ただし、史料中に書かれているのは、「大唐の凋弊、之を載することぐ具なり」と、唐が衰退していることの詳細を中瓘が書き送ってきたとの内容である。このことから、唐の治安が悪化したため遣唐使の派遣を見合わせるよう道真は進言した。中瓘は実際には遣唐使の派遣を要請しているのだが、それを知らずとも文中から中止の要請を読み取ることはできない。(2)894(寛平6)年のこと。(3)(4)8世紀末になると新羅からの使節は途絶えるが、9世紀前半には外交とは別に民間商人が貿易目的のために来航するようになった。9世紀後半には、唐の商人も来航するようになり、朝廷は貿易の仕組みを整えた。こうした背景により、遣唐使の派遣は中止となる。中止を建議したのは菅原道真で、以後遣唐使が派遣されることはなかった。(5)A：唐が907年に滅亡すると五代十国の混乱した時代があり、960年代に成立した宋(北宋)が再び中国を統一した。B：モンゴル系の遊牧民族が建国した国で、皇帝を称した耶律阿保機は926年に渤海を滅ぼし勢力を広げた。この国は満洲、モンゴルの諸族も統合し、長城を越えて華北を支配し、国号を遼と改め東アジアの大国となった。C：918年に建国された高麗が新羅を滅ぼし、朝鮮半島を統一するのは936年。(6)日本人の渡航は律で禁止されていたが、天台山や五台山への巡礼を目的とする僧には許されることがあった。日本から宋への輸出品には金や水銀・真珠、硫黄などがあり、輸入品には宋銭のほか、書籍や陶磁器などの工芸品、薬品などがあった。

11 国風文化　(p.32〜34)

1 (1)イ　(2)ア・オ　(3)古今和歌集　(4)ⅰ)土佐日記　ⅱ)ウ　(5)ア　(6)それまでの中国の文化を消化・理解した上で、日本人の嗜好に合うように工夫された優雅で洗練された文化。

解説 (1)Bは『枕草子』の一節で、国語の授業でも取り上げられることが多い有名な部分だが、文中にも「少納言」の語があるので判断できる。清少納言は藤原道隆の娘である皇后定子に仕え、文才を発揮した。紫式部は同時期に藤原道長の娘である中宮彰子に仕えた。また、選択肢の『西宮記』は源高明によるこの時代の儀式書で、私撰のものでは現存最古のものとされる。(2)橘逸勢と嵯峨天皇は空海とともに弘仁・貞観文化の三筆の一人。藤原公任は『北山抄』や『和漢朗詠集』の撰を行った人物。(3)醍醐天皇の命で編纂された最初の勅撰和歌集で、のちの日本文学・文化に絶大な影響を与えた。その後も勅撰和歌集は編纂され、その総称を八代集と呼ぶ。『古今和歌集』『後撰和歌集』『拾遺和歌集』『後拾遺和歌集』『金葉和歌集』『詞花和歌集』『千載和歌集』『新古今和歌集』がそれである。(4)『古今和歌集』の編者で『土佐日記』の作者は紀貫之。ⅱ)貴族男子が残した日記は、『土佐日記』後もほとんど漢字だけで書かれた。藤原道長の『御堂関白記』は具注暦に日記を記したもので、この時代のきわめて重要な史料である。ただし彼が関白になったことはない。(5)『伊勢物語』は歌とかなの文でつづられたある男の一代記で、在原業平の歌を多く収録している。のちの源氏物語にも影響を与えた。『更級日記』『蜻蛉日記』は女性が著したかな日記である。かなで記述する

ことにより作者の感情が生き生きと表現されている。前者の作者は菅原孝標女、後者は藤原道綱母である。(6)AからCをふまえてとの問いであるから、中国や大陸文化の咀嚼が十分に行われた、という点を記述する必要がある。国風文化はそれまでの大陸文化が否定されたり、みられなくなったりして、日本風の文化になったわけではない。大陸文化を受け入れ味わいつつ、日本人好みに高度にアレンジしていった点をAからCの文をよく読んで理解し、解答として表現してほしい。

---

2 ①神仏習合　②本地垂迹説　③御霊会
④浄土教　⑤空也　⑥源信(恵心僧都)
⑦末法　⑧慶滋保胤　⑨往生伝　⑩経塚　(1)イ
(2)菅原道真　(3)(c)　(4) i)ア　 ii)往生要集
(5)平等院鳳凰堂

解説 ②(1)神の本地(本来の姿)は仏とみなされ、日本固有の神々は権現と呼ばれて仏の性格が付与された。「権」は「かりに」という意。代表的なものに山王権現・春日権現・熊野権現などがある。天照大神は天皇家の祖先神であり、日の神であるが、本地は大日如来と考えられた。③御霊会とは死者の怨霊のたたりを恐れ、これをなだめ、疫病・災厄をはらう神をまつる祭礼である。(2)の北野天満宮(北野神社)や祇園社(八坂神社)のものが有名。右大臣菅原道真は大宰権帥に左遷され現地で死去したが、都の疫病・激しい落雷は道真の怨霊によるものと考えられ北野天満宮が創建された。その様子は鎌倉時代の『北野天神縁起絵巻』に描かれている。(6)(4) ii)源信の『往生要集』は念仏による極楽往生の方法を示したもの。史料はその序文である。⑦末法思想とは釈迦入滅後、正法・像法を経て、教えのみが残り修行も悟りも得られない末法の世が到来するとの考えである。そのため来世での悟りを求め、浄土教が広まる下地となった。日本では1052年から1万年続く末法の世になると考えられ、翌年、阿弥陀如来のいる極楽浄土をこの世に現出させた。(5)平等院鳳凰堂が完成した。この建物にちなみ頼通は宇治関白(宇治殿)と呼ばれた。⑨他の往生伝には続本朝往生伝(大江匡房)や拾遺往生伝(三善為康)などがある。⑩経塚は末法が続く未来の世に経典を残そうとの意図と、現世利益・極楽往生などの願いを目的としてつくられたものである。現存最古は藤原道長による金峯山経塚。この風習は形をかえながら庶民にも広まり、江戸時代まで続いた。(3)鎌倉時代の作で六波羅蜜寺(京都)所蔵のもの。市井の人々に浄土の教えを説くため歩き回っている空也の姿をあらわしている。

---

3 ①寝殿造　②大和絵　③年中行事　(1)イ
(2)エ　(3)陰陽　(4)除目　(5)来迎図
(6) i)寄木造　 ii)末法思想を背景とする仏像の大量需要。　 iii)定朝

解説 ①室内は板敷きで必要な部分のみ畳や円座を敷いて座った。③宮中では年中行事を滞りなく円滑にとり行うことも重要な政務であった。そのため貴族は先例と儀式に通じている必要があり、それらを詳細に記録しておくために多くの日記を残した。(1)イが誤文。寝殿造は自然と融け込むような檜皮葺を特徴とした。(2) I ：貴族男性の正装は威儀を正した束帯やその略装の衣冠で、女子の正装は唐衣に裳をつけた女房装束である。日常では男性は直衣や狩衣、女性は小袿

に袴を着用した。また庶民や武士はより機能的な水干や直垂を用いた。 II ：貴族は男女とも10〜15歳くらいで成人の式をあげ、男性は加冠をする元服、女性は裳を着用する裳着を行った。(4)除目は官吏を官職に任命する儀式で、平安末には春秋の2回行われ大変重要な式とされた。(5)いわゆる「お迎え」の姿である。なかでも阿弥陀仏が諸尊を従え彩雲に乗って現れる『阿弥陀聖衆来迎図』(高野山)が有名。このような姿を想像することが当時の念仏(仏を念ずる)の主流である。(6) i) ii)末法思想と浄土教の広まりにより各地で阿弥陀堂建立や持仏による需要が急増したが、従来の一木造は納期に時間がかかった。寄木造は仏像の身体を各部に分け、複数の仏師で分担制作し組み合わせる技法で大量生産や大型の仏像に適したものとなった。なお、写真の仏像は定朝作の平等院鳳凰堂阿弥陀如来像である。

---

12 地方政治の展開と武士 (p.35〜37)

1 ①受領　②田堵　③名　④負名　⑤官物
⑥臨時雑役　⑦成功　⑧目代　(1) i)延喜
の荘園整理令　 ii)ア　(2)エ　(3) i)尾張国郡司百
姓等解　 ii)元命　(4)在庁官人

解説 ①受領とは平安期以降、任国に赴いた国司の最高責任者を指す。受領の多くは「守」だが「介」の場合もあった。②ある程度以上の農業経営能力があり、納税も間違いのない富裕な農民を田堵という。なお、国司と結んで大規模な経営を行った田堵を特に大名田堵と呼ぶ。③④⑤⑥リード文に述べられているような10世紀初頭に成立した租税収取制度を負名体制という。この制度では官物や臨時雑役といった租税は名ごとに課され、租税を取りまとめて納入することを請け負った者を負名といい、田堵などがその任をつとめた。⑦成功の一般化の背景には11世紀半ば以降、荘園の増加により国家収入が激減したことや造寺造仏が盛んになったことなどがあげられる。受領などは、任期満了後も引き続き同じ官職に任じられること(重任)を求め、この時も成功を行った。⑧任国の国衙に赴任しない国司を遙任(遙任国司)という。その場合、国司にかわって現地の国衙には目代が派遣され、在庁官人を率いて地方行政を代行した。このような場合、国衙には留守所が設置された。(1) i)10世紀の初めは律令体制の行き詰まりがはっきりしてきた時代であった。902年、醍醐天皇のときに出された延喜の荘園整理令は、人々の生活の妨げになるほど増加していた院宮王臣家の私的な土地所有を禁じることで律令制の再建を目指すものだった。なお、同年には班田の励行も命じられた。 ii) I ：戸内の女性の数が男性に比べて一方的に多いのは、班田は受けるが調・庸の負担がない女性の数を増やそうという意図があったと考えられる。 II ：受領には大きな権限と責任が与えられたので、受領は都などから独自の郎党を引き連れ、国衙やみずからの館で実務を采配した。そのため受領以外の国司や郡家の役割は低下していった。その背景のもとに(3) i)の『尾張国郡司百姓等解』の訴えを理解したい。問題中の史料では省略してあるが、受領が法定外の税を課したり、京から郎党を連れてきたりしていることなどに、郡司らが反発している様子を読み取ることができる。教科書などの史料を読み直してほしい。なお、「解」とは律令の規定で、下級官庁から上級官庁へ上申する公文書の様式を指す。また上級官庁から下級官庁への下達文書は「符」で、例

としては国司に下した「太政官符」や「民部省符」などがある。
(2)Ⅰ：⑧の解説で説明済み。Ⅱ：受領に地方支配の権限が集められると、国衙が以前よりも重要な役割をもつようになり、その一方で、これまで地方支配の実務を担ってきた郡家(郡衙)の役割は衰えていった。

2 ①開発領主　②荘官　③領家　④本家
⑤寄進地系荘園　⑥検田使　⑦不入　(1)イ
(2)ⅰ)不輸(の権)　ⅱ)官省符荘　ⅲ)国免荘
(3)本所

解説　①山林原野を開墾した田畑の所有者を**開発領主**という。10世紀の気候は温暖だったが降水量が少なく乾燥していた。国衙は、これにより増加した荒廃地の再開発を任地に土着した国司の子孫たちや地方豪族などに命じた。この再開発に成功した者が開発領主となっていった。⑥⑦官省符により租税の免除が認められた荘園であっても、その荘園内で新たに開発された新田は課税対象だった。国司は**検田使**を派遣して、そのような課税対象の田地を把握しようとした。これに対し荘園側は**不入**の特権を得て国司の干渉を防いだ。やがて、検察使や検非違使などの国使による警察権の介入をも否定する権利となった。(1)桛田荘の絵図からは当時の荘園の景観がわかる。牓示は領域の境目を示す目印で、南の境界を示す牓示の１つは紀伊川より南に打たれており、大道が境界を示すものではないことがわかる。また、５つある牓示を線で結ぶと、その内側には山林や河川も含まれていることがわかり、数軒の家によって構成されている集落が４つみられるが、村がいくつあるかは読み取れない。

3 ①押領使　②追捕使(①②順不同)　③平将門
④藤原純友　⑤新皇　⑥棟梁　(1)(a)ア
(b)オ　(2)ⅰ)平貞盛　ⅱ)源経基　(3)イ　(4)刀伊
(女真人)　(5)源氏の東国進出のきっかけをつくった。

解説　①②いずれも盗賊や叛徒の平定を目的として任命された令外官で、当初は臨時の官だったが10世紀半ば以降常置の官となる。③④**天慶の乱**は939年におきた。この時の天皇は**朱雀天皇**(関白藤原忠平)であり、醍醐天皇(**延喜の治**)と村上天皇(**天暦の治**)のあいだの時期にあたる。律令体制が行き詰まりをみせ、受領の力が大きくなる10世紀の前半に武士が台頭してくるという時代感覚を身につけたい。(2)**平将門の乱**の鎮圧者は、**藤原秀郷**と**平貞盛**である。秀郷は下野国に勢力をもち、乱に際して下野国押領使となった。乱後はその功により下野守に任ぜられ、俵藤太と呼ばれ剛の者としての伝説が残された。平貞盛は常陸国を本拠地とする鎮守府将軍平国香の子である。935年に父国香が従兄弟の将門に殺されたことにより仇討ちとして挙兵するが、将門が939年に乱をおこすと藤原秀郷とともに乱の鎮圧を行った。また、**藤原純友の乱**の鎮圧者は、**小野好古**と**源経基**である。好古の弟は三跡の道風。経基は清和天皇の孫で、**清和源氏**の祖である。その子満仲は、**安和の変**(969年)で源高明の謀叛を密告し、その功績で昇進し摂関家との結びつきを深めた。(3)イが誤。摂津に土着したのは清和源氏の源満仲である。藤原秀郷は上記のように平将門の乱の鎮圧者である。(4)1019年、対馬・壱岐から博多湾に女真人の乗る船が侵入してきた。大宰権帥**藤原隆家**に率いられた九州の武士団がこれを撃退した事件を**刀伊**

の入寇という。刀伊は沿海州地方に住む女真人のことをいう。(5)上総介・武蔵国押領使をつとめていた**平忠常**は、1028年に反乱をおこして房総半島を占拠した。朝廷は追討使に源頼信を任命して鎮圧に向かわせると、忠常は降伏した。これ以降、関東の平氏は衰退し源氏の勢力が東国へ進出するきっかけとなった。

13 院政の始まり・院政と平氏政権　(p.38〜40)

1 ①後三条　②白河　(1)延久　(2)記録荘園券契所(記録所)　(3)摂関家との外戚関係がなかった(薄かった)ため。　(4)ウ　(5)イ　(6)堀河天皇
(7)ⅰ)院庁下文　ⅱ)イ

解説　(1)荘園整理令はたびたび発布されている。たとえば醍醐天皇の時代の「延喜の荘園整理令」(902年)が最初の整理令として知られる。(2)(3)これまで、整理令の実施は国司にゆだねられていたため不徹底に終わっていた。しかし、ときの摂政・関白を外戚としない後三条天皇は荘園整理の審査を太政官に設けた**記録荘園券契所(記録所)**に行わせた。これにより摂関家の荘園も例外なく審査され、整理令はかなりの成果を上げた。摂関政治の弊害をみて成長した後三条天皇がみずから政治を主導したことにより、時代は母系の影響力が強い摂関政治から、父系の影響力が強まる院政へと変化していったことも確認しておきたい。また、かなりの成果を上げた整理令の審査を受けても整理されなかった荘園は、国家機関により認定された荘園というかたちとなった。このことにより、荘園は公的にその存在が確認され、全国は公領と荘園から成り立つ**荘園公領制**に移行したと捉えられる。(4)ウは9世紀の出来事である。(5)延久の荘園整理令によって荘園と公領の区別が明確になると、国司は支配下にある豪族や開発領主を、郡司・郷司・保司に任命し、それぞれの支配地を郡・郷・保などの新たな単位に再編成した。これにより、かつての律令制度のもとで国・郡・里(郷)など上下の区分で構成されていた行政区画が、郡・郷・保が並立する体制に変化した。(7)院の所領などに関わる内容で、院庁から下達された文書を院庁下文といい、上皇の意向を受けた院司が、自分を形式上の差出人として発給した文書を**院宣**という。

2 ①法勝　②熊野詣　③院司　④北面の武士
⑤藤原清衡　⑥平泉　⑦後白河　(1)八条院領や長講堂領といった院の周辺に寄進された荘園群が経済的基盤となった。　(2)ア　(3)興福寺　(4)エ
(5)前九年合戦・後三年合戦　(6)ⅰ)保元の乱　ⅱ)イ
(7)エ　(8)平治の乱

解説　(1)〜(3)院政は天皇を退位した上皇が自由な立場で朝廷の政治に裏側から介入して、国政を事実上動かしていく政治形態である。白河院政では、後三条天皇の政策を受け継ぎ荘園整理が行われた。また、この時期には、延暦寺や興福寺などの大寺院の僧兵の活動が激化し出しており、これに対して北面の武士を設置して院の軍事力とした。白河院政を引き継いだ鳥羽院政期には、荘園政策は大きく変化した。この時期多くの荘園が公認されるようになり、しかも、それらの多くは上皇の周辺に寄進された。鳥羽院政期の八条院領や後白河院政期の長講堂領は院政の経済的基盤となった。(5)前

九年合戦（1051〜62年）は、源頼信の子で、陸奥守の頼義とその子義家が出羽の豪族清原氏の助けを得て陸奥の豪族安倍氏を滅ぼした戦いである。後三年合戦（1083〜87年）は、清原氏の内紛に源義家が介入し、清原清衡を助けた戦いである。この戦いののち、清原清衡は実父の藤原姓を名乗り（藤原清衡）、平泉を中心として支配を奥羽全域に広げた（奥州藤原氏）。(6)後白河天皇と崇徳上皇は同母であったが対立し、摂関家でも兄の忠通と弟の頼長が氏の長者の継承などを巡り対立していた。強力な院政を行っていた鳥羽上皇が亡くなると、対立は表面化し武士を用いた闘争が京都でおこった。これが保元の乱である。(7)(8)平治の乱の勝利者は、結局平清盛である。清盛は後白河上皇のもとで昇進をとげ、蓮華王院を院に捧げたりして、武士として初の太政大臣に任ぜられた。対照的に源氏は没落し、義朝の子、頼朝は伊豆に流された。藤原成親は後白河上皇の院の近臣だが、鹿ヶ谷の陰謀（1177年）で配流となった。

伝えるために発した文書を令旨という。(4)以仁王の令旨に応じて、園城寺（三井寺）、興福寺の僧兵も挙兵した。これに対し平清盛は、平重衡に園城寺、および興福寺・東大寺の攻撃を命じた。このときに興福寺・東大寺は焼失した。重源が勧進により寄付を集めて東大寺の再建を行ったのは、この後のことである。(5)1181年から２年間続いた西日本の飢饉を養和の飢饉という。これにより平氏は軍事活動に支障をきたすことになった。一方で東国では飢饉の影響を受けなかったと推定されており、源氏側が優位に戦いを進めることができた経済的な背景となった。(6)1180年、以仁王の命令に応じて挙兵したのは源頼朝だけではない。頼朝が東国の支配権を得た時点でも、西国には平氏、北陸には源義仲、東北地方には奥州藤原氏が勢力をもっていた。頼朝はこれらの諸勢力を滅ぼしていくことで、多くの武士を従える唯一の存在として権力を高めた。

3 (1)地頭　(2)清盛の娘徳子を高倉天皇の中宮とし、その子の安徳天皇の外戚として威勢をふるった。
(3)①知行　②庄(荘)園　(4)平清盛　(5)国─南宋（宋）　港─大輪田泊　(6)平家物語

解説 (1)地頭は鎌倉時代のこととして知られるが、平氏政権でも任命されており、武家政権の特徴がみられる。(2)摂関政治の権力掌握の方法を踏襲している。清盛は太政大臣にもなり、貴族社会の頂点に立った。このことも平氏政権の特徴である。(3)平氏政権を支えた経済基盤は、そのほかに日宋貿易の利潤もあった。瀬戸内海に大輪田泊という港を修築し、宋船などを引き入れ、従来の博多中心の貿易からこちらに貿易の場を移した。瀬戸内海航路の安全をはかるために大改築したのが安芸の厳島神社である。

4 記号─(f)・陸奥話記　記号─(g)・今昔物語集
記号─(h)・伴大納言絵巻　記号─(j)・平家納経
記号─(l)・中尊寺金色堂

14 鎌倉幕府の成立　(p.41〜43)

1 (1)①平清盛　②安徳天皇　③源頼政　④福原　⑤源義仲　⑥源範頼　⑦源義経（⑥⑦順不同）　(2)Aオ　Bイ　Cウ　(3)(以仁王の)令旨　(4)興福寺の僧兵が以仁王の命令に応じて、反平氏の兵をあげたため。　(5)養和の飢饉が、平氏の基盤である畿内・西国を中心におきたもので、東国には飢饉の影響はなかったから。　(6)平氏滅亡の段階では東北地方に奥州藤原氏がいるため、唯一の地方政権ではない。

解説 (1)④清盛は、近くに大輪田泊があり瀬戸内海支配のための平氏の拠点であった福原に遷都したが、大寺社や貴族たちが反対したため11月に還都した。⑤源義仲は木曽義仲ともいう。1183年、北陸から入京をはかる義仲軍は、倶利伽羅峠の戦いで平氏軍を敗走させた。しかし、入京後の義仲軍による乱暴は、朝廷・貴族の反発をまねいた。1184年には源範頼・義経軍に宇治川の戦いで敗れ、近江の粟津で討死した。(3)皇后・皇太后・皇太子・親王・王などが命令・意思を

2 (1)①和田義盛　②公文所　③問注所　④大江広元　⑤三善康信　⑥財政　⑦裁判　⑧右近衛大将　⑨坂上田村麻呂　(2)御家人を組織し統制した。　(3)実務にたけた下級貴族がもつ財政や裁判に関する知識を、幕府の支配体制の整備に生かそうとした。　(4)東海道・東山道　(5)ⅰ)京都大番役　ⅱ)大犯三カ条　(6)荘園と公領　(7)イ

解説 (8)右近衛大将の地位であったことは頼朝の代名詞ともなり、史料では頼朝のことを「右大将」と書くことが散見される（例：御成敗式目）。(3)源頼朝のまねきで京都から鎌倉へ下向した、大江広元・三善康信・中原親能ら京下り官人は、法や政務に精通していたため、鎌倉幕府創設の時期に活躍した。(7)地頭は、おもに平氏一門が都落ちした際に朝廷が没収し頼朝に与えた平家没官領を中心とする、謀叛人の所領におかれた。地頭は治安の維持、土地の管理、年貢の徴収とその年貢を荘園領主に納入することが職務だった。

3 ①御恩　②鎌倉番役　③奉公　④封建　⑤(将軍家)政所　⑥地頭(職)　⑦大田文　⑧国司　(1)本領安堵　(2)新恩給与　(3)関東知行国　(4)関東御領

解説 鎌倉幕府は武家政権であるが、それまでの朝廷の支配を否定するものではなかった。武士と貴族を対立的に考える人がいるが、相互補完の関係にあった。朝廷や貴族・大寺社は存続し、彼らの経済基盤も平家などの謀叛人のほかは没収されることはなかった。頼朝自身も荘園領主であり、一国の収益の多くを分配される知行国主であったこと、荘園の現地支配者である荘官に御家人を地頭として任命したことなど、鎌倉幕府はそれまでの制度に立脚していたということを理解しておきたい。

15 武士の社会　(p.44〜46)

1 ①合議　②北条時政　③比企能員　④源実朝　⑤北条義時　⑥和田義盛　⑦後鳥羽　⑧北条政子　⑨北条時房　⑩六波羅探題　(1)藤原頼経　(2)西面の武士　(3)新補地頭　(4)イ

①幕府政治は源頼朝が将軍独裁の体制で運営していたが、頼朝の死後、御家人中心の政治を求める動きが強まり、2代将軍頼家の親裁は停止され有力御家人13人からなる**合議制**が始まった。それとともに有力御家人のあいだで政治の主導権争いが発生し、梶原景時、畠山重忠、和田義盛などの有力御家人が滅亡した。その中で台頭したのが北条氏である。②③源頼朝の妻政子の父親である**北条時政**は、2代将軍頼家の妻の父比企能員を滅ぼし、頼家を将軍の地位から追って伊豆の修善寺に幽閉した。北条時政は新たに**源実朝**を3代将軍に立て、幕府の実権を握った。彼は**大江広元**とともに政所別当の地位についている。政所の別当は複数いることもあり、その中で代表して職務を行使するものを「**執権**」という。⑤⑥執権の地位を固めたのが北条義時である。彼は侍所別当**和田義盛**を滅ぼし(**和田合戦**)、政所別当に加えて侍所別当をも兼任することになった。以後、政所別当と侍所別当を兼任する地位が執権とされ、この地位は北条氏のあいだで世襲されることになった。(1)源実朝の死後、幕府は皇族を将軍にまねく交渉をしたが、後鳥羽上皇の拒否により不調に終わった。そこで、頼朝の遠縁に当たる摂関家出身の藤原頼経を鎌倉に迎えた。この摂関家出身の将軍を、**藤原将軍または摂家将軍**と呼ぶ。藤原将軍は、藤原頼経・頼嗣の2代続いた。幕府の実権は北条氏が握っているとはいえ、御家人との主従関係が将軍との関係である以上、長く将軍を続ければ藤原将軍にも実力がついてくる。1244年に頼経が執権経時により辞任を強要され、6歳の頼嗣が将軍になったことや、1252年には頼嗣も執権時頼によって辞任を強要され京都に追放になり、**宗尊親王**が新たに将軍に就任したのは、将軍を名目上の存在にとどめておきたい北条氏の意図と考えられる。(3)**新補地頭**は、承久の乱で上方についた貴族・武士の所領を幕府が没収し、御家人に恩賞として与えたことから生まれた地頭のことである。没収した所領はおもに西国にあったため、これを機に幕府の支配が西国まで拡大した。新補地頭が赴任した土地には、それまで地頭がおかれていなかった土地があり、その場合、地頭の得分に前例がないため、荘園領主とのあいだに紛争がおきることがあった。そこで、幕府は新補地頭に対して、田地11町につき1町の給田と、土地1段につき5升の加徴米を徴収することを認めた。これを**新補率法**という。⑦⑩(4)承久の乱後処理として、幕府は**後鳥羽上皇**を隠岐、土御門上皇を土佐(のち阿波)、順徳上皇を佐渡に配流するとともに、後鳥羽上皇の孫である**仲恭天皇**を廃し、**後堀河天皇**を即位させた。また、京都に**六波羅探題**をおいて、朝廷を監視し、京都の内外の警備、西国の統轄に当たらせた。承久の乱によって、鎌倉幕府は朝廷に対して優位に立つことになったのである。しかし、たとえば幕府の意向によって後堀河天皇の父に院政を行わせたように(後堀河天皇の父は天皇の経験なしに院政を行った唯一の例)、公武二元的支配の状況が続いていることにも留意しておきたい。

---

(1)御成敗式目(貞永式目)　(2) i)北条泰時
　 ii)評定衆　(3)武士社会での慣習や道徳のこと。
(4)「大将家御時以来」という言葉から、将軍源頼朝が定めた先例も制定の基準となった。　(5)ウ　(6)イ
(7)イ

Aの史料は北条泰時書状、Bの史料は御成敗式目(貞永式目)。御成敗式目は武家がはじめて整えた51カ条

からなる法典で、守護・地頭の任務と権限を定め、御家人に関わる紛争を裁く基準を明らかにした。(2)北条泰時の時代には、執権・連署(1225年に設置された執権の補佐役)が主導する評定衆(1225年に有力御家人や政務にすぐれた者を選び任命)会議の合議制にもとづいて幕府の政治や裁判が行われる仕組みが整い、御成敗式目が制定されるなど、公平な裁判が行われるための制度が整備された。なぜ泰時の時期に行われたのかを考えなければならない。(3)(4)まず御成敗式目は、承久の乱後の幕府支配の拡大により増加した裁判を公平に裁くため、「**道理**」と呼ばれる武士社会での慣習や道徳と頼朝以来の**先例**にもとづいて制定された。(5)そして泰時の書状では、あらかじめ規定を定めておくことで、裁判の場で、当事者の地位の上下にかかわらず、公平な裁判を行うために式目を定めたと説明している。また、この式目が武家の人々の計らいのためだけのもので、これによって京都朝廷の決定や律令の規定がいささかも変更されるものではないとも説明している(このことから幕府が公武二元的な状況を維持したいことがうかがえる)。(6)御成敗式目の女人養子の規定では、子のない女性が養子に所領を譲ることが、頼朝の時代からかわることのない法で、前例も数えきれないほどあるとして認めている。しかし、律令の規定では認められていない。このことからも、御成敗式目が武士社会での慣習や道徳にもとづいて規定された、武家独自の法典であることがわかる。以上設問(1)から(6)までを考え合わせると、鎌倉幕府が御成敗式目を制定したのは、武士社会の道理にもとづく武家独自の法を制定し、裁判の基準を示し、公平な裁判を行おうとしたとまとめることができる。(7)イが適切でない理由は、連署の設置が北条泰時の時代の出来事だからである。

---

①惣領　　②分割　　③女性(女子)　　④神奈川
　　⑤大分　　⑥承久　　⑦下地中分　　⑧地頭請所
(1)佃(門田・正作・用作)　(2)馬の飼育(牧場)　(3)幕府(執権・連署)

①御家人は一門としてのまとまりが基本だった。一門は本家(宗家)の長である惣領(家督)が、それ以外の庶子を統率した。これを**惣領制**という。鎌倉幕府の政治・軍事体制は惣領制にもとづいており、将軍との主従関係は惣領が一門を代表して結んでいた。②③図からも読み取れるように、将軍から地頭に任命されることで得た所領は全国に散在していた。この所領は一門で分担して経営し、男女の性別を問わず**分割相続**された。図の大友能直の場合、1223年に妻深妙尼が所領を相続し、1240年になって深妙尼が子に所領を譲っている。その際には、犬御前など女子にも所領が譲られた。⑥承久の乱後、畿内・西国に任命された地頭と荘園・公領の領主とのあいだで、現地の支配権をめぐる紛争が拡大した。北条泰時が公平な裁判制度を整備したのは、このような状況に対応するためでもあった。(2)この荘園の絵図は伯耆国東郷荘の下地中分図の一部分である。図2からは山の尾根に馬が走っている様子を読み取ることができる。(3)この下地中分図は資料集などで色のついたものをみてほしい。絵図には田地・山林・牧野などを、それぞれ地頭分と領家分に2分したことが赤色の線で示されており、分割線の左右には幕府の執権(北条長時)・連署(北条政村)が認めたことを示す花押が記されている。

1 ①フビライ ②北条時宗 ③文永 ④異国警固番役 ⑤防塁(石築地) ⑥鎮西探題 ⑦得宗 (1)ⅰ)蒙古襲来絵詞 ⅱ)竹崎季長 (2)非御家人(御家人ではない武士) (3)ⅰ)霜月騒動 ⅱ)北条貞時 (4)ア

解説 ⑥鎮西探題は六波羅探題に準じたもので、九州地方の御家人の指揮、行政・裁判の処理に当たった。当時すでに機能しなくなっていた鎮西奉行にかわって設置されたもので、九州の御家人を異国警固番役に専念させるため、御家人の関東や六波羅への出訴を禁止したかわりに、訴訟機関をおいて御家人の不満に応える意味があった。鎮西探題のおかれた博多は、これ以降大宰府にかわって九州地方の政治の中心となった。(2)史料は文永の役の結果が届く以前の1274年11月1日に幕府が西国の守護に総動員令を発して、元軍との防衛戦に当たるように指示した文書である。史料には御家人以外の武士も幕府の指揮のもとに戦闘に参加し、そこで軍功をあげれば恩賞を与えると書かれているが、これは非常時に際して幕府が支配権を非御家人にまで拡大しようとしたと解釈することができ、幕府の支配権の拡大を示す。(3)霜月騒動は、前年に北条時宗が死去し、若年の**北条貞時**が執権と得宗の座についたことに端を発する。貞時の側近で得宗御内人の利益と権力の強化を追求する立場をとろうとした内管領**平頼綱**と、有力御家人で北条泰時以来の合議制の原則にもとづき幕政を進めようとする**安達泰盛**は、その幕政運営方法で必然的に対立した。この騒動で勝利し、その後強権政治を行なった平頼綱であったが、1293年貞時に滅ぼされた(**平禅門の乱**)。(4)モンゴル襲来は、蒙古襲来や元寇と呼ばれることもあるが、**文永の役**は元軍と**高麗**の軍勢をあわせた兵であったこと、弘安の役でも元軍と高麗軍の混成である**東路軍**と南宋の降兵を中心とした**江南軍**で攻めてきていたことから、モンゴル=蒙古の人々だけが日本列島に侵攻してきたのではない。そう考えれば、この出来事をモンゴル襲来と呼ぶことに疑問をもつような視点も大切である。また、元寇は江戸時代の後半に使われるようになった語で、明治時代にナショナリズムの高まりを背景に一般に広がった用語である。用語の使用には注意が必要である。

2 (1)アイヌ (2)按司

解説 (1)史料と解説文にあるように、骨嵬は何らかの理由で吉里迷=ニヴフ族の住むサハリンにまで進出してきた。それは、骨嵬が本州の人々との交易品であるオオワシを求めてと考えられる。サハリンへ進出した人々で、本州の人々との交易品を求めた人々は、蝦夷ヶ島(現在の北海道)に住むアイヌだと考えられる。そのアイヌが本州の人々と交易していた場所が十三湊であった。この地を拠点とするのは津軽の豪族**安藤(安東)**氏で、執権北条義時の時、津軽地方の蝦夷管領に任じられて北方のおさえと蝦夷ヶ島との交易の管理に当たり勢力を拡大した。(2)按司は12世紀から沖縄の各地に出現した豪族で、**グスク**を拠点としていた。彼らはやがて、山北・中山・山南の3つの勢力(三山)に統合されていった。

3 ①二毛作 ②荏胡麻 ③一遍上人 ④宋銭 ⑤銭納 ⑥見世棚 ⑦問(問丸) ⑧借上 (1)刈敷・草木灰 (2)三斎市 (3)岡山県 (4)大唐米

解説 ①二毛作は同じ耕地で表作(米)と裏作(麦)で年2回耕作すること。室町期には**三毛作**も行なわれるようになる。②荏胡麻は中世を通じて、灯火用の油の原材料として広く用いられた。その後、江戸時代になると菜種を原材料とする油(水油)が主流となる。④元が南宋を滅ぼすと、中国では宋銭が使用されなくなり、それが日本列島に大量に流入した。(1)刈った草葉を発酵させて肥料にした刈敷、草木を焼いた灰である草木灰などが利用された。これらの肥料に加え、やがて室町時代には下肥(人糞尿や厩肥)も用いられるようになる。こうした自給肥料に加え、江戸時代には金肥(商品化した肥料)としての干鰯、〆粕や油粕などが普及するようになった。

4 ①永仁の徳政令 ②悪党 (1)ウ (2)エ (3)ウ

解説 (1)1275年、阿氐河荘上村の百姓が、地頭湯浅宗親の非道を13カ条にわたり、片仮名書きで言上した訴状である。地頭が「ミ〻ヲキリ、ハナヲソキ」と暴力的な支配で課役を出させ、そのため領家の要求する材木の納入ができないと訴えている。これを百姓の視点で考えれば、地頭の暴力的な支配をやめさせ、荘園領主への年貢の負担を減らそうという意図がみられる。ここに百姓の成長をみることができる。(2)鎌倉時代後期になると**分割相続**により所領が細分化し、御家人の窮乏化が進んだ。鎌倉時代前期には武士の家の女性にも相続権があったが、後期になるとその権利は次第に低下していった。女性に与えられる財産は少なくなり、本人一代限りでその死後は惣領に返す約束つきの**一期分**と呼ばれる相続が多くなっていた。(3)永仁の徳政令は、**北条貞時**が発令したもので、越訴(敗訴者の再審請求)の停止、御家人所領の売買・質入れ禁止、すでに売却・質流れした所領は売主であるもとの領主が領有するが、幕府が正式に譲渡・売却を認めた土地や領有後20年を経過した土地は返却せずに買い主が領有を続ける、非御家人や凡下(庶民。ここでは借上を指す)が買得した土地は年限に関係なく売主であるもとの領主が領有する、債権・債務に関する訴訟は受理しないといったことを定めた。しかし、そのうち土地の売却・質入れの禁止と越訴の禁止は幕府が撤回した。

17 鎌倉文化 (p.50〜52)

1 ①法然 ②親鸞 ③明恵(高弁) ④戒律 ⑤一遍 ⑥時宗 ⑦栄西 ⑧建長寺 ⑨無学祖元 ⑩道元 ⑪曹洞宗 (1)専修念仏 (2)悪人正機(説) (3)ア (4)北山十八間戸 (5)永平寺 (6)只管打坐 (7)念仏や題目、禅など、選びとられたただ1つの道によってのみ救われるとしたこと。

解説 ①法然は美作国の武士の家に生まれた。その後比叡山に学び、源信の『往生要集』などに触れる機会を通じて、専修念仏の確信を得た。やがて九条兼実の帰依を受け、その要請によって著したのが『選択本願念仏集』である。その後旧仏教側の弾圧により土佐(実際には讃岐)に流罪となった。②

親鸞は公卿の子として生まれた。はじめ比叡山で天台宗の僧侶となったが、悟りを得られず山を降りて法然の門に入った。法然に連座し越後に流された後、許されて関東に移り農民のあいだに布教した。晩年京都に戻り、主著である『教行信証』を完成させた。③明恵は華厳宗の興隆につとめた学僧で、『摧邪輪』を著し法然の『選択本願念仏集』に反論している。⑧建長寺は北条時頼が創建、開山は蘭溪道隆。鎌倉五山の第一位となる。(2)の悪人正機説は、弟子の唯円が、師である親鸞の教えやみずからの考えを記した『歎異抄』において知ることができる。(5)道元は宋に渡って曹洞禅を日本に持ち帰った。帰朝後しばらくは京都にいたが、その後、越前に下って永平寺を開き弟子の養成に力をつくした。(7)鎌倉時代の仏教界の中心は、依然として顕密仏教であった。顕密仏教が求める、戒律を遵守することや善行を積み重ねることは、庶民にとっては難しいことだった。これに対し、新仏教の開祖は念仏や題目、禅など選びとられたただ1つの道によってのみ救われると主張した。この信心を重視する教えは、様々な生業をもつ庶民が日常生活のままで救いにいたる方法を示したという点で重要である。このような教えのうち、戦国時代から江戸初期に独立の宗派として認められたものを鎌倉新仏教と呼んでいる。また、鎌倉新仏教の開祖たちはいずれも、最初比叡山延暦寺に学んでいるという共通点をもっている。この点は、禅宗の栄西や道元についても同様であり、当時延暦寺がどういった場所であったのかをうかがい知ることができよう。

2 ①西行　②鴨長明　③後鳥羽上皇　④源実朝　⑤金沢文庫　(1)Aオ　Bイ　Cカ　Dア　Eエ　Fウ　(2)九条兼実　(3)ウ　(4)有職故実

解説 ⑤の金沢文庫を設けた金沢(北条)実時は、北条義時の孫に当たり、幕府の要職を歴任した人物であったが、学問にも深い理解を示した。実時は武蔵国六浦荘金沢郷の別荘に蔵書を移して文庫を建てた。これが金沢文庫の始まりで、以後鎌倉幕府滅亡まで3代約50年あまりにわたり実時の子孫によって運営された。この地には実時によって念仏寺院である称名寺も建立され、幕府滅亡後、金沢文庫の管理はこの称名寺の手にゆだねられたが、寺の衰微にともなって蔵書も次第に散逸してしまった。現在、旧金沢文庫本として判明し、国宝・重要文化財に指定されたものは54件380冊である。なお、現在の神奈川県立金沢文庫は1930年図書館として復興し、称名寺ならびに金沢文庫に伝来した文化財を保管している。(2)九条兼実は藤原北家が分かれた五摂家の一つ九条家の始祖で、源頼朝の支援を得て、摂政・関白・太政大臣に任ぜられた。(3)ウは絵巻物の説明。平家物語は視覚的に楽しむというよりは、琵琶法師が平曲として語り継いだところに特徴がある。

3 (a)○　(b)大仏様　(c)重源　(d)○　(e)禅宗様(唐様)　(f)『蒙古襲来絵詞』　(g)似絵　(h)隆信　(i)○　(j)金剛力士像　(k)青蓮院流　(1)瀬戸焼

解説 1180(治承4)年12月、奈良(南都)は平重衡に率いられた平家の軍勢により焼き払われた。焼け跡からの復興は急がれ、藤原氏の氏寺である興福寺は、藤原氏の援助もあ

り復興が進んだ。これに対し、東大寺では僧重源が東大寺大勧進職に任じられ、再建の中心となった。1185(文治元)年、大仏様によって再建された大仏殿で大仏の開眼供養が行なわれた。下線部(b)にある唐様は禅宗様の別称で、鎌倉時代以降多くの禅宗寺院で用いられた建築様式である。下線部(e)の折衷様とは従来からあった伝統的な建築技法の和様に大仏様・禅宗様の細部技法を取り入れた様式を指す。河内の観心寺金堂などが代表的。下線部(g)の正答の似絵は鎌倉時代に発達した大和絵の肖像画。実際の人物を写実的に写し、個性まで表現した。下線部(k)の世尊寺流は三蹟の一人藤原行成の子孫を中心とする書の流派である。正答の青蓮院流は、この世尊寺流の流れをくんでいる。下線部(1)の有田焼は誤り。有田焼はのちの豊臣秀吉の朝鮮出兵により白磁の製法が伝来し、肥前で発達したもの。

18　室町幕府の成立①　　　(p.53〜55)

1 ①持明院　②大覚寺　③両統迭立　④記録所　⑤北条高時　⑥長崎高資　⑦光厳　⑧隠岐　⑨楠木正成　⑩護良親王　⑪六波羅探題　⑫新田義貞　(1)宗尊親王　(2)ア　(3)正中の変　(4)悪党　(5)ア　(6)ウ

解説 上皇や天皇など、政治を行いうる者が複数いる場合の政権担当者を「治天の君」というが、この時期、多くの皇室関係者と幕府の意向が絡みあって、この地位をめぐっての対立が常態化していた。摂関家では、近衛・鷹司・九条・二条・一条の五つの家に分かれ、諸家においても、嫡子と庶子をめぐる対立がおき、分裂している皇統と摂関家と結びつき、また幕府を頼んだので対立は深刻であった。北条高時は最後の得宗であるが、父の9代執権北条貞時以来、得宗は「太守」と称され、ほかの幕府構成員から超越した地位を獲得したようである。1311年、貞時が亡くなり、子の高時は9歳で得宗となった。後醍醐天皇は、幕府の干渉によって自分の皇子に皇位を譲ることができないことなどを理由に、討幕の意志を固めた。日野資朝や日野俊基らの近臣によって、無礼講といった酒宴を名目に討幕計画は進められた。1324年、計画が幕府方にもれ失敗したが、天皇は無関係とされ責任を免れた(正中の変)。後醍醐天皇の討幕の意志はかたく、皇子の護良親王を比叡山延暦寺に入れて天台座主にするなどして、寺社勢力へも協力を呼びかけたが、計画はまたもや幕府にもれ失敗した(元弘の変)。悪党は、水陸交通網を使って後醍醐天皇を助け、天皇に従うことで新たな所領を獲得したり、在地の支配を有利に展開しようとしたりしていた。天皇は、悪党のもつエネルギーを討幕のためにうまく利用したといえる。(1)宗尊親王は、執権北条時頼の時に将軍として迎えられた(皇族将軍のはじめ)。(5)足利氏は、下野国足利荘を本拠地とした源氏の名族である。源義国の子義康は足利氏、義重は新田氏を名のり、足利尊氏は足利氏の8代目である。教科書p.115に掲載されている足利氏略系図で確認。(6)下線部(Y)後三条天皇の荘園整理令は「延久」であるので誤り。下線部(Z)鎮西奉行は1185年、源義経追討を機に、九州御家人の統率と軍事警察をつかさどるためにおかれた機関。鎮西探題の設置後、権限が縮小された。モンゴル襲来後の1296年(一説には1293年)におかれ、北条氏一門が送られたのは鎮西探題なので誤り。

2 (1)光厳天皇　(2)エ　(3)ウ　(4)『後漢書』東夷伝　(5)綸旨　(6)二条河原落書　(7)現在の持ち主が、その土地の事実的支配を20カ年以上継続している場合は、その土地の所有権は変更できない。　(8)所領問題などの訴訟を担当した。　(9)北条時行　(10)中先代の乱

解説 後醍醐天皇は、所領の確認にも綸旨を必要とするという所領個別安堵法を発した。このため諸国の武士は、所領安堵や恩賞の綸旨を得ようと京都に殺到し、なかには鎌倉幕府の滅亡によって、没収された所領をこの機会に取り返そうとする者さえあった。後醍醐天皇は、武士社会の慣例の尊重を求める者には、「朕が新儀は未来の先例たるべし」といい、綸旨万能の方針はかえなかった。つぎつぎに発せられた綸旨には、相互に矛盾するものも多く、偽の綸旨も横行し混乱した。このような建武政権の施政は、経済の混乱で負担を転嫁された農民・都市民のあいだに、新政に対する批判を生み出すことになった。二条河原落書や地頭代の非法を訴えた若狭国太良庄の百姓言上状が有名である。(2)Aは侍所ではなく武者所なので誤り、Bは奥州総奉行ではなく陸奥将軍府、諸国には国司と守護が併置されたので誤り。(3)それぞれの出典は、アは『宋書』倭国伝、イは『漢書』地理志、ウは『後漢書』東夷伝、エは『魏志』倭人伝である。(10)中先代とは、この時に兵をあげた北条時行を指すが、これは時行の父で幕府滅亡のときに得宗であった北条高時を先代、足利尊氏を後代と称したことに対して呼んだものである。

3 ①建武式目　②北畠親房　③1338　④足利直義　⑤高師直　⑥半済令　⑦守護請　(1)観応の擾乱　(2)ア　(3)使節遵行　(4)近江(美濃・尾張)　(5)ア　(6)守護大名　(7)エ

解説 (1)中先代の乱を機に、後醍醐天皇に反旗をひるがえした足利尊氏は、天皇の帰京命令に反して鎌倉にとどまり、勝手に恩賞を付与し、鎌倉将軍邸あとに邸宅を新築するなどした。このことは、建武政権が事実上終焉を迎えたことを意味する。1336年制定された建武式目によって、室町幕府の成立とされることが多いが、建武式目は、普通の法と異なり、諮問に答える答申の形式をもつ政治方針である。第1条で幕府の所在地について諮問している。東国に基盤をおく伝統的な武士団を権力基盤とする足利直義は、鎌倉を根拠地にしようとし、畿内やその周辺の新興武士の勢力の代表格である高師直は京都におくことを求めた。両者は、幕府政治のあり方においても対立し、1350年武力対立に突入した（観応の擾乱）。(2)イ・ウは鎌倉時代の守護の権限の大犯三カ条。(4)⑥の半済令は、年貢の半分を荘園の持ち主である本所におさめ、残り半分は武士が取得してかまわないとするもので、戦時下の臨時措置で、1352年7月、1年限りで、動乱の激しかった近江・美濃・尾張3カ国に限って認められた（教科書p.113史料参照）。その後、適用範囲が拡大し全国的なものになり、また永続的なものとなった。そして1368年のいわゆる応安の半済令以降は、土地そのものが分割されるようなり、武士の荘園・公領侵略はいっそう進むこととなった。(5)一味同心の状態をつくり出す儀式が一味神水で、神や仏の前で起請文に連署し、それを焼いて灰にし、神水に混ぜてまわし飲みした。(7)アは南北朝の動乱で、イは観応の擾乱のこと。尊

氏派(幕府)、旧直義派、南朝勢力の3者が10年あまりも集合離散を繰り返すことによって動乱は長期化した。ウ：鎌倉時代後期以降から分割相続から単独相続への移行により、惣領制の解体が始まっていた。また、単独相続が一般的になると、嫡子がすべての所領を相続することになり、庶子は嫡子に従属することになった。このような変化は武士の中に対立をおこし、一方が南朝につけば一方は尊氏派につき、また別の勢力は旧直義派につく、などのように動乱を長期化させた。エ：惣領制の解体により血縁より近隣同士の地縁的結合が重視されるようになったので、エは誤り。

---

19 室町幕府の成立② (p.56〜58)

1 ①懐良　②今川了俊(貞世)　③花の御所(室町殿)　④山名氏清　⑤義持　(1)畠山・斯波　(2)京極・山名・赤松・一色　(3)警察権・裁判権　(4)(d)土岐康行の乱　(e)明徳の乱　(g)応永の乱　(5)後亀山天皇

解説 ①②懐良親王は征西将軍として九州に入り、菊池武光の支援で1361年に大宰府を占拠し、一時九州全土を制圧した。しかし、九州探題に就任した今川貞世によって大宰府を追われ、九州の南朝勢力は衰退した。(3)幕府は侍所の機能を充実させることによって、検非違使庁がもっていた京都市中の警察権や裁判権を吸収し、その後には土倉や酒屋、市中商人への商業課税権も掌握することになった。(4)(d)土岐氏は室町幕府成立以来の功臣であり、土岐康行の養父頼康は、美濃・尾張・伊勢3カ国の守護で、幕府内に大きな勢力をもっていた。1387年、頼康没後、その跡を康行が継承したが、翌年義満は、尾張守護を頼康の実子満貞にかえたことから一族の内紛がおこり、この内紛に介入して義満は、康行を敗走させた。(e)山名氏は新田氏の一族であったが、早くから足利尊氏に従って戦功をあげ、侍所所司となった。観応の擾乱の際には、足利直義・直冬派として、足利尊氏・義詮に反抗し、勢力を拡大した。その後、幕府に帰参し、但馬・因幡・伯耆・丹波・美作の5カ国を安堵された。こうして、時氏の時代には山陰を中心として一族で、60余国のうち11カ国の守護を占め、六分の一衆と呼ばれるに至った。このため、同氏の勢力拡大を恐れた足利義満は一族の分裂をはかって挑発した。これに対して山名氏清と満幸らが挙兵したが、結局は討たれた事件が明徳の乱である。(g)大内義弘は、周防・長門など6カ国の守護を兼ね、和泉の堺をおさえ、瀬戸内海航路の東西の両端を掌握し、1392年に建国した朝鮮王朝とも独自の外交ルートを模索していたため、義満は警戒していた。(5)義満が南朝に示した合体の三条件は、(i)三種の神器を後亀山天皇から後小松天皇に「御譲国の儀」により渡すこと。(ii)今後は後亀山系と後小松系が交互に皇位につくこと(両統迭立が原則)。(iii)諸国の国衙領は後亀山系、長講堂領は後小松系が知行すること。これらの条件は、南朝方に厚く配慮したものであった。(i)は後亀山が天皇であった事実を北朝が認めるという意味をもつ。(ii)は守られなかったので、後亀山は再び吉野へ戻った。以後、南朝の後裔が主張する皇統を後南朝という。

2 A×　B○　C×　D×　E×　F×　G○

解説 A：一般の守護も領国は守護代に統治させ、自身は在京して幕府に出仕するのが原則であったので誤り。在国して領国を統治したのは戦国大名。C：将軍の直轄領は御料所で、地頭でなく守護の動向を牽制したので誤り。関東知行国は、鎌倉幕府の将軍家の知行国である。D：分一銭は、徳政令公布の際に、幕府が債権者または債務者から徴収した手数料であるので誤り。日明貿易で幕府船の運営を請け負った商人に輸入物の国内売価の10分の1を上納させたものは抽分銭である。E：守護を通じて田地の段別に段銭、家屋の棟数によって棟別銭を賦課したので誤り。F：足利持氏でなく足利基氏であるので誤り。鎌倉公方は基氏の子孫が受け継いだ。持氏は4代目の鎌倉公方で、1438年永享の乱で6代将軍足利義教に滅ぼされた。

3 ①建長寺 ②天龍寺 ③朱元璋 ④李成桂 ⑤祖阿 ⑥勘合 ⑦義教 ⑧寧波 ⑨豊臣秀吉 (1)夢窓疎石 (2)ウ (3)朝貢形式に不満であったから。 (4)博多 (5)イ

解説 ①建長寺船は、鎌倉幕府が建長寺修造費用を調達するために元に派遣した貿易船。②夢窓疎石は足利尊氏・直義に、後醍醐天皇の冥福を祈るために天龍寺を建立することを勧めた。建長寺船の前例にならって、天龍寺船が元に派遣された。⑤祖阿は時宗の僧で、将軍側近の同朋衆である。同朋衆は、室町時代、将軍や大名の側近に侍して、芸能・茶事・雑用などに従事した人々で、時宗の僧が多く、阿弥号を称した。能の観阿弥・世阿弥、作庭の善阿弥らがいる。⑥室町時代の勘合で現存するものはない。近年、勘合の復元が試みられ、大きさは縦81cm、横108cmと推定されている。この中には外交文書が印刷され割印が押され、中国の皇帝の代がわりごとに100枚、筆で番号が入れられて日本に送付された。明からの船は「日字勘合」を、日本からの船は「本字勘合」を持参し、中国の寧波と北京に底簿がおかれ、照合され、北京で回収された。⑧6代将軍によって勘合貿易は再開されたが、幕府がもっていた勘合の管理権は、応仁の乱後に細川氏、大内氏へ移り、勘合貿易の主導権を争って両氏が明の寧波で武力衝突した。(2)アは天皇にではなく、足利義満に「日本国王源道義」宛の返書が与えられた。明は朝貢してきた国の外交権者に国王の称号を与え、国王としか貿易をしない方針であったので、義満は以後「日本国王臣源」と署名し、朝貢貿易を行った。足利義満は、1373年、1380年に対明外交を試みたが、明は義満が天皇の家臣であるとして外交有資格者と認めなかった。1395年に出家した義満は、将軍など天皇の臣下であることを表わす称号から離れ、准三后(皇后・皇太后・太皇太后)の称号のみを使用し1401年に使節を派遣、この使節は建文帝から即座に日本の正式な使節として認められ、1402年、義満を「日本国王」に封じる詔が発せられた。イについて、中国から大量に銅銭が流入し、日本の貨幣流通に影響を与えていたので誤り。エは先の説明にあるとおり、対等な立場ではなく、中国皇帝に朝貢し、その返礼品として品物を受け取るという形式で貿易を行ったので誤り。(3)日本が中国と正式に国交を結んだのは、894年に菅原道真の提案により、遣唐使の派遣が中止されて以来、500余年ぶりで、冊封を受けたのは5世紀初めから約1世紀近くのあいだ、『宋書』倭国伝に讃・珍・済・興・武と記された「倭の五王」以来のことである。しかし、義満が明の皇帝に臣下の礼をとり「日本国王」

として冊封を受けることに対する国内の反発もあったため、1402年、北山第における建文帝の使者との接見儀礼は、国内の反対勢力に配慮しながら行われた。義持が日明貿易を中断した背景には、このような冊封を受けることに対する反感があったと考えられる。(4)細川氏は堺の商人と結んで日明貿易を行っていた。(5)日本では鎌倉幕府滅亡前の混乱期から南北朝動乱期、中国は元の滅亡前、朝鮮は高麗の滅亡前なので、イは誤り。ある王朝・政権の成立期の前は、前の王朝・政権の崩壊期であるということを想起したい。前期倭寇は義満による室町幕府の安定、明の成立、朝鮮王朝の成立などを経て沈静化するが、日本における室町幕府の衰退、戦国時代の始まり、大内氏滅亡による勘合貿易の終わり(最後の勘合船は1547年)などの状況の中で、後期倭寇が活発化している。しかし豊臣秀吉による統一政権が確立すると、再び倭寇の活動は沈静化している。

4 (1)応永の外寇 (2)ⅰ)大蔵経(綿布・織物・人参・米・麦) ⅱ)琉球貿易で入手した。 ⅲ)日明貿易の担い手は将軍に限定されていたが、日朝貿易は守護・国人・商人なども参加した。 (3)宗氏 (4)富山浦(乃而浦・塩浦) (5)倭館 (6)三浦の乱

解説 (1)1418年、倭寇の禁止や日朝貿易に積極的であった宗貞茂が死去し、1419年には倭寇が朝鮮半島沿岸を襲撃したことから、朝鮮国王の父がこの情勢をみて、倭寇の根拠地とみなした対馬を攻撃した。このため日朝貿易は一時中断したが、1423年に修復した。朝鮮の対馬攻撃の意図を探るため、日本は使者を朝鮮へ派遣、その回礼使として宋希璟が来日。宋希璟が漢城から京都まで往復した見聞・感想をまとめたものが『老松堂日本行録』で、外国人が残した最古の日本紀行である。1019年、九州北部を襲った刀伊(女真人)の来襲(刀伊の入寇)と混同しない。(2)ⅰ)大蔵経(一切経ともいう)は、禅宗寺院をはじめ建立した寺院の繁栄を祈願して納入されたもので、各地の武士が競ってこれを求めて使いを朝鮮に派遣した。ほかに綿布・織物・人参・米・麦などもあるが、木綿と大蔵経はとくにおさえてほしい。ⅱ)琉球の船はスマトラ島・ジャワ島・インドシナ半島に航行し、東南アジア間の中継貿易に従事していた。日本は琉球と交易することによって、東南アジアの品々を手に入れていた。ⅲ)明は倭寇対策として海禁政策をとって、「人臣に外交なし」を原則とし、「日本国王」(将軍)による朝貢貿易のみを認めていた。一方、日朝貿易は主に九州・中国地方の守護大名や有力武士、商人なども交易に参加していた。1443年、朝鮮は交易の統制をはかり、宗氏と癸亥約条(日本では嘉吉条約と呼ぶ)を締結した。これにより宗氏は、対朝鮮貿易を独占的に管理することになった。朝鮮では宗氏が発行する文引(渡航許可証)をもつ船だけに貿易を認めた。(5)三浦には朝鮮が日本人使節接待のために設けた客館と居留地域である倭館が設置され、やがて多くの日本人が移り住み、対馬の宗氏が管理する日本人居留地と化していった。対馬からの代官による徴税も行われた。

5 ①尚巴志 ②首里 ③十三湊 ④和人 ⑤安藤(安東) ⑥コシャマイン ⑦蠣崎 (1)明の海禁政策のもと、東アジア諸国間の中継貿易を盛んに行っていたから。 (2)道南十二館 (3)勝山館

解説 ①琉球では、11～12世紀になると狩猟・漁労社会から本格的な農耕が営まれるようになり、按司と呼ばれる地方豪族が石垣をめぐらした城塞である**グスク**を拠点にその地方を治めた。やがて山北（北山）・中山・山南（南山）の三山が成立した（**三山時代**）。三山はそれぞれに明と通交し、王国を称していたが、中山王の尚巴志が1429年に三山を統一した。④蝦夷地に本州から移住した日本人の総称。それらの人々をアイヌはシサム（隣人）、転じてシャモと呼んだ。⑤安藤（安東）氏は、津軽の豪族で安倍貞任の子孫と伝えられ、鎌倉時代に幕府から津軽地方の蝦夷管領（代官）に任じられた。15世紀以降になると安藤氏の支配下の蝦夷地南部に蠣崎氏が台頭した。⑦蠣崎氏は、15世紀以降、蝦夷地南岸に居住した小豪族で、1457年、蠣崎季繁の客将武田信広は**コシャマインの蜂起**を鎮圧し、蠣崎氏を継いで蝦夷地の支配者となった。蠣崎氏は江戸時代には松前氏を名乗る大名となった。(1)琉球と明との貿易は**朝貢貿易**で、明に琉球産の馬・硫黄、日本産の刀剣・屛風、東南アジア産の蘇木・香木などを進貢し、明からは鉄製品・織物・陶器などが下賜され、それらを諸外国に転売した。16世紀半ばに明の**海禁政策**がゆるむと、ポルトガル人・日本人などが貿易に参入し、東アジア海域における琉球の中継貿易は衰退した。(2)**志苔館**の付近からは、14世紀末から15世紀に埋められた合計39万枚の中国銭が出土している。この地域の経済力を示すとともに、館が交易の拠点であったことも示している。(3)**勝山館**から出土した遺物から、館内で和人とともにアイヌが暮らしていたことがうかがわれ、和人とアイヌが対立一辺倒だったわけではないと考えられている。

20 幕府の衰退と庶民の台頭 (p.59～61)

1 ①惣掟（村法・村掟）　②入会地　(1)宮座
(2)おとな（沙汰人）　(3)地下検断（自検断）
(4)地下請（村請・百姓請）　(5)エ

解説 ①田畑・入会地の管理、**寄合**、処罰などを規定し、違反者は追放された。近江国今堀では、「地下掟」と呼んだ。②入会地で村民は、刈敷・草木灰用の採草や薪炭・用材採取などをした。無断利用は厳罰に処された。(1)神社の氏子組織で、氏神・鎮守の祭祀、豊作の祈願などをした。また、神仏に契約しあった内容を守ることを誓い、違反した場合には神仏の罰を受けることを記した証拠文書である起請文を書き、村民が神前に供えた神水を飲み、心は一つで脱落しないことを誓う**一味神水**を行って一揆の結束を固めるなど、惣結合の中心的役割を果たした。(2)惣の自治的な運営指導者で、有力名主・地侍層から選出され、多くは世襲であった。ほかに、年寄・番頭など、呼称は地域によって異なる。(3)警察権や裁判権を検断権といい、守護の権限であったが、守護や領主の使者からの干渉を拒否したため、村の自治を主張する行為といえる。(4)**守護請**などによる守護の侵略を排除したい荘園領主と自立・自治を強めたい惣が結びついた時、地下請が行われた。(5)エ：分割相続は鎌倉時代の武士団の所領相続のあり方。鎌倉時代後期に惣領制が解体する中、単独相続が一般的になってきた。惣村は鎌倉時代後期から南北朝の動乱の中でしだいに広がっていったものであるので、分割相続が一般化することによって村の自立性が高まったというのは誤りになる。

2 ①足利義持　②足利持氏　③上杉憲実
④赤松満祐　⑤足利成氏　(1)上杉禅秀（氏憲）
(2)永享の乱　(3)エ　(4)嘉吉の変　(5)享徳の乱

解説 ①**足利義持**は、父義満への反動から政策を変更し、管領による補佐と重臣会議を中心とした政治を行ったが、義満によって築かれた平和によって政治は安定した。②**足利持氏**は、将軍につくことをねらっていたが、足利義教が源氏の氏神である石清水八幡宮の神前における籤で将軍となったことで果たせず、年号が永享と改められても正長の年号をそのまま使うなど、幕府に反抗的であった。③**上杉憲実**は、鎌倉公方足利持氏を補佐し、幕府に敵対行動をとる持氏と将軍足利義教との和平を工作したが、持氏と不和になり、将軍義教に協力し**永享の乱**で持氏を倒した。学問を好み下野国に足利学校を再興したことでも有名。④**赤松満祐**は、義教が満祐の弟の所領を没収したため、危機感をもち、義教を暗殺した。**嘉吉の変**の後、満祐は**山名持豊**以下の幕府軍に攻められ敗死した。⑤**足利成氏**は、鎌倉公方持氏の子で、永享の乱で鎌倉から一時逃れ、のち鎌倉に戻り鎌倉公方になるが、みずからの権力強化をはかり、関東管領上杉憲忠を殺害したので、幕府軍の追討を受けた（**享徳の乱**）。成氏は幕府からの追討を避けるために1455年、下総古河に移り公方を称した（**古河公方**）。8代将軍足利義政は成氏追討のために足利政知を関東に派遣したが、鎌倉に入れず伊豆の堀越で公方を称した（**堀越公方**）（教科書 p.132参照）。(1)**上杉禅秀（氏憲）**は、1415年、家人の所領に関わる鎌倉公方足利持氏の成敗を不服とし、関東管領を辞職し、1416年、持氏を討とうとした。持氏は一時鎌倉から逃れ、上杉禅秀が鎌倉を制圧したが、1417年、幕府軍に敗れ、禅秀は自殺し鎮圧された。

3 (1)①正長　②徳政　(2)酒屋・土倉・寺院は高利貸しをしていたから。　(3)畠山満家　(4)エ
(5)徳政令公布に際し、幕府が債権者・債務者から徴収した手数料。

解説 (1)正長元（1428）年、足利義持が死去して義教に、称光天皇から後花園天皇に代替りがあり、世間では疫病や飢饉に苦しんでいた。また、朝廷は、明治以前ではもっとも長く用いられた応永（35年続いた）から正長へと改元した。中世には、支配者の交代によって、所有関係や貸借関係など、様々な関係が改められるという社会観念が存在した。このような社会観念のうえに立って、人々は為政者の徳政実施以前に、「徳政と号し」実力行使に走った。徳政は、本来、為政者の仁徳のある政治の意味である。この史料の**正長の土一揆**（徳政一揆）は、近江坂本の馬借の蜂起に端を発し、「土民蜂起」（土民は、一揆の主体となった地侍・農民・馬借などの一般庶民を指す）は京都だけでなく、近畿地方やその周辺に波及し、私徳政が行われた。奈良の北方柳生郷では、正長元年以前の負債が破棄された（**柳生の徳政碑文**）。しかし、今後の金融のことを考えると徳政は、すべての人に歓迎されたわけではなかった。(2)寺院も酒屋・土倉とともに高利貸しをしていた。史料中に酒屋・土倉と並列して寺院とあり、「借銭等悉これを破る」とあることから判断できる。寺院には、先祖の霊をまつる祠堂修復などの名目で銭が寄進され（祠堂銭）、これを貸し付けて利殖していた。(3)畠山満家は足利義持のもとで二度管領をつとめ、幕政安定に寄与した。1428年義持の

20

死後、石清水八幡宮での籤で足利義教を後継将軍に決定した。
(4)A：播磨では、1429年「土民」が「侍ヲシテ国中ニ在ラシムベカラズ」と、山名氏でなく守護赤松氏の「侍」を国内から追い出そうとした政治的な動きもみられた。また、これは播磨の国一揆ではなく、播磨の土一揆と呼ばれているので誤り。B：嘉吉の徳政一揆では、幕府は土一揆の要求を入れて、はじめて徳政令を発布したので誤り。正長の徳政一揆の後、各地に展開したのは私徳政であった。(5)分一銭は、徳政令の頻発が土倉などの経済力を低下させ、幕府収入の減少をもたらしたので、それを補う側面もあった。1454（享徳３）年の享徳の土一揆で発布してから分一徳政令が通例となった。

④	①足利義視　②日野富子　③足利義尚　④畠山　⑤斯波　⑥山名持豊（宗全）　(1)足軽　(2)ア　(3)単独相続が広まり、嫡子の立場が庶子に比べて絶対的に優位となり、その地位を争ったため。

解説 応仁の乱は、1467〜77（応仁元〜文明９）年まで続いたので、応仁・文明の乱とも呼ばれる。その原因は、管領家の畠山家の政長と義就、斯波家の義敏と義廉、将軍家の８代将軍足利義政の弟義視と、義政の妻で子の義尚を推す日野富子のあいだの家督相続争いが発端である。それに、幕府の実権掌握のために争っていた細川勝元と山名持豊（宗全）が、この家督相続争いに介入したため対立が激化し、その争乱は各有力守護家をつぎつぎ両派に分裂させた。細川方（東軍）と山名方（西軍、西陣は西軍の陣地から名がおこった）に分かれた大乱となった。11年にわたる大乱の結果、戦場となった京都は焼け野原となった。また、「超過したる悪党」（一条兼良『樵談治要』）といわれた足軽の略奪・放火はいっそう京都を荒廃させ、公家・僧侶の多くは地方へ去った。また、将軍の権威は失墜し、下剋上の風潮が高まり、守護大名の領国では在国して戦った守護代や有力国人が力を伸ばし、戦国時代が始まった。(2)Ⅰ・Ⅱはいわゆる下剋上の風潮を示す事例で、どちらも正しい。Ⅲも正しく、応仁の乱に際して守護大名は自分の領国に下ったが、下剋上の風潮のもと、守護代や国人らが実権を握るようになっていた。(3)とくに15世紀中頃になると、家督の決定が父親の意思だけでなく、将軍や家臣の意向に影響されるようになり、家督争いはますます複雑化した。

⑤	(1)ウ　(2)ウ　(3)蓮如　(4)約１世紀（約100年）　(5)石川県　(6)織田信長

解説 史料Aは、山城の国一揆に関する史料（『大乗院寺社雑事記』）である。応仁の乱終息後も、畠山義就と畠山政長の争いは大和・山城・河内などで続き、1485年、両畠山軍が南山城を主戦場に対陣し、この地に荒廃と疲弊をもたらした。この情勢下、南山城の国人・土民たちが集会し、両軍に国外退去・荘園領主の支配の復活（寺社本所領の還付）・新関所の廃止といった要求をつきつけ、ついには両軍の撤退を実現させた。以後、1493年までの８年間、三十六人衆と呼ばれた国人を中核に国中の掟法を定め、守護支配を排除した国人の合議による自治が行われたのが山城の国一揆である。山城の守護職を獲得した伊勢貞陸は、国一揆によって退散させられた大和の古市澄胤を南山城の代官に登用した。澄胤は、被官を派遣して一部の抵抗する国人を破り、山城の国一揆は崩壊した。史料Bは、加賀の一向一揆に関する『実悟記拾遺』で

ある。加賀は現在の石川県。浄土真宗本願寺派の信者（門徒）を中心とする人々がおこした一揆が、一向一揆である。15世紀半ば、本願寺８世の蓮如は比叡山衆徒のために本願寺を焼かれ越前の吉崎に坊舎を構えた。そこで惣村の組織をもとに講をつくり、平易な文章（御文）を通じて教化活動を行い、北陸にもその教えが拡大していった。加賀の一向一揆は、応仁の乱の頃、本願寺門徒を巻き込んで一族の内紛に勝利した富樫政親が、門徒の弾圧に転じたため、1488年、一揆勢は政親を自害に追い込み、富樫泰高を守護としたが、しだいに一揆が国を支配するようになった。1580年織田信長に平定されるまでの約１世紀間、国人・坊主・農民ら一向宗勢力の合議制による自治支配が続いた。

⑥	①古式入浜　②六斎市　(1)下肥　(2)エ　(3)和紙　(4)撰銭令　(5)桂女　(6)エ

解説 ①近世に堤防を築いて溝を掘るなど、高度な土木技術を要する本格的な入浜塩田に対し、堤で囲った砂浜に潮の干満を利用し、海水を導入する塩田を古式入浜と呼んでいる。中世の農業・商工業の発展をまとめると、次のようになる。鎌倉時代と室町時代の農業・商工業について、比較して覚えることが必要。以下にそのポイントを列挙する。
〈鎌倉時代〉(Ⅰ)畿内・西日本一帯で麦を裏作とする二毛作が普及。多収穫米である大唐米も輸入。刈敷・草木灰などの肥料の使用。牛馬耕の普及。楮（和紙の原料）・藍（染料）・荏胡麻（灯油の原料）などの商品作物栽培。(Ⅱ)鍛冶・鋳物師・紺屋などの手工業者が商品を生産し、寺社の門前では月に三度の市（三斎市）が開かれる。京都・奈良・鎌倉などには、常設の小売店（見世棚）も出現した。中央から織物や工芸品などを運んでくる行商人が現れた。同業者団体である座が結成され、神人（大寺社に属したもの）、供御人（天皇家に属したもの）も現れた。(Ⅲ)遠隔地を結ぶ商業取引が盛んとなり、各地の湊には、委託販売や運送を業とする問（問丸）が発達した。貨幣経済も発展し、荘園の一部では年貢の銭納がおこり、宋銭が利用された。遠隔地取引では、為替が使われ、高利貸業者の借上も多く現れた。(Ⅳ)荘園領主や地頭の圧迫・非法に対する農民の動きが活発となり、訴訟もおこった（『紀伊国阿氐河荘民の訴状』）。
〈室町時代〉(Ⅰ)水車を利用した灌漑・排水施設の改善により、畿内では三毛作が開始、関東地方にまで二毛作が普及。早稲・中稲・晩稲の作付けの普及。刈敷・草木灰などとともに下肥の使用普及。芋・桑なども含めた商品作物の多様化と農村加工業の発達による商品化。(Ⅱ)地方での産業が発展することにより、特産品が生産されるようになる。(Ⅲ)特産品の売却や年貢の銭納に必要な貨幣獲得のために、市日の回数が増え、応仁の乱後には月に６回開く六斎市が一般化した。連雀商人・振売（呼び売り行商）、大原女（炭や薪を売る女性商人）・桂女（鵜飼集団の女性で鮎売り商人）など、女性の活躍が目立った。京都など大都市では見世棚が一般化。(Ⅳ)手工業者や商人の座の種類や数が著しく増加した。大山崎の油座は、石清水八幡宮を本所とし、畿内・美濃などで油の販売や荏胡麻購入の独占権をもっていた。ほかに、北野社の麴座神人、祇園社の綿座神人が有名。(Ⅴ)貨幣は、宋銭とともに永楽通宝などの明銭が使用された。需要が増大することにより私鋳銭も流通したため、良質の銭を選ぶ撰銭が行われ、幕府・戦国大名は撰銭令をしばしば発布した。貨幣経済の発展により、高利

貸しを営む酒屋・土倉の活動も活発化し、幕府は営業税である酒屋役・土倉役を課した。遠隔地取引の活発化により、為替手形の一種である割符の利用も盛んとなった。〔Ⅵ〕廻船（商船のこと）の往来も頻繁となったが、幕府・寺社・公家は水陸交通の要地に関所を設け、関銭・津料を徴収したので、交通の障害となった。大都市や交通の要地には問屋（商品中継ぎ取引を主要な業務とした）が成立し、京都への輸送路では、馬借・車借などの運送業者が活躍した。

21 室町文化①　(p.62〜64)

1 ①北山　②足利義政　③足利義教　④二条河原落書　⑤闘茶　⑥興福寺　⑦観世　⑧風姿花伝（花伝書）　(1)五山の禅僧は中国からの渡来僧や中国帰りの留学生が多く、彼らが大陸の文化を伝えた。　(2)エ　(3)ア　(4)足利義満　(5)謡曲

解説 ⑥大和猿楽四座は、興福寺の法要や春日社の神事に奉仕した猿楽の四座で、金春・金剛・観世・宝生座をいう。(1)禅僧たちは、禅だけではなく、禅の精神を具体化した水墨画や建築・庭園様式なども伝えた。(2)金閣は、法水院と呼ばれる初層と潮音洞と呼ばれる2層は、同一平面に板敷き、蔀戸など平安時代以来の伝統的な寝殿造風の手法により構成され、究竟頂と呼ばれる3層は平面を縮小し、花頭窓を用いるなど禅宗様建築の特徴をもっている。(3)bの説明文「北畠親房が常陸国において著述した北朝の正統論である。」の中の「北朝」を「南朝」にかえると、そのまま『神皇正統記』の説明となる。『太平記』は、後醍醐天皇の討幕計画以後の南北朝内乱についての軍記物語。著者は小島法師ともいわれ、内乱期の戦乱と社会的変革を生き生きと描いている。『太平記』を節づけして読み語りすることを太平記読みという。dの説明文中の「公家」は「武家」の誤り。

2 ①枯山水　②足利義政　③東求堂同仁斎　④書院造　(1)イ　(2)ウ　(3)池坊専慶　(4)ⅰ）村田珠光　ⅱ）侘茶　ⅲ）武野紹鷗　(5)庭園：岩石と砂だけで雄大な自然を表現している点が、禅の精神である簡素さを基調としていると考えられる。茶の湯：四畳半ほどの茶室で心の静けさを求めている点が、禅の精神である簡素さを基調としていると考えられる。

解説 ①枯山水の庭として、細川勝元の創建した龍安寺の石庭（作者不明）も有名である。(4)の村田珠光は奈良称名寺の僧であったが、大徳寺の一休宗純のもとに参禅し、その影響を受けて侘茶を創始するに至った。「心の文」は、珠光が門弟に送った書簡であり、珠光の侘茶の精神をよく伝えるものである。珠光は、中国渡来の豪華な茶器（唐物）を珍重する風潮を排し、日本の素朴な陶器の中に完成されない美を見出して、茶の湯の中に枯淡の境地を追求した。16世紀に入ると、侘茶は、当時、繁栄を極めた都市堺の町衆に愛好された。その中心にあったのは、代表的町衆の一人の武野紹鷗である。紹鷗は珠光もまだ使わなかった「侘」という言葉を茶道に用い、さらに木や竹の生地の美しさを生かした曲物の建水や竹の蓋置などを実用化し、侘の表現を一段と深めた。また堺の町衆によって、草庵の茶室が発展した。すなわち、唐物中心の茶が書院造という武家建築をその場としていたのに対し、侘茶

では山里風の庭を邸内に設け、その奥に草庵を建て、世俗の世界を脱却した別世界を茶の湯の場として創造した。そして、こうした新たな茶道は、やがて紹鷗の弟子である千利休によって完成されるのである。

3 A五山版　(1)イ　(2)ア　(3)ウ　(4)ウ　(5)イ　(6)Ⅰ　(7)土佐光信

解説 (1)ア：天龍寺は、足利尊氏・直義兄弟が夢窓疎石の勧めで、後醍醐天皇の冥福を祈るために建立された寺院で、京都五山第1位である。その造営費を調達するため天龍寺船が元に派遣された。京都五山第3位が建仁寺、第4位東福寺、第5位万寿寺である。鎌倉五山は順位順に、建長寺、円覚寺、寿福寺、浄智寺、浄妙寺である。五山につぐ官寺を十刹という。(2)ア：蘭溪道隆は、鎌倉時代に南宋より渡来した臨済僧。1246年に来日し、やがて鎌倉に下り、はじめ寿福寺などに住するが、1253年、建長寺が完成すると開山第一祖となり、北条時頼をはじめ多くの鎌倉武士の帰依を受けた。その後、やや遅れて無学祖元が来日する（1279年）。このように、鎌倉時代の高僧に渡来僧が多かったのに比べて、室町時代になると、足利尊氏が帰依した夢窓疎石をはじめ、絶海中津や義堂周信、春屋妙葩（義満の帰依が厚く初代の僧録となる）らは、いずれも日本人の禅僧である。こういった状況の背景として、室町時代になると禅宗が日本に定着したことがあげられる。すなわち、留学僧や渡来僧が中心であった禅林が、代を重ねるうちに、すぐれた日本人僧侶を多く輩出し、そこにさらに日本人の弟子が続くという状況が出現した。こうした禅僧は為政者と結びつき、その政治・外交顧問としても活躍した。(3)Ⅰが(6)の答えになる『秋冬山水図』、Ⅱが狩野元信の『大徳寺大仙院花鳥図』、Ⅲが平安末期から鎌倉前期にかけて描かれた絵巻物である『鳥獣人物戯画』である。狩野元信は②の狩野正信の子。狩野正信は幕府の御用絵師。子の元信も幕府の御用絵師となり、漢画に大和絵を取り入れ、水墨画の装飾画化を進めた。(4)アの似絵は、鎌倉時代に発達した大和絵の肖像画。人物を写実的に描いた。イの大和絵とは、中国風の唐絵に対して、日本的風物を主題にした絵画。日本画の源流となった。国風文化期に発展し、室町時代に土佐光信が出て土佐派の基礎を固めた。

22 室町文化②　(p.65〜67)

1 ①テ　②シ　③ツ　④タ　⑤ウ　⑥ナ　⑦ソ　⑧コ　⑨ア　⑩キ　⑪ス　⑫ト　⑬オ　⑭ヌ　⑮カ　(1)A狂言　B御伽草子　C応仁　D大内　E山口　F足利学校　G一条兼良　(2)薩南学派　(3)東常縁　(4)唯一神道（吉田神道）　(5)Ⅰ民衆の社会的経済的地位が向上して、芸能や文芸に参加するようになったから。　Ⅱ戦乱で京都が荒廃し、京都の公家たちが地方に下ることにより、京都の文化が地方に広まったから。　Ⅲ都市の商工業者や村落の指導者層が読み・書き能力を身につけるようになったから。

解説 ①幸若舞は、室町初期から盛行した舞踊である曲舞の一流派で、鼓の伴奏で謡いながら、一人で舞う。軍記物語などを題材としたので、織田信長ら武家に愛好された。

⑤桂庵玄樹は京都五山の南禅寺の禅僧。大内氏の城下町山口でも活動していたことがある。島津氏の城下町鹿児島に滞在していた時に、朱熹の『大学』の注釈書『大学章句』を刊行している。⑥万里集九は室町時代中期の禅僧で、相国寺に住んだ。応仁の乱を避けて美濃国に移り、のち江戸に赴く。漢詩文を得意とし、詩文集に『梅花無尽蔵』がある。⑬宗祇の確立した和歌の伝統を生かした深みのある芸術的な連歌を正風連歌といい、宗鑑のつくり出した和歌の余技として娯楽的・庶民的に発達した俳諧連歌に対する言葉として用いられる。⑭『水無瀬三吟百韻』は後鳥羽上皇をまつる水無瀬宮（摂津）で、1488年に宗祇・肖柏・宗長の師弟3人がよんだ連歌百句で、上皇の廟に奉納された。(1)Aの狂言は、風刺・滑稽さを重んじた喜劇で、庶民が日常に使っていた俗語を用いて、下級武士・下人・農民の生活を描写している。また、大名・山伏・僧など、権威あるものを笑いの対象としたため、しばしば公家や寺院による弾圧の対象となった。Bの御伽草子は、南北朝から室町時代にかけてつくられた短編物語の総称で、僧侶や武士を主題にしたものや、庶民を主題にしたもの、動植物を擬人化したものなど、雑多な内容をもっている。とくに庶民を主題とした作品の中には、立身出世して富を得るという、庶民の夢が描かれているものが多い。(3)古今伝授とは『古今和歌集』の故事や解釈などの秘伝を、弟子に秘事・口伝という形で授けるものである。中世の学問芸能では、とくに重要な部分を秘伝として伝承することが多かった。歌学においては『源氏物語』や『伊勢物語』などの秘伝が伝えられたが、そのなかでもっとも権威をもっていたのが古今伝授である。『古今和歌集』は和歌の規範とされていたため、早くからその解釈に説が分かれ、歌道の家々にはそれぞれの解釈が秘伝として伝えられていた。室町時代に入って二条家の末流である東常縁が、東家に伝わる秘伝のほかに、頓阿の流れをくむ秘伝をあわせて、いわゆる古今伝授の原型をつくった。常縁は、これを連歌師の宗祇に相伝し、以後、この系統が古今伝授の正当とみなされ尊重されてゆく。(5)室町時代、惣村が形成されたり商工業が発達したりしたことにより、村や都市を運営する読み書きのできる指導者が現れるようになった。このような背景の中で、連歌が庶民にも受け入れられたと考えられる。また、応仁の乱以降、京都の知識人が地方に移転したことは、連歌などの文芸が地方の庶民に広がることに拍車をかけたと考えられる。

---

2 ①蓮如 ②一向一揆 ③加賀 ④日親 ⑤法華一揆 (1)ア (2)イ (3) i ）御文 ii）阿弥陀仏（阿弥陀如来） (4)ウ (5)天文法華の乱 (6)ア

解説 ②③について、1488（長享2）年、守護権力の回復をはかった富樫政親を石川郡の高尾城に滅ぼした一向一揆は、富樫泰高を名目的な守護としながらも、本願寺門徒による自主管理の体制を確立し、以後、約1世紀にわたり、いわゆる“百姓ノ持チタル国”をつくりあげた。その後、16世紀後半になると、越前の朝倉氏や越後の長尾（上杉）氏といった有力な戦国大名が割拠するなか、これらの武力干渉を長期にわたって排除し続けた加賀一向一揆は、織田信長が朝倉義景を滅ぼした翌年の1574（天正2）年に、一時的に越前も一向一揆の支配する国とした。しかし、上杉謙信と織田信長の激しい挟撃を受けて内部分裂を深め、ついに1580年、織田信長に

占領され、その支配に幕を閉じた。(5)天文法華の乱は、1536年、京都で説教していた延暦寺の僧が日蓮宗徒に宗論で破れたことを機に両者が対立し、延暦寺が僧兵を京都に侵入させ法華一揆を破り、在京の日蓮宗寺院を焼き討ちした事件。法華宗徒は一時、京都から追放された。(6)Ⅱの林下の禅の普及の中心となったのは、曹洞系では永平寺、総持寺、臨済系では大徳寺、妙心寺がある。僧としては大徳寺の一休宗純が有名である。

23 戦国大名の登場　(p.68〜70)

1 ①古河 ②堀越 ③北条早雲（伊勢宗瑞） ④小田原 ⑤毛利元就 ⑥長宗我部 (1)越後 (2)エ (3)川中島 (4)ア (5)武田信玄・今川義元（島津貴久・大友義鎮） (6)幕府の権威に頼らない、独自の軍事力や経営力。

解説 ②鎌倉公方足利成氏が享徳の乱を機に下総古河に拠ったため（古河公方）、室町幕府は成氏に対抗するため足利義政の兄弟足利政知を派遣したが、鎌倉には入れず、伊豆堀越を居所とした（堀越公方）。政知の死後、遺子茶々丸は1493年、北条早雲に追われ、1498年、自害して堀越公方は滅亡した。③初めは伊勢新九郎長氏（出家して宗瑞）と名乗っていた。駿河の今川氏親の外戚として今川氏に寄食。早雲に始まる五代にわたる戦国大名の北条氏を、鎌倉幕府執権の北条氏と区別するために後北条氏と呼ぶことがある。(5)教科書p.133には今川氏、武田氏が守護出身であるとあるが、島津氏、大友氏も守護出身の戦国大名である。(6)室町時代、幕府から守護職を与えられた者が、幕府の権威を背景に守護大名として権力を握っていた。戦国時代、領主支配や生活がおびやかされている人々を、強力な軍事力で守り、領内の農業や産業の振興を行う経営力をもつ者が支配者として支持され、戦国大名となった。

2 (1) i ）指出検地 ii）ア (2)寄親・寄子制 (3)エ (4)武田信玄

解説 (1)指出検地には、家臣である領主にその支配地の面積・収入額を自己申告させるものと、農民にその耕作地の面積と収入額を自己申告させるものがあった。収入額は銭に換算した貫高で把握された（貫高制）。(2)戦国大名は有力な家臣を寄親とし、その下に地侍層の下級武士を寄子として配置した。この親子関係に擬した軍事組織を寄親・寄子制といい、これにより家臣団の統率を強化した。(3)佐渡・甲斐は金山、石見・但馬は銀山、足尾は銅山が有名である。(4)武田信玄が築いたこの堤防は信玄堤と呼ばれた。

3 (1)塵芥集 (2)一乗谷 (3)城下町 (4)喧嘩 (5)家臣が他国の者と婚姻関係を結び、勢力を拡大することを防ぐため。

解説 (1)塵芥集は伊達稙宗が1536年に制定した分国法。分国法としては最大の171カ条からなる。詳細な刑法規定が記されているのが特徴である。この条文にあるように、分国法は武士のみを対象としたものではなく、農民をも対象としていた。(2)朝倉孝景条々は越前の朝倉氏の家訓。分国法と

しては、もっとも早い時期に成立したものの一つである。家臣を領地から引きはがし、城下に集住させるこの条文は、戦国大名が国内で家臣に対する支配力を強めたことを示すものである。(3)城下町には朝倉氏の一乗谷のほかに、北条氏の小田原、今川氏の府中、上杉氏の春日山、大内氏の山口、大友氏の豊後府内、島津氏の鹿児島などがある。(4)甲州法度之次第は武田信玄が1547年に制定した。この条文は家臣相互の紛争を、自分たちの実力による私闘で解決することを禁じたものであり、すべての紛争を大名の裁判にゆだねさせることを意図したものであった。これを喧嘩両成敗法ともいうが、中世法にはみられない戦国大名の新しい権力を示す法であった。(5)今川仮名目録は駿河・遠江の大名今川氏の分国法。隣国の武田氏の分国法である甲州法度之次第もこれを参考にしてつくられた。内容としては、訴訟に関する規定が多いが、喧嘩両成敗や私的盟約の禁止なども規定されている。史料のB～Dの内容は、いずれも大名が家臣の自立性を吸収し、戦国大名として一国を一円的に支配するようになったことを示すものであるといえる。

4 ①楽市 ②伊勢 ③会合衆 ④年行司 ⑤町衆 ⑥月行事 ⑦祇園祭 (1)A:都市—長野 寺社—善光寺 B:都市—宇治・山田 寺社—伊勢神宮 (2)浄土真宗 (3)エ

解説 ②伊勢は畿内と東国を結ぶ交通の要所として、古代以来重要な位置を占めていた。この中で、大湊は伊勢神宮の外港として発展し、桑名は水陸両方の結節点として、ともに大いに発展した。16世紀に入ると、ともに自治都市としての性格をもつようになり、有力な豪商が市政に当たった。⑦祇園祭は祇園社(八坂神社)の疫病除けの祭礼。応仁の乱後の1500年に、町衆の経済力を背景に復活した。(1)おもな門前町としては、設問にある長野(善光寺)や宇治・山田(伊勢神宮)のほか、坂本(延暦寺)などがあげられる。(2)おもな寺内町としては、越前国吉崎、山城国山科、摂津国石山、河内国富田林、大和国今井などがあげられる。(3)イエズス会宣教師が本国のポルトガルへ書き送った書簡を収録した『耶蘇会士日本通信』の中におさめられている。ヨーロッパの中世都市のうち、国王や宗教領主などから自立し、政治的・宗教的に自立しているものを自由都市というが、ヴィレラはこの史料の中で堺をベニス(イタリアの自由都市)のようだと紹介している。史料の後半で、戦国時代においてもこの町には争いがなく、町は堅固で、深い堀に囲まれていると紹介しているのは、どの大名から支配されることなく、商人の経済力で自治や防衛を行っていることを示している。問題文にある「富裕な商工業者たちが自治組織をつくって市政を運営し、平和で自由な都市をつくりあげる者もあった」や「豪商の合議によって市政が運営され、自治都市の性格を備えていた」などの記述から、堺が幕府に支配されていた(A)、堺が戦国大名に分割統治されていた(B)という記述は誤りということになる。

24 織豊政権① (p.71～73)

1 ①灰吹法 ②明 ③生糸 ④後期倭寇 ⑤大航海時代 ⑥種子島 ⑦宗教改革 ⑧イエズス会 ⑨フランシスコ=ザビエル ⑩南蛮

貿易 (1)ア・オ (2)税の銀納化を進めていたため。 (3)ア (4)ウ (5)イ・ウ・オ

解説 ①灰吹法は、16世紀前半に博多商人神屋(谷)寿禎が朝鮮から伝えた銀の製錬技術である。灰吹法は、はじめ石見銀山に伝えられ、やがて日本各地にその技術が伝わった。これにより、17世紀初頭の日本の産銀量は、世界の総産銀量の3分の1に当たる年間約200トンにものぼった。⑥後期倭寇の首領の一人で海商の王直は、1543年(1542年とする説もある)、ポルトガル人を密貿易のジャンク船(中国で建造された木造の帆船)に乗せ、シャムのアユタヤから中国寧波付近の舟山群島の双嶼に向かう途中悪天候のため遭難し種子島に漂着したと考えられている。その時に乗船していたポルトガル人が鉄砲を携行していた。鉄砲伝来は、1543年説と1542年説がある。(1)兵庫県朝来市にあるアの但馬生野銀山は、16世紀半ばの発見といわれ、織田信長・豊臣秀吉・徳川家康のもとで直轄されていた。その後、明治政府が継承し、1896年には佐渡金山とともに三菱に払い下げられた。島根県大田市にあるオの石見大森銀山は、かつて世界有数の銀山として海外にその名が知られていた。灰吹法の伝来により、16世紀後半から17世紀初頭にかけて石見銀山は最盛期を迎えた。その後は産銀量もしだいに減少し、17世紀中頃には銀山としての使命を終えることとなった。「石見銀山遺跡とその文化的景観」は、2007年に世界文化遺産に登録されている。(2)明では16世紀中頃から、複雑化していた各種の税や徭役を銀に一本化して納入する一条鞭法の改革が実施された。のちの清代における地丁銀制にも影響を与えた。(3)海禁政策は、中国の明・清時代にとられた交易統制政策である。明朝は民間の対外交易・海外渡航を全面的に禁止し、朝貢貿易のみを認めた。海禁に反する交易は密貿易として明軍の取締り対象となった。16世紀中頃、私貿易の取締りが倭寇の大規模な侵入をひきおこしたため、政策は緩和されることとなった。

2 ①今川義元 ②桶狭間 ③斎藤 ④足利義昭 ⑤延暦寺 ⑥武田勝頼 ⑦長篠 ⑧一向一揆 ⑨本能寺 ⑩明智光秀 (1)i)イ ii)将軍の支配がおよぶ畿内やそこでの政治秩序のこと。 (2)i)和泉—エ 近江—ア ii)足軽 (3)ウ

解説 (1)印判の文字は「天下布武」であり、美濃を平定し岐阜城へ移った頃より使用された。(2)鉄砲は種子島に伝来したのち、和泉の堺、近江の国友、紀伊の根来・雑賀などで大量に生産された。(3)ア:門前町が誤りで、正しくは寺内町。寺内町は一向宗寺院・道場を中心に形成された町で、多宗派からの攻撃に備え、濠・土塁をめぐらして自衛し、商工業者が集住して経済活動も活発だった。門前町としては、伊勢神宮の宇治・山田、信濃の善光寺の長野などがとくに有名である。イ・ウ:信長との対立を深めた本願寺は、1570年に挙兵し、顕如は各地の門徒に決起をうながした。また本願寺は浅井・朝倉・武田などの反信長勢力とも同盟したため、和睦をはさみながら長期にわたる抗争が続いた。1580年、正親町天皇の勅裁によって本願寺勢力は石山を退去し、戦いは終結した。エ:京都が誤りで、正しくは大坂。

3 ▶ (1)楽市令　(2) i)安土　ii)う　iii)ア
　　(3)座　(4)徳政　(5)ウ　(6)A○　B○
C堺　D尾張

解説 (1)楽市の「楽」は、規制からの解放を意味する。楽市令は、市の閉鎖性や特権的な販売座席である市座を廃し、商品取引の拡大円滑化をはかった政策。市は、世俗の権力や関係から解放された場とされた。(2)安土城は1576年、信長が近江の琵琶湖畔に築いた最初の近世的城郭である。信長が滅ぼした六角氏の観音寺城など、付近の城跡から資材を運び築城した。(5)下線部は、「徳政令が出されても、安土城下町の町人の債権は破棄されない」という内容のもので、たとえば、特定の人物に対して金銭を貸している商工業者などが、借金の帳消しを認めさせられるような状況はないということである。(6)A：ルイス＝フロイスはポルトガル人で、京都で信長に謁見し、秀吉とも親しく、キリシタンの地歩を固めた。著書に初期日本キリスト教会史ともいえる『日本史』がある。B：関所の廃止は、関銭免除の特権をもたない新興商人に便宜をはかるものであり、これも信長の商人に対する優遇政策の一つであった。C：中世に対外貿易の拠点として繁栄した堺は、36人の会合衆と呼ばれる有力商人が市政を運営した自治都市であった。信長は堺に軍資金の要求を突きつけ、1569年に武力によって屈服させ、ここを直轄した。なお、自治都市として12人の年行司と呼ばれる豪商の合議によって市政が運営されていた博多、町衆の中から選ばれた月行事によって自治的に町が運営されていた京都もおさえておきたい。D：信長は尾張国守護代織田氏の一族で、父の没後、尾張を統一した。

25　織豊政権②・桃山文化　(p.74〜77)

1 ▶ ①明智光秀　②柴田勝家　③大坂城　④小牧・長久手　⑤徳川家康　⑥関白　⑦後陽成　⑧聚楽第　⑨蔵入地　⑩生野　⑪太閤検地　⑫石高　⑬国替（転封）　⑭人掃令　(1)Aウ　Bイ　Cオ　(2)天皇の権威を利用しつつ諸大名を服属させ、彼らを朝廷の官位につけることで秩序を形成した。　(3)天正大判　(4)ア　(5)X一揆　Y耕作に専念させる　(6)ア

解説 ②柴田勝家は織田信長の最有力家臣で、1573年に朝倉氏滅亡後、越前北庄（現、福井市）に拠って北陸を経営していた。信長の死後、その三男信孝と結び、羽柴秀吉と対立。1583年の賤ケ岳の戦いに敗れ、北庄で自殺した。③大坂城は1583年に石山本願寺の旧地に秀吉が築城。難攻不落の名城といわれたが、1615年に大坂の陣で落城。徳川氏が再築したが、幕末に焼亡。現在の天守閣は1931年に復興したもの。④小牧・長久手の戦いは、1584年に徳川家康が信長の次男信雄を助け秀吉に対抗し、尾張の小牧・長久手で戦ったもの。互いにその実力を認め、講和した。⑥秀吉は関白の地位をめぐる摂家間の争いに介入し、関白についた。摂家以外の者が関白になるのは前代未聞であった。⑦後陽成天皇は1586〜1611年在位し、秀吉に豊臣姓を与え、太政大臣に任じ、家康・秀忠を征夷大将軍に任命した。⑧秀吉が大内裏跡に造営した城郭風の邸宅。1588年、後陽成天皇の行幸を仰ぎ、ここで家康以下諸大名に秀吉への忠誠を誓わせた。⑨戦国・江

戸時代の領主の直轄領をいう。豊臣氏の場合、40カ国にわたり220万石をこえる直轄領を有していたが、そのほとんどが近畿地方に集中していた。⑫検地の際には田畑や屋敷地に等級をつけ、そこから段あたりの生産力を算定した。これを石盛（斗代）といい、これに面積を乗じた数字がその土地の石高となる。(1)A：九州平定を目指していた島津義久より圧迫を受けていた大友・伊東氏らが秀吉に助けを求め、この要請に応じて秀吉は大軍を派遣した。1587年に島津義久は降伏し、秀吉は九州を支配下においた。B：四国の長宗我部氏と九州の島津氏を平定した秀吉は、関東を支配する北条氏直に降伏を勧めたが応じず、1590年、大軍で小田原城を包囲し、3カ月後氏直を降伏させた。C：奥州をほぼ平定していた伊達政宗は、秀吉の小田原攻めに参陣して属属。秀吉は伊達氏の所領を安堵するとともに、小田原攻めに参陣しなかった大名の領地を没収して諸将に与え、奥州を平定した。(4)ア：秀吉は地主などが小作料をとる権利を認めず、中間搾取を排除した。イ：これを一地一作人という。エ：村全体の責任で、年貢・諸役を納入する制度。(5)刀狩は1588年、秀吉が諸国の農民から京都方広寺の大仏造立を口実に武器を没収した政策。百姓が刀・弓・槍・鉄砲などの武器をもつことを禁じた。刀狩令にはその理由として、第1条に一揆防止という支配者側の理念を示し、第2条で没収した武器は大仏建立の釘などに用いること、第3条では百姓は農耕に専念するのが平和で幸せであることを説いている。

2 ▶ (1) i)バテレン追放令　ii)ウ　iii)秀吉は貿易には積極的であったが、ポルトガル人らの貿易は布教と一体化していたため。　(2)A文禄の役（壬辰倭乱）　B慶長の役（丁酉再乱）　(3)X 地名―名護屋　場所―d　Y 地名―漢城　場所―b　(4)李舜臣　(5)ア・イ・エ・カ　(6)Ⅱ・Ⅲ・Ⅰ

解説 (1) i)バテレン追放令は1587年、秀吉が九州平定後に発令されたもの。キリシタンを邪法とし、宣教師（バテレン＝伴天連）の20日以内の国外退去を命じた。ii)ア：サン＝フェリペ号は、1596年に土佐浦戸に漂着したスペイン船。秀吉は五奉行の一人増田長盛を派遣して調査し、積荷を没収し、船は修繕して乗組員ともマニラに帰した。この際、船員がスペインは布教活動を利用して領土を広げていると証言した（サン＝フェリペ号事件）。事件ののち、秀吉はスペイン系の宣教師や信徒あわせて26人を捕らえて長崎で処刑した（26聖人殉教）。ウ：肥前大村の領主で、キリシタン大名の一人である大村純忠は、1580年に長崎を教会に寄進していた。これを知った秀吉が警戒を深め、宣教師の国外退去を命じるバテレン追放令が出されることとなった。iii)スペインやポルトガルの貿易は布教と一体化していたが、秀吉は1587年に海賊取締令を出して海上交通の安全を確保したり、生糸を優先的に買い上げたりするなど、貿易に積極的であったため、宣教師の追放は徹底することができなかった。(2)A：文禄の役（1592〜93）で秀吉は15万余りの軍を朝鮮に送り、みずからは肥前の名護屋で指揮した。初め平壌まで進み、漢城（ソウル）を陥落させ、朝鮮全域に侵攻したが、朝鮮義兵の抵抗や明将李如松の来援で戦局は膠着。1593年の碧蹄館（漢城北方）の戦いを機に停戦、現地の司令官は明との講和をはかった。B：文禄の役の日明和平交渉は、明の副使の策などで秀吉の意図と大きく異なったため、1597年に秀吉は再び朝鮮に軍勢を送

った。これを慶長の役(1597〜98)というが、日本は初めから苦戦を強いられ、翌年に秀吉が死去すると、その直前に定められていた五大老・五奉行が軍勢を撤退させた。(4)李舜臣(1545〜98)は朝鮮の水軍を率い、亀甲船を考案して、日本軍の補給路を攪乱して大きな打撃を与えた。(5)五大老・五奉行ともに、豊臣政権の晩年に設置されたもの。五大老は有力大名らに重要政務を合議させるもので、初め徳川家康・前田利家・毛利輝元・小早川隆景・宇喜多秀家・上杉景勝の6名が大老としてつとめ、小早川隆景の死後に五大老と呼ばれるようになった。五奉行は秀吉の腹心に政務を分掌させたものであり、浅野長政・増田長盛・石田三成・前田玄以・長束正家の5名がつとめた。

3 ①伏見　②平城　③天守　④狩野山楽　⑤長谷川等伯　⑥千利休　⑦阿国歌舞伎(かぶき踊り)　⑧人形浄瑠璃　⑨ヴァリニャーノ　⑩キリシタン　(1)イ　(2)ウ　(3)Yア　Zウ　(4) i)天正遣欧使節　ii)ア・エ

解説 ①伏見城は、豊臣秀吉が晩年の邸宅を兼ねた城郭である。秀吉の死後、徳川家康が居館としたが、のちに廃城。都久夫須磨神社の本殿・唐門や西本願寺の書院・唐門はその遺構といわれている。②中世以来、城は軍事拠点として自然の険しさを利用した山城であったが、領国経営のための政治的要請により、小丘上の平山城から平地に築造する平城へと変化し、濠・石垣で防御した。政治・交通の中心となり城下町が発達した。③天守は城郭の中核をなす高層の楼閣。現存最古は、愛知県犬山市の犬山城。④狩野山楽(1559〜1635)は永徳の門弟で、秀吉の小姓出身。永徳死後の狩野派の代表作家。代表作は『松鷹図』。⑤長谷川等伯(1539〜1610)は、長谷川派の祖で雪舟5代を自称した。代表作としては、子の久蔵らとの共作で金碧画の『智積院襖絵』、水墨画の『松林図屏風』などがある。⑥千利休(1522〜91)は堺の豪商出身で、茶道の大成者。草庵風茶室の妙喜庵待庵は侘茶の精神を凝集したものである。信長・秀吉に仕えたが、大徳寺山門上に自分の木像をおいたかどで秀吉の怒りに触れ、自刃を命じられた。⑦出雲お国(阿国)が始めたかぶき踊り。かぶき踊りとは異様な風体をした「かぶき者」の踊りの意で、能狂言や当時流行の念仏踊りを取り入れた。女性が男装して茶屋女と戯れるなどの簡単な筋で、女歌舞伎に発展した。⑧浄瑠璃にあわせ人形遣いが人形を操る芸能。慶長期以降に盛行した。⑨イタリア人のヴァリニャーノ(1539〜1606)は、イエズス会の巡察師として1579年に来日。初等教育学校のセミナリオや高等教育学校のコレジオを設立し、日本国内の布教につとめた。天正遣欧使節を率いて1582年に長崎を出航、インドのゴアで使節を見送り、使節の帰国と一緒に90年再び来日した。⑩キリシタン版は1590年にヴァリニャーノが活字印刷機を伝え、宗教書や辞典・文典・通俗文学・日本古典などをおもにポルトガル系のローマ字で刊行したもの。天草版とも呼ばれる。(1)イは室町文化の特色。桃山文化はヨーロッパとの接触やアジア各地との活発な交流、秀吉の朝鮮侵略の影響などもあり、多彩な性格をおびている。(2)『唐獅子図屏風』は、雌雄一対の獅子を描いた金碧の六曲屏風で、狩野永徳の代表作である。永徳の代表作としては、ほかにも京都内外の名所や市民生活を描いた『洛中洛外図屏風』などがあげられる。(4)天正遣欧使節は、ヴァリニャーノの勧めで、九州の大村・大友・有馬の

3大名がローマ教皇のグレゴリウス13世に送った少年使節。伊藤マンショ・千々石ミゲルの2人が正使、中浦ジュリアン・原マルチノが副使。1582年に出発し、90年に帰国した。

26 幕藩体制の成立① (p.78〜81)

1 ①石田三成　②関ヶ原の戦い　③征夷大将軍　④豊臣秀頼　⑤大坂　⑥徳川秀忠　⑦大御所　⑧方広寺　⑨改易　⑩普請役　⑪譜代　⑫外様　(1)Aエ　Bイ　Cア　Dカ　(2)ウ　(3) i)武家諸法度　ii)一国一城令　iii)あ江戸　い参勤　iv)徳川家光　(4)尾張・紀伊・水戸(順不同)

解説 ①石田三成は近江に生まれ、秀吉に仕えた武将。五奉行の一人となり、豊臣政権を支えた。関ヶ原の戦いで破れ、京都で処刑された。②関ヶ原の戦いは、1600年に石田三成が五大老の一人毛利輝元を盟主にして兵をあげ(西軍)、徳川家康ら東軍と激突した戦いである。これにより徳川の覇権が確立した。天下分け目の戦いと称される。③征夷大将軍は平安時代初期、蝦夷征討のために設けられた令外官。1192年の源頼朝任命以降、武家の棟梁の意味となった。④豊臣秀頼は、秀吉の第2子。母は淀君。関ヶ原の戦い後、摂津・河内・和泉60万石の大名に減封となっていた。⑥徳川秀忠は家康の3男で、1605年に2代将軍に就任した。武家諸法度・禁中並公家諸法度など定め、幕政の確立につとめた。⑧方広寺は、秀吉が1586年に建立し、大仏が安置された。家康は豊臣氏の財力を削減するため、秀頼に大仏殿再建を勧めたが、秀頼が奉納した鐘の「国家安康」「君臣豊楽」の銘を非難し、豊臣氏征討の口実とした。(1)D：福島正則は、関ヶ原の戦いの後、安芸広島城主となったが、1619年、広島城の修築を理由に改易された。(2)家康は全国の諸大名に国単位で国絵図と郷帳の作成を命じ、全国の支配者であることを明示した。郷帳は一村ごとの石高を郡単位で集計し、さらに一国単位でまとめた帳簿であった。国絵図と郷帳の作成は、慶長年間の後、正保・元禄・天保年間にも実施された。(3)武家諸法度は、大名統制を目的とした法令で、1615年に豊臣氏滅亡後、家康が南禅寺金地院の崇伝らに起草させ、諸大名に公布した。江戸時代には、ほぼ代々の将軍就任後、改定・公布されている。史料Ⅰは1615年の元和令である。史料Ⅱは家光期の寛永令で、参勤交代や五百石以上の大船建造禁止などが定められた。また、1683年の綱吉期の天和令は、第一条を「文武忠孝を励し礼儀を正すべきの事」とし、家綱期の寛文令で口達(口頭による伝達)とされていた殉死の禁止を本文に加えるなど、大きな改訂があった。安政の家定期の法度では、大船建造が海防上必要からの届出により許可されるなど、それぞれの時代に応じた改訂が行われた。

2 ①1万　②旗本　③月番　④俸禄　(1)崇伝　(2)A老中　記号—エ　B若年寄　記号—イ　C大目付　記号—キ　D寺社奉行　記号—ウ　E町奉行　記号—カ　F勘定奉行　記号—オ　G京都所司代　記号—ア　(3) i)大坂城代　ii)あ地名—D　位置—イ　い地名—F　位置—ケ　う地名—A　位置—ウ　(4)地方知行制

解説 ③月番は幕府が用いた1カ月交代の勤務制度。中央職制が完備した1635年からは老中以下も月番となった。(1)崇伝は臨済宗の僧侶で、京都南禅寺の復興に尽力した。1608年、家康のまねきで駿府(静岡)に移り、外交文書の起草にたずさわるなど、以後の幕府外交事務に深く関与し、また1612年には板倉勝重と共に寺社行政に当たるようになった。さらに1614〜1615年の大坂の陣でも家康を支え、その後の**武家諸法度、禁中並公家諸法度、寺院法度**の起草・発布にたずさわった。家康の死後は江戸に移り、秀忠・家光期の外交や寺社行政に関与して、**紫衣事件**に抗議した沢庵らの流罪を主張した。このように崇伝は幕府初期の政治に深く関与し、「黒衣の宰相」といわれた。崇伝の死後、譜代大名が就任する**寺社奉行**の職が確立した。(2)F：勘定奉行の配下には、400万石にのぼった幕府直轄領を支配するため、広域の幕府領は郡代(江戸中期には関東・美濃・飛騨・西国の4郡代がおかれた)が、ほかは代官がおかれた。(3) i)大坂城代は幕府の重職の一つで、大坂城に駐在し城下の役人を統轄するとともに、西日本の大名を監察する役職であった。(4)大名から上・中級家臣に土地のかたちで与えられた知行を、地方知行という。知行地を受けた家臣は、年貢徴収など実質的にその地域の支配権をもった。

3 ①公家衆法度　②京都所司代　③寺院法度　④本末　⑤諸宗寺院法度　⑥諸社禰宜神主法度　(1)禁中並公家諸法度　(2) i)学問　ii)関白や武家伝奏、寺社奉行や職事の申し渡しに背くこと。iii)沢庵　iv)譲位：後水尾天皇　即位：明正天皇　(3)ウ　(4) i)Ⅳ・Ⅰ・Ⅱ・Ⅲ　ii)背景―飢饉の中で島原城主松倉氏と天草領主寺沢氏が領民に過酷な年貢を課したこと。キリスト教徒に対して厳しい弾圧が加えられたこと。この地域においてキリシタン大名であった有馬・小西氏の旧家臣の牢人やキリスト教徒が多かったこと。など　首領―益田(天草四郎)時貞　(5)Aア　Bカ　Cエ

解説 ③**寺院法度**は、1601年から1616年にかけて、本寺の権限強化や中世以来の特権の制約を目的に、大寺院や各宗派の本山に対して発した法令である。諸宗寺院法度は、**本末制度**確立のため、すべての宗派に共通の法令として1665年に発布された。(1)禁中並公家諸法度は、第1条で天皇の活動として「御学問」をあげているが、これは朝廷の伝統的儀礼や政務に関わる学問を指している。また、第7条では、武家の官位は公家官位の定数と無関係とすることを規定し、将軍の推挙によるものとしている。さらに朝廷機構の確立や、天皇の寺社に対する叙任権などを定めている。このように禁中並公家諸法度は、天皇・朝廷が国家の儀礼的・宗教的機能に関わるものとして、その権限を規定した。またこの法度は、改訂されることなく幕末まで存続した。(2) ii)**武家伝奏**は2名の公家が任じられ、幕府との交渉に当たる朝廷の役職である。また関白とともに朝議をつかさどる重職であった。iii) iv)1627年、幕府は、禁中並公家諸法度発布以後の僧侶に対する紫衣の勅許が、法度に反するものとして無効とする態度を示した。これに対して、大徳寺の**沢庵宗彭**らが抗議し、1629年、沢庵は出羽上山に流罪となった。これを紫衣事件という。紫衣勅許をはじめ、禁中並公家諸法度による様々な制約に対し、1629年、**後水尾天皇**は突然譲位し、幕府はこれを追認せざるを

を得なかった。かわって即位したのは、後水尾天皇を父とし、徳川秀忠の娘和子を母とする**明正天皇**で、奈良時代以来の女性天皇であった。(3)朝廷のもっていた国家祭祀・官位制度・改元・改暦などの権能は、幕府による全国支配に役立てられた。(4) i)Ⅰ：明石城主の**高山右近**はキリシタン大名で、1587年に豊臣秀吉によってその地位を追われ、前田利家に身を寄せていた。1614年の禁教令によりスペイン領マニラに追放されたが、マニラ総督の歓迎を受け、その後まもなく病死した。Ⅲ：寺請制度とは、寺院に一般民衆を檀家として所属させ、キリシタンでないことを証明させる制度である。幕府は島原の乱後、寺請制度を設けて禁教目的の信仰調査である宗門改めを実施した。仏教への改宗を強制するなど、キリスト教に対してきびしい監視を続けていった。Ⅳ：禁教令は1612年、2代将軍徳川秀忠の時代に幕府および直属家臣にキリシタン信仰を禁じたものである。翌年には全国へこれをおよぼしてキリスト教信者に改宗を強制した。

27 幕藩体制の成立② (p.82〜85)

1 ①田中勝介　②支倉常長　③平戸　④明　⑤朱印船　⑥日本町　⑦山田長政　(1)ウィリアム＝アダムズ(三浦按針)　(2)ポルトガル商人による中国産の生糸の利益独占を排除するため。　(3)ウ　(4)Xスペイン・ポルトガルによる侵略　Y富強　(5)イ・オ・エ・ア・ウ　(6)Ⅰエ　Ⅱア

解説 ①田中勝介(生没年不詳)は京都の商人で、1610年、前ルソン総督ドン＝ロドリゴを送ってスペイン領メキシコ(ノビスパン)に渡るが、通商開拓の目的は果たせなかった。②支倉常長(1571〜1622)は、スペインとの通商を望んだ仙台藩主伊達政宗の命を受け、1613年、フランシスコ会宣教師ソテロとともに日本を出発し、メキシコを経てスペインへおもむいた。国王にも謁見したが通商の交渉は成立しなかった。また、スペインで洗礼を受け、ローマへ向かいローマ教皇にも謁見した。1620年、仙台に戻ったがすでにキリスト教の禁制は強く、晩年は不遇であったようである。⑦駿府出身の山田長政(？〜1630)は、1612年頃にアユタヤ朝(タイ)の首都アユタヤに渡った。このアユタヤにあった日本町で長をつとめ、後にリゴール(六昆)太守(長官)となったが、政争に巻き込まれ毒殺された。(1)イギリス人のウィリアム＝アダムズ(三浦按針、1564〜1620)は、**オランダ船リーフデ号の水先案内人**で、徳川家康の外交・貿易顧問となった。朱印船貿易に従事し、平戸のイギリス商館設立に尽力する。三浦半島に領地、日本橋に屋敷が与えられていた。なお、リーフデ号の航海士であったオランダ人のヤン＝ヨーステン(耶揚子、1556？〜1623)も家康に用いられ、朱印船貿易に従事した。(2)糸割符制度は、1604年にポルトガル商人の暴利をおさえるため、**特定の商人に糸割符仲間をつくらせ、輸入生糸(白糸)を一括購入・販売した制度**。糸割符仲間は京都・堺・長崎の特定の商人によってつくられていたが、のちに江戸・大坂の商人も加わり、五カ所商人と呼ばれた。1631年に中国、41年にはオランダにも適用された。(4)X：幕府は初めキリスト教を黙認していたが、**キリスト教の布教がスペイン・ポルトガルの侵略をまねく恐れを強く感じ、また信徒が信仰のために団結することも考えられたため**、1612年、直轄領に禁教令を出し、翌年これを全国におよぼして信者に改宗を強制した。Y：朱印

船貿易の担い手としては、島津家久や有馬晴信といった西国大名があげられる。幕府は貿易によって西国大名が富強になることを恐れていたため、貿易を幕府の統制下におき、その利益を独占しようとしたのである。1612年には、中国船を除く外国船の寄港地を平戸と長崎に制限した。(6)史料Ⅰは1635（寛永12）年、老中から長崎奉行に通達された条項で、1633（寛永10）年の通達では奉書船以外の渡航を禁じていたが、ここでは日本人の海外渡航と帰国を完全に禁じている。史料Ⅱは1639（寛永16）年、大老・老中が連署して長崎において命じた制札であり、ポルトガル船（ポルトガル人が貿易に用いたガレオタ型の小型快走船：「かれうた」）の来航を禁じる内容である。

2 ①オランダ風説書　②明　③清　④唐人屋敷　⑤対馬　⑥己酉約条　⑦倭館　⑧朝鮮通信使　⑨島津家久　⑩尚　⑪松前　⑫アイヌ　⑬シャクシャイン　(1)ウ・エ・カ　(2)ウ　(3)朝貢貿易で得た中国の産物を、日本へおさめさせるため。　(4)ア　(5)イ

解説　①オランダ風説書は、オランダ商館長が幕府に提出した海外情報である。長崎通詞が翻訳し、長崎奉行を経て幕府に提出された。⑥秀吉の朝鮮侵攻で途絶えた対朝鮮交易の復活を目指す対馬の宗氏は、国書の偽造により日本側から国書を先に出したかたちをとることで、1607年、朝鮮王朝と幕府とのあいだの外交関係を樹立させた。さらに1609年、対馬藩主と朝鮮王朝とのあいだで己酉約条が結ばれ、対馬藩主の年間貿易船数や、釜山倭館での貿易が認められた。(4)幕府からアイヌとの交易独占権を認められた松前氏は、家臣に各地のアイヌとの交易が行われる商場・場所を分与して主従関係を形成した（商場知行制）。18世紀前半にはアイヌと交易を行う場所は、和人商人が経営を請け負うようになり、アイヌは交易相手から場所請負人に使用される労働者とされていった。(5)ア：長崎貿易は17世紀に拡大し、輸入の増加にともなう銀の流出を抑えるため、輸入額や貿易船の数を制限した。イ：中国王朝の冊封体制化で朝貢貿易を行った地域のうち、琉球を薩摩藩が支配し、また朝鮮と対馬藩が貿易を行っていた。さらに松前藩が交易独占権を得たアイヌは、中国王朝と朝貢貿易を行う中国北方の民族とのあいだで交易を行っていた（山丹交易）ことから、薩摩・対馬・松前はいずれも中国王朝の朝貢貿易の経路につながっていた。ウ・エ：朝鮮使節や琉球使節の来日や江戸参府は、異国の使節に対応する将軍の権威を示すものでもあり、家光の時期には朝鮮使節に対しても日光への参府を求めた。またオランダ商館長も毎年江戸に参府し、将軍に謁見した。

3 ①朱子学　②藤原惺窩　③林羅山　④黄檗宗　⑤土佐　⑥琳　⑦赤絵　⑧仮名草子　⑨松永貞徳　(1)徳川家光　(2)A語句—エ　図—Ⅲ　B語句—ア　図—Ⅰ　C語句—カ　図—Ⅱ　(3)Dエ　Eア　Fク　Gイ　(4)あエ　いオ　(5)Xウ　Yア

解説　③林羅山は、京都の藤原惺窩に学んだ儒学者で、思想上は朱子学を信奉した。家康をはじめ秀忠・家光・家綱に仕えて侍講をつとめるとともに、朝鮮通信使の応接や外

交文書の起草、武家の系譜の編纂など幕府の学問や儀礼に関する政策にも関与した。林家は以後も幕府の教学をつかさどる地位を継承した。④黄檗宗は、1634年に来日した明僧隠元隆琦によって伝えられた。臨済宗の一派であるが、伽藍や規則などの明朝風の様式から、日本では臨済宗とは別にとらえられた。近世を通じ、武家・公家から厚い帰依を受けた。(3)D：狩野探幽は狩野永徳の孫に当たり、京都から江戸へ移って、1617年、幕府御用絵師となった。殿舎や寺社などの障壁画を数多く描き、『大徳寺方丈襖絵』などが代表作である。永徳の豪壮な画風を継承しながら、探幽は瀟洒な画風で以後の江戸における狩野派の様式を確立した。E：俵屋宗達は、京都の町衆出身の画家で、大和絵の装飾性を生かし、華やかな色彩や大胆な構図による新たな様式で金碧画を描いた。京都建仁寺の『風神雷神図屛風』が有名。本阿弥光悦との深い交流があったという。F：本阿弥光悦は京都町衆の家に生まれ、絵画・蒔絵・陶芸・書道・茶道など幅広い分野の芸術に才能を発揮した。秀吉・家康にも重用され、晩年に家康から与えられた京都鷹ヶ峰の地には多くの文化人が集まり、芸術村の様相を呈した。(4)エの楽焼は、京都楽家の長次郎が、千利休の指導を受けて16世紀末に創始した茶器陶器である。エ以外はいずれも朝鮮から連行された陶工により始められた陶器産地である。有田では、李参平が17世紀初頭に磁器生産を始め、その後酒井田柿右衛門が赤絵の技法を開発した。有田焼は積出港の名から伊万里焼とも呼ばれ、ヨーロッパにも大量に輸出された。

28 幕藩社会の構造① (p.86〜88)

1 ①苗字　②帯刀　③御家人　④百姓　⑤職人　⑥商人　⑦非人　(1)ウ　(2)Aオ　Bイ　Cカ　Dウ　Eア　Fエ　(3)イ　(4)皮革　(5)居住地や衣服・髪型などの点で区別されていた。

解説　宗教者、芸能者、非人や乞食、また日用のような労働者の存在は、相互に密接に関係している。土地やそこから生み出される生産活動の支配を中核とする幕藩体制社会において、彼らはその周縁に位置する人々として、きわめて多様な集団を形成しながら近世社会を形成していた。⑦非人は、村や町から排除され集団化をとげた乞食を指す。飢饉・貧困や刑罰により新たに非人となる者も多く、村や町で番人をつとめたり、芸能・掃除・物乞いなどにたずさわったりした。(1)近世社会の当初、武士は政治や軍事、さらには学問・知識までも独占しようとする動きがみられた。しかし、のちの18世紀半ばには、商品経済の発展を背景に富を蓄えた裕福な百姓や都市の町人が現れ、学問や思想の幅広い分野で活躍するようになる。また、寺子屋が各地につくられたことで、民衆の中にも識字層が大幅に増加し、書籍や印刷物を通して様々な情報や文化が流通することとなった。(2)A：陰陽師は公家の土御門家から許状を受けた。B：修験者は天台宗系の本山派と真言宗系の当山派に組織された。F：日用は、本来は、土地・道具・資金をもたない労働者が、一日単位に労働力を提供して収入を得ることをいい、比較的単純な肉体労働を行う労働、土木工事や物資運搬に従事するものが多かった。また武家に雇われ、足軽や中間、雑用などに従事する武家奉公人もあった。日用は農村・山村・漁村でも零細な百姓が収

入を得る手段としてみられた。飢饉などによってこうした人々は都市へ流入するようになり、都市問題の要因ともなった。(3)財産についても、長子を通して子孫に相続されることが基本とされており、家長以外の家族は軽んじられていた。(5)かわた・非人は、居住地や衣服・髪型などの点でほかの身分と区別され、賤視の対象とされた。

2 ①入会地　②在郷　③検地帳　④組頭　⑤網元　⑥村入用　⑦村法(村掟)　⑧村八分　(1)(X)ア　(Y)イ・エ・オ　(2)あ：分割相続による田畑の細分化　い：年貢・諸役が納められること　(3)(a)小物成　(b)本途物成(年貢)　(4)村請制　(5)田畑永代売買の禁止令　(6)i)庄屋　ii)麻　iii)ア

解説 (1)肝煎は、村方三役の名主・庄屋に当たる役職の呼称で、東北地方で多く用いられていた。(3)(a)**小物成**は、山林・原野・河海などから得られる生産物や副業に課せられた様々な税の総称で、地域によりきわめて多種多様な負担があった。そのほかに、一国単位で土木工事の労役を課す国役、街道輸送の人馬を供給する伝馬役などの負担もあった。また村高に応じて課税される付加税を**高掛物**といった。(b)**本途物成**は、田畑・屋敷地に対する本租。米納が原則で、税率は初期に四公六民(40%)、幕領では享保頃から五公五民程度となった。(5)1643年の発令。農地の権利が移動することを禁じた法令で、富農の土地集中と本百姓の没落を防ぐために出された。質流れのかたちで崩れたが、1872年まで存続した。iii)**寛永の大飢饉**以後、幕府は幕藩制を支える小農民維持の政策に転換し、軍役動員や手伝い普請を減らす一方、勧農を命じて農民維持のための事業を行い、また村の共同体の組織を強化し村落の相互扶助を通じて小農民を基盤とした農村の維持を行おうとした。

3 ①兵農　②地子　③家持　④地借　⑤借家　⑥店借(⑤⑥順不同)　⑦奉公人　⑧仲間　⑨町奉行　⑩町年寄　(1)(X)在地領主として農村部に居住していた　(Y)城下町への移住　(2)(あ)武家　(い)町人　(う)街道　(え)寺社　(3)i)ⅠA　ⅡB・C　ⅢA　ii)イ

解説 (3)i)町政に参加できるのは**家持の町人**であり、地借・店借・借家の住民は地代や店賃を支払う以外の負担はなかったが、町政には参加できなかった。ii)ア：町には田畑はなく、屋敷地には**地子**と呼ばれる税が課せられたが、町人の負担は、百姓に比べると重いものではなかった。ウ：**町法**(町掟、町式目などともいう)は、町の自治に参加する町人の共同体が作成した規定で、町の成員となるための要件や町運営のための費用負担などを定めたものであり、幕府や諸藩の役職である町奉行が定めたものではない。エ：多くの町で、家持の町人は住民の少数を占めるにすぎなかった。

29 幕藩社会の構造② (p.89〜91)

1 ①米　②木曽檜　③秋田杉　④杣　⑤網漁　⑥塩　⑦魚問屋　⑧網元　(1)イ　(2)i)箱根用水　ii)見沼代用水　(3)i)干拓

ii)Aオ　Bア　Cカ　(4)エ　(5)(e)ウ・カ　(f)イ・エ　(g)ア・オ

解説 ②③④近世の都市の発達と共に、建築資材として材木の需要が増加した。**木曽檜、秋田・飛騨・吉野・熊野の杉**などがとくに有名。なお山林を経営するうえで、山主・山子の関係も形成され、林業に従事する者は、杣とも呼ばれた。(1)ア：農村の生産活動は、用水や入会地の管理、農作業などの相互扶助、祭礼など、村の共同体の存在によって維持されていた面が非常に大きいので誤り。ウ・エ：近世の農業は、小規模な家族経営の農地に労働力を集中的に投下し、単位面積当たりの収穫を高くすることで成り立ち、収穫量を増加させていったので誤り。(2)箱根用水は、芦ノ湖の水を外輪山にトンネルを掘って富士山麓に導水した用水事業。**見沼代用水**は、8代将軍徳川吉宗のもとで行われた開発事業で、現在の埼玉県にあった見沼を干拓して新田とし、それまでの見沼用水にかわる用水を利根川から新たに水路を設けて引き入れたもの。(3)A：児島湾は、岡山県の瀬戸内海に面した内湾の一つで、近世以降、干拓事業が進められた。明治期には民間事業として干拓が行われた。B：椿海は今日の千葉県北部にあった湖であった。4代将軍徳川家綱の時代に、民間の出資と幕府の出資によって干拓事業が行われ、18村2万石余りの新田開発が行われた。C：**有明海**は佐賀・福岡・熊本・長崎の各県に囲まれた遠浅の海岸が広がる内海で、中世以来干拓が行われたが、特に近世以降はさかんに行われるようになった。近代以降も大規模な公共事業として進められているが、近年は内海の水門の締め切りが環境問題となっている。

2 ①国役　②朝鮮　③地機　④楮　⑤紙漉　⑥砂鉄　⑦たたら　⑧玉鋼　(1)ア　(2)免除された　(3)農間渡世　(4)i)あ佐渡(相川)　い足尾　う灰吹法　え長崎　ii)Aア　Bイ

解説 ④⑤楮はクワ科の植物で、樹皮の繊維を利用して、和紙の原料とする。蒸して皮をむき、白皮にして叩いて潰し、かき混ぜる。そしてネリ(粘着剤)を混ぜて、漉船で紙を漉いていく。漉き上げた紙は、圧搾して水分を取って乾燥させる。⑦⑧「たたら」とは足踏み式の大型のふいごのことだが、洋式製鉄法導入以前の砂鉄を使った製鉄を、たたら製鉄と呼ぶようになった。たたら炉での製鉄は、良質の砂鉄を産出する中国地方や東北地方を中心に行われた。天秤たたらの導入は、鉄生産の省力化と規模拡大をもたらし、精錬によって生産される製品のうち、炭素分が低く刀剣などの製造に適するものが玉鋼である。(3)農民が農業のかたわら行った賃金労働や商売・手工業のことを、**農間渡世**(農間稼、作間稼)という。縄・草履などの日用品生産、機織り・紙漉のような手仕事や、大工・酒造・造材作業など多様な仕事が行われていた。(4)i)あ：佐渡金・銀山の中心は相川鉱山で、16世紀後半には大量の金銀を産出。江戸幕府は**佐渡奉行**をおいて開発につとめた。い：栃木県にある足尾銅山は、1610年に発見され、幕府の御見山として17世紀に最盛を迎えた。1871年、民間に払い下げられ、77年に古河市兵衛が買収した。のちに足尾鉱毒事件の原因となる。

閦に重用され、水戸学の形成に大きな影響を与えた。

▶ **3** ①鎖国 ②問屋 ③仲買 ④振売 ⑤仲間掟 (1) I 都市―D　場所―ア
II 都市―B　場所―オ　III 都市―A　場所―ウ
IV 都市―C　場所―イ　(2)朱印船貿易などの海外との貿易や交通体系の未整備による地域間の価格差を利用した交易を行っていたため。(3)口銭 (4)営業権を独占すること。同業者間での相互扶助を行うこと。

解説 (1)I：末次平蔵(？～1630)は、博多の豪商の子で長崎に移住。近世初頭の朱印船貿易家。II：角倉了以(1554～1614)は、京都嵯峨の土倉である角倉家の一門。朱印船貿易家であり、また糸割符商人の一人でもある。大堰(保津)・富士・天竜・高瀬川などの水路開発にも貢献。III：今井宗薫(1552～1627)は堺の豪商で、茶人としても知られ、豊臣秀吉・徳川家康に仕えた。また彼の父宗久は、信長の信任が厚く、堺の町衆の代表格であり、同じく茶人としても知られた。IV：島井宗室(1539？～1615)は、博多の豪商で茶人。豊臣秀吉の九州平定の折、秀吉に拝謁し、博多復興の命を受けた。(2)近世初期の豪商は、権力者から特権を受け、遠隔地間の取引や海外貿易などによって大きな富を得た。また、経済活動を通じて政治的にも影響力をもった。

30 幕政の安定 (p.92～94)

▶ **1** ①徳川家綱 ②清 ③島原 ④かぶき者 ⑤由井(比)正雪 ⑥末期養子 ⑦明暦 ⑧寛永 ⑨手伝普請 (1)殉死が禁止される前は従者は主人個人に奉公していたが、殉死が禁止されたことにより従者は主人個人ではなく主人の家に奉公することになった。(2)ア (3)あ保科正之 い前田綱紀 う池田光政　Aエ　Bア　Cオ　Dイ　Eカ　Fキ　Gウ

解説 ②幕府機構が整い社会秩序が安定しつつあった4代将軍家綱の時期、中国では台湾を拠点に最後まで清に抵抗を続けた鄭成功が1662年に死去するなどして、清朝は安定した王朝となった。鄭成功は「国姓爺」とも呼ばれ、近松門左衛門は彼を主人公に時代物の浄瑠璃脚本『国姓爺合戦』を書いた。④戦乱の終止や武断政治のもとで、主家を失うあるいは戦という活躍の場を無くした牢人や、異様な振る舞いや風体をしたかぶき者らが増加し、社会問題化していた。(2)領知宛行状とは、将軍が大名の所領支配を公認する文書で、将軍の花押のある領知判物や朱印が押された朱印状を指す。1664(寛文4)年、幕府は諸大名に対して、将軍家綱の領知宛行状を統一的な様式で一斉に発給した。これを寛文印知ということもある(教科書p.156に掲載されている大名の配置が1664年頃のものであると記載されているのは、寛文印知が行われた頃の配置を示すものである)。寛文印知は、各々の大名に個別に領知宛行状が発給されることで将軍と大名個人との主従関係が確認された従来の形態から、将軍・大名の資質を問わず、大名が将軍権力に対して一様に臣従すべきものであることを体制的に示す政治的行為であった。領知宛行状の一斉発給は、翌年、公家・寺社に対しても行われた。この政策は、主従関係が主君と家臣の個人的関係であることを否定した殉死の禁止とも通じるものである。(3)G：明末の遺臣朱舜水は、1659年長崎に亡命し、1665年に水戸藩に迎えられた。徳川光

▶ **2** ①徳川綱吉 ②元禄 ③堀田正俊 ④柳沢吉保 ⑤文治 ⑥湯島聖堂 ⑦林鳳岡(信篤) ⑧大嘗会(祭) ⑨生類憐みの令 ⑩服忌令 ⑪荻原重秀 ⑫富士山 (1)Aイ　Bエ　Cオ (2)I○ II× III○ (3)ア (4)赤穂事件は、この時期が武断主義から文治主義の時代に移り変わったことを示す事件である。

解説 ⑥1632年に、林羅山が江戸・上野忍ヶ岡の家塾に設けた孔子をまつる聖堂が、1691年に湯島昌平坂に移され、湯島聖堂となった。林家の家塾もともに移され、整備され聖堂学問所となった。⑧霊元天皇は、父の後水尾天皇と同じく院政を敷いて皇室再興を目指し、応仁の乱以降途絶えていた天皇即位後に初めて新穀を神々に捧げる儀式である大嘗祭を、1687年東山天皇への譲位に当たって簡略な形で再興した。(2)II：1657年に発生した明暦の大火は振袖火事とも呼ばれ、江戸市中の大部分を焼失させ、この時、江戸城も天守閣をはじめ多くの施設が焼け落ちた。(4)この事件は朝廷関係の儀式を準備する過程でおきた。君主が切腹させられた赤穂藩の浪士が仇討ちをするということは、武断的な時代であれば忠義を尽くす行為として評価されるものであるが、浪士たちは切腹を命じられている。問題文中にあるように、このことは「武力よりも儀礼の知識や身分格式、そして役人としての事務能力が重視される」時代になったことを象徴する出来事であったといえる。

▶ **3** ①徳川家宣 ②徳川家継 ③新井白石 ④間部詮房 ⑤正徳 ⑥閑院宮家 ⑦通信使 ⑧大君 ⑨日本国王 ⑩慶長 ⑪海舶互市新例(長崎新令・正徳新令) (1)清：Iイ IIイ オランダ：Iア IIア

解説 ③木下順庵に朱子学を学ぶ。『読史余論』『西洋紀聞』の著者であり、歴史研究や洋学の先駆者としても有名。⑥東山天皇の第6皇子を立て創設された。それまで宮家は伏見、有栖川、京極の三家のみであり、これ以降四親王家となった。⑧⑨大君は将軍の対外的称号だったが、朝鮮王子の嫡子を指す語であるとして、新井白石が日本国王に改めさせた。享保期には大君に戻った。

31 経済の発展① (p.95～98)

▶ **1** (1)Aエ　Bア　Cオ　Dイ　Eウ (2)A (3)イ (4)i)金肥 ii)干鰯(〆粕・油粕・糠) (5)aウ　bオ　cエ　dキ　eク　fカ　gア (6)ウ

解説 (1)(2)Aは扱箸にかわって使われた脱穀具。Bは揚水機。なげつるべや中国伝来の竜骨車にかわって使われた。Cは風呂鍬にかわって使われた鍬で、深耕が容易になった。Dは穀粒の選別具。Eは風力を利用した籾殻・塵芥を選別する道具。(3)a：2行目に「新田新発に成尽して」から可能な土地はすべて開発されたという内容が読み取れる。その後に続く文は、そのため株が足りなくなって必要な分を蓄えること

ができず、金銭で買わざるをえなくなったという内容である。b・cについての記述はない。d：人を雇い、舟を造ってまでして海藻や貝類を取りに行き「こやし」とした、と書かれている。魚でつくった干鰯や〆粕などの金肥が教科書p.181で紹介されているが、このような肥料もあったことが史料からわかる。(4) i) 江戸時代の前までは自給肥料が中心であったが、江戸時代は、金銭で買う肥料である金肥が普及するようになった。金肥は栄養価が高く収量を増加させることができるが、農民が貨幣経済に巻き込まれていくことにもなった。ii) 房総地方の干鰯や蝦夷地の鰊の〆粕は広く流通し、商品作物の生産をうながした。(5) d・e は染料の原料。f は畳表の材料。(6) X：正。II の史料2行目「近年段々新田新発に成尽して」から判断できる。Y：誤。III の資料の内容と異なっている。ただし、商品作物生産の増加による貨幣経済の浸透は、農民の階層分化の一因となった。Z：正。I と II をふまえている。

---

2 ①俵物　②蝦夷地　③入浜　④野田
　　⑤酒造　⑥伏見　⑦西陣　⑧高機　⑨桐
生　⑩有田焼　⑪佐賀　⑫尾張　(1) I ○
II ×　(2) A イ　　B エ　　C ア　(3) D カ　　E エ
F イ　　G ウ　(4) I エ　　II イ　　III キ　　IV ウ

解説 ①俵物は中国向けの重要な輸出品。③瀬戸内海は干満の差が大きく降水量も比較的少ないので、製塩業が盛んである。入浜塩田は満潮時に塩田に自動的に海水が入るようにし、毛細管現象で海水の蒸発を促進させ塩分濃度を高めた。④野田も銚子も、現千葉県。⑦西陣は応仁の乱で西軍の本陣があった場所だが、明の織法を取り入れて、縮緬や金襴・緞子などの高級品を織った。⑧地機（いざり機）よりも高い腰掛に座って操作した。⑨高級絹織物は、桐生が上野の中心的な産地として成長し、ここに近い上野の伊勢崎や下野の足利地方でも生産が拡大した。⑩有田焼は豊臣秀吉の朝鮮出兵で日本につれてこられた朝鮮陶工・李参平が、白磁の製作を始めたのが最初。酒井田柿右衛門の赤絵でいっそう発達。(1)江戸時代は建築資材として材木の需要が高まり、各地で有力な材木商人が生まれた。木地師は木の荒挽きや轆轤を用いて盆や椀などの木製日用品などをつくる手工業者で各地の山里にも分布していた。(3)久留米絣は端がかすれたような模様が特徴。越後縮は越後小千谷地方で生産される。丹後縮緬の生産は18世紀以後、京都の問屋の影響を受けながら急速に発展した。

---

3 ①道中　②宿駅　③関所　④入鉄砲
　　⑤北前船　(1) A 東海道　B 中山道　C 甲州
道中　D 日光道中　E 奥州道中　F 箱根
(2) I ウ　　II ア　　III イ　(3) i) G 西廻
り　H 東廻
り　I 南海　ii) 河村瑞賢　iii) エ

解説 ①五街道に関する一切の事務を管掌した。②宿駅がおかれ、それを中核に発達した町が宿場町。③関所の設置目的は治安維持で、東海道には箱根のほかに浜名湖の新居関（今切関）、中山道には碓氷関・木曽福島関、甲州道中には小仏関、日光・奥州道中では栗橋関が有名。なお、同じく治安上の理由で橋を架けない河川もあった。大井川や安倍川は川越人足などを利用して徒歩で渡るのみで、船で渡ることも

禁止された河川。天竜川は渡船が認められた。(2) I：本陣の様子。本陣は大名や幕府役人の宿泊所で、絵には利用している大名家の定紋を大きく染め抜いた幕が張られているのがみえる。宿駅には本陣が利用できないときのために脇本陣をおくところもあった。II：旅籠の様子。一般の旅行者は旅籠や木賃宿に宿泊した。木賃宿は食事なしの低価格の宿。III：問屋場の様子。ここでは問屋や年寄・帳付などの宿役人が宿駅での人馬の継ぎ替えや、その人馬を負担する伝馬役の差配、公用書状や荷物の継ぎ送りを担当した。(3) iii) I：誤。伏見や灘など上方の酒を江戸に輸送したのが樽廻船。II：誤。おもに千石積の大型船を使用した菱垣廻船に比べ、中小廻船を使用した樽廻船は荷積みも迅速で、かつ安かった。

---

32 経済の発展②　　　　　　　　　　(p.99〜101)

1 ①計数　②秤量　③銭座　④藩札　⑤本
両替　(1) i) 物価を騰貴させた。　　ii) ウ
(2) イ

解説 ①②一定の純度と分量と形状をもち、一定の価格が表示され、目方でなく個数や額面で通用する貨幣を計数貨幣という。それに対し、取引のつど目方をはかり、価値を決めて通用させた貨幣を秤量貨幣という。銀は当初秤量貨幣であったが、田沼意次が南鐐二朱銀と呼ばれる計数銀貨を発行した。③1636年に東京芝と近江坂本で寛永通宝を鋳造したのが最初。その後、民間請負の形で大坂・長崎・秋田などに設置され、金座・銀座の支配を受けた。④特定の諸藩・旗本領内でのみ発行・通用する紙幣を藩札という。1661年に越前藩が発行したのが最初。⑤両替商のうち、金銀の交換および為替・貸付業務を行うものを本両替という。対して、金銀と銭との小額交換を担うものを銭両替（銭屋）と呼んだ。(1) i)1枚当たりの金の含有量を減らし、全体の通貨量を増やしたことによって物価騰貴が引きおこされた。質の悪い（＝金含有量の少ない）貨幣が出回ると、実際の取引現場ではより質の良い貨幣を選ぶ行為が行われる（＝撰銭）。結果、出回る貨幣が質の悪いものばかりになると、「今までのものより金が少ないなら余計に支払ってもらう」ようになったことも、物価騰貴の一因と考えられる。いずれにせよ、貨幣そのものの価値が下落していることが物価騰貴の原因である。ii) 徳川家康の命で設置された金座を管理・統轄したのが後藤庄三郎である。その後、元禄時代の財政難を打開すべく、荻原重秀の献策を容れ、金含有量の少ない元禄小判を発行して出目（＝銭貨発行収入）を得ようとしたのが5代将軍徳川綱吉。しかし、i)のように物価騰貴をまねいたため、慶長小判と同質の正徳小判を発行したのが新井白石。(2)鴻池は大坂の両替商として有名。

---

2 ①蔵屋敷　②蔵物　③納屋物　④西陣
(1) ウ　(2)蔵屋敷において、蔵物の取引に携わる者を蔵元、代金などの出納に当たる者を掛屋と呼んだ。(3) イ　(4) エ　(5)禁中並公家諸法度を制定して朝廷運営の基準を示し、京都所司代らに朝廷を監視させるとともに、公家から2人選ばれた武家伝奏を通じて朝廷に幕府側の指示を伝えた。

解説 ①諸藩・旗本などが、年貢米・国産物を販売するためにおいた倉庫兼取引所。大坂だけにおかれたわけではないが、大坂中之島にもっとも多い。②③蔵屋敷に集められたものを蔵物といい、蔵屋敷を経ず民間商人の手によって流通させられたものを納屋物という。米の場合はそれぞれ蔵米・納屋米という。④京都西陣で織られた高級絹織物。なお、産地の名がつく絹織物にはほかに桐生絹・伊勢崎絹・足利絹・丹後縮緬・上田紬・結城紬などがある。(1)18世紀前半の江戸町方の人口が約50万人とされ、武家や寺社の人口を加えて計100万人前後と推定されている。同時期に、大坂は約35万人、京都は約40万人ほどであったとされる。(2)蔵元と掛屋は業務の内容に着目した名称で、実際には同一の商人が両者を兼ねることも多かった。なお、蔵米取の旗本・御家人の代理人として蔵米を受け取り、売却して銭にかえることを請け負っていた商人を札差(蔵宿)といい、金融業も営んでいた。蔵元・掛屋・札差の三者は明確に区別しておきたい。(3)大徳寺は曹洞宗ではなく臨済宗の系統であり、五山派(叢林)に対して林下と呼ばれる。(4)利根川は古代以来舟運が発達していた河川であるが、江戸時代初期に河道付け替え工事(利根川東遷事業)が実施され、河村瑞賢による東廻り海運の整備にともない、不可欠の流通路となった。(5)「禁中並公家諸法度」「武家伝奏もしくは京都所司代」に着目してまとめられるとよい。

3　①十組　②二十四組　③問屋制家内工業
(1) i)越後屋　 ii)現金(銀)掛け値なし　(2)ウ

解説 ①②十組問屋は1694年に江戸で成立した荷受問屋仲間。二十四組問屋は同じ頃大坂で成立した荷積問屋。大坂から江戸へという物流がうかがえる。③農村において農閑期に自前で原料や器具などを準備し手工業生産を行っていた農村家内工業に対し、問屋商人があいだに入って原料・器具を生産者に前貸しし、その生産物を買い上げるという形態が誕生した。これを問屋制家内工業という。(1)三井家の越後屋＝三越。掛け売り(＝事後決済、ツケ払い)が常套であった当時において掛け売りをしないという商法は画期的であった。なお、 i) ii)ともに絵から読み取ることができる。(2)米市場は大坂堂島。魚市場は大坂雑喉場、江戸日本橋、名古屋熱田。青物市場は大坂天満、江戸神田、名古屋枇杷島が知られる。

33 元禄文化 (p.102～104)

1　①浮世草子　②蕉風(正風)　③義太夫節
(1)ア・オ　(2)奥の細道　(3)Aイ　　Bク
Cオ　Dエ　Eア　(4)ウ　(5)イ

解説 (1)イ・エが武家物、ウが好色物でこのほかに『好色五人女』『好色一代女』などの作品がある。(2)松尾芭蕉の俳諧紀行文はこのほかに、関西地方から阿波におよぶ『笈の小文』や、江戸から大和・山城方面にいたる『野ざらし紀行』がある。また芭蕉とその一門の句集『猿蓑』も重要である。(3)ア・エは現代まで続く歌舞伎の名跡である。ウの辰松八郎兵衛は元禄期から大坂竹本座で活躍した人形遣いで、女方人形の名手とされた。のちに江戸にくだり、辰松座を創始した。(5)A：元禄文化は17世紀後半の大開発時代といわれた経済発展を背景に、一般の町人や地方の商人、また有力百姓などが

文化の担い手となった。B：17世紀後半、江戸と大坂を中心とする全国規模の海上交通網が完成すると、大坂には換金目的の年貢米などが集まるようになり、大坂は「天下の台所」と呼ばれるほど繁栄した。このことが元禄文化の背景のひとつとなった。選択肢Bで書かれている内容は、19世紀の流通の変化であり元禄期の様子ではない。C・D：元禄期には、幕府や藩の統治が法や秩序によるものとなり、武士には武芸よりも上下の身分秩序を重んじ、「忠孝・礼儀」を尊ぶ考え方に有用な学問である儒学など為政者として必要な能力を身につけることが求められた。

2　①中江藤樹　②陽明学　③熊沢蕃山　④古学(派)　(1)垂加神道　(2)知行合一　(3)大学或問　(4)聖教要録　(5)政談　(6)経済録　(7)A読史余論　B貝原益軒　C関和孝　D i)渋川春海(安井算哲)　 ii)貞享暦　 iii)天文方　E契沖　F北村季吟

解説 ③(3)熊沢蕃山は岡山藩主池田光政に仕え、財政・農政など各方面から政治の要道を説いた。経済政策書である『大学或問』を著したが、とくに重農主義的立場から武士の帰農や参勤交代の緩和を主張したため、幕府にとがめられた。(5)荻生徂徠は弟子の田中丘隅や、朱子学者の室鳩巣らとともに第8代将軍徳川吉宗に重用されたことも重要である。『政談』は徂徠が吉宗の諮問に答えた幕政改革案を述べたものである。荻生徂徠から太宰春台らに続く古学派の一派は古文辞学派と呼ばれ、儒学の古典をその時代の文辞に即して理解すべきであるとの立場をとった。この主張は学問の方法論としても大きな意味をもった。(7)A：第6代・第7代将軍のもとで幕政を動かした新井白石は、朱子学者木下順庵の門下生で、いわゆる木門十哲の一人であった。『読史余論』は第6代将軍徳川家宣に行った日本史の講義案で、「本朝天下の大勢九変して武家の世となり、武家の世また五変して当代に及ぶ総編の事」で始まる。白石はこのほかに、『日本書紀』の神代から神武天皇にいたる歴史を「神は人なり」の表現に象徴されるように儒教的な合理主義の立場から解釈した『古史通』、徳川家宣の命により大名家の事績・系譜・伝記を集成した『藩翰譜』などの歴史書を著した。また徳川家継の海外知識理解のために漢文体で世界五大州の地理や風俗を著した『采覧異言』、屋久島に潜入したイタリア人宣教師シドッチの尋問記録や、最新の知識にもとづく世界地理と当時の世界情勢、さらにキリスト教の教義・批判を和文で記した『西洋紀聞』は、シドッチの尋問で得た知識や中国の地理書などをもとに著したものである。C：江戸時代前期に、京都の豪商角倉家の一族であった吉田光由は『塵劫記』を著し、この書の普及は和算研究の広がりに大きな意味をもった。和算研究の大成者とされる関孝和は徳川家宣に仕えた武士で、代数学や円周率研究にすぐれた業績をのこしたほか、暦法においても渋川春海と競うまでの研究を行った。

3　(1) i)土佐派　　 ii)土佐光起　(2)住吉派
(3) i)尾形光琳　　 ii)琳派　(4) i)菱川師宣
 ii)浮世絵　(5) i)野々村仁清　 ii)京焼　(6)尾形乾山　(7)友禅染　(8) i)柳沢吉保　 ii)六義園

解説 (2)土佐派の門人であった住吉如慶は、1662年、後西天皇の勅命により絵師住吉家を再興し、子の具慶は幕府にまねかれ江戸におもむき、以後住吉家は幕府御用絵師となった。(3)尾形光琳は、図の作品や『燕子花図屏風』などの絵画ばかりではなく、寛永期の文化を代表する本阿弥光悦に傾倒し、蒔絵では『八橋蒔絵螺鈿硯箱』のような秀逸な作品を残している。(4)浮世絵は菱川師宣によって大成された。この後、肉筆画から版画へと進み、量産と安価な入手が可能となり、まさに文化が町人大衆へと展開された象徴であるといえる。(7)宮崎友禅は、元禄のころ京都で扇や小袖の文様が好評を博した。友禅染は伝統的な文様に新感覚を加味した繊細で華やかな草花文様などで流行し、加賀でも加賀友禅が生まれた。

34 幕政の改革 (p.105〜108)

1 ①紀伊 ②町奉行 ③公事方御定書 ④小石川養生所 ⑤町火消 ⑥漢訳洋書 ⑦青木昆陽 (1)家康の時代への復古を掲げ、強力な将軍権力によって改革を行うというもの。 (2)ウ (3)ⅰ)足高の制 ⅱ)田中丘隅 (4)Ⅹ イ Ｙ イ Ｚ ア (5)三卿

解説 ②③④⑤大岡忠相(1677〜1751)は、1717年に山田奉行から徳川吉宗に抜擢されて江戸町奉行となった。享保の改革の実務を担当し、過去の判例を整理して裁判や刑の基準を定めた『公事方御定書』の編纂や、小石川養生所・町火消制度を設けた。小石川養生所は、庶民の意見を聞くため評定所に設けられた目安箱への投書によって設立されることとなった。⑦青木昆陽は甘藷(さつまいも)の栽培を行い、甘藷の栽培研究書の『蕃薯考』を著した。(1)「権現様」とは家康のことで、家康が「東照大権現」としてまつられたことに由来する。吉宗は過去の質実剛健の気風に返り、元禄以降の華美な風潮を排することにつとめた。(2)イ:「上げ米」とは、1万石につき100石の八木(米)を幕府に上納するもので、その見返りに参勤交代の江戸在府期間を半減するという臨時制度である。1722年から1730年までの8年間で実施され、上げ米総額は年間で18万7000石(幕府の年貢収入の1割)にのぼった。ウ:享保の改革においては、その年の収穫に応じて年貢率を決める検見法を改め、一定期間同じ率を続ける定免法を広く取り入れ、年貢の増徴を目指した。(3)ⅰ)足高の制を建議したのは儒学者の室鳩巣である。役職の標準役高(石高)を定め、それ以下の禄高のものが就任する時、在職中に限って不足の石高をおぎなう制度である。

2 ①名主 ②地主 ③豪農 ④村方騒動 ⑤地借 ⑥店借 ⑦遊郭 ⑧村請制 (1)資金に困窮した百姓は、自らの田畑を質入れして、小作人となるか、年季奉公や日用稼ぎに従事することとなったため。 (2)ⅰ)ア ⅱ)天明の飢饉 ⅲ)あ代表越訴型一揆 い義民 う惣百姓一揆 Ａ ア Ｂ イ

解説 (1)貨幣経済に巻き込まれた百姓は、資金に困窮し、当時は田畑の売買は禁止されていたので、田畑の質入れを行った。これにより、有力な百姓たちは土地を集めて地主となり、その田畑を小作人に貸し、小作料を取り立てた。そ

の結果、田畑を失った百姓らは小作人となるか、年季奉公や日用稼ぎに従事することになり、また都市に流入して零細な棟割長屋に住む都市の下層民を形成することとなった。(2)ⅱ)天明の飢饉(1782〜87年)は、長雨と浅間山大噴火・冷害・水害などによる全国的な大飢饉。とくに東北地方の被害が甚大で、餓死者は仙台藩だけで約30万人にものぼった。その惨状は『天明飢饉之図』に描かれている。なお、享保の飢饉は1732年の長雨といなごやうんかの害による飢饉。西国一帯にわたり、飢民約200万人。米価は4〜5倍に騰貴し、翌年江戸の打ちこわしがおこる。ⅲ)A:佐倉惣五郎は、17世紀下総佐倉藩領の名主。藩主堀田氏の苛政を単身で4代将軍家綱に直訴した。年貢減免は勝ち得たが、死刑となった。磔茂左衛門は上野国利根郡月夜村の農民。沼田城主真田信利の過酷な年貢・夫役の要求に怒り、幕府に越訴した。一揆は全藩一揆となり、信利は改易されたが、茂左衛門も磔刑となった。B:嘉助騒動は1686年、信濃松本藩の筑摩・安曇両郡の農民が、年貢減免を要求しておこした一揆。224カ村が参加した。元文一揆は、1738年に陸奥磐木平藩領内でおこった全藩一揆である。

3 ①徳川家治 ②老中 ③株仲間 ④俵物 ⑤赤蝦夷風説考 ⑥工藤平助 ⑦最上徳内 ⑧天明 ⑨田沼意知 (1)運上・冥加 (2)イ (3)ⅰ)ウ ⅱ)8片 (4)印旛沼(手賀沼) (5)イ (6)ウ

解説 (4)俵物は表記の海産物を俵に詰めたもので、「ふかひれ」「干し鮑」「いりこ(なまこの腸を抜き、煮て干したもの)」は東北や蝦夷地の特産物である。⑤⑥⑦「赤蝦夷」とはロシア人を指す。いずれも蝦夷地の重要性を田沼に意識付ける要素となった。(2)イ:綿座は京都・八坂神社を本所とする祇園社綿座が代表的なものである。ア:銅座は1738年に設置され、一旦廃止されるが再置され、勘定奉行の支配に入る。ウ:真鍮座は1780年に設置されるが、寛政の改革の一環として1787年に廃止された。エ:朝鮮人参座は1763年に設置されるが、粗悪な薬用人参の流入防止の意味もあった。(3)ⅰ)エ:安政二朱銀は、日米和親条約による横浜港の開港に備えて、安政6年(1859)に小判の海外流出防止の目的で貿易取引専用に鋳造された計数貨幣である。ⅱ)江戸時代の金貨は4進法。1両＝4分＝16朱である。南鐐二朱銀は1片で2朱。それまで秤量貨幣であった銀貨にはじめて計数貨幣が登場した。(5)ア:田沼時代の賄賂政治を風刺した川柳。イ:松平定信によって行われた寛政の改革を批判したもの。蚊のぶんぶんという羽音と、文武奨励とをかけている。ウ:佐野政言は旗本で、私憤を原因に、江戸城中で田沼意次の息子意知を斬りつけて殺害。切腹となった。「たぬま(田沼)るる身の憎さゆへ命捨ててもさの(佐野)み惜しまん」とあるようにその事件をかけ合わせている。政言を民衆は「世直し大明神」と呼んだ。(6)吉宗は徳川将軍家の安定をはかるためにも朝廷との協調関係を維持した。新井白石により新設された閑院宮家から天皇が迎えられたのである。

1 (1)ア (2)Aケ Bウ Cア Dク Eカ Fイ (3)ヨハン＝シドッチ (4)解体新書 (5)稲村三伯 (6)古事記(日本書紀) (7)賀茂真淵

解説 (1)国学の発展のもとになった契沖の『万葉集』の研究と『万葉代匠記』を思い出そう。(2)各資料の出典は次の通りである。A：新井白石『西洋紀聞』。B：杉田玄白『蘭学事始』。C：本居宣長『うひ山ぶみ』。D：石田梅岩『都鄙問答』。E：安藤昌益『自然真営道』。F：山片蟠桃『夢の代』。山片蟠桃は大坂の町人学者である。懐徳堂で学び唯物論・無神(無鬼)論を説いた。なお、懐徳堂の出身者としては富永仲基も有名である。平賀源内は讃岐高松の出身で、長崎遊学後に江戸で寒暖計などを製作した。西川如見は天文学者で世界地誌である『華夷通商考』を著した。青木昆陽は備荒作物として甘藷(サツマイモ)の生産を奨励した。安藤昌益は陸奥八戸で町医者を開業していた。昌益は武士を「不耕貪食の徒」と批判し、すべての人々の平等を求めて「万人直耕」を説いた。このように人間の平等を説くその思想は身分制の否定をできなかった当時の儒学者と比較すると先進的なものであった。石田梅岩は京都の町人学者で自宅に講席を設け、男女の別なく一般の庶民の聴講を呼びかけ、町人を中心とする庶民の生活倫理をやさしく説いた(石門心学)。また本文に「売利ヲ得ルハ、商人ノ道ナリ」とあるように商売上の利益は武士の俸禄と同じく正当なものであると説き、営利・商売の正当性と商人の存在意義を主張した。(3)新井白石は本文にあるようにシドッチの学識を「博聞強記」と高く評価する一方、キリスト教の教義は「其教法を説くに至りては、一言の道にちかき所もあらず」と批判した。なお、白石の著作には自伝である『折たく柴の記』や『読史余論』、『古史通』などの歴史書がある。(4)杉田玄白、前野良沢らは1771年に罪人の腑分(解剖)を見学した際に『ターヘル＝アナトミア』の記述の正確さに感銘を受け、翌日より3年の歳月をかけて翻訳した。(5)稲村三伯は大槻玄沢が江戸に開いた芝蘭堂で学んだ。

2 A賀茂真淵 B塙保己一 C本居宣長 (1)和学講談所 (2)漢意 (3)Aウ Bイ Cア

解説 A：賀茂真淵は遠州浜松の神職。荷田春満に学び、田安宗武に仕えた。B：塙保己一は7才で失明するが、真淵に弟子入りし『群書類従』の編纂を進めた。C：本居宣長は伊勢松阪の医師で賀茂真淵に学び『源氏物語玉の小櫛』では「もののあわれ」を主張した。(2)「漢意」とは主に仏教や儒教を示し、日本古来の思想を「大和魂」と呼んだ。

3 ①考証学 ②朱子学 ③昌平坂学問所 ④郷学(郷校) ⑤池田光政 ⑥閑谷学校 ⑦寺子屋 ⑧懐徳堂 ⑨富永仲基 ⑩竹内式部 (1)古義堂 (2)芝蘭堂 (3)貝原益軒 (4)明和事件

解説 ③昌平坂学問所は1630年に上野忍ヶ丘の林家の家塾として始まり、1691年湯島に移転し聖堂学問所となった。(1)古学派は儒学の原点である孔子・孟子の真意を汲み取ろうとした一派。折衷学派は朱子学・陽明学、古学など特定の学派にこだわらず、調和的に真意を探ろうとする一派。(3)『女大学』は貝原益軒の『和俗童子訓』のうち「女子を教ゆる」法をもとに作成されている。「三従の教え」を柱とし、男尊女卑の思想が根底にある。(4)山県大弐が江戸で『柳子新論』で尊王論による幕政批判をし、死罪となった事件。

4 ①洒落本 ②黄表紙 ③山東京伝 ④上田秋成 ⑤読本 ⑥狂歌 (1)各地に寺子屋がつくられ、民衆の識字率が大幅に向上し、18世紀半ばの商品経済の発展により富裕な百姓や都市の町人が文化の担い手となったから。

解説 ①寛政の改革での取締りにより洒落本は舞台を遊里に限らず、青年男女の恋愛をテーマにするようになり、化政文化の人情本につながっていく。②代表作として恋川春町の『金々先生栄花夢』がある。③このほかに恋川春町、出版元の蔦谷重三郎らも処罰された。⑥「狂歌」は「和歌」を基本とした風刺文学。(1)生産力の増大や貨幣・商品経済への対応、生活水準の向上のための文字の使用などが必要となり、百姓も法度や触書を理解する必要があったため、寺子屋の普及が促進された。近世後期の日本の識字率が当時の世界水準に比較して高かったのは寺子屋の存在が大きい。

5 Ⅰ人名―ア 図―B Ⅱ人名―ウ 図―D Ⅲ人名―イ 図―A Ⅳ人名―カ 図―C

解説 Aは東洲斎写楽の『初代尾上松助の松下造酒之進』、Bは喜多川歌麿の『扇屋内蓬萊仙』、Cは池大雅の『十便十宜図(灌園便)』、Dは鈴木春信の『三十六歌仙「僧正遍照」』。エの円山応挙は、写生を重ねじ、伝統的な絵画に西洋画の遠近法を取り入れ立体感のある作品を描いた。『雪松図屛風』が有名。オの司馬江漢は、平賀源内とも交わって遠近法・陰影法を取り入れた洋風画を描き、日本銅版画を創始した。『不忍池図』が有名。資料集や教科書の代表的な図版は繰り返しみるようにしよう。

1 ①天明の打ちこわし ②七分積金 ③人足寄場 ④棄捐令 (1)旧里帰農令 (2)寛政異学の禁 (3)林子平 (4)蔦屋重三郎 (5)尊号一件 (6)特産物生産を奨励し、藩専売制を実施した。

解説 ②七分積金は町入用(町で使う予算)の節約分の70%を町会所に積み立てるもので、飢饉や災害に備えるとともに、日常は窮民の救済や低利での貸し付けに当てられた。③江戸隅田川の石川島(当初は石川島と佃島のあいだの三角州)に設置した一種の授産所。入れ墨などの軽罪の無宿者を収容し、職業技術を授け、教化を行った。④棄捐令は旗本・御家人を救済するために、札差からの借金を減免した法令で、主な内容は6年以前の借金は帳消し、5年以内の借金は低利で年賦償還とすること。天保の改革でも同様の法令を発布した。札差とは旗本・御家人の代理として蔵米の受取・売却を行う者のことをいう。金融業にたずさわり、旗本・御家人に融資していた。鎌倉時代の借上、室町時代の土倉・酒屋と関

連付けて理解すること。(2)1790年に柴野栗山の建言で、儒学のうち朱子学を「正学」とし、それ以外の学派を異学として聖堂学問所で教授することを禁止したもの。朱子学の官学化と教学統制を行った。藩校は規制外であったが、のちに自主規制するようになった。(4)そのほか、洒落本作者の山東京伝や黄表紙作者の恋川春町も処罰された。(5)1789年、光格天皇が皇位についたことのない実父閑院宮典仁親王に太上天皇(上皇)の称号を贈りたいと幕府に同意を求めたが、定信が反対した事件。(6)18世紀後半の藩政改革で知られる人物として細川重賢(熊本藩)、上杉治憲(米沢藩)、佐竹義和(秋田藩)がいる。熊本藩は櫨(蠟の原料)の生産奨励と蠟の専売を実施し、米沢藩は養蚕・製糸業を奨励し米沢織を盛んにし、財政再建を進めた。また、この時期には藩校を設立して人材登用に力を注ぐようにもなっていた。

2 ①エカチェリーナ2世　②ラクスマン　③近藤重蔵　④レザノフ　⑤間宮林蔵　⑥ゴローウニン　⑦異国船打ち払い令(無二念打払い令)
(1)大黒屋光太夫　(2)A○　B×　(3)高田屋嘉兵衛　(4)フェートン号事件　(5)長崎奉行　(6)日本人漂流民を送還した船を撃退した点。　(7)ロシア人は択捉島に上陸して現地のアイヌと交易を行っていたが、幕府は国後島におけるアイヌの蜂起事件をきっかけにロシアとアイヌの連携を疑い、異国ロシアとの境界線を引き、アイヌを和人に同化させることで支配を強化しようとしたため。

解説(2)この時に幕府はラクスマンに長崎入港許可書(信牌)を与えて帰国させた。これを持参し長崎で貿易を求めたレザノフに対しては「鎖国は祖法である」として追い返した。これは、ラクスマン来港時の松平定信政権がロシアとの間に長崎貿易と同様のしくみの貿易を認める可能性を残していたのに対して、定信失脚後は通商拒否の考えが強まったという背景がある。③近藤重蔵は択捉島に「大日本恵登呂府」の標柱を建てた。④レザノフはアレクサンドル1世の使者であった。⑤間宮林蔵は樺太が島であることを確認した(間宮海峡の「発見」)。⑥国後島に上陸したロシア軍艦艦長ゴローウニンを捕らえ、箱館・松前に監禁。これに対し翌年ロシアが高田屋嘉兵衛を抑留。1813年嘉兵衛の送還後、彼の尽力でゴローウニンを釈放した事件。⑦外国船に対する法令は1806年に「文化の撫恤令」、1825年「異国船打払令(無二念打払令)」、1842年にはアヘン戦争の影響で「天保の薪水給与令」が出されている。「撫恤」とはあわれみいつくしむという意味。「無二念」とはためらわずにという意味。19世紀初、幕府は日本近海に出没するイギリス船・アメリカ船に対しての対策として台場を設置し大砲を設けさせる一方で船員と住民との衝突を避けるため、「撫恤」の名目で異国船に薪水・食料を与えて帰国させる方針をとっていたが、異国船打払令以降はきびしい態度で臨もうとした。(1)桂川甫周が大黒屋光太夫からの尋問をまとめた漂流記として『北槎聞略』がある。(2)Aは1789年におこったクナシリ・メナシの蜂起のことである。B:蝦夷地直轄後、幕府は東北諸藩に蝦夷地の警備を命じた。(4)ナポレオン戦争でオランダはフランスの属国となったため、イギリスがオランダ船を追って長崎に入港したフェートン号事件は英仏戦争の余波を受けておこったものといえる。(5)「責任をとって」とあるので長崎奉行と推測できる。長崎は16世紀後半に大村純忠が

ポルトガルに提供したことで港として大いに繁栄した。イエズス会への寄進をきっかけとして豊臣秀吉の直轄地となり、その後江戸幕府の直轄地となった。長崎奉行は幕府の遠国奉行の一つで長崎における貿易統制を行った。(6)モリソン号事件に対して、尚歯会という蘭学グループの渡辺崋山が『慎機論』、高野長英が『戊戌夢物語』を著し幕府の政策を批判。これに対して幕府が弾圧した事件を蛮社の獄という。『戊戌夢物語』には、「今彼(=モリソン号のこと)漂流人を憐れみ、仁義を名とし、態々送り来る候者を何事も取合申さず、直ちに打払に相成候はば、日本は民を憐れまざる不仁の国と存じ、若又万一其不仁不義を憤り候はば」とあり、漂流民を連れてきた外国船をむやみに砲撃することは、イギリス(蘭学者たちはモリソン号をイギリス人モリソンの船だと認識していた)などの国から日本が「不仁の国」とみなされるとともに、日本の礼儀を損なうものだと批判した。(7)幕府はクナシリ・メナシの蜂起に際し、アイヌとロシアが提携する可能性を危惧した。アイヌに対する同化政策もこのような危機意識から行われたものである。したがって、以下の3点を念頭に記述する必要がある。①国後島におけるアイヌの蜂起、②ロシアとアイヌの連携への疑い、③ロシアとの境界線の設定。北方探検や蝦夷地への入植(1800年の幕府による八王子千人同心100人の入植など)もロシアの南下政策への対策の一環である。同時期にラクスマンが根室に来航し、江戸湾入航を要求したことも、蝦夷地の海防を強化した要因の一つとしてあげられる。

3 ①関東取締出役　②寄場組合　③人返しの法(人返し令)　④株仲間　⑤上知令　(1)A×　B×　C○　(2)大塩平八郎　(3)為永春水　(4)三方領知替え

解説①関東の治安維持強化を行う施設。関八州を月1回程度巡察するため、「八州廻り」ともいう。②関東のすべての農村に対して幕府が結成させた組合村。近隣3〜6カ村で小組合、小組合を10程度まとめて大組合とした。③幕府の財政・経済的基盤を再建するために、江戸・大坂十里四方の大名・旗本の知行地を没収して幕府直轄領にしようとした法令。大名・旗本の反対で失敗。これを契機に忠邦は失脚し改革も失敗に終わる。(1)A:18世紀後半から関東の在郷町で酒・味噌・醤油などが江戸に売り出される状況がみられるようになってきた。B:江戸での商業活動の活発化によって、関東地方では豪農や地主が力をつける一方で、土地を失う百姓も多く出現した。このことが社会不安を招き、関東取締出役の設置などにつながった。C:家斉の治世において文化年間(1804〜18年)までは、寛政の改革の質素倹約が受け継がれたが、化政年間には弛緩した。(2)大塩は与力を辞したあと、家塾洗心洞で陽明学を教えた。蜂起の様子は『出汐引汐奸賊聞集記』などに描かれている。同年、「大塩門弟」と称した生田万が越後で蜂起している。江戸も米不足で不穏になったが、幕府はお救い小屋を設けて米や銭を施し、打ちこわしの発生を未然に防いだ。

4 ア調所広郷　イ村田清風　ウ鍋島直正
(1)①二宮尊徳(金次郎)　②工場制手工業(マニュファクチュア)　③絹織物　④○　⑤黒砂糖

⑥○　　⑦均田制　　⑧○　　⑨江川太郎左衛門(坦庵)
(2)薩摩藩は松前から長崎に向かう途中の船から俵物を買い上げ、琉球王国を通じて清に転売して利益を上げた。このことは、幕府による流通機構の独占が崩れ、支配体制が弛緩していたことを意味する。

解説　天保の藩政改革は、薩摩藩では調所広郷が中心となり、琉球との密貿易と黒砂糖の専売によって藩財政の立て直しをはかる一方、500万両の借金を250年賦で償還するという方法を展開した。長州藩は村田清風が中心となり、越荷方という役所を下関に設置し、越荷(他国からもたらされる積荷)を抵当に資金の貸し付けや委託販売を行っている。(1)①大原幽学は幕末の農民指導者。尾張藩士を辞し、遍歴ののち下総香取郡長部村に土着。道徳と経済の調和にもとづく性学を説いた人物である。②問屋制家内工業は、都市の問屋が豪農と連携して農村部の商品生産や流通を主導し、産地の百姓に資金や原料を貸与することで行った家内工業を組織化したものである。18世紀にはこうした形態がすでにみられていた。④光格天皇(位1779～1817)は閑院宮典仁親王の六男で後桃園天皇が亡くなったことから閑院宮家(＝正徳期に新井白石が幕府の権威を高めるために創設)から迎え入れられた。そのような経緯もあり、朝廷復興を強く意識した光格天皇は禁裏御所造営に当たり、公家で有職故実に通じた裏松光世に『大内裏図考証』を作成させ、完成した禁裏御所の内裏への行幸を実施した(当時、天皇の行幸は原則禁止であった)。また、実父閑院宮典仁親王に尊号を宣下したいというのもその一環であった(「禁中並公家諸法度」の規定では摂家などがなる三公〈大臣〉の下に親王が位置していた。つまり、そのことによって典仁親王は天皇の実父でありながら三公の下におかれる状態であった)。光格天皇のこの要望は幕府との軋轢を引きおこし、松平定信が武家伝奏など朝廷の関係者を処罰する事件(尊号一件)に発展した。幕府が直接朝廷関係者を処罰することは、朝廷と幕府の関係を悪化させるきっかけとなった。なお、Cの文中で述べられている「内憂外患」のうち、「内憂」とは、幕府や藩の財政の悪化や貨幣経済の浸透による貧富の拡大によって農村での一揆や村方騒動、都市での打ちこわしが増加したことを指し、「外患」とは外国船が通交や通商を求めて日本に頻繁に到来したことを指す。(2)幕府は、財政の立て直しをはかるため長崎を窓口にした清との俵物貿易を進めた(17世紀にさかんに輸出されていた銀が枯渇したため、それにかわる輸出品として田沼意次が奨励した)。薩摩藩も財政難から琉球王国を通じた俵物の取引を望み、幕府に働きかけた。こうした申し入れは認められることがあったものの、薩摩藩は利益を増やすために幕府が認めた範囲外で、松前から長崎に向かう途中の船から俵物を買い上げる行為が頻発したことから密貿易として取り締まりの対象となった。裏を返せば、この時期の幕府の流通機構の独占が、商人や諸藩などの利益を求める動きなどによってたびたび脅かされていたことを意味し、幕府による支配体制に弛緩が生じていたと考えることもできる。

37　化政文化　(p.116～118)

1 ①お　②う　③あ　④こ　⑤け　⑥さ
⑦か　⑧い　⑨く　⑩え　⑪き　⑫し

解説　①松平定信は、山東京伝・恋川春町の弾圧や、庶民の日常生活に関わる風俗上の統制を行った。②11代将軍徳川家斉は約50年にわたって将軍職にあった。初期の治世では松平定信を登用し幕政改革に当たらせた。松平失脚後は実権を握り、将軍職を子の家慶に譲ったあとは大御所として家慶の後見に当たった。⑥芝居小屋はおもに歌舞伎の劇場で、18世紀の中頃花道が設けられ、その後回り舞台やせり上り(せり出し)などがつくられた。江戸では、中村座、市村座、森田座があった。⑦寄席とは「人寄せ席」の意味で、落語のほか講談、物まね、などの大衆芸能の興業場所。また、歌舞伎は当時の代表的な娯楽であり、狂言作者河竹黙阿弥は白波物という盗賊を主人公とした描いた作品を描き、評判を呼んだ。⑧化政文化では多種多様な文化が全国各地に伝えられた。歌舞伎も地方に伝播していき、各地で特色をもった文化が形成されたことを知っておきたい。⑨⑩有力寺社は江戸時代になると、資金確保のために様々な催しを行った。相撲の興行も寺社が主催者となることが多く、観客から観覧料をとる勧進相撲を実施した。⑪伊勢神宮への参拝は人々のあいだで人気があり、歌川広重『東海道五十三次』の作者)の絵の題材にもなった。集団での伊勢参りを「御陰参り」といい、約60年ごとに流行した。幕末におこる「ええじゃないか」は伊勢神宮の御札が降ってきたことをきっかけにした熱狂的な乱舞である。

2 A：aう　bイ　c2　　B：aえ　bロ
c3　C：aあ　bハ　c1　　D：aい
bニ　c4

解説　C：川柳は俳句の五七五の付け句だけが独立したもので、柄井川柳が句会の評価者として選んだところからこの名がおこった。D：人情本作家為永春水は天保の改革で処罰された。

3 ①え　②い　③う　④あ　⑤く　⑥き
⑦か　⑧お　(1)A○　B×　(2)自分の家や地域の歴史を実証的に研究した。　(3)蛮書和解御用
(4)当時蝦夷地ではロシアとの関係が問題視されており、地理的調査が必要とされたため。　(5)高橋景保
(6)i)A×　B×　ii)本多利明

解説　①海保青陵は丹後宮津出身で宮津・尾張藩の儒官。『稽古談』は1813年に発刊され、「商人のよこしまな智恵を稽古して学んで利益を得る方法を考えよ」との意味から名づけられた。②本多利明は越後出身で、江戸で数学や天文学を学び航海術も身につけた。西洋の知識による富国策と開国による重商主義的国営貿易を説いた。③佐藤信淵は出羽の出身で、江戸で蘭学と経済学を学び諸国を回遊している。『経済要録』では産業振興、国家専売、貿易の展開を主張した。⑤藤田幽谷の子の東湖は徳川斉昭の側用人となり藩政改革を進め藩校である弘道館を設立するが、安政の大地震で圧死した。会沢安(正志斎)と並ぶ後期水戸学の中心的思想家。⑥平田篤胤は秋田出身。本居宣長の門下で国粋主義の立場を強め復古神道を大成した。在野の国学を意味する「草莽の国学」としてのちの尊王攘夷運動を思想的に支えた。⑦高橋至時は幕府の天文方となり寛政暦を完成させた。(1)A：のちに教派神道と呼ばれる民衆宗教である。B：天理教・不二教の教祖は女性であり、不二教には女性の平等を説く教えがみられる。

(2)19世紀になると、各地の民衆が文学・和歌・俳諧、立花・茶道、謡・音曲、芝居・武芸など様々な文化活動を行うようになった。活動の中心的存在となったのが豪農である。彼らはみずからの知識や教養を高めるとともに、蓄積した資財や都市文化人との人脈などをもとに地方における文化活動を支えた。（別解例）漢詩・和歌・俳諧などの同好の会をつくり都市の文化人と交流した。／平田派国学の門人となって活動した。(3)蛮書和解御用は安政の改革で「蕃書調所」となり、文久の改革で「洋書調所」となった。(4)伊能忠敬の第一次測量は56歳（1800年）のとき。当時の蝦夷地ではロシア勢力がたびたび出没しており、幕府はその動向に警戒心を抱いていた。国後島のアイヌ蜂起（1789年）、ラクスマンの来航（1792年）や近藤重蔵・最上徳内の択捉島探査（1798年）、幕府の東蝦夷地直轄化（1799年）などロシア勢力の進出とこれに対する幕府の対応が出され、北方での緊張感が高まっていた。伊能忠敬が蝦夷地の測量を許された背景はこうした事情によるものである。また、伊能忠敬は下総国佐原村の名主をつとめており、(2)でいう豪農・豪商の例に当たる。(5)高橋景保はシーボルトに外国への持ち出しが禁止されていた日本地図を贈ったことが罪に問われ、死罪となった。のちに、蛮社の獄で幕府に幽閉され、脱獄・逃亡後に自殺した蘭学者高野長英もこの頃鳴滝塾で学んでいた。(6)史料の出典は本多利明『経世秘策』。積極的な海外貿易によって国力を豊かにする必要性を説いたという内容が史料から読み取れれば、正誤判定ができる。Aのように国内での自給自足は説いておらず、Bのように外国との交易の欠点を説く内容でもない。

4 ①適語―い　位置―E　②適語―え
　　位置―C　③適語―あ　位置―F
　　④適語―う　位置―D

解説　①咸宜園は広瀬淡窓の私塾であるが、高野長英や大村益次郎が学んでいる。②適々斎塾には福沢諭吉や大村益次郎らが学んでいる。③鳴滝塾の門下には伊東玄朴がいる。伊東玄朴はジェンナーの牛痘種法を普及させ、種痘館を開設した。④長州萩の松下村塾には高杉晋作や伊藤博文など幕末から明治にかけて活躍する長州出身の人物が多く学んでいる。吉田松陰は叔父の玉木文之進から同塾を引き継いだ。

5 Ⅰ作者―ウ　図―D　Ⅱ作者―オ　図―×
　Ⅲ作者―ア　図―A　Ⅳ作者―イ　図―C

解説　Ⅰ：歌川国芳は豊春を初代とする歌川派に属し武者絵を得意とした。Ⅱ：呉春は与謝蕪村の門下で、円山応挙の写実主義を採って四条派をおこした。Ⅲ：葛飾北斎は狩野派や洋画など各種の画報を習得し独自の画風を展開した。Ⅳ：渡辺崋山は谷文晁に絵を学び西洋画法を摂取した。一方で蘭学者でもあり、蛮社の獄により自刃した。Bの絵は歌川広重の「名所江戸百景亀戸梅屋敷」である。

38 開国と幕末の動乱① (p.119〜121)

1 ①産業　②南京条約　③天保の薪水給与令
　④オランダ　⑤ビッドル　⑥那覇　⑦ペリ
一　⑧浦賀　⑨フィルモア　⑩プチャーチン

(1)ウ　(2)ウ　(3)通商を認めておらず、従前の薪水給与令と大差ないととらえたため。　(4)千島列島については択捉島以南を日本領、得撫島以北をロシア領とし、樺太は両国民雑居の地とする。

解説　(1)ウが正解。従来、ペリー来航まで幕府は海外情勢がわからず何も対策を取ってこなかったかのようにいわれてきたが、実際には海外情勢をふまえつつ、外国船に対してどのように対策すべきか検討を重ねていることがわかってきている。アは1811年高橋景保の建議により設置された。イは1853年（1度目のペリー来航の年）のこと。前水戸藩主徳川斉昭は15代将軍の徳川（一橋）慶喜の実父。水戸藩主として、藤田東湖らを重用し、藩政改革を実施した。藩校弘道館設立や西洋流の軍事改革、海防強化を進めた。また、隠居後も「戊戌封事」（1838年）をはじめ、海防強化と異国船打払令断行を説く意見書を幕府にたびたび提出した。阿部正弘による安政の改革の一環として、1度目のペリー来航後に幕政に参加することになる（詳しくは大問2の問題文・解説を参照すること）。1858年、日米通商修好条約の調印を強行した大老井伊直弼を登城し弾劾。永蟄居処分を受けた。(2)B最恵国待遇とは、他国に与えているもっとも良い待遇と同等の待遇を締約国にも与えることで、和親条約では日本側だけが一方的（片務的）にこれを強制された。不平等な内容の一つである。Aは兵庫ではなく箱館の誤り、Dについて、『ペリー提督日本遠征記』によると当初は琉球と小笠原諸島の武力制圧を考慮に入れていたようだが、実際はこのような要求はなされなかった。(3)日米和親条約でペリーに対して認めた内容は薪水給与令と共通するものが多い。従来の幕末政治の理解においては、ペリー来航やそれにともなう日米和親条約締結を「開国」とみなし、その意義が強調されてきた。しかし、幕府はペリーが提案した通商をこの時点では認めなかったことから、当時の人たちの中には、解答例のように理解していた人たちも多くいた。当時の政治情勢等をふまえると、アメリカ総領事ハリスによる通商条約の締結や通商条約を締結する過程に大きな意味があると最近の研究では考えられるようになってきている（通商条約締結の過程については大問2の問題文・解説を参照すること）。(4)日ロ間の国境に関する取り決めについては、まとめておく必要があろう。この後、樺太・千島交換条約（1875年）では樺太（サハリン）はロシア領、占守島以南の千島全島は日本領となる。さらに、ポーツマス条約（1905年）で日本は北緯50度以南の南樺太を領有した。ヤルタ会談（1945年）で、ソ連への南樺太および千島列島の帰属を条件とするソ連の対日参戦に関する秘密協定が結ばれた。敗戦直前の同年8月8日にソ連は日ソ中立条約を無視し日本に宣戦布告し、南樺太および千島列島を占領した。

2 ①阿部正弘　②松平慶永　③島津斉彬
　④ハリス　⑤堀田正睦　⑥孝明天皇　⑦イ
ギリス　(1)朝廷の発言権を高め、諸大名の発言権を強める結果になった。　(2)江戸湾に台場を築いた。（大名に対する大船建造の禁を解いた。）(3)井伊直弼
(4)ⅰ)下田　ⅱ)横浜　ⅲ)領事裁判権（治外法権）の認可　ⅳ)外国人の居住・営業を一定地域に限定した。

解説　(4)総領事として下田にいたハリスは数度の交渉が難航すると、1858年6月17日に突如神奈川沖に現れ、即時

の通商条約調印を要求した。アメリカの軍艦が下田に寄港し、英・仏が第2次アヘン戦争に勝利したことを知ったハリスは、幕府との交渉を早めた。突然の要求に対して幕府は6月19日に閣議を開き、即日調印を行った。これが勅許なしで締結されたことが、当時生じていた将軍継嗣問題をより大きな問題へと発展させた（大老井伊直弼はハリスと交渉を重ね、勅許を得られてから結ぶべきだと主張していた）。⑤堀田正睦は下総佐倉藩主。1855年に老中首座となり、ハリスと通商条約を協議したが孝明天皇の勅許を得られず、将軍継嗣問題で南紀派に敗れ、井伊直弼の大老就任後、58年に罷免され蟄居を命じられた。(1)幕府はペリー来航後、挙国的な体制をとるために、朝廷への報告を行い、諸大名や幕臣に意見を述べさせる機会を与えた。また、従来幕政に関与しない親藩や外様大名も幕政に参画させた。これを安政の改革という。(2)幕府は安政の改革で、新しい人材を取り入れるとともに、国防の強化に当たった（老中首座の堀田正睦も蘭学に通じていた）。台場は外国船の攻撃に備えるため沿岸各地に建設された。有名なのはペリー来航を機に江川太郎左衛門（坦庵）の建議によって建設された品川台場である。また、1635年の武家諸法度（寛永令）以降定められていた大船建造の禁を解いた。大名に大船をつくらせることで国防の強化につなげようとした。(4)iv）第三条の「此箇条の内に載せたる各地は亜米利加人に居留を許すべし」という条文は裏を返せば、国内の自由な場所に**外国人が居住・滞在できなかった**ことを意味する。幕府は外国人が日本国内に各地に入ってくることで、経済的・社会的に混乱をまねくことを避けようとしていた。日本は欧米とのあいだに不平等条約を結んだが、日本側の要求で入っている項目もあり、戦争に負けて条約を結んだ清より不平等の度合いは比較的軽微であったということができるだろう。なお、第四条にみえる別紙（貿易章程）では関税自主権の欠如が定められたこともおさえておきたい。

---

①江戸五品廻送令　②徳川家定　③徳川（一橋）慶喜　④徳川慶福　⑤徳川家茂　⑥安政の大獄　⑦桜田門外　(1)Aエ　Bオ　Cア　(2)南北戦争中であったため。　(3)機械で生産された安価な綿織物が大量に輸入され、国内の綿織物業の生産を圧迫した。　(4)A○　B×　(5)南紀派

解説 ①五品江戸廻送令によって貿易の統制をはかることは、江戸の問屋の流通機構を保持することを意味していた。この頃、在郷商人は開港地に商品を直接送り、外国商人と取引をするようになっていた。そのため、輸出商品を扱っていた在郷商人は廻送令に反対し、効果は上がらなかった。⑥安政の大獄は、橋本左内（越前藩主松平慶永の側近として重用されていた人物で、適塾で蘭学・西洋医学を学んだ開明的な志士）の逮捕を皮切りに行われた弾圧事件。前水戸藩主徳川斉昭・山内豊信・松平慶永らの大名は隠居・謹慎処分となり、橋本左内・長州藩士吉田松陰ら尊攘派の論客は死刑に処せられた。(1)(3)輸入品の主要品目のうち、綿織物は国内自給がなされている商品であった。中世において木綿は朝鮮からの輸入品であった。江戸時代中期以降綿織物生産が全国に広まり、綿も商品作物として各地で生産されるようになった。貿易開始にともなうイギリス製の綿織物の大量輸入は国内産業を圧迫し、綿花の栽培や綿糸・綿織物の生産が一時衰えるという影響を生じさせた（イギリスは産業革命を経て大量に安価な

綿織物を供給できたという点は歴史総合ですでに学んでいるはずなので、その点に気づけるようにしたい）。明治以降の綿織物業の回復については、産業革命の部分（「48　近代産業の発展」）で確認しておきたい。(4)A：金銀の交換比率が日本は1：5であったのに対し、外国では1：15と差があった。この差に着目した外国人が外国銀貨（洋銀）を日本にもち込み、日本の金貨を安く手に入れた。これを防ぐために幕府が実施したのが、万延貨幣改鋳である（万延小判は、天保小判に比べて3分の1以下の金しか含まれていなかった）。B：ただし、万延貨幣改鋳は実質的な貨幣の価値を下げるものであり、物価上昇に拍車をかけるものであったため、庶民の生活は圧迫された。このことは欧米との貿易に対する反感を強め、激しい攘夷運動をひきおこす一因となった。よって、Bは×となる。攘夷事件として知られるものとしては、オランダ人ヒュースケン（ハリスの通訳）殺害事件（1860年）、東禅寺事件（1861年）、生麦事件（1862年）、イギリス公使館焼打ち事件（1862年）などがある。(5)一橋派には、越前藩主松平慶永や薩摩藩主島津斉彬らがおり、親藩や外様大名は一橋慶喜を推した。松平慶永は橋本左内や肥後藩からまねいた儒者横井小楠を用いて藩政改革を実施。将軍継嗣問題後、蟄居処分を命じられるが、1862年には文久の改革で復権し政事総裁職に任命され、大政奉還・王政復古では公議政体派として活躍し、明治維新後も議定や民部卿などの要職を歴任した。

---

39 **開国と幕末の動乱②／幕府の滅亡と新政府の発足**　　　(p.122〜125)

1 ①安藤信正　②和宮　③尊王攘夷　④松平慶永　⑤将軍後見職　⑥松平容保　⑦三条実美　⑧八月十八日の政変　(1)坂下門外の変　(2)西洋式軍制の採用（参勤交代の緩和）　(3)慶喜が幕府主導で政治を進めようとしていたのに対し、久光は雄藩連合による政治を主張していたため。

解説 島津久光は薩摩藩主島津忠義の父で前藩主斉彬の異母弟。斉彬との家督争いに敗れたが、斉彬の死後、忠義が藩主となり、久光は藩主の父として藩の実権を掌握した。公武合体運動の中心として1862年に兵を率いて入京し、寺田屋事件により藩内の尊王攘夷派を弾圧。大原重徳を奉じて幕政改革をせまった。64年の禁門の変では会津藩兵とともに長州藩兵を破った。③尊王攘夷論は、尊王論と攘夷論を結びつけた幕末の水戸学の思想であった。これが政治的に大きな意味をもつようになったのは、アメリカ総領事ハリスによる通商条約締結要求を幕府が勅許なしで結んだことによる。⑦⑧三条実美のほか、壬生基修・錦小路頼徳も長州に落ち延びた。(2)下線部(b)の改革を文久の改革という。文久の改革では、問題文にある人事刷新のほか、参勤交代の緩和も行なわれ、3年ごとに1回の出府とし、妻子の帰国も許可された。(3)このときの両者の主張の延長線上に大政奉還から王政復古の大号令までの政治的な駆け引きの構造がすでにあることを注目しておきたい。

2 (1)ⅠE　ⅡB　ⅢD　(2)ウ　(3)改税約書　(4)イギリス公使パークスは、幕府の無力を認識し天皇を中心とする雄藩連合政権の実現に期待したが、フランス公使ロッシュはあくまで幕府支持の立場をとり、

財政的・軍事的援助を続けた。

解説 幕末は短い期間の中に様々な出来事が凝縮されており、かつ諸勢力の立場が変化するのでわかりにくい。その中でもとくにわかりにくいと思われる幕府滅亡直前の過程を整理した。(1) I：徳川家茂は第2次長州征討の際、大坂城中に出陣していたときに急死する。そのことを理由として征討が中止されるので、Eを選ぶ。II：禁門の変は長州藩が八月十八日の政変で朝廷における実権を失い、勢力を回復させようとした事件。池田屋事件を契機に挙兵したため、Bを選ぶ。III：薩長同盟は坂本龍馬（海運・貿易のために海援隊を結成、「船中八策」という国家構想を後藤象二郎に示した）と中岡慎太郎の斡旋により、薩摩藩の西郷隆盛・小松帯刀と長州藩の木戸孝允（桂小五郎）とのあいだで結ばれた政治・軍事同盟である。この連合によって第2次長州征討の戦況が幕府不利に働いたことを考えると、Dを選ぶことができる。(2)1863年、長州藩は四国連合艦隊から下関に砲撃を受けた。長州藩は惨敗し攘夷の不可能を悟った。このことがきっかけで、高杉晋作の建議によって組織されたのが奇兵隊である。奇兵隊の隊員は武士と農民・町民が約半数ずつを占めており、身分制にとらわれない力量重視の有志の隊であった。

3 ①後藤象二郎　②山内豊信　③大政奉還　④岩倉具視　⑤王政復古　⑥小御所会議　(1) i ）ペリーの来航　　 ii ）イ・エ　(2)内大臣の辞退と領地の返上　(3)イ・エ・ウ・ア

解説 ①後藤象二郎は土佐藩士。大政奉還を献策したのち、新政府の参与・参議などを歴任。1873年に征韓論争に敗れて辞職し、民撰議院設立建白に参画。81年板垣退助らと自由党を結成。87年には条約改正問題を機に大同団結運動をおこした。89年黒田清隆内閣の逓信相となり、農商相を歴任した。(1)史料は「王政復古の大号令」。 i ）「癸丑」は1853年、 ii ）アの「徳川内府」は徳川慶喜を指す。「内府」は内大臣の意。ウは参議ではなく参与。総裁職には、皇族の有栖川宮熾仁親王が就任した。参与には薩摩藩やその他有力諸藩を代表した藩士が任命された。(3)イ：1868年1月→エ：同年4月→ウ：同年9月→ア：1869年5月の順である。ア：榎本武揚は江戸生まれの幕臣。昌平坂学問所に学び、長崎の海軍伝習所に入る。オランダへ留学し、帰国後海軍卿総裁となった。戊辰戦争では官軍への幕艦引き渡しを拒んで東京湾を脱走、箱館五稜郭で抗戦した。特命全権公使として1875年樺太・千島交換条約を締結。エ：勝海舟と西郷隆盛との会談により、江戸城攻撃は中止となったが、背後にはイギリス公使パークスの攻撃反対という国際的圧力もあった。

4 ①公議世論　②政体書　③一世一元　(1) i ）五箇条の誓文　　 ii ）木戸孝允　(2)君臣・父子・夫婦間の儒教的道徳を説き、キリスト教を厳禁する内容であったため。

解説 ②政体書は福岡孝弟・副島種臣がアメリカの制度を参考に起草したもの。太政官への権力集中・三権分立・官吏公選を骨子とした。太政官を中心とする官制は、1869年の版籍奉還の際の変更、1871年の廃藩置県後の改革での変更を経て、1885年内閣制度へと移行。(1) i ）五箇条の誓文は初

め諸侯会盟の議事規則として起草されたが、木戸孝允によって国の進むべき基本方針を示す条文につくりかえられた。天皇が神々に制約するという形式をとったこの誓文はこののちも広く使用された。たとえば、国会期成同盟が作成した国会開設請願書には五箇条を引用し、国会開設や立憲政体樹立の根拠として利用した。 ii ）木戸孝允（桂小五郎）は長州藩出身。吉田松陰に学び、尊攘・討幕運動に指導的役割を果たし、西郷隆盛・大久保利通とともに維新の三傑といわれる。維新後は五箇条の誓文を修正、版籍奉還・廃藩置県を推進し、1871年岩倉使節団の全権副使として外遊。内政重視の立場から台湾出兵に反対して下野した。75年に大阪会議で参議に復帰したが、77年に西南戦争の最中に病死した。

5 ①世直し　②教派神道　③御蔭参り　④蕃書調所　⑤講武所　⑥ヘボン　(1)A○　B×　(2)咸臨丸　(3)伊藤博文（井上馨・森有礼）

解説 ③御蔭参りは江戸時代に流行した伊勢神宮への集団参詣。多くは親や主人の許可を得ず、旅行手形も用意せずに家を出た抜参りであった。おおむね60年ごとに「おかげ年」が回ってくるという60年周期説が信じられた。1705年（宝永2）、1771年（明和8）、1830年（文政13、天保元）と数百万人単位の参詣者が発生。1867年は周期からいえば外れているが御蔭参りとして差し支えない。⑥ヘボンは宣教師・医師として来日し、横浜居留地で医療・伝道に従事した。日本初の和英辞書『和英語林集成』を出版し、聖書の和訳に尽力。ヘボン式ローマ字を考案したことで知られる。(1)B：天照大御神の旗が図の下側にあり、主神としてまつる伊勢神宮との関わりが推測される。出雲大社の主神は大国主大神。(2)1860年、日米修好通商条約の批准書交換のため、ワシントンに向かった遣米使節団はアメリカの軍艦ポーハタン号で横浜を出発。その護衛としてオランダで建造された幕府軍艦「咸臨丸」が太平洋横断に成功した。なお、艦長格は勝海舟であった。そのほか通訳として中浜万次郎が乗船し、福沢諭吉も英学・英語を学ぶために乗船していた。(3)伊藤博文・井上馨（長州）や森有礼（薩摩）はイギリスに留学した。1862年、幕府は西洋事情探索のための使節団を派遣した。この時、オランダに留学したのが幕臣の津田真道・西周・榎本武揚らであった。ほかにも幕臣であった福沢諭吉・寺島宗則（後の外務卿）・福地源一郎（『東京日日新聞』の社長、立憲帝政党を結成）などが参加し、欧米の視察を行っている。使節団が記録した見聞記は、公式報告書として編纂され幕府に提出されたが、派遣した当時の老中首座安藤信正の勢力が失脚してしまったため、活用されなかったと考えられている。なお、福沢諭吉はこの時の見聞をもとに『西洋事情』を書き大ベストセラーとなった。幕府が滅亡した後も、この時に派遣された幕臣や彼らの体験が明治時代に引き継がれていくことには留意しておきたい。こののちも何度か幕府は欧米に使節団を派遣するが、ほかに有名なのは1867年（慶応元）に派遣された徳川昭武（慶喜の弟）一行である。パリ万博にあわせてフランスに派遣され、当時のフランス皇帝ナポレオン3世に謁見した。パリ万博は日本が主体的に参加した初めての万博であった。

40 明治維新と富国強兵① (p.126〜128)

1 ①府 ②土佐 ③肥前(②③順不同) ④版籍奉還 ⑤知藩事 ⑥神祇官 ⑦正院 ⑧左院 ⑨右院 ⑩藩閥 ⑪山県有朋 ⑫徴兵告諭 ⑬内務省 ⑭警視庁 ⑮血税 (1)旧大名の勢力が徴税と軍事の両権を掌握していたこと。 (2)あ満20歳 い○ う○ (3)オ

解説 ①政体書の規定により、東京・大阪・京都の３つなどの重要地が府とされた。廃藩置県までは府・県・藩の三治制が敷かれた。藩を治める藩知事(旧藩主)に対して、府・県には知事・知県事が任命された。⑬初代内務卿は大久保利通。内務省は地方行政・土木・勧業・警察を任とし、広範な権限をもつ機関であった。全国に知事を派遣したり、警察を統括したりしていたことはとくにおさえておきたい(それゆえに、19世紀末に政党勢力が伸張した時には、党の有力者は内務大臣につくことを望むようになる。〈例、第２次伊藤内閣の内相板垣退助〉)。内務省は戦後の1947年に廃止された。(1)版籍奉還で藩主を知藩事としたことで、藩主の家禄と藩財政は分離され、新政府は全国の支配権を形式上は持っていた。ただし、旧大名の勢力が実質的に温存されていたため、彼らが新政府から離反する可能性もあった。したがって、新政府は藩制度の撤廃(廃藩置県)を決意した。(2)兵役免除については「徴兵免役心得」のような免役逃れの手引書も作成された。その後、徴兵令は83年に改正され、廃疾・不具による終身免役制や代人料は全廃され、89年の改正で国民皆兵の原則が一応確立した。(3)下線部直前の「藩版図ヲ奉還シ」は版籍奉還を指す。下線部「辛未の歳」は廃藩置県が実施された1871年のことである。Ⅰは薩摩・長州・土佐の誤り。Ⅲ：旧藩主の影響力を排除するために、彼らは藩のあった場所に居住するのではなく東京に居住することを命じられた。廃藩置県による中央集権化は学制・徴兵令・地租改正などの諸政策を実施する前提となった。

2 ①華族 ②苗字(名字) ③壬申戸籍 ④賞典禄 ⑤金禄公債証書 ⑥田畑永代売買 (1)従来許されていた特定の営業独占権がなくなる一方で兵役などを課されたため。 (2)A○ B× (3)元の藩によって税額が異なり、米の作柄によっても額が変動したため。 (4)A○ B× C○

解説 (1)1871年８月の太政官布告で、政府はえた・非人などの称を廃止して、一般民籍に編入し、身分や職業を「平民同様」にした。こうした解放令を政府が出したことの意義は大きい。ただし、あくまで法的に平等が認められたというだけであり、経済的な問題(貧困)が続いた、というよりも自由の名のもとに彼らが独占していた業種(斃牛馬の処理や皮革関係の仕事や刑吏などの下級官吏)が一般に広く開放されたため、よりいっそう経済的に苦境に立たされることになった。また、国民として再編されたことで、徴兵令の対象になったためその負担も増加した。設問は経済面を問うているが、制度にみあう十分な施策が行われず、結婚や就職などでの社会的差別が続いたことも知っておく必要がある。(2)A：いわゆる「士族の商法」である。B：利率は優遇されていたが、利子での生活は苦しく、公債を手放す者が多かった。このような経済的な不遇は不平士族の反乱の一因となった。(4)B：租税の提出はすべて金納となった。ただし、小作人から地主へ納入される小作料は依然として現物納であった(設問で問うているのは、土地所有者が政府に納入する課税の基準である)。C：政府への税収を減らさないように税率が定められたため、農民の負担はかわらない。以前の年貢額から地価が算定され、地券が作成されることが多かった。また、政府にとって安定した税収を確保するということは、不作の年は農民の負担が大きくなることにつながり、不満が高まり一揆がおこる原因となった。

3 ①工部省 ②前島密 ③岩崎弥太郎 ④富岡製糸場 ⑤開拓使 ⑥クラーク ⑦新貨 (1)政商 (2)屯田兵制度 (3)A○ B× (4)北海道旧土人保護法 (5)A× B× C○ D×

解説 関連問題として大問2(2)の設問もあわせて理解しておくこと。(3)A：初期の鉄道は開港場と大都市を結びつけている。B：1869年に架設された電信線は、５年後には長崎・北海道にのばされた。また、1871年には長崎・上海間の海底電線を通じて欧米と接続された。1877年の西南戦争の際には、九州の戦況を東京へ打電することができた。(4)この法律はアイヌの生活・文化破壊をくいとめるものにはならず、むしろ同化政策を進める側面をもっていた。1997年、同法は廃止され、新たにアイヌ文化振興法が制定された。2019年にはアイヌ施策推進法が施行された。同法はアイヌを先住民族と明記したという点で画期的である。(5)A：政府は旧幕府が所持していた生野・佐渡などの鉱山や長崎造船所などを官営事業として引き継いだ。その後、1880年代には官有物の払い下げが進んだ。B：内国勧業博覧会は内務省の主導で行われた。D：アメリカ式の大農場制度が取り入れられた。北海道開拓に関わるおもな外国人教師(いわゆるお雇い外国人)のケプロン(開拓使で勤務)やクラークはいずれもアメリカ出身である。

41 明治維新と富国強兵② (p.129〜131)

1 ①福沢諭吉 ②中村正直 ③明六 ④文部 ⑤教育 ⑥神道 ⑦神仏分離 ⑧大教宣布 (1)ウ (2)天賦人権 (3)A○ B× C× (4)東京大学 (5)紀元節 (6)ⅰ)長崎の浦上や五島列島のキリシタンを迫害したことで列強の強い抗議を受けたこと。 ⅱ)神道と仏教の双方による教化をすすめるように転換した。

解説 (1)アナーキズムは無政府主義と訳される。明治後期以降、日本で知られるようになり幸徳秋水や大杉栄などの社会主義者に影響を与えた。大正期にクロポトキンに関する論文を発表したところ、危険思想とみなされ東大を休職処分にされたのが森戸辰男。ルソーの社会契約論を紹介する『民約訳解』が中江兆民によって著されている。(3)B：この時期の東京ではガス灯が実用化されていた。C：この時期の東京には鉄道馬車が走っていた。路面電車が日本で最初に運行したのは1880年代の京都においてである。(4)このほかにも慶應義塾(1868年、福沢諭吉)・同志社(1875年、新島襄)などの私学が創設されている。(5)明治天皇の誕生日である11月3日は

40

天長節という。(6) i)明治政府は**五榜の掲示**の中でキリスト教の厳禁をうたっており、旧幕府同様の禁教政策をとっていた。そのため、外国人宣教師に信仰を告白したことで明るみに出たキリシタンを捕らえて処罰する事件がおこった。浦上教徒弾圧事件が列強から強く抗議されることにより、政府はキリシタン禁制の高札を撤廃し、布教を黙認した。ii)中央政府の組織の変遷から政府の宗教政策を説明すると、版籍奉還の際に**政体書**による太政官制は改められ、祭政一致・天皇親政の方針から大宝令の形式を復活して、**神祇官**を太政官の外におき太政官の各省をおく組織となった。1870年の**大教宣布の詔**はこの方針にもとづく政策として出された。しかし、その後各地での反発(江戸時代の各藩は儒教・仏教を重視していた)や列国からのキリスト教禁止政策への批判を受けて、神道を中心とした宗教政策は事実上撤回せざるを得なくなった。廃藩置県後、**神祇省**は太政官のもとにおかれ、1872年**教部省**に改編された。改編の際に民部省社寺掛を併合し、神道と仏教を管理・統括する官庁となった。

▶**2** ①岩倉具視　②台湾　③尚泰　④樺太・千島交換　⑤江華島　⑥小笠原　(1)A・C・B・D・E　(2)イ　(3)樺太をロシアの領有とし、千島全島を日本の領有とする。　(4)本土への出稼ぎや海外移住によって人口が流出した。

解説 (1)B：1874年。C：1872年。D：1875年。琉球処分や樺太・千島列島の帰属問題については、ほかの時代からの変遷もおさえておく必要がある。中世には琉球王国が明との冊封・朝貢関係を利用し**中継貿易**で繁栄した。1609年島津家久が琉球王国に侵攻し薩摩藩の支配下におかれ、幕府に対して慶賀使・謝恩使を派遣していた。また、琉球王国は明(清)にも朝貢しており、日本と中国王朝との両属関係にあった。1879年の琉球処分後も清国との領有問題は難航し、1880年にはアメリカ前大統領グラントが来日し、先島分島案という調停案を提唱している。この時の交渉は決裂し、実際に帰属問題が消滅したのは1895年に**日清戦争**で日本が勝利したときである。(2)正解以外の3名は留守政府の中心人物であったが征韓論政変(明治六年の政変)で政府の職を辞し、下野することになる。木戸孝允は岩倉使節団に随行している。木戸は政府の**台湾出兵**に反対し、のちに下野した。(3)樺太・千島の帰属の変遷については、「38　開国と幕末の動乱①」大問1の解説を参照。条約締結の背景としては、幕末以降、雑居地とされた樺太にロシア・日本が大量の移民を送り込んだことで、現地のアイヌと三者間の摩擦が増加したことがある。これに対して日本政府内では住み分けを行うべきという意見と樺太を放棄し北海道開拓に専念すべきだと意見にわかれていたが、後者の意見が強くなったため千島と交換して樺太を放棄するように交渉を実施した。なお、本条約の締結によりアイヌは日本かロシアどちらかの国籍を選択するようにせまられた。国籍と居住地が異なる場合、国籍と一致する国の領土に移住することを余儀なくされた。日本国籍を選択したアイヌ841名は故郷の対岸である宗谷沿岸での生活を希望したにもかかわらず、石狩川中流の対雁(現、江別市)に移住させられた。日本が新たに領有した千島列島の**占守島民**97名は日本国籍を取得したあと、1884(明治17)年に色丹島に移住させられた。(4)沖縄県の設置は1879年。設置当初は旧制度が温存され、旧支配層の抵抗を和らげるような政策が実施されていた。本土

の地租改正に当たる**土地整理事業**(人頭税廃止や農民の土地所有権確立、地租の設定)を実施したのが1899年。設問では経済的格差によって発生した社会問題について問うているので、本土への出稼ぎ・海外移住による人口流出を説明すればよい。

▶**3** A○　Bウ・左院　Cウ・佐賀の乱　Dア・鹿児島　E○

解説 A：征韓派参議はほかに、**江藤新平・副島種臣**らがいる。板垣・西郷らは大久保・岩倉具視らがヨーロッパを視察しているあいだの留守政府をあずかり、征韓論を展開していた。B：**左院**は立法諮問機関である。右院は各省の長官次官を集めて省務を協議する組織。民撰議院設立の建白書の提出と同時期に、板垣・後藤象二郎らは東京で愛国公党を結成した。C：敬神党の乱は熊本の不平士族による反乱。E：イは徴兵令に反対する一揆。徴兵告諭文中に「血税」という語があったため、農民が「血税反対」を叫んだことから、この名がある。

▶**4** (1)学制　(2)A○　B×　C×　D×　E×　(3)ウ　(4)第十款　内容─朝鮮国内における日本の領事裁判権を認めさせた。〔別解〕第十一款通商章程によって日本からの商品に関税をかけさせないように定めた。

解説 史料問題。史料Aは**学制**の史料を読み解くことで明治初期の教育政策の理解を深めるために出題した。学制は全国に学校を設置する意義を説く中で、学問による立身出世や国民皆学、**実学**の重要性について触れている。史料Bは**日朝修好条規**の条文を読み解くことで当時の日朝関係の理解を深めるために出題した。この条約締結にいたる背景は大問2で出題した通りである。こうした史料問題は解答を丸暗記しても意味がないので、教科書などで得た知識と史料の記述がどのように結びつくかを考えたうえで解説を読むこと。(2)A：正しい。史料Aの2～3行目に対応する内容が書かれている。B：誤り。史料Aの7行目以降に、「士人」(**士族・武士**)以上の学ぶ者について、「国家のためになすと唱え、身を立てるの基たるを知らず」という。また、そのあとに「詞章記誦の末に趨り空理虚談の途に陥り其の論高尚に似たり」と続ける。つまり、明治政府によると、江戸時代の武士は立身出世のために学ぶことを知らず、学ぶことは教科書の暗記(ここでいう教科書とはおもに儒学の書物を指す)であり、実社会には役に立たない高尚なことばかり学んでいたと批判していることになる。C：誤り。史料Aの10行目に「一般の人民(華士族農工商及婦女子)必ず邑(村)に不学の戸なく、家に不学の人なからしめん事を期す」とある。D：誤り。Cに同じ。E：誤り。史料Aの11行目から13行目を見ると、小学(現在の初等教育)は必ず学ばせるべきであるが、「高上の学」(中等・高等教育)は「其の人の材能(生まれつきの能力)に任せる」とあるので、多くの人が学ぶべきとは書かれていない。(3)アは**徳冨蘆花**の「謀叛論」。1910年(明治43)の大逆事件で**幸徳秋水**らが死刑となったことを受けて書かれた。イは「万朝報」における**社会民主党**の説明。ウは福沢諭吉の「**学問のすすめ**」。エは大正時代に創刊された『**キング**』の新聞での販売広告。『キング』は大正時代の大衆雑誌である。(4)史料Bの第1

款は当時の東アジアの国際関係に関わる内容である。朝鮮は17世紀（江戸時代初期）以降、清の冊封を受けていた。日本国と朝鮮国の「平等ノ権」について触れる前に朝鮮が「自主ノ邦」であることに言及しているのは、清国の朝鮮に対する宗主権を否定するものである。第10款が領事裁判権に当たる内容である。第11款は両国の貿易に関わる規定であるが、「別ニ通商章程ヲ設立シ」とある通り、日朝修好条規の規定とは別に具体的な貿易に関する取り決めを行っている。関税に関する内容もそちらで規定している。

42 立憲国家の成立① (p.132〜134)

1 ①板垣退助 ②立志社 ③愛国社 ④元老院 ⑤大審院 ⑥地方官会議 ⑦国会期成同盟 ⑧欽定 ⑨立憲改進党 ⑩福地源一郎 ⑪福島 ⑫秩父 ⑬大阪 ⑭後藤象二郎 ⑮三大事件建白 ⑯地租 (1)アB イE ウA (2) i) 大久保利通 ii) 木戸孝允 (3)漸次立憲政体樹立の詔 (4)東洋大日本国国憲按 (5)加波山事件 (6)井上馨 (7)エ (8)イ

解説 (1)民権派の動きに対し、政府がどのような対応をしたのかを、運動の段階ごとにまとめておきたい。立志社・愛国社の結成に対しては新聞紙条例・讒謗律を、国会期成同盟の結成に対しては集会条例を、三大事件建白運動に対し保安条例を政府は出して、民権派の活動を制限した。(2)大阪会議で大久保と会談した木戸は政府の台湾出兵に反対し、板垣は征韓論に敗れ、それぞれ下野していた。(3)元老院・大審院が、これをきっかけとして設置された。中央官制については、教科書 p.237 などの図表を参照しながら、どの出来事が原因で、どのように改編されたかをまとめておきたい。(4)植木枝盛の憲法案は、広範な人権保障、抵抗権・革命権などを定めた急進的なものであったところに特徴がある。(7)ア：立志社が郷里土佐で結成され、愛国社は大阪で設立されている。イ：政府は明治当初に『日本国憲按』を完成していたが、岩倉具視らの反対にあい、廃案となっている。ウ：民権運動は士族を中心として始められたものであり、商工業者や豪農などが運動に合流するのは、1878年の愛国社再興大会のあたりからである。(8)ア：正しくは中江兆民。加藤弘之は明六社の一員であり、立憲政治の紹介や天賦人権論を紹介したが、自由民権運動の時には『人権新説』で天賦人権論を否認し、国権論を主張、民権論に反対の立場をとった。ウ：自由民権運動の激化事件は、福島事件や秩父事件の例のように、必ずしもすべてが自由党指導部の指示のもとで行われたものではない。

2 ①開拓使官有物払下げ ②黒田清隆 ③大隈重信 ④1890 (1)この事件をきっかけに伊藤博文らを中心とする薩長藩閥の政権が確立し、欽定憲法制定の基本方針によって君主権の強い立憲君主制の樹立に向けて準備が始められた。

解説 ②黒田清隆は薩摩藩出身。五稜郭での攻略戦を指揮した。この事件で一時失脚するが、のちに憲法発布時の首相となる。③大隈重信は肥前（佐賀）藩出身。新政府の要職を歴任し、1881年に国会開設意見書を左院に提出し、国会の

早期開設を主張していた。この事件で下野したあとは、立憲改進党の党首となった。(1)1880年から81年にかけて、全国各地で民間の憲法私案である私擬憲法がつくられた。その数は40以上におよぶといわれている。しかし、政府が国会開設の勅諭とともに、天皇が定める憲法である欽定憲法の方針を出すことによって、私擬憲法のブームが終わり、大日本帝国憲法の制定によって君主権の強い立憲君主制が確立された。

3 ①大同団結 ②平民 ③近代 (1)X イ Y b X ウ Y c (2)新聞や雑誌のようなメディアは、それぞれ独自の政治的主張をすることで国民（民衆）への政治思想の浸透に大きな影響を与えた。

解説 ①加波山事件の後に解体していった政党による民権運動は、国会開設が近づくとともに政党の再結成に向けての動きが見られるようになり、星亨や後藤象二郎らにより「小異を捨てて大同に」という大同団結の運動が活発になった。井上馨外務大臣の条約改正交渉の失敗によっておきた三大事件建白は、その一連の運動である。(1)Ⅱの絵は1888（明治21）年に刊行された『トバエ』22号のものである。前年末に保安条例が公布され、在京の民権派を東京から追放する一方、新聞紙条例を改正して取締りをややゆるめたが、基本的にはかわらなかった。民権派の人々が口を塞がれ、未だ言論が弾圧されていることを風刺した絵である。(2)徳富蘇峰が民友社を設立して雑誌『国民之友』を刊行したのに対し、三宅雪嶺や志賀重昂は政教社を設立して雑誌『日本人』を、陸羯南は日本新聞社を設立し、新聞『日本』を刊行した。欧化政策による条約改正交渉は、政府によるいわば「上からの」押し付けによる政治的解決をはかったものである。しかし、国民は新聞や雑誌などのメディアの力を利用して政府の方法とは違った近代化の方法を発信し、政治を動かそうとした。福島事件や秩父事件によって自由民権運動が衰退していったものの、大同団結や三大事件建白運動などで民権派の動きが再興したのもこのようなメディアの発達に支えられたものであったといえる。

43 立憲国家の成立② (p.135〜137)

1 ①伊藤博文 ②華族 ③内閣 ④宮内 ⑤内大臣 ⑥山県有朋 ⑦1889 (1)A ウ B オ C ア D エ (2)明治十四年の政変 (3)エ (4)枢密院 (5)イ (6)欽定憲法

解説 (1)ボアソナードはフランスの法学者で、日本の民法制定に関わった人物。(2)政府内では、伊藤博文がドイツ流の、大隈重信がイギリス流の議会開設を主張していた。明治14年の政変で大隈が失脚することにより、このような方針が政府の方向としてはっきりと打ち出された。(3)人口2万5000人以上の都市を市として郡と対等の行政区域とした。市町村の選挙・被選挙権をもつのは直接国税2円以上の納入者に限られるなど少数の有産者が権限を握り、内務大臣の強い統制下におかれ、自治権は弱かった。府県会の選挙権者は市会議員・市参事会員・郡会議員・郡参事会員、被選挙権者は直接国税10円以上納入者であった。郡会は、その3分の2を各町村会が選挙し、3分の1は、地価1万円以上の土地を所有する者が互選で選んだ。エの府県会議員は府県の住民が選ぶのではなく、郡会議員の投票により選ばれるため、間接選

挙である。(4)枢密院とは明治憲法草案審議のために設けられた機関。初代議長は伊藤博文。憲法制定後も天皇の最高諮問機関として憲法にも規定された。1947年、日本国憲法の施行により廃止された。(5)片岡健吉は、板垣退助を助け、愛国公党や国会期成同盟の中心となった人物。(6)欽定憲法とは、民約憲法、民定憲法に対する用語。

2 ①ク ②ア ③キ ④エ ⑤サ ⑥オ
⑦コ ⑧ウ ⑨カ ⑩ケ ⑪イ

解説 ⑥天皇大権の中に、文武官の任命があるが、憲法発布に先立つ1886年、政府は帝国大学令を公布して、大学を官吏養成機関として明確に位置づけ、1887年には文官高等試験の制を定め、官僚制度の基礎を固めた。⑩帝国議会は貴族院・衆議院の二院制をとっていた。衆議院の立法権行使は貴族院の存在によって実質的には制限されていた。しかし、議会の同意がなければ予算や法律は成立しないため、政府は議会と妥協するようになり、政党の影響力は増大した。

3 (1)フランス (2)ボアソナード (3)刑法(治罪法) (4) i)穂積八束 ii)フランス流民法の個人主義的な側面が、家族道徳など日本の伝統的な倫理を破壊すると批判した。 (5)戸主

解説 (2)ボアソナード民法の施行は無期延期され、その後、戸主権を重視した新民法が制定・施行された。そのため、ボアソナード民法は旧民法と呼ばれる。(3)1880年に公布された治罪法は、フランス治罪法により、ボアソナードが草案を作成し、拷問の禁止・証拠法などが規定された。1890年に改訂され、刑事訴訟法が公布・施行された。(4)帝国大学教授の穂積八束は旧民法反対の先頭に立ち、君主主権説を主張した。

4 ①カ ②ク ③ケ ④イ ⑤オ ⑥エ
⑦キ (1) i)超然 ii)黒田清隆 (2)主権線とは国境を指し、利益線とは朝鮮半島を指していた。
(3) i)吏党 ii)ウ (4)選挙干渉 (5)エ

解説 (1) ii)憲法発布時の内閣総理大臣は黒田清隆であった。(2)利益線の意味は国家の安全独立を保障する勢力範囲という意味。おもに朝鮮半島を指していた。(3) ii)全300議席中、立憲自由党130議席、立憲改進党41議席であった。(5)ア：選挙干渉によっても民党の優位にかわりはなかった。イ：有権者の割合は全人口の1.1%であった。ウ：民力休養は地租の軽減や地価の修正を求めるものであった。

44 日清・日露戦争と国際関係① (p.138～140)

1 ①寺島宗則 ②陸奥宗光 ③小村寿太郎
アC イA ウA エB (1)日英通商航海条約 (2) i ロシア ii 児島惟謙 iii 司法
(3)鹿鳴館 (4)ノルマントン号事件

解説 ①寺島宗則は1873年に外務卿となり、台湾出兵、樺太・千島交換条約締結に当たった。②陸奥宗光は第2次伊藤内閣で外務大臣をつとめ、日清戦争の外交処理に当た

った。回顧録『蹇蹇録』は、当時の外交を知るうえで重要な資料。③小村寿太郎は、第1次桂内閣の外務大臣をつとめ、日英同盟を締結し日露戦争の外交処理に当たった。第2次桂内閣で関税自主権の回復に成功し、1910年の韓国併合にも当たった。エ：大隈重信の条約改正は、政府内外に強い反発を引きおこし、頭山満を中心とした対外硬派の団体玄洋社の青年により、負傷させられる事件もおこっている。(3)鹿鳴館はイギリス人コンドルの設計により東京日比谷に建設された官営国際社交場で、音楽会や舞踏会が行われた。井上の欧化政策に対しては、民友社の徳富蘇峰が平民的欧化主義の観点から、政教社の三宅雪嶺らが近代的民族主義の立場から、それぞれ批判した。井上外交は自由民権運動の三大事件建白運動においても、外交失策として批判され、その撤回が求められた。

2 ①閔氏 ②大院君 ③壬午軍乱(壬午事変)
④独立 ⑤金玉均 ⑥甲申事変 ⑦伊藤博文 ⑧李鴻章 ⑨福沢諭吉 (1) i)日朝修好条規
ii)日本の領事裁判権の承認(日本製品の関税免除)
(2)イ (3)A× B× C○ D○ E○

解説 ①閔氏一族とは、朝鮮国王高宗の王妃である閔妃とその一族を指す。閔妃は王の父大院君と争い、壬午軍乱後は、日本から離れ清に接近する。甲申事変で優位に立ち、親日派を圧迫した。日清戦争後、一時勢力を失うが、三国干渉後ロシアに接近して親露反日政策をとったため、1895年、駐朝公使三浦梧楼が指揮する公使館守備隊により殺害された。④独立党は清の洋務運動と明治維新に刺激された。⑧李鴻章は清の近代化(洋務運動)につとめ、日清戦争に際する外交処理に当たった。(2)天津条約は甲申事変の処理策としての日清両国の紳士協定。内容は3条で、ア・ウのほかに軍事顧問の派遣中止がある。(3)福沢は「脱亜論」の中で、日本は隣国(中国・朝鮮)の開明を待って連帯を強める時間的余裕はなく、アジアを脱して欧米列強の側に立つべきと主張する(脱亜入欧)。この史料は福沢が創刊した新聞『時事新報』の社説として掲載されたもの。

3 ①甲午農民戦争(東学の乱) ②陸奥宗光
③李鴻章 ④下関 ⑤遼東 ⑥フランス
⑦ドイツ(⑥⑦順不同) ⑧台湾総督 (1) I ×
II ○ III ○ (2)ア大連 イ旅順 ウ威海衛
(3)ウ (4)三国干渉 (5)臥薪嘗胆 (6)国民のロシアに対する敵意の増大を背景に、賠償金の8割以上が軍事関係にあてられた。

解説 ①東学とは、キリスト教(西学)に対する呼称で民族宗教。③清の近代化のため洋務運動を進めた。⑧初代の台湾総督となった樺山資紀は、第1次山県内閣、第1次松方内閣の海軍大臣を歴任した人物。第二議会において、藩閥政府擁護の蛮勇演説を行った人物としても有名。(1) I ：宣戦布告は日本が清に対して行った。II ：開戦後、政党は戦争関係の条約・法案にすべて賛成した。III ：これにより国際情勢は日本に有利となった。(3) I ：清が認めたのは朝鮮の独立であり、朝鮮の宗主国という立場を放棄することであった。II ：1871年の新貨条例で採用された金本位制は、この賠償金を基礎として、1897年の貨幣法制定により確立した。

45 日清・日露戦争と国際関係② (p.141〜143)

1 ①エ ②イ ③キ ④カ ⑤ア ⑥ク
(1)憲政党 (2)共和演説事件 (3) i 文官任用令 ii 軍部大臣現役武官制 (4)党の利益よりも国家の利益を追求することを目的としたこと。 (5)桂園時代 (6)A・D (7)元老

解説 ②の大隈内閣は首相に大隈重信、内相に板垣退助がすえられており、「隈板内閣」と呼ばれることもある。陸海軍大臣を除くすべての閣僚を憲政党出身者が占めた。大隈内閣退陣とともに憲政党は憲政党(旧自由党系)と憲政本党に分裂した。(3)山県はこのほかに治安警察法を定め、政治・労働運動の規制を強化した。また軍部大臣現役武官制は、のちに陸軍が第2次西園寺内閣を退陣に追い込む時にその効果を発揮した(二個師団増設問題)。(4)趣意書の内容は、私達同志は国家に対する政党の責任を重んじ、もっぱら公益(=国家の利益)を目的として行動し、常にみずから戒飭(=気をつけて慎む)して古くからの旧弊にとらわれることがないよう努力すべし、というものである。政党名を「立憲政党」ではなく、「立憲政友会」としたのも、そうした意識の表れであるともいわれている。(5)第2次桂内閣は大逆事件を契機に、社会主義者の弾圧を行う一方、工場法を公布するなど、若干の社会政策も行った。(6)B：鉄道国有法が成立したのは1906年、第1次西園寺内閣の時である。C：特別高等警察は1911年、大逆事件の翌年に警視庁に思想犯・政治犯を取り締まる特別高等課をおき、1928年、全国各府県に特別高等警察を設置した。D：大逆事件、韓国併合条約締結は1910年、第2次桂内閣の時である。

2 (1)ウ (2)ア× イ○ ウ○ エ× (3)イ (4)イ・ウ (5)イ (6)セオドア＝ローズヴェルト (7)日本—小村寿太郎 ロシア—ウィッテ (8)ポーツマス (9)ア× イ○ ウ○ エ× (10)ロシアが南下政策の姿勢を強めたため、危機感を持つ日本とイギリスの日英同盟が実現した。

解説 (1)ロシアはシベリア鉄道から東清鉄道を経て、租借地である大連・旅順への足がかりをつくり、東アジアでのロシアの優位を築こうとした。ドイツは山東半島の膠州湾を、イギリスは香港島とその北部である九龍半島や山東半島先端の威海衛のほか、長江沿岸部を、そしてフランスは中国南部の広州湾を勢力圏とした。(2)ア・イ・エ：義和団事件は「扶清滅洋」をとなえる宗教結社である義和団が中国各地で外国人を襲い、北京の列国公使館を包囲したもの。北清事変は義和団に同調して、清国政府が列国に宣戦を布告したもの。義和団事件から北清事変に至る戦いは、日本を含む列国の連合軍によって鎮圧され、1901年に北京議定書が結ばれた。(3)黒岩涙香の『万朝報』が発行部数の伸び悩みによって主戦論に傾く中、幸徳秋水・堺利彦は『万朝報』の記者を退職し、『平民新聞』を発刊して反戦の論陣を張った。徳富蘇峰の『国民新聞』は当初、平民主義をとなえたが、日露戦争の際には『万朝報』とともに主戦論を盛り上げた。(4)与謝野晶子は雑誌『明星』に反戦を訴える「君死にたまふこと勿れ」という長詩を発表した。大塚楠緒子は雑誌『太陽』で長詩「お百度詣で」を発表した。内村鑑三はキリスト教人道主義の立場から日露戦争に

反対した。戸水寛人ら東京帝国大学の七博士は主戦論をとなえた。(5)日本の連合艦隊は日本海海戦でバルチック艦隊を撃破した。(6)セオドア＝ローズヴェルトはアメリカ第26代大統領。その従弟である第32代大統領フランクリン＝ローズヴェルトは世界恐慌の際にニューディール政策をとり、第二次世界大戦中にはカイロ・ヤルタ両会談で連合国側の指導者として活躍した。(7)小村寿太郎はポーツマス条約締結のほか、第1次桂内閣では日英同盟締結、第2次桂内閣では韓国併合条約締結、さらには日米通商航海条約を調印して、関税自主権の回復を実現した。(8)ポーツマスはアメリカ合衆国ニューハンプシャー州の都市。(9)ア：日本は北緯50度以南のサハリン(樺太)を獲得した。エ：漁業権を獲得したのは日本。イ：日本はロシアから旅順・大連の租借権とともに長春以南の鉄道とその付属利権を獲得した。それらをもとに南満洲鉄道がつくられた。(10)ロシアが東アジアへ勢力圏をおく南下政策がイギリスにとって脅威であったため。

3 ①カ ②ウ ③オ ④イ ⑤コ ⑥ケ ⑦サ ⑧ア (1)桂・タフト協定 (2)ハーグ密使事件 (3)安重根 (4)東洋拓殖会社 (5)南満洲鉄道株式会社 (6)第3次(第3次日韓協約) (7)ウ

解説 (6)現在のソウルは、朝鮮王朝の太祖李成桂が高麗の漢陽府を首都として漢城府とした都市である。1910年の韓国併合で朝鮮総督府の設置とともに京城と改称した。(7)寺内正毅は、この時陸軍大臣であった。朝鮮総督は、当初、現役軍人に限られていたが、1919年の三・一独立運動後、文官にまでその資格が拡大された。(8)関東州は旅順・大連を含む遼東半島南部の日本の租借地。関東都督府はその関東州の管轄と満鉄の保護・監督に当たる機関である。(1)イギリスとのあいだでは、日英同盟協約(第2次)を改定し、韓国の保護国化を承認させた。ロシアはポーツマス条約の中で、日本による韓国の保護国化を認めている。(4)朝鮮の土地開発を目的として設立された国策会社。(5)半官半民の国策会社で鉄道以外に鉱山・製鉄所も経営した。満鉄の所有する鉄道は、ポーツマス条約によりロシアからゆずり受けた鉄道を主としていた。(6)第3次日韓協約で内政権を奪うと同時に、韓国の軍隊を解散させた。義兵運動は、解散させられた韓国軍の元兵士の参加を得て本格化した。(7)ア：満洲市場に関心をもつアメリカは、日本の満洲独占に反対し、門戸開放を訴えた。イ：辛亥革命に対し日本の陸軍は、南満洲権益を強化するために干渉を主張したが、政府は列国の動向と国内の財政状況を考慮して不干渉の立場をとった。ウ：ロシアとのあいだには4次にわたる日露協約を結び、日本の満洲支配を認めさせた。

46 第一次世界大戦と日本 (p.144〜146)

1 ①キ ②ク ③オ ④カ ⑤イ ⑥エ ⑦ア ⑧ケ ⑨ウ (1)天皇機関説 (2)八・八艦隊 (3)併合した韓国(朝鮮)に常設師団をおくため。 (4)ア・ウ (5)大正政変 (6)軍部大臣現役武官制 (7)シーメンス事件

解説 (6)尾崎行雄は第1次大隈内閣の文部大臣であったが、いわゆる「共和演説事件」で辞任した。のちに東京市長もつとめた。(7)犬養毅は立憲国民党から革新倶楽部を経て、

のちに立憲政友会の総裁に就任し内閣を組織するが、1932年の五・一五事件で暗殺された。(1)1935年、この憲法学説は反国体的であるとの理由で、貴族院で取り上げられ、美濃部の著作が発禁となり貴族院議員を辞任させられる事件がおこった。(3)併合した韓国(朝鮮)に常設師団をおくことで、清から独立を宣言した外蒙古とロシアの関係緊密化を警戒し、南満洲と近接する内蒙古の権益を確保する必要があった。(6)軍部大臣現役武官制は1900年、第2次山県有朋内閣の時に定められた。大正政変後の1913年、第1次山本権兵衛内閣の時に改められ、予備役・後備役の大・中将にまで資格が広げられた。1936年の二・二六事件後に成立した広田弘毅内閣のもとで復活し、軍が内閣に大きな影響力をおよぼすこととなった。(7)ドイツのシーメンス社と海軍首脳部との贈収賄が発覚した事件。

2 ①コ ②ク ③イ ④ウ ⑤オ ⑥エ
⑦カ ⑧ア ⑨サ ⑩シ (1)Aイギリス
Bイタリア C同盟 D協商 (2)Ⅰ○ Ⅱ○
Ⅲ× (3)エ (4)西原借款 (5)ドイツが無制限潜水艦作戦を始めたことにより、協商国側(連合国側)に立って参戦した。 (6)シベリアにいたチェコスロヴァキア軍団の救援を名目として干渉戦争をしかけた。

解説 ⑤袁世凱は中華民国成立後、孫文から中華民国臨時大総統の地位をゆずられた。⑦段祺瑞は中国の軍閥政治家。北京政府の実権を握り、日本から借款を受けた。⑧⑨これを石井・ランシング協定という。(1)日本は日英同盟を理由として三国協商側(連合国)で参戦した。(2)日本がドイツから接収した権益は、ドイツの根拠地青島と山東省、赤道以北のドイツ領南洋諸島の一部である。旅順・大連の租借権はポーツマス条約によりロシアから接収した権益である。(3)中国政府の顧問として日本人を雇用することは要求に含まれていたが、中国に承認させることはできなかった。(4)西原とは寺内内閣により派遣された私設特使西原亀三のことである。借款とは国家が他国に資金を貸借すること。(5)無制限潜水艦作戦とは、第一次世界大戦中のイギリスによる海上封鎖に対抗し、ドイツの潜水艦(Uボート)による潜水艦攻撃を指す。アメリカはドイツとの国交断絶をしたのち、実際に撃沈されるアメリカ船が増えたことにより、第一次世界大戦に参戦し、ドイツに宣戦を布告した。(6)ロシア革命に対して行われた干渉戦争とは、イギリス・フランス・アメリカ・日本などの連合国が反革命勢力を支援する軍隊を派遣し、革命を妨害しようとしたものを指す。日本軍のシベリア出兵は、米騒動などもあり、出兵の継続に対する国内外の批判が強まる中、ワシントン会議でのアメリカの圧力により1922年に撤退した。

3 ①吉野作造 ②寺内正毅 ③憲政会 ④立憲政友会 ⑤立憲国民党 ⑥寄生地主
⑦シベリア ⑧富山 ⑨平民宰相 ⑩高橋是清
(1)民本主義 (2)米騒動 (3)イ・小選挙区制

解説 ①吉野作造の民本主義は美濃部達吉の天皇機関説とともに大正デモクラシーの理念となった。また吉野は1918年に黎明会を組織して全国的な啓蒙運動を行い、その影響を受けた学生たちは東大新人会などの思想団体を結成し、しだいに労働・農民運動との関係を深めていった。③憲政会

は立憲同志会などが母体となった政党。総裁は加藤高明。⑦シベリア出兵は日・米・仏・英がシベリアのチェコスロヴァキア軍団の救出を名目として行われた。列国は1920年に撤兵するが、日本は1922年まで派兵を続けた。⑩高橋是清内閣ののち、加藤友三郎(海軍)、山本権兵衛(海軍)、清浦奎吾(貴族院)と3代の非政党内閣が続いた。(3)小選挙区制は1つの選挙区から議員1人を選出する制度であり、小選挙区制を採用することにより、当時最大政党であった立憲政友会は選挙区において優位な立場を取ることができ、鉄道の拡充や高等学校の増設などの積極政策とあいまって党勢拡大につながった。

---

47 ワシントン体制 (p.147〜149)

1 ①ウィルソン ②民族自決 ③国際連盟 ④ヴェルサイユ ⑤山東 ⑥委任統治
(1)西園寺公望 (2)(b)五・四運動 (c)三・一独立運動
(3)原敬 (4)現役軍人のみであったのを文官にまで拡大した。

解説 ③国際連盟設立を提唱したアメリカは、上院の反対で連盟に参加しなかった。一方、日本は国際連盟の常任理事国となった。(1)西園寺公望は伊藤博文のあとを受け立憲政友会第2代総裁となった。昭和初期には元老として、首相候補を天皇に奏薦する役目を負う。(3)原敬は第3代政友会総裁として1918年に政党内閣を組織。選挙制度改正、高等教育拡充などの積極政策を実施した。朝鮮の独立運動に対しては憲兵や軍隊の派遣を行い弾圧の姿勢でのぞんだ。(4)軍人(武官)に対して、それ以外の官人を文官という。朝鮮総督の資格が拡大され、文官でも就任可能となったが、実際に文官で朝鮮総督になった人物はおらず、海軍出身の斎藤実がなったほかはすべて陸軍出身者である。一方、台湾総督には文官の田健治郎以後、文官が任命された時期があった。

2 ①ワシントン ②憲政会 ③加藤高明
(1)ア B イ A ウ A エ B オ C
カ × (2)加藤友三郎 (3)幣原喜重郎

解説 (1)海軍軍備制限条約では今後10年間の主力艦の製造を中止すること、主力艦の総トン数の比率を米:英:日=5:5:3(つまり日本の主力艦保有比が対米英6割)とすることが定められた。(2)海軍軍備制限条約の主力艦保有量に対して、海軍軍令部は対米英7割を強く主張していたが、海軍大臣で全権の加藤友三郎が部内の不満をおさえて調印に踏みきった。(3)立憲政友会の田中義一内閣は、欧米に対しては憲政会の若槻礼次郎前内閣の外相であった幣原喜重郎による協調外交路線を踏襲し、1928年にパリで不戦条約に調印したが、中国においては強硬姿勢に転じた。幣原喜重郎は戦後、首相となる。

3 ①オ ②イ ③シ ④カ ⑤ク ⑥サ
⑦ウ ⑧ア ⑨エ ⑩キ (1)国家の存在を否定し、権力から個人の完全な自由を目指す思想。
(2)治安警察法 (3)レーニン (4)大杉栄(伊藤野枝)

解説 ⑥東京帝国大学助教授であった森戸辰男は、無政府主義者クロポトキンの研究をとがめられ、原敬内閣によって休職処分とされた。(2)婦人の政治運動参加を禁じた治安警察法第5条が改正されたことで、女性も政治演説会に参加できるようになった。(3)コミンテルンとは、共産主義インターナショナル Communist International の略称。レーニンが結成し、中央集権体制のもとに各国の共産党を直接指導した。(4)関東大震災の混乱の中、憲兵大尉甘粕正彦らによる無政府主義者大杉栄・伊藤野枝殺害。そのほか、多数の朝鮮人や中国人が官憲や住民のつくった自警団により殺害された事件、労働運動の指導者10人が亀戸署管内で軍隊により殺害された亀戸事件もおきている。

4 ①清浦奎吾　②貴族院　③25　④普通選挙
⑤ソ連　⑥治安維持　(1)イ　(2)国体
(3)憲政の常道　(4)ウ　(5)ア黒田清隆　イ山県有朋
ウ原敬　エ加藤高明

解説 ⑤⑥1925年に日ソ基本条約が調印され、共産主義国家ソ連との国交が樹立された。同年の普通選挙法成立とあわせ、これにより共産主義思想が波及することを恐れた政府は、護憲三派が多数を占める議会の承認を得たうえで、弾圧法規である治安維持法を制定した。(1)この時の憲政会総裁は加藤高明、政友会総裁は高橋是清、革新倶楽部の総裁は犬養毅。(2)国体とは一般的に国家体制を指し、この場合は天皇制を意味する。(3)「憲政の常道」とは、1924年の加藤高明内閣から1932年の犬養毅内閣まで、衆議院で多数の議席を占める政党が内閣を担当することになった慣例をいい、第一党が総辞職後は第二党に交代した。五・一五事件で犬養内閣が倒れ、挙国一致内閣の斎藤実内閣が成立して終止符が打たれた。(4)「憲政の常道」が行われた時代の内閣と政党をしっかり整理したい。加藤高明(憲政会)→第1次若槻礼次郎(憲政会)→田中義一(立憲政友会)→憲政会と政友本党が合同し立憲民政党結成→浜口雄幸(立憲民政党)→第2次若槻礼次郎(立憲民政党)→犬養毅(立憲政友会)。

48 近代産業の発展 (p.150〜152)

1 ①座繰　②器械　③ジョン=ケイ　(1)イギリス　(2)問屋商人が原料と器具を家内生産者に前貸しして、出来上がった生産物を買い取る生産形態。
(3)臥雲辰致　(4)イ　(5)ア

解説 製糸業・生糸・養蚕・絹織物と紡績業・綿糸・綿作・綿織物をしっかりと区別し、混同しないように注意したい。③各発明品と発明者をおさえておくこと。飛び杼は1733年にジョン=ケイが発明し、1873年のウィーン万博を通じて日本に紹介された。国産力織機は豊田佐吉らが考案した。(2)「問屋」と「生産者」との関わりを正確に表現できるかどうかが正答を導く鍵となる。生産者である手工業者や農民は、自身で資本をもたない場合が多く、自力で原料や生産手段を集めることや販売ルートをもつことができなかった。そのため、問屋(いわゆる物品の買い取りや販売の取り次ぎを行う商人)を仲介せざるを得ず、商人に従属した賃金労働者とみなすことができる。(3)臥雲辰致が発明したガラ紡は第1回内国勧業博覧会に出品され、最高賞を受賞した。殖産興業政策の一環

として産業の新しい技術を普及させるため、内務省によって1877年に内務卿大久保利通の主導で開催された内国勧業博覧会は、第1回が上野公園で開催されて以後、第5回(第1〜3回：上野、第4回：京都、第5回：大阪)まで続いた。出品者にとっては、自身の作品を世に出すうえでのまたとない機会であり、回を重ねるごとに出品点数、入場者数ともに増加した。(4)渋沢栄一が設立した大阪紡績会社は民間の会社である。イギリス製の蒸気機関を活用した紡績機械を導入し、大規模生産を実現した。なお、日露戦争後には独占的な地位を固め、販売組合を結成して朝鮮・満洲への進出を強めた。同時に、フランスの先端技術を輸入・導入したのは富岡製糸場であることもおさえておく。(5)綿糸の輸出は急増したが、原料綿花の輸入額の方が大きく輸入超過となり、日本にとっては生糸を輸出し外貨を稼ぐことは必須であった。なお、1909年にはそれまでの最大の生糸輸出国であった中国を抜き、日本が最大の生糸輸出国となった。また、紡績業においてはそれまで大型の輸入力織機が活用されていたが、豊田佐吉が発明した小型国産力織機が導入されたことにより、農村部でも問屋制家内工業から小工場での生産に転換する動きが生まれた。

2 ①貨幣法　②金　③日本鉄道会社　④財閥
⑤池貝鉄工所　(1)エ・イ・ウ・ア　(2)ウ
(3)イ　(4)ボンベイ　(5)三井(三菱・古河など)
(6)エ　(7)寄生地主制

解説 ①②1885年に日本銀行銀兌換銀行券の発行で銀本位制を確立した日本は、1897年に第2次松方正義内閣のもとで貨幣法を制定し、金本位制を確立した。③日本鉄道会社は、1881年に華族の金禄公債を資金に設立された日本最初の私鉄会社。後述される鉄道国有法により国有化された。なお、鉄道国有化政策は第1次西園寺内閣によって進められた。⑤機械そのものをつくる工業分野のことを工作機械工業という。旋盤とは金属を加工する工作機械で、加工したい素材を回転させ、刃物をあてることにより、円筒形状に削り出す機械のことをいう。これにより国産の工作機械による金属加工が可能となった。(1)日本の貨幣価値の推移や歴史的事象が経済に与えた影響についておさえておきたい。エ：明治初年に発行された太政官札などは、新貨条例で本位貨幣と定めた金貨とは交換できない不換紙幣であった。政府は1872年に国立銀行条例を定めて民営の国立銀行が金貨と交換できる兌換紙幣の発行を認め、紙幣の流通を目指した。しかし政府の思惑とはうらはらに、兌換紙幣を手にした人たちは金貨との引き替えを求め、兌換紙幣の流通は思うように進まなかった。→イ：1876年に秩禄処分によって金禄公債証書が発行されることが決定されると、政府は巨額の公債が市場に出て価格が低下することを恐れたため、公債証書で出資してつくられた国立銀行が不換紙幣を発行することを認めた。これによって各地で国立銀行が新設された。なお、設立銀行数は153行になったところで打ち切られた。→ウ：不換紙幣が流通した中、西南戦争の軍費調達のため、政府紙幣の増発があった。貨幣流通量は増加し、激しいインフレーションが発生した。→ア：インフレの進行によって紙幣で定額の地租を受け取る政府財政は困難となった。1881年に大蔵卿に就任した松方正義は、官営事業の整理を含めて財政を緊縮し、租税として回収した紙幣の一部を消却するデフレ政策をとった。(2)特殊銀行とは、

特定の政策目的のために特別法にもとづいて設立された銀行をいう。横浜正金銀行は1880年に貿易金融を目的として設立された。1946年に普通銀行に改組され、東京銀行として再発足した。日本勧業銀行は1897年に農工業を改良発展させるため長期貸付を行う特殊銀行として設立された。1950年に普通銀行となる。台湾銀行は1899年設立され、植民地台湾の開発・近代化の役割を果たすため紙幣発行権をもつ台湾の中央銀行であり、特殊銀行。第一銀行は渋沢栄一による国立銀行条例により最初に設立された第一国立銀行を前身とする普通銀行。(4)航海奨励法や造船奨励法によって、政府によって海運業に対する助成が拡大された。外貨節約と戦時の軍用船確保を狙いたい政府は、これらの法によって鉄鋼船の建造と外国航路への就航に奨励金を交付することにした。また、日本郵船会社は政府の保護を受け、国内の鉄道発達に対応して近隣諸国との航路に重点を移し、1893年には、綿花輸送を中心にインドのボンベイに航路を開いた。(5)明治維新以来の政府による殖産興業政策の一環として、政府から手厚い保護を受け、政府との結びつきのうえで独占的な利益を享受して成長した事業者を政商という。三井・住友・鴻池などの旧幕府時代の豪商がそのまま成長したものや、岩崎(三菱)・安田などの創業者が一代で築き上げ、幕末の動乱期に乗ずる形で急成長したもの、渋沢などの明治政府の官僚が転身したものなど、その種類は多岐に渡る。(6)ドイツの技術を導入して操業を開始した八幡製鉄所であったが、日露戦争の頃に生産は軌道にのったものの、日本国内で高まる需要を満たすことはできなかった。

解説 ①長野県諏訪地方には、製糸工場が集中し、各地から工女が集まった。彼女たちの大部分は10代であり、苦しい家計を助けるために出稼ぎにでた小作農家の子女であった。彼女たちは工場の寄宿舎で生活し、年末に賃金を受け取って帰省した。翌年の春にまた工場に戻ったが、その道程は雪深い峠道を含む泊まりがけの徒歩で、100kmをこえることも多かった。工女たちの過酷な生活を描いた作品の代表例としては、細川和喜蔵の『女工哀史』や山本茂実が著した『あゝ野麦峠』がある。②東京の貧民の実態や機械工・小作人の生活事情を調査し、まとめた。③農商務省編纂の『職工事情』は工場法立案の基礎資料とされた。④⑤⑥アメリカからの帰国後に職工義友会を結成、改組して労働組合期成会となった。なお、片山潜は社会民主党、日本社会党の結成にも参加している。⑦第2次山県内閣が公布。⑧鈴木文治が組織した友愛会は、労働者階級の地位向上と労働組合育成とを目的としていた。結成当初は、資本家とともに協力することで労働者の地位を上げようとする労資協調主義を掲げていたが、第一次世界大戦前後、大戦景気にともなう労働者の酷使や戦後恐慌にともなう労働者の不当解雇などに起因する労働争議が多発すると、資本家と労働者とのあいだにある階級差を是正しようとする階級闘争主義に方向を転換することとなった。なお、活動規模の拡大や内紛にともなって1919年には大日本労働総同盟、1921年には日本労働総同盟とその名称を改称している。また、1920年5月2日には、東京上野公園にて第1

回メーデーを主催した。(1)工場労働者保護のため事業主に義務を課した法律。1911年に公布されたが、紡績・製糸業資本家の反対により実施は1916年まで延期された。(2)日露戦争遂行にむけての増税は、全国各地の地方財政を疲弊・荒廃させたが、帝国主義化していく日本の国家体制を支えるためには、地方の経済体制の基盤強化や町村自治体制の確立が必要不可欠であった。このため第2次桂太郎内閣は戊申詔書を発布し、社会的・経済的混乱を是正するとともに、内務省の主導によって疲弊した地方財政の再建や人材育成をその目的とする地方自治振興政策を推進した。これを地方改良運動と呼ぶ。この政策では、政府によって地方改良講習会が開催されるとともに、共同事業に成功した「模範村」を表彰して名誉を与えるなどして、町村における主体的な振興をはかろうとした。(3)足尾鉱毒事件は、古河財閥が買い取った足尾銅山から渡良瀬川に流された鉱毒が、住民に大きな被害を与えた事件。田中正造は銅山の操業停止をせまり、議員を辞職して、天皇に直訴を試みたが、護衛にはばまれ果たせなかった。当時、天皇への直訴が「不敬罪」に当たるとして田中を死罪にする動きもみられたが、その後の裁判などで足尾銅山鉱毒事件が大きな問題となることを恐れた政府は田中を翌日に釈放した。また、足尾銅山の操業停止ではなく鉱毒予防工事を命じ、住民の集団行動は弾圧した。なお、1902年に洪水被害が発生し、対象地に大量の土砂が蓄積して鉱毒被害が軽減されると、今度は洪水予防がおもな課題となり、被害地の谷中村は遊水池化のために全戸移転が命じられた。

49 近代文化の発達　(p.153〜155)

解説 明治政府がおし進めた近代化は、強大な欧米諸国に対応するという目的のもと始まった、いわば「外発的」な近代化であった。幕末以来、様々な分野で欧米諸国との国力格差を思い知らされた日本は、立憲国家として国際社会的な地位を向上させるために憲法制定を急ぐとともに、「富国強兵」「殖産興業」「文明開化」などのスローガンを立て、あらゆる分野での近代化を急いだ。なお、のちに制定された大日本帝国憲法下では、国民は「臣民」と呼ばれ、法律の範囲内での自由を認められる一方、義務や制約も多かった。(1)1868年、政府は祭政一致を掲げて神祇官を再興し、国学者や神道家を登用した。また、1870年には大教宣布の詔を発し、天皇を神格化するとともに教部省を設けて神道を国教と定めるとともに、大教院にて国民教化を目指したが、仏教勢力の抵抗もあり、途中で頓挫した。なお、大日本帝国憲法下において、臣民に信教の自由が認められていた中で、神道を国家の中心にすえたいと考えた政府は、「他宗教と同一視すべきではなく」「神道・神社を他宗派の上位に置く事は憲法の信教の自由とは矛盾しない」という理由から神社神道の保護をはかった。(2)政府が神仏分離令を発した目的は、江戸時代以来の神仏習合を禁じ、仏教と神道を切り離すことであり、仏教弾圧を意図したものではなかった。しかし、神仏分離令発令後、「神威隊」を名乗る神官たちが、日吉大社および延暦寺になだれ込み仏像や経典、仏具などを破壊したことを皮切りに、全国

的に仏教弾圧及び仏教破壊運動が広がっていった。なお、これらの運動に参加した者の多くは神道家や国学者だったが、混乱に乗じて暴徒化した民衆も少なからず存在していたとされる。(3)ア：札幌農学校で教鞭をとったのはクラーク、熊本洋学校で教鞭をとったのがジェームズである。ウ：キリスト教徒であった内村鑑三は第一高等中学校にて講師をつとめていたが、教育勅語への拝礼を拒否したため、教壇を追われた（内村鑑三不敬事件）。エ：徳富蘇峰は平民的欧化主義をとなえ、一般国民の生活向上のための欧化主義の必要性を説くとともに、政府が条約改正のために行った欧化政策を批判した人物。なお、蘇峰は日清戦争を機に国家主義者に転じたこともおさえておきたい。一方、高山樗牛は雑誌『太陽』で日本主義をとなえ、日本の大陸進出を肯定した人物である。

1890年に留学先のドイツで破傷風の血清療法を確立したとともにペスト菌を発見した人物。アドレナリンの抽出に成功したのは高峰譲吉である。なお、高峰譲吉の発明としてタカジアスターゼがある。そのほか国内の研究者として有名な人物は、物理学において原子構造の研究を重ねた長岡半太郎がいる。長岡は土星型原子模型の理論を発表した。オ：久米邦武は岩倉使節団に参加した人物でもあり、『米欧回覧実記』の編集にたずさわった。

---

2 ①森有礼　②忠君愛国　③国定教科書
(1)Ⅱ・Ⅰ・Ⅲ・Ⅳ　(2)エ　(3)ア×　イ○
ウ○　エ×　オ○

解説 明治期における教育の普及についての経緯および法令をおさえておくこと。混同しやすい単語があるため注意したい。**教育令はアメリカの教育制度を参考にした自由主義的なもの。教育勅語は元田永孚・井上毅らが原案起草。**儒教的道徳を基礎に天皇制の強化をはかった。(1)(1872学制→)1879教育令→1886学校令→1890教育勅語→1903国定教科書制度であり、教育に対する国家の統制が強まっていく様子がうかがえる。なお、小学校令・中学校令・師範学校令では、それぞれ尋常・高等の2種に分けられたが、のち尋常中学校が中学校に、高等中学校が高等学校に改称された。(2)資料およびグラフから読み取る。各年ともに女子よりも男子の就学率の方が高い。**1900年には義務教育の授業料廃止**があり、就学率は飛躍的に上昇した。学校令の発布は1886年であるが、この時期は一時期就学率が低下していた時期と一致する。教育令の発令によって政府主導の教育から地方主導の教育へと急転換し現場に大きな混乱が生じたことや、それに対応して試行錯誤した（教育令は1880年に改正され、中央集権的な要素を強めた）政府の苦悩が読み取れるが、1886年に学校令が発令されると、混乱は一応の落ち着きをみせ、その後上昇傾向が続き、**日露戦争の前後には男女ともに90%をこえる就学率**となっていた。小学校令も幾度となく改正されている。1890年の改正では尋常小学校3〜4年の義務教育が明確化され、高等小学校の修業年限は2〜4年とされた。さらに1907年の改正では、**義務教育が6年間に延長されている。**(3)高等教育機関では、研究・学問が発達した。法学の分野ではフランス法律学からドイツ法律学・行政学へと中心が移り、社会問題への対応を含む社会政策学も導入された。選択肢にあるフェノロサは経済学・哲学・美学の分野で、モースは動物学や考古学の分野で活躍したほか、工学はダイアーをはじめとしたイギリス人、医学はベルツをはじめとしたドイツ人によるところが多く、その後の日本学生の留学先にも影響を与えている。その他の分野ではフォッサマグナを発見し、**日本初の本格的な地質図を作成したナウマン(地質学)**や**鹿鳴館を設計・建築したコンドル(建築学)**などが有名。ア：官立の高等教育機関の拡充は進んだが、明治時代には東京についで京都・東北・九州に各帝国大学が創設された。大正から昭和にかけては北海道・京城(朝鮮半島)・台北(台湾)・大阪・名古屋に増設され、いわゆる「9帝大」が形成された。エ：北里柴三郎は

---

3 ①安愚楽鍋　②矢野龍溪　③小説神髄
④二葉亭四迷　⑤樋口一葉　⑥正岡子規
⑦ホトトギス　⑧夏目漱石　⑨東京美術学校
⑩橋本雅邦　⑪白馬会　⑫日本美術院　(1)Ｘ イ
Ｙ ア　Ｚ ウ　(2)我楽多文庫　(3)明星　(4)市川団
十郎(尾上菊五郎・市川左団次)　(5)フェノロサ
(6)高村光雲

解説 作者・作品名がとにかく多いため、分野ごとに知識を整理しておきたい。③坪内逍遙の『小説神髄』は文学論である。彼の小説には『当世書生気質』がある。④の二葉亭四迷は、ツルゲーネフ『あひびき』の翻訳者でもある。⑥⑦正岡子規が創刊した俳句雑誌『ホトトギス』は、のちに弟子の高浜虚子に引き継がれた。また、子規の門下には伊藤左千夫や長塚節もおり、彼らは短歌の雑誌『アララギ』を創刊した。(1)Ｘの**写実主義**は、江戸の文学にみられる勧善懲悪を批判し、人情や世相をありのままに描いた。Ｙの**ロマン主義**は、日清戦争前後の高揚した風潮から生まれ、北村透谷が創刊した雑誌『文学界』を母体として展開した。Ｚの**自然主義**は、日露戦争前後に流行し、社会や人間の裏面を描いた。やがて作家自身の身辺を描く傾向が強まり、私小説へと展開した。(2)硯友社に参加した作家として『夏木立』の山田美妙も有名。(5)フェノロサは、1878年に帝国大学にまねかれ哲学を講じた。日本美術を高く評価し、東京美術学校設立に努力した。法隆寺夢殿救世観音像の調査をした人物としても有名。また、薬師寺東塔を「凍れる音楽」と表現したといわれる。

---

50 市民生活の変容と大衆文化 (p.156〜158)

1 ①大戦景気　②サラリーマン　③文化
④職業婦人　(1)イ・カ　(2)原敬　(3)エ
(4)Ａイ　Ｂウ　Ｃオ　Ｄア　Ｅエ　(5)エ
(6)活動写真　(7)ア×　イ○　ウ○　エ×
オ×　カ○　キ×　ク○　ケ×　コ○

解説 ③大正〜昭和初期に流行した住宅建築。郊外に建てられたガラス戸・赤瓦の屋根のある洋風の応接間をもった日本式の住宅をいう。(1)イ：**英・仏・露などの連合国には**軍需品や食料品などを、ヨーロッパ列強が後退したアジア市場には綿織物を輸出したほか、大戦ブームに沸くアメリカには生糸などを輸出した。カ：満洲の鞍山に設立されたのは紡績工場ではなく、製鉄所である。鞍山一帯の鉄鉱資源に着目した南満洲鉄道株式会社(満鉄)は、1915年の二十一カ条の要求を契機に鉄鉱資源の採掘権を確保し、翌年に日中合弁の採掘会社として振興鉄鉱公司(コンス)を設立した。その原料を用いて製鉄事業を行う目的で、18年5月鞍山製鉄所を設立し

た。(3)自由新聞は1882年創刊の自由党機関紙。(4)総合雑誌とは、小説や随筆から軽い読み物・論文・評論まで、様々な情報を加えて総合的に編集された雑誌をいう。『改造』や『中央公論』が有名。円本は関東大震災後の不況を打開するため、改造社が1冊1円という安価な『現代日本文学全集』を刊行して成功したことに始まり、ついで新潮社の『世界文学全集』や平凡社などもこれにならい、円本ブームを現出した。(5)1926年には東京・大阪・名古屋の放送局を統合して日本放送協会（ＮＨＫ）が設立された。またその翌年には、札幌や仙台、熊本、広島にも地方局が設立され、放送網は全国に拡大した。契約者の数は、開局の年には36万人であったが、1931年に満洲事変が始まると100万人をこえた。これは出征兵士の安否を気づかう人々がラジオ放送の定時ニュースに耳を傾けるようになったためである。なお、1931年からは2チャンネル体制となり、それぞれ「第1放送」と「第2放送」と区分された。第1放送では、全国共通の番組を放送する全国放送、第2放送では都市部のインテリ層向けの高度な教養講座を放送する都市放送として活用されたが、のちに太平洋戦争が勃発すると、第1放送のみの放送となった。(6)映画は活動写真と呼ばれ、開始当初は無声映画を弁士の解説付きで上映していたが、大正期には大衆娯楽として発展し、日活や松竹などの映画会社が国産映画の製作に乗り出した。なお、1930年代に入ると、トーキーと呼ばれた有声映画の制作や上映が始まった。(7)ア・エ・オ・キはいずれも明治期の文化について述べた文章である。また、ケは文学的な分類と作者・作品のあいだにずれがある。ア：煉瓦造の町並みやガス灯、鉄道馬車は明治初期に導入されたもの。エ：太陽暦は1872年、太陰太陽暦（旧暦）を廃止して採用され、1872年（明治5年）12月3日を1873（明治6年）1月1日とした。ただし、農漁村部においては、漁や収穫の関係から、太陽暦と並んで旧暦も用いられた地域もあった。オ：ざんぎり頭は明治初期の断髪頭。文明開化のシンボルとされ、「ざんぎり頭をたたいてみれば、文明開化の音がする」といわれた。キ：牛鍋は明治初期の仮名垣魯文の戯作『安愚楽鍋』にもあぐらをかいて気安く食べるものとして登場する。のち、すき焼に圧倒された。ケ：選択肢にある中里介山の『大菩薩峠』は大正期の大衆雑誌に掲載された大長編小説であるが、戯作文学ではない。戯作文学とは、読本・黄表紙・洒落本・滑稽本・人情本など江戸後期の遊技的な文芸の総称である。なお、イ・ウ・カ・ク・コはいずれも大正・昭和初期の文化について述べた文章である。コの代表例として箕面有馬電気軌道（1918年に阪神急行電鉄と改称）がある。ターミナルデパートを経営するだけではなく、鉄道沿線で住宅地開発や、遊園地・温泉・娯楽施設など多角的な経営を行った。それら商業施設を訪れる客の移動手段として鉄道をすえることで、乗客および集客の増加をはかるねらいがあった。駅周辺から都市化（都市開発）が進んだ典型例だといえる。

2 ①マルクス　②貧乏物語　③善の研究　④風土　⑤津田左右吉　⑥民俗　⑦プロレタリア　⑧小林多喜二　(1)主張—小日本主義　内容—朝鮮や満洲などの植民地の放棄と平和的な経済発展を主張した。　(2)論争—日本資本主義論争　二つの学派名—労農派・講座派　(3)常民　(4)イ・ウ　(5)ウ　(6)ウ　(7)Aエ　Bイ　Cウ

解説大正デモクラシーとはその名の通り、大正期において政治、社会、文化の各方面にあらわれた民主主義的・自由主義的風潮のことである。同じ民主主義運動でも、明治初期に展開された自由民権運動と比較すると、目標も組織体も指導理念も多様性を帯びていることが特徴的である。この背景には、日露戦争後の資本主義の急速な発展によって形成された都市中間層・無産階級層が、政治的・市民的自由を求めて、明治憲法体制に対抗しようとしたことがあげられる。文化面では国家主義に対抗する自由教育、大学の自治、美術団体の文部省支配からの独立などなど、様々な課題を掲げた自主的な集団による運動が展開された。①マルクス主義とは、ドイツ（プロイセン）の経済学者であるマルクス（1818〜1883）やエンゲルス（1820〜1895）によって展開された思想をもとに確立された、社会主義思想の1つである。マルクスは資本主義社会の進展と資本家—労働者の関係性を分析し、経済格差の広がり→資本家に対する労働者の闘争（いわゆる階級闘争）および社会主義革命の発生→社会主義・共産主義社会の到来という社会主義の必然性を説いた。日本では、ロシア革命や第一次世界大戦後の不況を背景にその研究熱が高揚し、経済学・歴史学・哲学などに大きな影響を与えた。(1)石橋湛山が主張した小日本主義は、当時の日本政府がおし進めていた大陸進出策を批判する主張であった。欧米列強に比べて国力が微弱である日本は、朝鮮や台湾などにおける植民地経営には不向きであり、結果として経済的な負担が大きくなるため、それらを放棄して独立させ貿易相手国として位置づけることで、通商国家として日本の発展の道が開かれるという考えである。なお、石橋は第二次世界大戦後、第1次吉田茂内閣の蔵相をつとめ、1956年首相となった人物でもある。日中・日ソ国交回復に尽力した。(2)日本資本主義論争は、雑誌『労農』に論文を執筆した櫛田民蔵・猪俣津南雄らの労農派と、『日本資本主義発達史講座』に論文を執筆した羽仁五郎・服部之総・山田盛太郎らの講座派とのあいだで行われた、明治維新以来、段階的に発達してきた日本の資本主義社会をどうとらえるかという視点から論じられた論争のこと。(4)ア：野口英世は黄熱病研究に尽力した。破傷風研究は北里柴三郎。エ：高峰譲吉がタカジアスターゼを創製したのは第一次世界大戦前のことである。なお、夏目漱石の代表作である『吾輩は猫である』の中にもタカジアスターゼを服用する人物の描写をみることができる。(5)ウ：芥川龍之介・菊池寛は東大系の同人雑誌『新思潮』によった新思潮派。新感覚派は横光利一・川端康成。(6)ウ：文部省主催で文部省美術院展覧会（文展）が創立されたのは、明治末期の1907年（明治40年）のこと。大正期には、文展のアカデミズムに対抗する洋画の在野勢力として二科会や春陽会が創立され、安井曽太郎や梅原龍三郎、岸田劉生らが活躍した。なお、文展は大正期に入って沈滞し、1919年帝国美術院による帝国美術院展覧会（帝展）に引き継がれた。(7)アの辰野金吾は建築界において活躍した人物。代表的な作品としては、1914（大正3）年に開業した東京駅や日本銀行本店（いずれも現在では重要文化財として指定）などがあげられる。オの梅原龍三郎は日本の洋画家である。フランスに留学し、ルノワールの指導を直接受けたことでも有名。日本に帰国後は、二科会や春陽会の設立に参加した。

1 ①戦後恐慌 ②片岡直温 ③モラトリアム ④カルテル (1)日本が大戦景気を迎えた要因は、第一次世界大戦勃発によってヨーロッパ諸国が撤退したアジア市場へ日本製品を大幅に輸出したためであるが、大戦後ヨーロッパ諸国の生産力が回復し、アジア市場に再登場してくると、日本の貿易輸出額は減少した。これにより、大戦景気中に投資額を増加させていた多くの企業が余剰生産物や負債を抱えてしまったことも戦後恐慌の一因である。 (2)関東大震災 (3)震災手形 (4)在華紡 (5)ア (6)憲政会から成立した若槻礼次郎内閣は、幣原喜重郎外相のもと、中国に対する不干渉の姿勢を取る協調外交を展開していたが、枢密院はこれに対して不満を抱いており、若槻内閣の倒閣を目論んだため。なお、若槻内閣の退陣後、立憲政友会から組閣した田中義一は、外相を兼任し中国に対して強硬外交を展開した。

解説 大戦景気→戦後恐慌→関東大震災→金融恐慌という経済の流れと、それぞれの事象の要因や背景、その後の社会に与えた影響を整理しておきたい。とくに、関東大震災後、経営が傾いた銀行が多く発生した中で、蔵相の片岡直温が失言したことによって、人々は自身が預けていた預金を引き出そうと、銀行に殺到した(取付け騒ぎ)。こうした混乱の中で新たに組閣した田中義一内閣は、モラトリアム(支払猶予令)を発して銀行の支払いを一度停止し、そのあいだに日本銀行から巨額の救済融資を行うことで、全国的に広がった金融恐慌をようやくしずめた。(1)日本の資本主義はしばしば、戦争を通じて発展してきたという性質をもっており、軍事産業の占める比重が多かった。また、国民の購買力はいまだ十分とはいえず、国内市場もそれほど広くなかったため、海外市場に依存するという不安定な構造をもっていた。解答にもある通り、大戦景気とは、第一次世界大戦の勃発によってヨーロッパ諸国が撤退したアジア市場に、日本が綿製品を輸出することで大幅な利益を生み出していたという側面があり、日本製品そのものの品質の良さに裏付けられたものとは言いがたく、ある種の脆さをもった底の浅い好景気であった。なお、「船成金」という語が象徴するように、ヨーロッパ諸国にも軍需品や食料品を輸出していた。また、アメリカには生糸を輸出していた。それにも関わらず、空前の好景気に沸く日本経済社会は、各企業において、事業拡大のために好景気の継続を見越した資本投資を行い、生産量を増加させていた。そのため、当然ながら第一次世界大戦後、ヨーロッパ諸国が生産力を回復してアジア市場に再登場すると、大量の余剰生産物や多額の負債を抱えてしまい、不況へと進んでいったと推察できる。(2)1923年9月11日11時58分頃、関東大震災が発生した。この地震の規模はマグニチュード7.9で、死者・不明者は約10万5000人ほどだと推定される。近年発生した東日本大震災と比較してもその被害規模は甚大であり、未曽有の大災害であった。地震発生時刻がちょうど昼食時であったため、火を使って食事の準備をしている家庭が多く、火災が発生。それが折しも北上する台風にともなって関東地方に吹き込んだ強風によって拡大したため、木造住宅が密集した東京は火の海に包まれた。突如として首都圏を襲った自然災害に社会不安が高まり、「朝鮮人が暴動をおこした」という流言・

デマが広がり、自警団や軍隊・警察の手によって多数の朝鮮人や中国人が無実のうちに殺害されたことも忘れてはならない。(3)関東大震災によって金銭支払いが不可能になった手形を震災手形という。1926年末段階で2億680万円が未決済であった。(4)全国的に広がる取付け騒ぎにおいてもっとも注目しなければならないのが、台湾銀行と鈴木商店である。台湾銀行とは、日清戦争後に日本が植民地として獲得した台湾において、紙幣発行権をもっていた特殊銀行であり、台湾の中央銀行として機能していた銀行である。また、鈴木商店とは、台湾で砂糖・樟脳事業を手がける総合商社で、金子直吉の働きにより大戦中に三井・三菱にせまる大企業へと成長した企業である。鈴木商店の事業拡大に資金融資を行っていたのが台湾銀行であった。(6)蔵相の失言によってはじまった取付け騒ぎの渦中に台湾銀行が巻き込まれると、植民地である台湾統治に支障を来すと考えた若槻礼次郎内閣は、台湾銀行救済勅令案を提出するが、この内閣が推進していた協調外交方針に対して不満をもっていた枢密院はこの勅令案を了承せず、結果的に若槻内閣は退陣に追い込まれた。また立憲政友会は当初協調外交を引き継いだが、田中義一内閣によって中国に対して強硬外交路線へと転換した。

2 ①(パリ)不戦条約 ②東方会議 ③満洲某重大事件 ④浜口雄幸 ⑤幣原喜重郎 ⑥ロンドン海軍軍備制限条約 (1)あオ いイ うウ えエ (2)済南事件 (3)関東都督府 (4)河本大作 (5)ウ (6)Aエ Bイ Cウ Dオ Eア

解説 1920年代後半における日本の外交方針を、日本および世界情勢の動向をふまえたうえで整理しておきたい。戦後恐慌から金融恐慌までを経験し、慢性的な不況におちいった日本の状況を打破するために、立憲政友会は、欧米に対して協調姿勢、中国に対しては強硬姿勢の方針を掲げて各種政策を実施した。当時の中国情勢は、広州を中心に中国南方に支配を広げた中国国民党(孫文による結成)や、1921年に結成された中国共産党に加えて、北方には軍閥が支配域を拡大しようとしていた。このような状況の中で、孫文の死後国民党を引き継いだ蔣介石は、中国全土を統一し国権を回復させようと国民革命軍を率いて北伐に乗り出した。これに対して対中国に対して強硬姿勢をとる田中義一は、1927年に中国関係の外交官や軍人を集めて東方会議を開き、北伐軍に対抗するため、満洲軍閥の張作霖を支援することで満洲地方の日本権益を守ろうとした。日本居留民保護を名目に山東出兵を実施した(全3回)のも、この北伐軍を阻止する目的であった。しかし、張作霖が北伐軍に敗北すると、関東軍の一部に張作霖を排除して、満洲を直接支配しようとする考え方が台頭してきた。1928年6月4日、関東軍は中央にはからず独断で、満洲へ帰還途中の張作霖を列車事ごと爆破して殺害した。このあと、張作霖の息子である張学良は国民政府に合流し、満洲全土で国民党の青天白日旗を掲げた(易幟事件)。これによって関東軍の思惑とは逆に、満洲地方に対して日本が影響力をおよぼすことが難しくなったと考えられる。なお、張作霖爆殺事件の真相は国民に知らされず「満洲某重大事件」と呼ばれた。この事件処理をめぐって、田中義一は当初、真相を公表しようとしたが、閣僚や陸軍の反対におし切られ、首謀者の河本大作大佐を停職にしただけであった。田中義一によるこの対応は昭和天皇の不興をかい、1929年に内閣は引責総辞

職することとなった。かわって立憲民政党を与党として成立したのが浜口雄幸内閣である。一方で世界情勢は、ヴェルサイユ条約以後、軍縮へと進んでいく。ワシントン海軍軍備制限条約(1922)やジュネーヴ会議(1927)、パリ不戦条約(1928)、ロンドン海軍軍備制限条約(1930)がその代表例である。これらの条約内容を整理しておくとともに、対欧米に関わる日本の外交方針は一貫して協調姿勢であったこともおさえておきたい。なお、パリ不戦条約の批准に際して、この条約の目的が国際紛争解決のための戦争を否定し、国家政策の手段として戦争を放棄することを「其ノ各自ノ人民ノ名ニ於テ」宣言したものであったが、日本政府は、この部分は天皇主権の憲法をもつ日本には適用されないものと了承することを宣言した。(1)アの袁世凱は中華民国成立直後に孫文から臨時大総統の地位をゆずられた軍閥。日本が第一次大戦中に二十一カ条の要求を突きつけた人物。カの段祺瑞は第一次世界大戦中に寺内正毅内閣のもとで行われた西原借款を受けとった軍閥。(3)1906年に関東州(遼東半島の日本租借地)の管轄のために関東都督府がおかれたが、1919年に統治機関としての関東庁と軍としての関東軍に改組された。(5)ロンドン会議においては補助艦(潜水艦・駆逐艦など)の総トン数の保有比が対英米約7割に定められた。しかし、その中で大型巡洋艦については対米6割に抑えられたため、軍部・右翼は、天皇大権の一つで軍の編制にかかわる統帥権の干犯であると内閣を批判した。これに野党の政友会も政治的な思惑から加わり激しく内閣攻撃を行った。政府は枢密院の同意を取り付けて条約批准に成功したが、1930年に首相である浜口雄幸は、東京駅で右翼青年に狙撃されて重傷を負い、まもなく死亡した。

▶ **3** ①労働農民党　②特別高等課(特高)　(1)三・一五事件・四・一六事件　(2)死刑または無期刑。

【解説】①当時の時代情勢から「社会主義」政党と称することがはばかられたために、無産政党という言葉が用いられた。有産階級に対する無産階級のための政党と位置づけられる。②特別高等課は1911年に、前年の大逆事件を機として警視庁におかれていたのが、この時に全国に拡大された。(1)三・一五事件では約1600名、四・一六事件では約700名が一斉に検挙された。(2)議会では改正法案が成立しなかったために、緊急勅令のかたちで改正された。従来の最高刑が10年以下の懲役・禁固であったのに対し、「国体」の変革を目的とする結社の組織者や指導者には死刑・無期刑を科すことができるようになったほか、結社のメンバーではない協力者も処罰可能となった。

▶ **4** ①井上準之助　②ウォール街　③農業恐慌　④欠食児童　(1)重要産業統制法　(2)エ

【解説】通貨制度には大きく金本位制度と管理通貨制度の二種類がある。金本位制は、金の保有量に応じて通貨発行量を定め、自国通貨の価値を一定量の金で表示し、正貨である金と通貨・紙幣との交換や金の輸出入を認める制度をいう。国内物価、外国為替相場が安定するという長所がある一方、経済発展や積極財政に通貨量が追いつかないといった短所がある。管理通貨制度は金の保有量にかかわらず、政府の政策で通貨発行量を調節する制度で、経済発展への対応がしやすい、景気対策がとりやすいといった長所があるが、通貨発行

量が多くなりインフレをおこしやすいという短所がある。日本は1897年から正式に金本位制を採用したが、第一次大戦中の1917年に欧米諸国にならい金輸出を禁止していた。浜口内閣は、為替相場を安定させ輸出を振興することを目的として1930年に金輸出解禁を行い、金本位制を復活させた。しかし、円の国際的信用を失いたくないという思惑から、実際は100円＝46.45ドル台であったのに100円＝49.85ドルという旧平価で解禁したため、実質的に円の切り上げとなって円高をもたらし輸出にとって不利な状況が生み出された。金解禁を実施したのと同じ頃、ニューヨークのウォール街から始まった株価の暴落が世界恐慌に発展していたため、輸出はまったく振るわず、逆に正貨である金の海外流出をまねくこととなった。これら金解禁・世界恐慌の二重の打撃により、企業では操業短縮・倒産があいつぎ、日本経済全体が深刻な不況におちいった(昭和恐慌)。農村部では、昭和恐慌にともなう生糸・繭価の暴落が養蚕農家を直撃した。また、米農家は1930年の豊作にともなう米価の下落に見舞われ「豊作貧乏」となり、翌1931年には一転して東北・北海道が大凶作に見舞われた。生活に苦しむ各農家は生計維持のために兼業をしようとするが、かねてからの不況によって企業も人員整理や産業合理化が進めており、兼業の機会そのものが少なかった。加えて都市部の失業者が帰農したため、東北地方を中心に農家の著しい困窮をまねいた(農業恐慌)。こうした中、政府は、重要産業統制法を制定し、紡績や化学、鉄鋼などの指定産業でのカルテルを助成することで恐慌への対策とした。

52 軍部の台頭　(p.162〜164)

▶ **1** ①柳条湖　②若槻礼次郎　③犬養毅　④溥儀　⑤リットン　(1)石原莞爾　(2)上海　(3)エ

【解説】中国で発生した国権回復を目的とした民族運動を受け、日本国内では、幣原喜重郎の協調外交を「軟弱外交」と避難する声が高まっていた。「満蒙の危機」と表現される。危機感を強めた関東軍は、中国の国権回復運動が満洲に及ぶのを武力によって阻止し、満洲を長城以南の中国主権と切り離して、日本の勢力下におこうと画策した。その一事例が柳条湖事件をはじめとする満洲事変である。(1)この時の中心となったのが、関東軍参謀の石原莞爾だった。石原は『世界最終戦論』を発表し、日本とアメリカがそれぞれ東西両文明の名主となり、飛行機による日米戦争がおこると想定していた人物としても知られている。そのため、満洲を占領して、これに備えることを主張していた。なお、満洲事変に関してアメリカは、日本の一連の行動に対して不承認の宣言を発した。また国際連盟理事会は事実調査のためにイギリスのリットンを団長とする調査団を現地と日中両国に派遣した。これを受けて関東軍は、リットン調査団が満洲に到着する前に、清朝最後の皇帝であった溥儀を執政として、満洲国の建国を宣言させた。(2)1932年1月、日本軍は買収した中国人に日本人僧侶を襲撃させ、これを機に中国軍とのあいだで戦闘状態に入った。この第1次上海事変は5月に停戦協定が結ばれるまで続いた。なお、のちの日中戦争勃発後の1937年8月に、上海で再び日中両軍による戦闘が行われた(第2次上海事変)。(3)そもそも満洲とは奉天・吉林・黒竜江の3省をいう。成立した「満洲国」はこれに熱河・興安を加えた5省であり、新京

（長春）を首都とした。

2 ①国家改造運動　②井上準之助　③団琢磨
④犬養毅　⑤桜会　⑥大川周明　⑦西園寺
公望　⑧松岡洋右　(1)Ｃ・Ｂ・Ａ　(2)血盟団
(3)斎藤実　(4)イ　(5)塘沽停戦協定

解説 事件Ａは、「井上日召率いる右翼団体」から血盟団事件
についての説明だと判断できる。井上日召は茨城県で
農村青年らを対象に右翼思想を講じ、一人一殺主義をとなえ
要人の暗殺を企図した。また事件Ｂは海軍青年将校による首
相射殺という言葉より五・一五事件、事件Ｃは橋本欣五郎率
いる秘密結社から桜会が企図した三月事件（および十月事件）
と判断できる。この桜会は政党内閣を倒し軍事政権を樹立す
ることを目標としており、大川周明の協力と一部陸軍首脳の
賛同を得て、クーデタ未遂事件をおこした。なお、大川周明
は、満鉄調査部を経て大学でも教鞭をとっており、日本主義
（日本の伝統・精神を重んじる）、大アジア主義（欧米の植民
地主義に対抗するためにアジア連帯を求める）をとなえる思
想家として軍部に接近していた。戦後Ａ級戦犯に指名された
が、裁判中に精神障害を理由に釈放された。この時期に軍人
や右翼による急進的な国家改造運動が発生した背景には、当
時の内閣において穏健派首相が続いていた一方で、満洲にお
ける関東軍の実力行使が進んでいたことなどがあげられる。
五・一五事件において犬養毅が凶弾に倒れた一要因には、犬
養自身が満洲国の承認について慎重であり、最後まで中国と
の直接交渉を目指していたという点も推察できる。一連の流
れの中で、新たに組閣した斉藤実は満洲国と日満議定書を取
りかわして満洲国を承認した（ただし、斉藤自身も穏健派で
あり、ワシントン体制の打破をとなえる勢力からは疎まれる
存在であったため、のち二・二六事件で暗殺されている）。
日本が構想していたのは、満洲国成立をはじめとする既成事
実の積み重ねであり、これを根拠に国際社会に対抗しようと
していた。しかし、連盟側はリットン調査団の調査報告にも
とづき、満洲国が日本の傀儡国家であると認定し、日本が満
洲国承認を撤回するよう勧告した。日本側全権であった松岡
洋右はこれを不服として総会の場から退場し、日本政府は国
際連盟から脱退することとなった。(4)リットン報告書は、日
本の軍事行動が合法的な自衛措置ではなく、また満洲国も自
発的な民族独立運動によってつくられたものではないとした。
対日勧告案では、日本軍を南満洲鉄道付属地内へ撤兵させる
としながらも、一方で日本の経済的権益に中国側が配慮すべ
きであるとした妥協的なものであった。(5)河北省東北部の冀
東地区から中国軍と日本軍の双方が撤退し、そこに非武装地
帯を設定し、治安維持には中国警察が当たることとなった。

3 ①イ　②ア　③ア　④イ　⑤ア　(1)管
理通貨制度　(2)ソーシャル＝ダンピング
(3)ウ　(4)日産コンツェルン　(5)イ

解説 犬養内閣のもとで蔵相に就任した高橋是清は、浜口内
閣のもと井上蔵相によって行われた金輸出解禁・緊縮
財政政策を一転し、金輸出再禁止による管理通貨制度への移
行、赤字国債発行と軍拡による積極財政とを行い産業界を活
気づかせた。そのため、1933年頃には他の資本主義諸国に先
駆けて世界恐慌以前の生産水準を回復した。しかし、この時

期以降軍備拡大に歯止めがかからず、国家予算に占める軍事
費の割合は上昇の一途をたどることとなる。(3)ア：ブロック
経済はイギリス・フランスの政策、イ：ニューディール政策
はアメリカの政策。(4)日産コンツェルンは満洲に進出し、満
鉄にかわって満洲の重化学工業を独占支配した。他の新興財
閥としては朝鮮に進出して水力発電・鉄道部門に手を広げた
野口遵の日窒コンツェルンがある。(5)ア：地方改良運動は明
治末期に展開された、町村の財政基盤の立て直し運動。ウ：
大同団結運動は自由民権運動の時期に展開された運動。

4 ①転向　②日本共産党　③日本無産党
④北一輝　⑤岡田啓介　⑥近衛文麿　(1)日
本国家社会党　(2)滝川事件　(3)イ　(4)二・二六事
件　(5)軍部大臣現役武官制　(6)イ

解説 転向とは、一般に個人の思想的立場の変化を指すが、
この時期には国家権力の暴力・圧迫によって社会主
義・共産主義思想を放棄することを意味した。政党活動によ
って投獄されていた日本共産党幹部の佐野学・鍋山貞親が、
獄中から国家社会主義への転向声明を発したことを皮切りに、
つぎつぎと転向が発生した。国家社会主義とは国家の社会政
策により資本主義の弊害を取り除こうとする立場であり、フ
ァシスト党やナチ党もこの立場であった。日本では、日本国
家社会党が、天皇を中心とする「一君万民」の平等社会の実現
をとなえ、民族的利益の擁護という立場から戦争を支持した。
政府による共産主義・社会主義への弾圧はしだいに強化され
ていき、自由主義や民主主義的な学問への弾圧事件もつぎつ
ぎに発生した。また、ジャーナリズムでも軍部による国内改
革への期待が高まっていった。問題文にもある通り、この頃、
穏健派内閣が続いたことで、軍部や一部官僚、政党人が不満
を高まらせていた。そのため、穏健派とされた斉藤・岡田は
ともに二・二六事件で襲撃されている。この事件に影響を与
えていたのが、北一輝であり、彼の著『日本改造法案大綱』は
天皇と軍隊を中核とする国家改造方針について論じた内容で
あった。これは右翼運動家のバイブルとなった。なお、北一
輝は二・二六事件の首謀者として処刑された。(2)帝国大学教
授であった滝川幸辰が、文部大臣の鳩山一郎の介入によって
休職処分とされた事件である。滝川の著書である『刑法読本』
なども発禁処分にされた。この事件は、それまで共産主義に
加えられていた弾圧が自由主義的な言論・思想にまで拡大さ
れた点で大きな意味をもつ。なお、鳩山一郎は斎藤実内閣の
文部大臣であり、第二次世界大戦後に首相として再び登場す
る。また2009年に組閣した鳩山由紀夫首相の祖父でもある。
(3)ア：天皇機関説は、統治権の主体を法人としての国家に帰
属させ、天皇は国家の最高機関として憲法に従って統治権を
行使すると説明したもの。この説に対して上杉慎吉や穂積八
束らは、天皇の統治権は神聖不可侵の天皇に属し、無制限に
行使できるとして天皇機関説を批判していた。ウ：「国防の
本義と其強化」は陸軍省によって発行されたパンフレットで
ある。これは陸軍が政治・経済の運営に関与する意欲を示し
たものであるとして論議を巻きおこした。エ：岡田内閣が出
した「国体明徴声明」は、結果的に天皇機関説を否認したもの
として知られる。(4)陸軍二大派閥のうち、陸軍省や参謀本部
の中堅幕僚将校を中心に、革新官僚や財閥と結んだ軍部の強
力な統制のもとで総力戦体制樹立を目指したのが統制派であ
り、その中心は永田鉄山、東条英機などであった。一方で皇

道派は直接行動による既成支配層の打倒、天皇親政の実現を目指しており、その中心は荒木貞夫、真崎甚三郎らであった。この二派のあいだには、皇道派の相沢三郎が統制派の永田鉄山を斬殺するなど対立が表面化していた。出題されている二・二六事件は皇道派の一部青年将校たちがおこしたものであり、斉藤実内大臣・髙橋是清大蔵大臣・渡辺錠太郎教育総監が殺害された。ポツダム宣言受諾時の首相である鈴木貫太郎侍従長も襲撃を受け重傷を負った。岡田啓介は同居していた義弟（松尾伝蔵：岡田の秘書官をつとめていた）が誤って殺害され、奇跡的に助かった。なお事件後は東条英機ら統制派が実権を握り、陸軍の政治的発言力が強まった。(5)軍部大臣現役武官制は第2次山県有朋内閣によって制定され、山本権兵衛内閣によって制限されていた。これによって軍部大臣は、現役の大・中将しか軍部大臣になることができず、政治・政策へ軍部が介入することのできる根拠となった。そもそも大日本帝国の内閣制度では、首相は「同輩中の首席」とされ、各国務大臣が揃って初めて組閣が可能となるが、穏健派首相に対して不満をもつ軍部は軍部大臣を推薦せず、たびたび組閣を阻んでいる。宇垣内閣が成立せず、林内閣が成立した過程には、この制度の復活が大きく関わっていた。(6)「国策の基準」は1936年、ワシントン・ロンドン両海軍軍備制限条約失効をきっかけに帝国国防方針を改訂した際に決定された。A：ドイツとは日独防共協定を締結しているため正しい文章である。B：北進論は陸軍の方針、南進論は海軍の方針であり東南アジアおよび南洋諸島への進出を企図していた。なお、海軍はこれにより戦艦大和・武蔵を含む大建艦計画を進めた。

53 第二次世界大戦① (p.165〜167)

1 (1)世界恐慌　(2)ウ　(3)国　日本・ドイツ・イタリア　背景—スペイン内乱を契機にドイツ・イタリアは連帯を強め、ベルリン=ローマ枢軸を形成した。この際、両国は社会主義国であるソ連と対立を深めていた。アジア地域では、国際的孤立を深めていた日本でも広田弘毅内閣がソ連を中心とする国際共産主義運動への対抗を掲げており、ドイツとの間で日独防共協定を結んだ。翌年イタリアもこれに参加し、日独伊三国防共協定が成立し、反ソ連の立場で結束した「枢軸」陣営が成立した。

解説 (2)ア：ナチ党とは1919年に結成された国家社会主義ドイツ労働者党の略称。民族主義・反ユダヤ主義政策・反ヴェルサイユ体制などの綱領を掲げた。1933年にナチスを与党とするヒトラー内閣が成立し、独裁体制を築いていった。イ：ファシスト党は反革命・反社会主義をとなえ1919年に結成された。ムッソリーニは1922年に政権を掌握した。ウ：1936年、スペインでファシズムに反対する人民戦線政府と右翼のフランコ将軍とのあいだで内戦が発生し、ドイツ・イタリア両国に支持されたフランコが勝利をおさめ独裁政権を築いた。ソ連や各国から自主的に集まった国際義勇軍は人民戦線を支持したが、これにより、ドイツ・イタリアとソ連のあいだでの対立が深まっていった。なお、この内乱に対して、イギリス・フランスは不干渉政策をとった。(3)「枢軸陣営」「枢軸国」という言葉には、英米に対抗する世界の中心勢力というような意味がある。ソ連の成立および国際連盟への加入は、国際社会におけるソ連の役割の増大を示した。これに対

し、スペイン内乱を契機にソ連と対立を深めていたドイツ・イタリアは枢軸を形成した。満洲事変以降、国際的孤立を深めていた日本は、広田弘毅内閣において国際共産主義運動への対抗を掲げ、反ソ連の立場を掲げてドイツと協定を結んだ（日独防共協定）。また翌年の1937年、これにイタリアが参加（日独伊三国防共協定）したことにより、枢軸陣営が成立した。

2 (1)①地名—エ　地図—お　②地名—イ　地図—え　③地名—カ　地図—か　④地名—イ　地図—え　(2)汪兆銘　(3)イ　(4)張学良が蔣介石を監禁し、内戦停止と抗日を要求した事件。　(5)盧溝橋事件　(6)理由—アメリカの中立法（戦争状態にある国への武器輸出・弾薬輸出の禁止）の適用を避け、戦略資源の確保につとめようとしたため。　名称—北支事変（支那事変）　(7)X 善隣友好　Y 国民政府　Z 東亜新秩序　順番—イ・ウ・ア

解説 (1)日中戦争前後の中国状況について整理するとともに、代表的な地名および場所をおさえておきたい。(2)汪兆銘は国民党副総裁であった人物。日中戦争が展開する中での共産党勢力の拡大を憂慮し、蔣介石と対立していた。(3)Ⅰの**冀東防共自治委員会（自治政府）**とは、1935年11月に、関東軍が**華北分離工作**の一環として河北省東北部に成立させた傀儡政権。冀とは河北省のこと。Ⅱ：1936年、広田弘毅内閣は**華北分離工作を国策として決定**した。(4)張学良は1928年関東軍によって爆殺された張作霖の長男。父の死後国民政府に合流し、抗日運動を行った。当時国民政府内では、日本への対抗戦争を主張する張学良と、共産党との内戦を優先させようとする蔣介石の2つの派にわかれていた。また共産軍は、国民政府の度重なる猛攻のため、南方の根拠地である瑞金を放棄して西北辺境の延安に移動し、新たな根拠地を築いていた。延安にある共産党拠点の攻撃を命じられた張学良は、督励のために来訪した蔣介石を西安郊外で監禁し、国共内戦の停止と抗日を要求した。蔣介石はこれを当初拒絶したが、張学良の要請により中国共産党の周恩来が西安に来訪し、調停に当たった。これにより蔣介石は国共内戦の停止に合意し、**抗日民族統一戦線**が結成された。これを第2次国共合作という。(5)第1次近衛内閣は当初、盧溝橋事件に対して停戦協定を結ぶなど不拡大方針を掲げていたが、軍部や国内の世論の声を受け拡大方針に転じた。(6)国際法において、**戦争は、宣戦布告によって発生する**とされる。日本と中国とは、戦争状態にある国への武器・弾薬の禁輸条項を含むアメリカの中立法が適用されることを避けるため正式な宣戦布告を行わなかった。そのため日本政府は、当初この戦闘を北支事変と呼び、戦域が拡大すると支那事変と呼んだ。(7)1938年1月、近衛文麿は「国民政府ヲ対手トセズ」と声明し、国民政府との和平交渉の可能性を断ち切った。これを第1次近衛声明と呼ぶ。これは首都南京陥落後も抗戦を続ける蔣介石を見限り、別な交渉相手の登場を期待するものでもあった。しかし、かえって交渉の道を閉ざす結果となり、戦争収拾の見込みはなくなってしまった。日本政府が国民政府から汪兆銘を脱出させ、新国民政府を樹立させたのは、旧国民政府にかわって日本との交渉を行うためだったと考えられる。その後近衛は、1938年11月、戦闘の目的を「日・満・華」三国の提携による東亜新秩序の建設であると声明した。これを第2次近衛声明と呼ぶ。続いて12月には第3次近衛声明を発出した。これは先に述べた「東

亜新秩序」が、「善隣友好・共同防共・経済提携」の３つの原則にもとづくという趣旨であり、近衛三原則ともいわれる。国民政府はその後も徹底抗戦し続けたため、戦争は長期戦化し、1945年に日本が降伏するまで続いた。

3 ①企画院　②国家総動員　③電力管理　④国民徴用　⑤価格等統制　⑥切符　⑦配給　⑧国民精神総動員　⑨産業報国会　⑩内閣情報局　(1)Aエ　Bオ　Cア　Dキ　Eカ　Fケ　Gコ　(2)矢内原忠雄　(3)日本文学報国会　(4)エ

解説 国家総動員法を根拠に制定された統制法令は、国民徴用令、価格統制令のほか、賃金統制令(1939年３月)、重要産業団体令(1941年８月)などがある。経済の統制を強めた政府は、不足しがちな物資の売買にも統制を加え、配給制を始めた。配給の方法としておもに切符制が採用された。1940年６月にはマッチ、砂糖の切符制が始まり、その後衣料品など日用品に拡大された。米の配給は1941年４月から始まり、米穀通帳を利用した通帳制による配給が行われた。このように政府は公定価格を設定したり、物流に制限を加えたりしたが、それらを無視した闇取引や闇価格が存在した。⑧この運動と関連して、次のような動きをおさえておきたい。文部省は1937年に日本の建国神話を元にした『国体の本義』というテキストを発行し、日本が天皇を中心とした運命共同体であることを強調した。天皇が世界を一つの家にするという意味を込めた「八紘一宇」というスローガンが流行したのも、この頃である。また、1940年が神武天皇即位から2600年目であることから、これを大々的に祝う式典(紀元二千六百年記念式典)が1940年11月に行われている。⑨1938年に労使一体の産業報国会が各職場に結成され、労働組合は徐々にこれに吸収され、1940年に大日本産業報国会が結成された。最大の労働組合であった全日本労働総同盟はこの過程で解散した。これらの動きは下野した近衛文麿を中心に展開した新体制運動の中で展開した。(1)Dの転向文学の作品には、中野重治『村の家』、島木健作『生活の探究』、村山知義『百夜』などがある。(2)国家主義、軍国主義の風潮が高まる中、共産主義のみならず自由主義や個人主義も激しい弾圧の対象となった。矢内原の弾圧(矢内原事件)のほか、以下のような弾圧事件があった。美濃部達吉は1935年の天皇機関説問題で自説を否定されたうえ、著書が発禁処分とされ、貴族院議員も辞職に追い込まれた(天皇機関説事件)。京都帝大教授であった滝川幸辰は1933年に、その刑法学説が自由主義的であるとされ休職処分を受けた(滝川事件)。津田左右吉は『古事記』『日本書紀』の文献学的批判により古代史の科学的解明に取り組むが、1940年に国粋主義者からの批判を受け、著書が発禁処分とされた。東京帝国大学の大内兵衛は反ファッショ人民戦線を結成しようとしたとして休職に追い込まれた(人民戦線事件)。東京帝国大学の河合栄治郎は『ファシズム批判』などを発禁処分にされ、休職に追い込まれた。(4)政府は1939年４月に米穀配給統制法を制定し、米の集荷機構を一元化し、翌年供出制を実施した。政府は生産奨励のため小作料統制令で小作料を制限し、地主の利益を抑えた。しかし、労働力の不足や生活資材不足のため食料生産は低下した。

54　第二次世界大戦②　(p.168〜170)

1 ①近衛文麿　②平沼騏一郎　③米内光政　④東亜新秩序　⑤大東亜共栄圏　(1)日本がノモンハンでソ連と戦闘中であったにもかかわらず、ドイツがそれまで日独の仮想敵国であったソ連と連携して独ソ不可侵条約を結んだ。　(2)植民地を含む日本の領土や満洲および中国における占領地からなる経済圏。

解説 ③フランスがドイツに降伏すると、ドイツへの接近を画策する陸軍は近衛文麿の新体制に期待し、米内内閣を総辞職へと追い込んだ。④東亜新秩序とは第１次近衛内閣が1938年11月に日中戦争の目的は「日満華」の連携による新たな国際秩序の形成であると発した声明(第２次近衛声明)にもとづく言葉。⑤大東亜共栄圏とは1940年８月の松岡洋右外相の談話から公式に使用されたスローガンで、欧米支配を排除し、日本を中心とする共存共栄を説いた。しかし、のちには日本は占領地域において資源や作物の収奪を行ったため、現地住民の反感を高めた。(1)1938年７月から８月にかけて、ソ連・満洲国境の不明確地帯でおきた紛争が張鼓峰事件で、日本側は1440名の死傷者を出した。その後、1939年５月から９月にかけて、モンゴル・満洲国境地帯でおきた紛争がノモンハン事件で、日本側は１万7206名もの死者を出す惨敗を喫した。独ソ不可侵条約の報はまさにこのノモンハン事件の最中であり、日本にとって衝撃であった。(2)円および円系通貨を使用する排他的経済圏を目指した。このため、日本円と等価リンクの銀行券を侵略地域で発行させた。しかし、軍需物資の調達拡大で悪性インフレを各地で引きおこし太平洋戦争の後半期には実質的に崩壊していた。

2 ①新体制　②大政翼賛会　③北部仏印　④国民学校　⑤皇民化　(1)立憲政友会・立憲民政党　(2)インドネシアを支配していたオランダはドイツの占領下にあり、インドシナを支配していたフランスは本国がドイツに降伏しており、このドイツと日本は連携していたため。

解説 ①②大政翼賛会は新体制運動の結果、設立されたが当初目指したような強力な政党組織とはならず、総理大臣を総裁とし、部落会・町内会・隣組を下部組織とした官制の上意下達機関となった。さらには、大日本産業報国会・大日本婦人会などのあらゆる団体をその傘下におさめ、戦時の国民動員に大きな力を発揮した。また大政翼賛会の成立により議会制度の形骸化も進み、議会の力も失われていった。③仏印とはフランス領インドシナのことで、現在のベトナム・ラオス・カンボジアに当たる。この地域への軍事的進出は、米・英から現状破壊であるとの強い非難を受けることとなった。④戦時体制を支える「小国民」の育成を目指した。戦後の1947年に再び小学校に戻った。⑤朝鮮ではこの一環として姓名を日本風に改めさせる創氏改名が強制された。(2)ドイツの支配下におかれていたフランス政府(ヴィシー政権)と交渉を行い、北部仏印への進駐を認めさせた。

3 ①野村吉三郎　②松岡洋右　③日ソ中立　④関東軍特殊演習(関特演)　⑤南部仏印

⑥石油　⑦東条英機　⑧ハル＝ノート　⑨マレー
⑩ハワイ　⑪翼賛　⑫大東亜　⑬ミッドウェー
⑭サイパン　⑮小磯国昭　(1)ABCD包囲陣
(2)イ　(3)大東亜戦争　(4)ア○　イ×　(5)イ

解説 ②③外相松岡洋右は、日独伊三国同盟にソ連をも引き入れ、対米交渉や日本の南進政策を有利にしようと考えていた。⑥石油の大部分をアメリカから輸入していた日本にとっては大きな打撃であった。⑦東条は首相と陸相・内相を兼任した。⑧中国・仏印からの全面的無条件撤退、満洲国・汪兆銘政権の否認、日独伊三国同盟の実質的破棄など、満洲事変以前の状態への復帰を要求するもので、交渉成立は絶望的になった。⑪東条内閣は、戦争遂行体制強化のため、政府推薦議員によって議会を固めることを目指して、5年ぶりの総選挙を実施した。選挙では鳩山一郎・尾崎行雄らの非推薦候補者への選挙干渉がなされた。当選者の内訳は推薦候補381名、非推薦候補85名であった。⑫日本・満洲国・中華民国(南京の汪兆銘政権)・タイ・フィリピン・ビルマ・自由インド仮政府の各代表が出席した。この会議では大東亜宣言を発し、各国の共存共栄・独立和親などをうたったが、実際には日本の占領支配は戦争遂行のための資材・労働力調達を最優先するものであったので、住民の反感・抵抗がしだいに高まった。⑬主力空母4隻とその艦載機を失う大敗北であったが、海軍は敗北の事実を隠し、新聞では「大勝利」として報道された。(1)ABCDのAはAmerica(アメリカ)、BはBritain(イギリス)、CはChina(中国)、DはDutch(オランダ)を指している。(2)最後の元老である西園寺公望は1924年以降、首相候補選定に当たったが、1940年11月に死去した。以後の後継首相の選定は木戸幸一内大臣を中心に首相経験者らで構成される重臣会議の合議のかたちがとられた。(4)議会は政府提案に承認を与えるだけの機関になったが、憲法や議会活動が停止されることはなかった。(5)日本軍は東南アジア諸国を占領する際に欧米植民地からの解放軍として歓迎されることもあったが、軍政による過酷な収奪が始まると評価は一変した。

4 ①オ　②イ　③ク　④カ　⑤サ　⑥エ
⑦ア　⑧ケ　⑨コ

解説 ⑥朝鮮では1943年、台湾では1944年に徴兵制が施行された。

5 ①カイロ　②ヤルタ　③東京　④沖縄
⑤鈴木貫太郎　⑥ドイツ　⑦ポツダム
⑧広島　⑨日ソ中立条約　⑩ミズーリ　(1)(a)ウ
(b)ア　(c)イ　(2)ソ連の和平仲介を期待していたから。
(天皇制が維持できるかが不明確だったから。)　(3)9
月2日　日本政府と軍の代表者が正式に降伏文章に調印した日だから。(8月14日　日本政府がポツダム宣言の受諾を決定し連合国側に通告したから。)

解説 ①カイロ宣言では第一次世界大戦後に日本が手に入れた太平洋上の諸島のはく奪、満洲・台湾の返還、朝鮮の独立などが宣言された。②ヤルタ秘密協定では、ソ連の対日参戦とともに、ソ連による千島・南樺太の領有が承認された。③米軍のB29爆撃機により焼夷弾爆撃が行われ約10万人

の死者を出すとともに、主要な工場などの施設が破壊された。④沖縄戦では、現地で招集された民間人も戦闘に参加した。男子中学生が組織された鉄血勤皇隊やひめゆり隊のような女子学徒隊もあった。⑦ポツダム会談は、米英ソ三国の首脳によって話し合われたが、ポツダム宣言は米英中三国の共同宣言となっている。この段階では日ソ中立条約は有効でありソ連の署名はない。(2)1945年5月にドイツが降伏した後も軍部はなお本土決戦にかけようとしたが、鈴木内閣はいまだ戦火を交えていないソ連を仲介とする和平工作を進めようとした。(3)ロシアや中国では9月3日とされている。8月15日、昭和天皇のラジオ放送で戦争終結が全国民に発表されたが、それ以後も満洲や千島列島では戦闘が続いた。

55　占領と改革　(p.171〜173)

1 ①マッカーサー　②東久邇宮稔彦
重郎　④東条英機　⑤人間宣言　(1)極東委
員会　(2)イ　(3)ウ　(4)ア　(5)eエ　fイ
(6)巨額の賠償金を課すことはせず、長期の占領を通じて、国家と社会を平和的な仕組みに改革する政策がとられた。

解説 ②1945年9月5日の施政方針演説で表明した「一億総懺悔」はのちに戦争責任を国民に転嫁するものとして強い批判を受けた。⑤「天皇ヲ以テ現御神トシ、且日本国民ヲ以テ他ノ民族ニ優越セル民族ニシテ、延テ世界ヲ支配スベキ運命ヲ有スルトノ架空ナル観念ニ基クモノニモ非ズ」と天皇の神格性および、日本民族の優越性を否定した。また、冒頭では「顧ミレバ明治天皇明治ノ初国是トシテ五箇条ノ御誓文ヲ下シ給ヘリ」と述べられ、五箇条の誓文が引用されている。ここには明治天皇が目指した立憲国家の伝統を昭和天皇が戦後に復活させたとの認識がみられる。一方でGHQとしては、天皇制の存続のために天皇制が穏健なものであることを対外的にアピールする必要があった。(1)東京におかれた日本占領に関する連合国軍最高司令官に対する諮問機関が対日理事会である。極東委員会と区別すること。(2)日本に対する占領の特徴として、連合国による直接軍政が敷かれず、日本政府を通じての間接統治であったこと、実際はアメリカによる単独占領が行われたことがあげられる。(3)政治犯とは共産主義者をはじめとして、戦前の政府の方針に反対するなどの理由で獄中におかれていた人のこと。GHQは人権指令において、治安維持法および特別高等警察の廃止、政治犯の即時釈放を指令した。(4)五大改革指令とは、婦人の解放(婦人参政権の付与など)、労働組合の結成奨励、教育の自由主義化、圧政的諸制度の撤廃(秘密警察の廃止など)、経済機構の民主化である。(5)(e)東京裁判(極東軍事裁判所)は「平和に対する罪」を裁くために設けられた。このため、「一切ノ戦争犯罪人」には戦争の遂行そのものの責任も含まれると考えられる。(f)1946年1月4日にGHQより出された第1次公職追放の指令では「軍国主義的国家主義及侵略ノ活発ナル主唱者、一切ノ日本ノ極端ナル国家主義的団体、暴力主義的団体又ハ秘密愛国団体及其ノ機関又ハ関係団体ノ有力分子、大政翼賛会、翼賛政治会又ハ大日本政治会ノ活動ニオケル有力分子」に該当する人々を公職より罷免し、官職より排除することが命令された。また、軍国主義者・国家主義者とされた教師が教職から追放された(教職追放)。(6)第一次世界大戦後、敗戦国のドイツに英・仏が巨額の賠償金を課し、そのためドイツの復

興が遅れてナチスの台頭をまねいた反省に立ち、連合国は巨額の賠償金を課すことをしなかった。

▶ **2** ①寄生地主　(1)ウ　(2)農家の大半が1町歩未満の零細な経営であった。　(3)ウ　(4)日本労働組合総同盟（総同盟）・全日本産業別労働組合会議（産別会議）　(5)労働組合法・労働関係調整法・労働基準法　(6)ア

解説　(1)1948年2月に325社が集中排除の指定を受けたが、占領政策の変化により実際に分割されたのは11社だけであった。(2)GHQは寄生地主制を日本社会の後進性・半封建的性格を示すものととらえ、小作人や自作農を含めて農民層の全般的窮乏が日本の侵略的な対外膨張の基盤をなしたと考えた。なお1町歩とはおおよそ1ヘクタールであり、米作の場合は収穫量がおよそ3,270kg（1950年の全国平均）であり、経営規模は小さく多くは兼業農家となった。(3)農地委員会の構成は、地主3・自作農2・小作農5の割合で、小作農の比率が高かった。(4)日本労働組合総同盟（総同盟）は共産党の影響を排して結成された。全日本産業別労働組合会議（産別会議）は共産党の強い影響のもと結成された。(6)教科書の墨塗りはGHQの指令以前に行われていたことに注意。6・3・3・4の新学制を定めたのは**学校教育法**。教育基本法は教育の機会均等、男女共学、政治教育の禁止など新しい教育の理念をうたった法律。1948年に各地方自治体に設置された教育委員会は、当初、**公選による委員**で構成されていたが、1956年に**地方自治体の首長による任命制**に切りかえられた。

▶ **3** ①キ　②イ　③オ　④ア　⑤コ　⑥ケ　⑦ウ　⑧エ　A20

解説　①〜⑤戦後成立した政党と、戦前の政党などとの関係を理解しておこう。⑥〜⑧進歩党を中心に**多くの現職議員が公職追放**される中、新選挙法による戦後初の総選挙が1946年4月に実施された。結果、日本自由党が第一党となり、同党総裁の鳩山一郎が首相として組閣に当たる見通しであったが、**突然に公職追放を受けたため**、日本自由党は幣原内閣の外相であった吉田茂を総裁に迎え、第1次吉田内閣が成立した。また、この総選挙で39名の女性議員が誕生したが、**1990年代まで女性議員の数は伸びずに、低迷が続いた**。

▶ **4** ①幣原喜重郎　②松本烝治　③貴族　④戸主　⑤地方自治　⑥内務　(1)イ　(2)統治権のすべてを握る総攬者から、政治的権力をもたない日本国民統合の象徴となった。

解説　①②幣原内閣は、**松本烝治**国務相を**憲法問題調査委員長**においた。同委員会の改正案である憲法改正要綱は松本私案とも呼ばれる。④戸主の家族員に対する支配権は否定され、婚姻・家族関係における**男性優位の諸規定も廃止**された。ただし、夫婦とその子を単位とする戸籍制度は存続している。⑤地方自治については大日本帝国憲法では規定がなかったが、日本国憲法では条例制定権や首長・議員の直接選挙などを明記しており、これを受けて地方自治法が制定された。⑥警察制度については1947年公布の警察法にもとづき、人口5000人以上の市町村には市町村公安委員会が運営・管理する**自治体警察**が設置され、設置されない地域では国家地方警察が設置された。しかし、市町村の財政負担の問題や政府が警察権の一元化をはかったため、1954年の新警察法で自治体警察は都道府県警察に一元化され、国家地方警察は廃止された。(1)森戸辰男、高野岩三郎ら学識経験者によって結成された民間組織である**憲法研究会**は、憲法草案要綱を発表し、GHQや日本政府に提出した。この草案には国民主権や立憲君主制などが盛り込まれており、**マッカーサー草案作成の際に参照された**。このマッカーサー草案をもとに作成された政府原案は法的連続性を確保するため、**大日本帝国憲法の改正**というかたちをとり、吉田内閣の手で帝国議会に提出された。また、マッカーサー草案がそのまま日本国憲法となったのではなく、草案で一院制とされたものが、日本政府の強い要請で参議院を加えた二院制となったり、25条に「健康で文化的な最低限度の生活」との文言が追加されたりと**追加・修正**がなされた。(2)大日本帝国憲法では「天皇ハ国ノ元首ニシテ統治権ヲ総攬シ…」とあるように、**天皇は統治権のすべてを握る総攬者**であり、文武官の任免、陸海軍の統帥権、緊急勅令の布告権など大きな権限（**天皇大権**）が認められている。一方で、国会に当たる帝国議会は天皇の協賛機関であるとされた。日本国憲法では、**天皇は政治的権力をもたない「日本国民統合の象徴」**となった（象徴天皇制）。一方で主権者である国民の直接選挙で選出された議員からなる国会は「国権の最高機関」であると定められている。

▶ **5** ①オ　②コ　③ア　④シ　⑤キ　⑥イ　⑦ス　⑧ク　⑨ウ　⑩ソ　⑪セ　⑫カ　A片山哲　B芦田均

解説　①②政府はポツダム宣言の「日本国軍隊ハ完全ニ武装ヲ解除サレタル後各自ノ家庭ニ復帰シ」にもとづいて復員業務を開始した。しかし、ソ連に降伏した約60万人の軍人や居留民の大半はシベリアの収容所に送られ、過酷な強制労働に従事させられ5万人以上の人命が失われた（**シベリア抑留**）。また、終戦時、**満洲の関東軍は壊滅**し、民間人は守られることなく、多くの日本人が悲惨な最期をとげた。親を失った子どもが中国人に育てられる中で、多数の**中国残留孤児**が生まれた。③1945年の米の作柄は明治以来の大凶作で政府は配給食糧を確保できなくなった。そのため都市を中心に**食糧事情は極度に悪化し、連日餓死者が出た**。そこに約630万人の引揚者・復員者が流入した。そのため、歩道や堤防、国会議事堂の前庭まで、空いている土地にはくまなく農作物が植えられた。⑤政府のきびしい経済統制は敗戦後も継続したが、焼け跡に生まれた露店形式の市場では、配給機構や公定価格など政府の経済統制を無視した違法な闇取引が公然と行われていた。⑥東京の物価は45年8月には戦前水準の約3倍、46年には戦前水準の約30倍に達した。⑧経済安定本部は既存官庁の垣根をこえた総合的な経済計画の立案を行う政府機関として設置された。47年6月には片山哲内閣のもとで権限が強化され再発足した。⑨⑩基幹産業へ重点的に資金や資材を投入し、生産停滞を打開しようという**傾斜生産方式**は、第1次吉田茂内閣のもとで閣議決定され、**片山哲・芦田均内閣にも引き継がれた**。これにより石炭・鉄鋼などは1950年頃までに戦前の生産水準を回復したが、**復興金融金庫**からの多額の融資が行われたため、インフレを促進させることにもなった（**復金インフレ**）。⑫**昭和電工事件**とは、化学肥料会

社昭和電工社長日野原節三が復興金融金庫からさらに多くの融資（すでに30億円の融資を受けていた）を受けようとして政界・官界に賄賂を贈ったとされる事件。多くの政治家が逮捕され、芦田均内閣で副総理をつとめていた西尾末広（この時点では辞職していた）が逮捕されるにおよび、芦田内閣は総辞職した。これにより**中道政権は幕を閉じた**。

56 冷戦の開始と講和　(p.174〜176)

1 ①トルーマン＝ドクトリン　②マーシャル＝プラン　③北大西洋条約機構（NATO）　④ワルシャワ条約機構　⑤共産　⑥国民　⑦台湾　(1)冷戦（冷たい戦争）　(2)(b)毛沢東　(c)蔣介石　(3)ア　(4)日本を政治的に安定した工業国として復興させ、東アジアにおける西側陣営の主要友好国とするため、政治面では公職追放の解除が進められ、経済面では日本に対する賠償を軽減し、過度経済力集中排除法にもとづく企業分割は大幅に緩和された。

解説　①アメリカ大統領トルーマンがソ連による共産主義勢力拡大を封じ込める必要を宣言したもの。②アメリカ国務長官マーシャルが西欧諸国復興のため発表した欧州経済復興援助計画。③北大西洋を隔てた北アメリカとヨーロッパの西側諸国により構成される集団防衛機構。加盟国に対する攻撃はすべての加盟国に対する攻撃とみなして必要な行動をとるとしている。**冷戦後はポーランドやブルガリアなど旧東側諸国にも加盟が拡大した**。④ワルシャワ条約機構の兵力の大半はソ連が担っており、東欧諸国の社会主義からの離脱を抑止する目的もあった。**ハンガリーやチェコでは実際に軍事介入が行われた**。⑤⑥当初はアメリカの援助を受けた国民党が圧倒的に優勢であったが、共産党は農村や山岳地帯に撤退し、持久戦を行った。一方で共産党は農村において地主の土地を没収し農民に均分するなどして農民の熱狂的な支持を集め、次第に形勢を逆転させていった。(1)米ソ対立は悲惨な総力戦となった第二次世界大戦の教訓、人類の破滅をも招来する核兵器の開発などを背景に「熱戦」にはならなかったが、局地的には朝鮮戦争やベトナム戦争のような熱戦が行われた。(3)Ⅲ：大韓民国の初代大統領は**李承晩**。汪兆銘は日中戦争期の国民党副総裁。蔣介石と対立し重慶を脱出して、**日本が南京に成立させた新国民政権の首班とされた**。(4)初期の占領政策では**日本の軍事的弱体化に重点**がおかれ、工業生産能力を再軍備に必要な水準以下に抑えようとはかった。

2 ①芦田均　②吉田茂　③傾斜生産　④経済安定九原則　⑤360　⑥ドッジ＝ライン　⑦シャウプ　⑧下山　⑨松川（⑧⑨順不同）　Aア　Bイ　Cア　Dア

解説　⑥1949年2月に財政顧問として来日したデトロイト銀行頭取ジョゼフ＝ドッジが、経済安定九原則の具体策として指示した一連の政策がドッジ＝ライン。まったく赤字を許さない超均衡予算の作成、固定為替相場の設定、復興金融金庫の融資停止（復金は1952年解散）、各種補助金の削減が実施された。これにより**インフレは収束したが、一連のデフレ政策は企業の倒産や大量の人員整理を発生させ、深刻な不況が到来した**。⑧⑨1949年7月に、国鉄総裁下山定則が都内

国鉄線路上で礫死体となって発見された下山事件、同月に国鉄三鷹駅車庫から無人電車が暴走して6名の死者を出した三鷹事件、翌月に福島県松川駅付近で列車が脱線・転覆して3名の死者が出た松川事件と、当時、ドッジ＝ラインの実施によって大量の人員整理計画を発表した国鉄をめぐって怪事件が続発した。三鷹・松川事件では共産党員・労働活動家らが逮捕・起訴されたため、労働運動は打撃を受けた。その後、容疑者のほぼ全員が無罪とされ、事件の真相は現在も不明である。

3 ①1950　②板門店　③警察予備隊　④公職追放　(1)Ⅰ・Ⅲ・Ⅱ　(2)レッド＝パージ　(3)ウ

解説　③GHQの指令を、日本の警察力が低下しすぎていることに不安があった吉田首相は歓迎した。ドッジ＝ラインによる不況下にあって待遇の良かった警察予備隊には38万人以上の応募者があった。(1)1950年6月25日、ソ連のスターリンの承認を得た北朝鮮の金日成は北緯38度線をこえて韓国に侵攻を開始した。北朝鮮軍の奇襲により韓国軍は朝鮮半島南部の釜山まで追い詰められたが1950年9月にアメリカ軍が仁川に上陸したことで戦況が逆転し、北朝鮮軍を中国国境付近まで追い詰めた。これに対し、中国人民義勇軍が参戦し、**戦線は38度線で膠着した**。(2)GHQの意向を受けて第3次吉田内閣が進めた。1950年から54年のあいだに激しい共産主義者追放が行われた。この結果**労働組合での共産党系の影響力は低下した**。(3)総評は当初GHQのあと押しで、共産党系の産別会議に対抗するため結成された労働団体で、当初はアメリカの政策を支持していた。しかし、まもなく講和問題をきっかけに路線を転換し、**日本社会党の支持母体**として反米的な姿勢を強めていった。1989年「**連合**」の発足により解散した。

4 A1951　Bサンフランシスコ　C日米安全保障　D日米行政協定　(1)ソ連・中国をふくむ全交戦国との講和。（西側だけでなく東側諸国とも行う講和。）　(2)ア・ウ・エ　(3)日本社会党　(4)ウ　(5)①ア　②エ　③ウ　④オ

解説　(1)全面講和を主張した人物には、平和問題懇談会の安倍能成、大内兵衛、矢内原忠雄らや、東大総長であった南原繁などがいる。吉田茂は南原を「曲学阿世の徒」と批判した。(2)サンフランシスコ平和会議への招請状は日本を含む55か国に出されたが、インド・ビルマ・ユーゴスラヴィアは出席を拒否し、ソ連・ポーランド・チェコスロヴァキアは調印を拒否した。また、**中国に対しては中華人民共和国と中華民国のどちらを招くかで米英の対立があり、どちらもまねかれなかった**。(4)日本に対する賠償請求は、アメリカをはじめ多くの国が放棄するなど、著しく軽減された。これは、冷戦の激化により、**日本を早く自立させようという意図があった**ためである。

5 ①イ　②オ　③ア　④ク　⑤キ　⑥カ　⑦エ　⑧ケ

解説　①雑誌『**世界**』に「超国家主義の論理と真理」を発表し、ファシズムを批判した。②日本で最初にノーベル賞を

受賞したのは理論物理学者の湯川秀樹。2人目は1965年に受賞した朝永振一郎。④1968年には文化庁が新設された。⑥坂口安吾は戦後まもなく『堕落論』を書いて話題になった。⑦12歳で松竹映画「悲しき口笛」の主演となり、同名の主題歌もヒットした。その後も「リンゴ追分」「悲しい酒」などヒット曲多数で、歌謡界の第一線で活躍し、死後、国民栄誉賞を受賞した。⑧黒澤明は映画『羅生門』で、1950年ヴェネツィア国際映画祭でグランプリを受賞している。戦後の文化・芸術については、各教科書が多岐にわたる作家や作品を掲載している。用語集などで確認しておこう。

57 55年体制 (p.177〜179)

1 ①部分的核実験禁止　②核兵器拡散防止　③アジア＝アフリカ（バンドン）　④ジュネーヴ　⑤南ベトナム　北ベトナム　(1)フルシチョフ　(2)EC

解説 ①部分的核実験禁止条約は、大気圏内、宇宙空間を含む大気圏外、水中での核実験を行わないことを約した。ただし、地下実験は除外している。②核兵器拡散防止条約は、核兵器保有国から非保有国への核兵器供与や、非保有国の製造を禁止した条約。③1954年、中国の周恩来とインドのネルーが「平和五原則」を確認しており、これを基礎に1955年、インドネシアのバンドンにおいて会議が行われた。29カ国の新興独立国が平和共存・反植民地主義をうたった「平和十原則」を決議した。④1946年に始まったインドシナ戦争は、1954年のジュネーヴ休戦協定でフランスが撤退し終了した。この協定で北緯17度線を暫定的境界として南北が分離され、やがて南北統一選挙が行われる予定であったが、アジアの共産化を恐れるアメリカが南ベトナム政府支援に乗り出し、ついには大規模な軍事介入を始め、泥沼のベトナム戦争に突入した。(1)1953年のスターリンの急死後、第一書記となったフルシチョフは1956年のソ連共産党第20回大会で東西両陣営の「平和的共存」を打ち出した。また、いわゆる「秘密報告」で、スターリン時代の大量粛清・強制収容所での抑圧・過度な個人崇拝など、スターリンの政策の誤りを糾弾した（スターリン批判）。(2)ECは1993年にマーストリヒト条約の発効により、EU（ヨーロッパ連合）となり現在に至っている。

2 ①破壊活動防止法（破防法）　②保安隊　③自衛隊　④原水爆　⑤公職追放　(1)ア　(2)ウ　(3)ア・ウ

解説 ①1952年、講和条約発効直後のメーデーの際にデモ隊と警官隊が皇居前広場で衝突し、2名の死者と多数の負傷者を出した（血のメーデー事件）。これを機に、暴力的破壊活動を行った団体の取締りを規定した破壊活動防止法が制定された。当時、強硬な軍事方針をとっていた日本共産党などが、指定団体として監視を受けるようになった。③1954年のMSA協定によりアメリカの援助を受けるかわりに自衛力の増強が義務づけられ、日本の防衛はアメリカの援助を背景として日本自身の部隊がその責任をとることとなった。この実力部隊として編成されたのが自衛隊である。④1954年、中部太平洋ビキニ環礁でのアメリカの水爆実験により、第五福竜丸が被爆し、1名が死亡した。これを契機に平和運動が高

まり、1955年に広島で第1回原水爆禁止世界大会が開催された。(1)イは1951年調印の日米安全保障条約、ウは1952年調印の日米行政協定でそれぞれ規定された。(2)ウ：1948年の設置以来公選であった教育委員会が、地方自治体の首長による任命制に切りかえられたのは1956年のいわゆる新教育委員会法によってであり、第3次鳩山一郎内閣の時である。(3)ア：米軍が1955年、軍用機のジェット化にともなう飛行場の拡張を日本政府に要求したが、拡張予定地のある東京都砂川町の住民は数次にわたり支援の労組組合員・学生らとともに警官隊と激しく衝突した。逮捕された反対派の裁判では米軍駐留に関して憲法論争に発展し、一審の東京地裁判決（1959年）では安保条約そのものが違憲とされ、被告全員が無罪とされた。しかし、当時は安保条約の改定作業中であり、検察は最高裁へ跳躍上告し、最高裁は安保条約についての憲法判断を回避し、最終的には被告全員の有罪が確定した。

3 ①鳩山一郎　②社会　③自由民主　④55年　⑤日ソ共同宣言　⑥国際連合

解説 ①鳩山一郎は戦前から立憲政友会の代議士として活動した。斎藤実内閣の文部大臣就任中に滝川事件に関係している。戦後日本自由党を創設したが、公職追放。1951年に追放解除となる。

4 (1)Aエ　Bウ　Cア　Dイ　(2)D・B・A・C　(3)ウ　(4)改定後の条約ではアメリカとの経済協力やアメリカ軍の日本防衛義務が明記されたため。　(5)ベトナム戦争にともなう基地用地の接収やアメリカ兵による犯罪の増加があったため。　(6)ウ　(7)実際は自民党の一党優位体制であり、政権交代が40年近くなかったこと。　(8)①国際連合　②平和条約　③歯舞群島　④色丹島

解説 (1)Aは「所得倍増計画」とあるので池田勇人と判断することができる。池田はこの計画を10年後にはサラリーマンの給料を2倍にするという「月給2倍論」というわかりやすいかたちで国民に訴えた。Bは「日米安全保障条約の改定」とあるので岸信介と判断することができる。Cは「沖縄の祖国復帰」とあるので佐藤栄作と判断することができる。1962年、ケネディ米大統領が沖縄返還の意志を表明したことを受けて1965年に佐藤は「沖縄の祖国復帰が実現しないかぎり、わが国にとって戦後は終わらない」と表明したが、ベトナム戦争の長期化による沖縄の米軍基地の重要性が高まり、返還交渉は難航したが、1972年に返還が実現した。Dは「自由民主党の結成」「ソ連に対しましては…国交を正常化する」とあるので鳩山一郎と判断することができる。なおAは1961年1月の通常国会での施政方針演説、Bは1959年10月の臨時国会での所信表明演説、Cは1971年10月の臨時国会での所信表明演説、Dは1956年1月の通常国会での施政方針演説である。(3)イ：前内閣である岸内閣が安保条約改定など革新勢力との対決姿勢を鮮明化したのに対し、池田は「寛容と忍耐」をとなえ、政治の季節から経済の季節への移行をはかった。ウ：池田内閣が「政経分離」の方針のもと準政府貿易の取決めをした相手は中華人民共和国である。この貿易は交渉担当者の廖承志と高碕達之助両名の頭文字からLT貿易と命名された。(4)1951年調印の日米安全保障条約は、アメリカの日本防衛義務

が明記されていない、条約の期限が不明確などの不備な点が
あった。条約改定後、アメリカの日本防衛義務明文化、条約
期限10年(自動延長可能)、アメリカ軍の日本および「極東」で
の軍事行動に関する事前協議などが定められた。(6)イ：1965
年に佐藤内閣が朴正煕政権とのあいだで調印したのが日韓基
本条約である。この条約において、韓国を「朝鮮半島にある
唯一の合法的な政府」と明記したため、朝鮮民主主義人民共
和国との交渉の道を閉ざすこととなり、革新勢力からの強い
反対を受けた。また、この条約によって韓国併合条約などの
失効が確認された。対日請求権問題では総額8億ドルの資金
を日本が韓国に供与するかわりに、韓国側は一切の対日請求
権を放棄することが決められた。ウ：沖縄返還後も米軍基地
の多くは沖縄に残り、今日でも沖縄の「基地問題」は解決して
いない。(7)いわゆる「55年体制」では保守・革新の二大政党が
対立する構図(自民党と社会党)が現れた。しかし、対立する
2つの政党が交互に政権を担当するイギリスのような「二大
政党制」ではなかった。社会党は勢力を伸ばしたが、保守勢
力との差は歴然としており、自民・社会の議会勢力がほぼ2
対1となったところで社会党の党勢は停滞した(「1カ2分の
1政党制」と呼ばれた)。(8)サンフランシスコ講和会議後も、
ソ連との国交正常化という課題が残されていた。ソ連は日本
の国連加盟申請に対して拒否権を行使しこれを阻止していた。
そこで鳩山首相は1956年10月にソ連を訪れ、領土問題の係争
を棚上げにして、日ソ国交回復に関する共同宣言に調印した。
その結果、同年の12月の国連総会ではソ連を含む満場一致で
日本の加盟が認められ、国際社会の一員としての認知を受け
た。

58 経済復興から高度経済成長へ (p.180〜182)

1 (1)特需景気　(2)(b)ウ　(c)イ　(3)イ

解説 (1)朝鮮戦争にともなう需要の増大を特需(朝鮮特需)と
いう。**特需とは朝鮮戦争にともなって生じた物資やサー
ビスに対する「特殊需要」の総称である。**(3)農地改革の実施
や農薬の普及や機械化が進んだことによって米の生産は毎年
史上空前の豊作を繰り返し、**1955年には米の自給が可能とな
った。**一方で都市部との所得格差の問題は解決しなかった。

2 ①もはや戦後ではない　②2　③GATT11
条国　④IMF8条国　(1)ア・ウ・エ・イ
(2)終身雇用・年功賃金・労使協調を特徴とした。
(3)第1次産業の比重が低下し、第2次・第3次産業の比
重が高まった。　(4)エネルギー革命　(5)供給熱量自
給率が低下している一方で生産額ベース自給率は低下し
ていないので、穀物を生産していた農家が離農したり、
野菜や果樹などの付加価値の高い農作物を生産したりす
るように転作したと考えられる。また米の自給率はほぼ
100%であり、食糧管理制度の下で米価の引き上げがな
されたと考えられる。

解説 ①1956年度の『経済白書』では「いまや経済の回復によ
る浮揚力はほぼ使い尽くされた。なるほど、貧乏な日
本のこと故、世界の他の国々に比べれば、消費や投資の潜在
的需要はまだ高いかもしれないが、戦後の一時期に比べれば、
その欲望の熾烈さは明らかに減少した。もはや『戦後』ではな

い。われわれはいまや異なった事態に当面しようとしている。
回復を通じての成長は近代化によって支えられる。」と述べら
れた。戦災からの復興、混乱と欠乏の時期は終わり、近代化
(技術革新)に支えられた経済成長の時代が到来した。(4)第二
次世界大戦後、中東で大規模に油田開発がなされ安価な石油
が大量に供給できるようになった。また、石炭には残る灰
(石炭がら)の処理のような問題は石油にはなく、価格面でも
優位性をもったことから、電力業など大口消費者はつぎつぎ
に石炭から石油に乗りかえていった。一方で炭鉱では、閉山
や合理化が不可避となり**三池争議**などの労働争議が発生した。
(5)1961年に制定された農業基本法では農業の生産性向上と農
業従事者の所得の増大が目指された。その結果、畜産・果樹
生産などの規模拡大はある程度進んだが、兼業農家の増加で
自立経営農家の育成には失敗した。農家所得と他産業で働く
人の所得の均衡は実現したが、それは兼業農家の増加によっ
て支えられたものだった。また、この時期食生活の欧米化が
進み、米の生産に偏る日本の農業では国民の嗜好の変化に対
応することができず、食料の輸入が増加していった。

3 ①太平洋ベルト　②減反　③中流　(1)ア
(2)イ・エ・オ　(3)モータリゼーション　(4)ウ
(5)石油危機　(6)大阪

解説 (1)1955年の農業人口比率はすでに5割を下回り4割強
であった。1970年には2割を下回り、兼業農家のうち
農業以外の収入を主とする第2種兼業農家の割合が農家総数
の5割に達していた。「三ちゃん」とは「じいちゃん・ばあち
ゃん・かあちゃん」のことで、父が出稼ぎで家にいない状態
を示している。(2)白黒テレビ・電気洗濯機・電気冷蔵庫は
「三種の神器」、「新三種の神器」は英語の頭文字をとり、3C
とも称された。いずれも神話で皇位継承の象徴とされる宝物
にちなんだ呼称。(5)1973年、第4次中東戦争が勃発したこと
によるアラブ産油国の原油価格のつり上げによって、原油価
格は4倍に高騰した。(**第1次石油危機**)この結果、日本では
インフレと不況が同時に進行するスタグフレーションが生じ、
**経済成長率が戦後初のマイナスとなり高度経済成長は終焉し
た。**また、1971年のイラン革命をきっかけに再び原油価格が
急上昇した(**第2次石油危機**)。

4 ①公害対策基本法　②環境庁　③部落解放
④革新　(1)水俣病・新潟水俣病・イタイイタイ
病・四日市ぜんそく　(2)アの歌詞には「科学の誇る工
場は」とあるが、当時の四日市では四日市ぜんそくが問
題となっており、この部分の改定が求められたと思われ
る。このため、改定後の校歌はイだと考えられる。

解説 ④日本社会党または日本共産党の公認・推薦・支持な
どを得た者が首長となった自治体を革新自治体といい、
1960年代半ばから70年代中頃にかけて広がりをみせ、公害対
策や福祉行政の面で国の政策をリードした。(2)四日市ぜんそ
くはイタイイタイ病、水俣病、新潟水俣病とともに、四大公
害事件の一つである。イタイイタイ病が戦前から、水俣病が
高度成長の初期を代表する公害病であったのに対して、四日
市ぜんそくは新興の重化学工業の花形で地域振興の目玉でも
あった石油化学コンビナートが原因であった。コンビナート
隣接地域では1960年代の初頭からぜんそく患者が急増し、周

辺の学校では夏でも窓を閉め切らなければならない状態にあった。問題で取り上げた旧塩浜小学校もコンビナート地帯に隣接しており、児童に公害被害が広がっており、1日6回のうがいの実施、教室への空気清浄機の設置などが行われた。

59 激動する世界と日本　　　(p.183～185)

1 ①ベトナム　②変動　③固定　(1)(a)ウ
(b)エ　(c)ア　(d)イ　(2)ウ　(3)サミット

解説 ①ベトナム社会主義共和国のもとに南北の統一が実現したが、インドシナ半島では戦争があいつぎ、多くの難民が生じ日本を含む海外に流出するインドシナ難民問題がおこった。(1)(a)アメリカは資本主義国の盟主として、同盟国に対して経済的・軍事的援助を行い、世界中にドルがばらまかれた。当初はアメリカが貿易黒字を積み上げることで還流されていた。しかし、西欧諸国や日本が復興をとげるとアメリカ産業の国際競争力は低下し、アメリカは慢性的な国際収支の赤字に苦しむこととなった。加えて、ベトナム戦争での戦費の膨張はドルに対する国際的信用を急落させ、各国はドルと金の兌換請求をつぎつぎと行った。結果として1960年代末にはアメリカの金準備は枯渇してしまった。(b)1971年7月の中国訪問計画発表(第1次ショック)と同年8月の金・ドル交換停止や輸入課徴金制度などの新経済政策の発表(第2次ショック)をいう。(c)この会議はワシントンのスミソニアン博物館で開かれ、通貨調整で日本は1ドル＝360円から308円と円を切上げ、ドルを切下げた。この時の同意をスミソニアン協定という。(d)アラブ石油輸出国機構(OAPEC)はクウェート・リビア・サウジアラビアのアラブ産油国により1968年結成された。(2)仏大統領の提唱で米・英・仏・西独・伊・日の6カ国で開催した。現在は「主要国首脳会議」と呼ぶ。カナダは翌年から参加した。

2 ①田中角栄　②日中共同声明　③狂乱
④マイナス　⑤三木武夫　⑥福田赳夫
⑦日中平和友好　⑧大平正芳　(1)ロッキード事件

解説 ①1974年、雑誌『文藝春秋』において、田中角栄の強引な資金調達の方法が「金脈問題」として批判され、それが原因の一つとなって内閣総辞職に追い込まれた。②この宣言において、日本側は過去の戦争責任に対する反省を表明し、中国側は戦争賠償の請求を放棄した。これにより日本は台湾の国民政府との外交関係を断絶することになったが、貿易などの関係は継続した。なお、日中平和友好条約は1978年、福田赳夫内閣の際に調印された。③④石油危機に加えて田中内閣の「列島改造」の構想に沿った大型予算と金融緩和により、国内物価は急激に上昇した。これに対応するため蔵相として入閣した福田赳夫によって「狂乱物価」と呼ばれるようになった。福田蔵相のもときびしい金融引締めを断行しインフレの抑制をはかったが1974年には深刻な不況におちいり、戦後初のマイナス成長を記録した。⑤三木武夫は田中角栄が金脈問題で退陣したあと「クリーン政治」を標榜して組閣し、ロッキード事件の解明に乗り出したが、自民党内の「三木おろし」の動きがある中、総選挙に敗北し退陣した。(1)ロッキード社が飛行機売り込みに際して、副社長コーチャン氏から児玉誉士夫らを通じて政治家や財界関係者に賄賂を贈ったとされた事

件。

3 ①ア　②ウ　③エ　(1)C・A・B・D
(2)ウ　(3)カンボジア　(4)共産党を除く非自民
8党派の連立政権であり1955年ぶりの政権交代により55年体制は崩壊したが、従来の保守と革新の対立軸はあいまいとなって、以後、政党の離合集散が続き、不安定な連合政治の時代を迎えた。

解説 (1)Aは「現行の税制は、シャウプ勧告によって四十年近くも前にその基本がつくられた」とある。シャウプ勧告によって直接税中心の税制がつくられたことを思い出そう。その税制を改めるのだから、大型間接税である消費税の導入を行った竹下登内閣と判断できる。なお、竹下内閣は消費税をめぐる支持率低下とリクルート事件の疑惑の中で退陣した。Bは「PKO法案を、国際緊急援助隊への自衛隊の参加を可能とする法案とともに、できるだけ速やかに成立させていただきたい」とあるので宮沢喜一内閣であると判断できる。宮沢内閣のもと、1993年には小沢一郎らは「政治改革」を主張し、自民党から離党したため自民党は分裂し、同年の総選挙の敗北で宮沢内閣は退陣し、非自民・非共産の連立政権である細川護熙内閣が成立した。Cは「戦後政治の総決算」とあるので中曽根康弘内閣であると判断できる。Dは「冷戦構造に根ざす日本の政治の二極化の時代も終わりを告げました」とあり、これは自民党と社会党の対立による55年体制の終焉を意味するので、細川護熙内閣であると判断することができる。各内閣が判断できたら時代順に並びかえよう。なお、Aは1988年7月の臨時国会での所信表明演説、Bは1991年11月の臨時国会での所信表明演説、Cは1987年7月の臨時国会での所信表明演説、Dは1993年8月の特別国会での所信表明演説である。(2)中曽根内閣は行財政改革を推進し、電電公社(現、NTT)、専売公社(現、JT)、国鉄(現、JR)の3公社の民営化を行った。なお、エの小選挙区比例代表並立制の導入は細川内閣で行われた。(3)このあとも、94年にザイール、96年にゴラン高原、02年に東ティモール、2011年に南スーダンに派遣された。

4 ①オ　②ア　③イ　④エ　⑤キ　⑥ウ
⑦ク

解説 ⑤日本はアメリカの要求に応じ、牛肉・オレンジを輸入自由化した。⑥1985年5月、ニューヨークのプラザホテルにける5カ国財務相会議(G5)で、ドル高是正介入が合意された。G5とは米・日・独・仏・英の五カ国。

5 ①社会　②村山富市　③阪神・淡路　④京都議定書　⑤5　⑥新ガイドライン関連
⑦イラク　⑧民主　⑨鳩山由紀夫　⑩東日本
⑪安倍晋三　⑫集団的自衛　(1)大胆なリストラにより大量の失業者が生じたことで、消費が冷え込み、内需の不振が続いたから。　(2)小さな政府を目指す新自由主義的政策をとり、大胆な民営化と規制緩和を進めたが、一方で福祉政策は後退し、所得格差や地域格差の拡大をまねいた。　(3)SDGs

|解説| ①②自民党と連立政権となる際に社会党は日米安保・自衛隊や消費税を容認する姿勢に転じ、**党の基本路線を大幅に変更**した。③震度 7 の大地震で死者は6400人をこえるなど大きな被害を出した。全国からかけつけたボランティアが活躍しボランティア元年ともいわれた。④先進国は2010年までに炭酸ガスの排出量を1990年比で 6 ％削減させることで合意したが、開発途上国の削減目標の設定は見送られた。⑤この消費税率の引上げとアジア通貨危機が重なり、景気は再び後退した。⑥制定は**小渕恵三**内閣のもとで行われた。また、この内閣は**国旗・国歌法**も制定した。⑦イラク復興支援特別措置法(2003年制定)により人道支援が行われた。⑪安倍内閣は金融緩和・財政出動・成長戦略からなる経済政策(アベノミクス)を進めた。⑫これまでの憲法解釈では、**集団的自衛権**は有しているが行使はできないとされていた。(1)この間の日本では、消費低迷による物価の下落(デフレ)とそれにともなう企業収益の悪化、雇用の不安定化、賃金の下落そして更なる物価の下落が続く「デフレスパイラル」と呼ばれる状態になった。(2)小泉内閣は新自由主義的な政策をとり、規制緩和を推進した。また、**道路公団、郵政事業の民営化**が行われた。(3)2030年までに「誰も置き去りにしない」を理念に持続可能でよりよい社会の実現を目指す17の目標が設定された。

日本史探究
日本史総合テスト　解答・解説

2023年11月　初版発行

編　者　　日本史総合テスト編集委員会
発行者　　野澤　武史
印刷所　　明和印刷株式会社
製本所　　有限会社　穴口製本所
発行所　　株式会社　山川出版社
　　　　　〒101-0047　東京都千代田区内神田1-13-13
　　　　　　　　電話　03-3293-8131（営業）　03-3293-8135（編集）
　　　　　　　　https://www.yamakawa.co.jp/

ISBN978-4-634-02243-0　　　　　　　　　　　　　　　　　NMII0101